高等学校教材

中国历史文化概论

（第 3 次修订本）

颜吾芟　著

颜品忠　审

清 华 大 学 出 版 社

北京交通大学出版社

·北京·

内 容 简 介

　　本书以中国历史发展的进程为依托，运用文化审视的眼光，阐述了中国古代文化从发生、发展到走向高潮，以及逐渐衰落的历史全过程，并分析和介绍了各个历史时期的文化特征和文化性格。另外，对促成中国文化发生转变的历史原因，各个历史时期中国文化所取得的成就，以及中国文化在其发展过程中逐渐显露出的缺陷或问题，本书也做了较为客观的分析和评论。

　　本书有史有论，史论结合，既具有学术性，又兼顾趣味性，不仅可供高等院校作为文化素质教育教材使用，也可供广大中国历史、中国文化爱好者阅读使用。

图书在版编目（CIP）数据

中国历史文化概论／颜吾芟著. — 第 3 次修订本. —北京：清华大学出版社：北京交通大学出版社，2006.6（2024.7 重印）

（高等学校教材）

ISBN 978－7－81082－028－8

Ⅰ. 中…　Ⅱ. 颜…　Ⅲ. 文化史－研究－中国　Ⅳ. K230

中国版本图书馆 CIP 数据核字（2006）第 046988 号

中国历史文化概论

ZHONGGUO LISHI WENHUA GAILUN

责任编辑：张利军

出版发行：清 华 大 学 出 版 社　邮编：100084　电话：010－62776969　http://www.tup.com.cn
　　　　　北京交通大学出版社　邮编：100044　电话：010－51686414　http://www.bjtup.com.cn

印 刷 者：北京时代华都印刷有限公司
经　　销：全国新华书店
开　　本：185×230　印张：15.75　字数：380 千字
版 印 次：2020 年 8 月第 1 版第 3 次修订　2024 年 7 月第 20 次印刷
印　　数：41 501 ～ 44 500 册　定价：42.00 元

本书如有质量问题，请向北京交通大学出版社质监组反映。对您的意见和批评，我们表示欢迎和感谢。

投诉电话：010－51686043，51686008；传真：010－62225406；E-mail：press@bjtu.edu.cn。

前　言

（第3次修订本）

　　自从《中国历史文化概论》（第1版）成书以后，已经过去4年多了。在这期间，笔者在北京交通大学（原北方交通大学）讲授"中国历史文化概论"课程也有二三十轮了，最多一个学期曾讲授了6轮，受众既有专科生、本科生，也有硕士生、博士生，还曾经几次应邀到校外授课，评价也还算不错。另外，最让人感到高兴的是，笔者终于找到了一位知音——河南科技大学的薛瑞泽老师。他与笔者曾进行学术上的交流，只是因为工作繁忙，笔者与薛老师联系的次数太少了。说起来，笔者对他很有愧疚之心。

　　4年多的时间里，《中国历史文化概论》（第1版）曾3次印刷。除了笔者自己在校内及分院使用了约1/4外，其余或被其他一些学校订购使用，或在书店零售。笔者曾几次在北京西单图书大厦等书店看到自己的书。但是，说实在的，每一次重印，每一次在书店看到自己的书，笔者心中并没有涌现出什么自豪感或者成就感，而是隐隐的担忧和痛楚。原因是，本书出现了一些不应有的失误。

　　由于"中国历史文化概论"的框架、内涵等可以说基本上是笔者独自摸索出来的，没有前人的成就可供直接参照——如果说有，也只有张岱年、方克立两先生主编的《中国文化概论》中的部分内容可作间接参考。实际上，笔者设计"中国历史文化概论"课程就是受该书的启发。这样，受学识、经验等条件限制，本书的内容还存在许多不完善之处。加之第1版写作期间，家母突然去世，以及仓促出版以赶新学期学生上课使用等客观原因，造成本书在内容上出现一些硬伤。有些硬伤虽然在第二次印刷前曾经改正过，但仍不能令人满意。

　　《中国历史文化概论》（第1版）最大的问题在于缺少文化味道。作为一部用文化眼光审视、分析、批判中国历史的书籍，它的部分内容过于历史化了。换句话说，就是太像普通历史的叙述了。而本书应该属于文化学书籍，不是普通历史书籍。所以，经过与出版社协商，笔者决定重新修订，以使其成为名副其实的文化学专著。

　　经过4年多的学习、研究，尤其笔者对"文化"的理解不断深化，使得本书的修订有了坚实的基础。实际上，笔者在授课中早已对内容进行了调整。因为大学生文化素质教育课程必须首先具有文化味道，它们不能是文学、历史、哲学、艺术专业课程的简单照搬。这个观点笔者曾在相关会议上多次呼吁过。

另外，在第 1 版"前言"中，笔者说："由于笔者的孤陋，尚未发现有人为'历史文化'这个概念确定含义，所以关于它的定义、内涵、范畴等，只能由笔者亲自代劳了。"事实是，笔者将"历史文化"与"历史文化学"混淆了。"历史文化"的定义早就有了，这也是笔者看到自己的书备感"汗颜"的原因之一。

总之，笔者十分想利用这次重新修订的机会将第 1 版的缺憾弥补过来。另外，笔者也十分希望使用本书作教材授课的老师们能与笔者联系，大家一起分析、研究、探讨该课的建设，共同进步，当是十分有益的。

颜吾芟

2020 年 8 月

于北京海淀区交大东路寓所

前言

（第 1 版）

　　本书是为"中国历史文化概论"课而撰写的一部参考读物。该课是笔者在北方交通大学开设的一门文化素质教育课。这门课的开设既是笔者多年从事历史教学工作的一种积极的尝试，也是我校响应教育部关于大力提高大学生文化素质教育指示精神的具体落实。这门课在我校属于 10 门文化素质教育核心课程之一，已经开讲三四年了。

　　在北方交通大学这种传统的理工科类高等学府中如何开设一门历史类课程，一直是笔者头脑中思索的一个问题。在这类大学里，对大学生进行历史教育，尤其是进行中国历史教育，虽然是十分必要的，但如果开设出一门完整的中国历史课程，从远古一直讲到中华人民共和国，则也显得过分冗长，毕竟他们不是在读历史系。如何能在有限时间里让理工科大学生们对中国历史发生兴趣？如何能让他们自身的文化素质在学习历史知识的过程中潜移默化地得到提高？笔者想到了"中国历史文化概论"这门课程。

　　笔者认为，相对于中国文化史课或中国历史课来说，中国历史文化概论课既不需要占用理工科学生过多的课时，也不需要涉及过多的专业历史知识。这门课不仅完全可以让粗通历史，甚至已经忘却掉在中学时代所学历史知识的理工科大学生们听得懂，接受得了，而且还能引发他们对中国传统文化、中国历史知识的浓厚兴趣。尤为重要的是，通过学习，可以让学生从历史人物、历史事件中学到许多知识、经验和教训，提高他们应付未来社会生活挑战的能力，增强社会竞争力，这对他们自己，乃至社会、国家都是件有益的事。这是笔者决定开设这门课程的主要思想考虑。实践证明，这个思考是对路的，"中国历史文化概论"已是深受我校学生欢迎的课程之一。

　　自从开设这门课程以来，学生们一直强烈呼吁要求能够提供一本可供参阅的书籍。由于学界中至今尚无一部与本课内容紧扣的参考书或教材，所以笔者决定自己动手撰写一部这样的读物。不过，由于笔者的孤陋，尚未发现有人为"历史文化"这个概念确定含义，所以关于它的定义、内涵、范畴等，只能由笔者"自行其是"了。另外，关于"中国历史文化概论课"应该讲述一些什么样的内容，也只能由笔者"自作主张"了。其中肯定有许多不妥之处，笔者期盼着高人指点，以随时纠正自己的偏颇。

　　最后，我要感谢我的学生们，没有他们的热情支持，本书不会动笔；感谢北方交通大学出版社的同仁们，他们使我和学生们的愿望得以成真；感谢我的母校北京师范大学历史系的老师们，是他们让笔者成了材，遗憾的是有些老师已经离开了我们。另外，还要特别感谢我的母亲，她在本书正要动笔之际，突然谢世，没有她的养育之恩，笔者不会有今天的一切……

颜吾芟

2002 年 1 月

于北京育新花园

第一章　文化与历史文化

为了更好地领会中国历史文化概论的具体内容，先来谈些抽象的问题，只有正确理解和把握"文化"、"历史文化"等概念，才好进行后续内容的学习。

第一节　"文化"漫谈

什么是"文化"？或者"文化"是什么？看似是一个十分简单的问题，但实际上却是所有学科当中最难以确定的概念。为什么这样说？因为"文化"内涵本身使人难以把握。换句话说，什么属于"文化"，什么不属于"文化"，其间的界限是什么？一直是仁者见仁、智者见智、公说公有理、婆说婆有理，难以统一确定。所以，"文化"一词至今仍是个不能确定的概念。到目前为止，全世界的学者从各门学科、各个角度给"文化"所下的定义已有近300个之多。在人类文明史上恐怕还没有哪个概念会有如此大的分歧。因此，有人说，关于"文化"定义之争的解决，决不比"文化"研究本身更为容易。

一、"文化"定义举要

在世界范围内，首先给"文化"确定概念的是19世纪英国人类学家，也是文化学的奠基人爱德华·伯内特·泰勒（E. B. Tylor）爵士。他在其1871年出版的著作《原始文化》中给"文化"下了这样的定义——"文化是作为社会一个成员所获得的，包括知识、信仰、艺术、音乐、习俗、法律以及其他种种能力在内的复合体。"这是有关"文化"的第一个定义。以后便开始了长达100多年，至今尚看不到尽头的"文化"定义之争。

（一）各国百科全书关于"文化"的定义举要

要在众说纷纭、莫衷一是的"文化"定义中理解和把握这个概念，笔者认为最好的办法莫过于找出一些具有权威性的说法，比较它们的异同，体会其所指，把握其内涵，并从中得到启示。而最具权威性的"文化"定义应该是各国的大百科全书，下面列举几部。

《苏联大百科全书》（1973年版）认为，"文化"有广义和狭义之别，广义的文化"是社会和人在历史上一定的发展水平，它表现为人们进行生产和生活的种种类型和形式，以及人们所创造的物质和精神财富"；狭义的文化则"仅指人们的精神生活领域"。

《大英百科全书》（1973—1974 年版）将"文化"分为两类：第一类是"一般性"的定义，认为"文化"等同于"总体的人类社会遗产"；第二类是"多元的、相对的"定义，认为"文化是一种来源于历史的生活结构的体系，这种体系往往为集团的成员所共有"，它包括这一集团的"语言、传统、习惯和制度，包括有激励作用的思想、信仰和价值，以及它们在物质工具和制造工具中的体现"。

《法国大百科全书》（1981 年版）认为："文化是一个社会群体的特有的文明现象的总和"。"文化是一个'复合体'，它包括知识、信仰、艺术、道德、法律、习俗，以及作为社会成员的人所具有的一切其他规范和习惯"。

《中国大百科全书》（1981 年版）同样将"文化"进行广义和狭义的区分，认为："广义的文化是指人类创造的一切物质产品和精神产品的总和。狭义的文化专指语言、文学、艺术及一切意识形态内在的精神产品"。

西班牙《世界大百科全书》认为："文化就是在某一社会里，人们共有的后天获得的各种观念、价值的有机整体，也就是非先天遗传的人类精神财富的总和。"

中国的《辞海》（1979 年版）也将"文化"区分为广义和狭义，认为：文化"从广义来说，指人类社会历史实践过程中所创造的物质财富和精神财富的总和。从狭义来说，指社会的意识形态，以及与之相适应的制度和组织机构"。

（二）著名学者关于"文化"的定义举要

一些著名学者给"文化"下的定义也很有启发，仅举几例如下。

美国著名人类学家、曾任美国人类学协会主席的克莱德·克鲁克洪教授认为，"文化"是指"某个人类群体独特的生活方式"，指他们整套的"生存式样"。据此，他给"文化"规定了这样的定义："文化是历史上所创造的生存式样的系统，既包含显型式样又包含隐型式样，它具有为整个群体共享的倾向，或是在一定时期中为群体的特定部分所共享。"[1]

我国近代资产阶级改良主义者、著名学者梁启超认为："文化者，人类心能所开释出来之有价值的共业也。"[2]

我国著名教育家、曾任北京大学校长的蔡元培先生认为："文化是人的生活的体现之一，也就是人的创造性的改造劳动。文化是人生发展的状况。"[3]

我国著名哲学家、曾任北京图书馆馆长的任继愈先生认为："文化"有广义和狭义之分，"广义的文化包括文艺创作、哲学著作、宗教信仰、风俗习惯、饮食器服之用，等等。

---

① C. 克鲁克洪和 W. H. 凯利：《文化的概念》，载拉夫·林顿等编《世界危机中人的科学》一书，纽约，哥伦比亚大学出版社 1945 年出版，转引自《文化与个人》，浙江人民出版社 1986 年第一版。

② 梁启超：《什么是文化》，载《学灯》1922 年 12 月 7 日。

③ 蔡元培：《何谓文化》。

狭义的文化专指能够代表一个民族特点的精神成果。"①

从上述这些"文化"定义我们不难看出，文化包罗万象，可以说与人有关的一切，大到社会制度、国际关系、国家行政，小到人们的衣食住行、言谈举止等等，均可归结为文化问题。"文化是个筐，什么都可以往里装"从某种意义上说并非贬语，而是客观事实。

二、"文化"的外延及基本属性

虽然"文化"是个说不清的事情，但是我们不能就此放弃对它的研究，不仅不能放弃而且还必须不断深化。为了比较准确地把握它，我们可从其外延及基本属性两方面进一步认识一下什么是"文化"。

（一）"文化"的外延

"文化"的外延，即"文化"概念所确指的对象的范围，这个范围就是"几乎与人有关的一切"。请注意是"几乎与人有关的一切"而不是"与人有关的一切"。换句话说，如果把文化的外延想像成一个圆圈的话，那么这个圆圈并不是全封闭的，是"几乎全封闭的"。而其他概念的外延则是全封闭的圆圈，在圆圈里面的是这个概念的内涵，在圆圈外面的与这个概念无关。

正因为"文化"的外延不完全封闭，留了一个小小的豁口，致使什么是"文化"什么不是"文化"的界限难以明确，所以才造成这个概念的不确定。举个简单的例子来说明一下。比如"打喷嚏"，这是一个与人有关的事情，它应该在每个人身上都曾发生过，但是它并不属于文化范畴。因为"打喷嚏"虽与人有关，但它只属于人的自然属性，自然界中不少动物也打喷嚏，所以"打喷嚏"只能是作为动物群体中一员的人的一种自然生理现象，不具有文化性。不过，"打喷嚏"不属于文化范畴，而"怎么打喷嚏"可就属于文化问题了，因为其中体现着不同地区、不同人群的个人修养、社会文明程度，甚至经济发展总体水平等一系列文化内涵。在教学实践中，笔者教授的韩国、日本及欧美的留学生，在打喷嚏问题上十分注意细节，如尽量把声音压到最低，尽量使用面巾纸，尽量避免冲着他人"喷射"等，而一些中国学生则经常肆无忌惮、毫不遮拦、惊天动地地在教室中响亮地打喷嚏，这就是"文化"，准确地说是"文化的差异"。同样的道理，人的吃喝拉撒睡也都不属于文化范畴，而都属于自然属性，但是怎样吃喝拉撒睡就包含着文化问题了。这样的区别，恰是"文化"研究的魅力所在。

既然提到了打喷嚏、吃喝拉撒睡，那么顺便提醒一下，"文化"并非高雅之物，它既属"阳春白雪"，也是"下里巴人"；既包括文学、历史、哲学、艺术等高雅学术，也包括人类的粗俗丑陋之习。实际上，在人们的衣食住行、吃喝拉撒睡中都存在着浓郁的文化问题。如

① 任继愈：《民族文化的形成与特点》，载《中国文化研究集刊》第二辑，复旦大学1985年版。

衣有服饰文化，可以穿着暴露，也可以从头包到脚；吃有食文化、茶文化、酒文化等，可以满汉全席，也可以快餐速食；拉有厕所文化，可以清新芳香、清洁如镜，也可以屎尿横流、臭不可闻；睡有睡觉文化，可以夫妻同床，也可以分床而眠，等等。

正因为"文化"既属"阳春白雪"，也是"下里巴人"，所以很难用好与坏来简单地评判它。实际上，评判"文化"的标准是多样的，如可以依据历史发展阶段，可以依据传统习惯，等等。所以，我们既不能说中国的食文化非常好，也不能说美国的麦当劳、肯德基非常不好。我们必须容忍对美国快餐文化的赞赏、批评或毁誉参半等观点的同时存在。

（二）"文化"的基本属性

关于"文化"的基本属性，以笔者的愚见应有 4 个，即人性、意识性、传承性、群体性。从某种意义上说，它们是理解、把握"文化"的 4 把"钥匙"。

所谓"人性"，即文化必须是与人有关的事物。如果与人无关则只属于自然物，不属于文化。由此，"自然"与"文化"是个对称，在人类产生之前只有"自然"没有"文化"。换句话说，"文化"是与人类相伴始终的，将来有一天人类没有了，"文化"也就没有了。在人类产生以后，有些早在人类产生之前就已存在的自然物因人的实践活动也逐渐具有了浓厚的文化味道，如泰山等五岳名山。

所谓"意识性"，即文化必须是因人的意识活动而产生的事物。这种意识或者是成体系的思想，或者是一般性的想法，或者是灵光一闪的灵感，但只要是因为意识甚至是潜意识而产生的事物，就属于文化。比如，许多中国人的随地吐痰行为，表面上看是无意识行为，张口就吐，不假思索，但实际上是潜意识在作祟，是千百年的传统造成了中国人的这种与现代文明格格不入的惯常行为，它不仅是中国的一种文化现象，甚至成为中国人的文化标识或标签。

所谓"传承性"，也可称"历史性"，即文化应该是经过一定历史时期的发展、演变而积淀成形的事物。一般来说，"文化"事物应该具有一定的历史性，如果没有则很难被认定为"文化"。这就是为什么说"谈文化必谈历史，离开历史则文化无从谈起"的原因。比如，"汽车文化"是我们在今天真真切切地感受得到的，它包含造车理念、购车理念、用车制度、驾驶管理等多方面内容，各国各地区均不一样，而第一辆汽车被制造出来的时候，显然还没有形成这种"文化"氛围，因此它只能被当作文明成果。

所谓"群体性"，即文化应该是某一特定的人群共同创造的事物或共同拥有的思维模式、价值取向、行为方式等，单个个人的不具有代表性的思想言行或创造很难说具有文化性。比如，一些西方发达国家中也有随地吐痰的现象，但由于没有形成一种被默许存在的氛围，所以构不成文化现象。

以上"文化"的 4 个基本属性，看似简单，实际上存在着疑惑。比如"群体性"问题，一个群体中到底多少人共同具有的行为才算是其文化特征呢？是 10%？是不到 50%？是超过 50%？还是 90% 以上？甚至必须达到 100%？仍以中国人的随地吐痰为例。中国虽被冠以"吐痰大国"的帽子，但中国人肯定不是个个都随地吐痰的，更有许多中国人也十分厌恶这种与现代文明格格不入的丑陋之举，但我们还是不得不接受了这一令人不悦的文化标识或标签。这个问题该如何解答呢？实际上，类似的疑惑无数，正是它们的存在才使得"文化"难以把握。

三、"文化"与"文明"

在中国古代，"文化"具有自己独特的内涵。在汉语系中，"文"与"化"最初是分开使用的。成书于战国末的《周易·贲卦·象传》中有这样一句话："观乎天文，以察时变；观乎人文，以化成天下。"意思是：观察天象可以察觉到时序的变化，观察社会人文现象可以教化天下之人。所谓"人文"，古人认为指诗书礼乐等精神文明成果及君臣、父子、夫妻、兄弟、朋友等人伦社会关系。"观乎人文，以化成天下"后来简化为"人文化成"。从中我们可以看出，古人最初理解的"文"与"化"是"文治"和"教化"两个意思。

到了西汉，"文"和"化"终于结为一体，组成为一个词。刘向《说苑·指武》："凡武之兴，为不服也，文化不改，然后加诛。"意思是：凡是对外使用武力都是因为异族不肯归服，文治教化又不能改变他们，然后才施加诛罚。从中可以看出，"文化"一词的出现是相对于"武功"而言的，"文化"即是"德化"。从此，汉语系中"文化"一词的含义就明确下来，专指诗书礼乐和道德风俗等，最多包括政治制度，总之不出社会上层建筑的范畴。它的用法是作为"自然"或"野蛮"的对称。

在西方民族语言系统中虽然也有与汉语"文化"一词相对应的词汇，但是在含义上却有很大差异。比如拉丁文表示"文化"的"Cultura"一词，原形为动词"Colere"，分别表示好几层意思，如居住、练习、留心（或注意）、敬神等。与拉丁文同属印欧语系的英文、法文中与汉语"文化"相对应的"Culture"一词最初表示的是栽培、种植的意思，另外还表示身体训练之义，并由此引申为对人性情的陶冶、品德的教养等。从这个引申义可以看出与中国古代"文化"一词中"文治教化"的含义比较接近，所不同的是，中国古代"文化"一词从一开始就专注于精神领域，而"Culture"却是从人类的物质生产活动出发，继而引申到精神领域中的。从这层意义上分析，"Culture"的内蕴比中国古代"文化"一词的含义更为宽泛，而与中国语言系统中的另外一个词汇"文明"更加贴近。

在中国语言词汇中，"文明"一词最早也是出现在《周易》中，《乾卦》："见龙在田，天下文明。"意思是：龙（阳气）出现在大地上，天下的万物生成，大地锦绣，风光明媚。在这里，"文明"是与"万物生长"相联系的，所以它所包括的内容首先是物质方面的。实际上，"文明"一词的含义更接近我们所理解的广义"文化"的概念，既包括物质的也包括精神的。正因为如此，中国与古埃及、古代两河流域和古代印度不称"四大文化古国"，而称为"四大文明古国"。

另外，在时间上"文化"与"文明"也有区别，比如一般把人类进入阶级社会以后的历史称为"文明时代"。古埃及、古代两河流域、古代印度和中国之所以并称为"四大文明古国",就是因为在人类历史上它们率先摆脱原始的蒙昧时代而最早进入奴隶制社会。而在原始社会人们通过实践活动而产生的一切,一般被称为"文化"。不过,这一点也并不是很严格。

总之,"文化"与"文明"是有区别的,有的时候不能混用,但由于这种区别的界限并不严格,有的时候二者又可以混用,因此就需要具体问题具体分析了。

第二节　"文化热"与中国历史文化学

"文化热"在中国的形成开始于上个世纪80年代初,以后持续高温,尤其是对中国传统文化的研究热度一直居高不下。不仅我们中国人自己日益重视我们祖先留下的丰富的伟大历史遗产,就连外国人也对中国的传统文化格外重视。比如《孙子兵法》的战略思想,《三国演义》的用人思想,儒家文化的"集体主义精神",等等,早被日本、韩国、东南亚等国的企业广泛地运用,由此也带动了这些国家的中国文化热。

一、"文化热"的历史底蕴

"文化热"在中国出现的原因是多方面的,既有现实的原因,也有历史的原因。20世纪80年代初的现实是,经历了多年的政治运动和长时期对马克思主义的机械理解与应用,使得中国人头脑封闭,思想僵化,学术研究走入死胡同。随着改革开放的进行和思想解放的深化,全面回归马克思主义精髓的呼声日高,人们渴望运用新的方法,以全新的视角审视和研究中国文化,重新揭示出中国文化的本来面目,以提高中华民族的整体素质。这样的现实不仅决定了"文化热"的必然出现,而且决定了它必然会在这个时间出现,但这还不是根本。

"文化热"出现的根本原因是中国文化深厚的历史底蕴。作为世界四大文明古国之一的中国不仅具有悠久的历史,而且还是世界上唯一一个历史不曾被割断过的文明古国,它的文化积淀、文化遗存是世界上任何国家都无法比拟的。

世界四大文明古国除中国外,还有古代埃及、古代两河流域地区(主要是今天的伊拉克一带)和古代印度,但是今天的埃及人、伊拉克人和印度人并不是创造古代文明的那些先民的直接后裔。创造这些古代文明的先民在被很早的时候就被外族征服了,以后逐渐消失在了历史长河之中。例如,古埃及早在公元前10世纪的时候就开始遭到外族的入侵,公元前6世纪又被波斯人践踏,公元前4世纪再被古希腊人征服,接近公元之时则沦陷于罗马人之手,公元七、八世纪被并入阿拉伯帝国的版图。在一次一次的征服中,古埃及文明的风貌早已"体无完肤"。同样,古代两河流域文明的创造者苏美尔人也在经历了阿卡德人、古巴比伦人、亚述人、新巴比伦人、赫梯人、波斯人、希腊人等一次又一次的征服之后,在接近公元的时候终于消失得无影无踪了。他们所创造的文明不仅没有一脉相承地流传下来,即使是后来那些征服者的文化也都几乎被破坏殆尽了。今天生活在两河流域(幼发拉底河、底格里斯河）土地上的居民都是阿拉伯人，他们与苏美尔人毫无关系。而最早创造古代印度文明的人是生活在次大陆上一种个子很矮、皮肤粗糙、塌鼻梁、黑皮肤的土著，他们后来被来自中亚的身材高大、皮肤白嫩的雅利安人所征服，文明遭彻底毁坏。再以后，匈奴人、阿拉伯人等先后涌入次大陆，近代的时候远隔千山万水的英国人又来骚扰一回，结果将古代印度文明分解得"支离破碎"，最初的文明几乎被忘记得干干净净。

　　只有中国，其古代文明被一脉相承地传承下来了。我们就是那些曾创造出光辉灿烂的古代文明的先民们的直接后裔，我们是炎帝、黄帝的直接子孙。尽管在中国历史上也曾出现过多次民族融合，以及少数民族入侵中原，甚至建立起全国统一政权的时候，如元朝和清朝的统治，但是以汉族为主体的民族构架从来没有改变过，以华夏文明为主体的文化结构也从来没有动摇过。所有与华夏文明接触过的少数民族，最后都被融进到华夏文明中，并成为推动和丰富华夏文明的动力与新鲜血液。

　　几千年的文化积淀，使中国传统文化的内容极为丰富，世界上没有任何一个国家拥有像中国这样丰富、深厚、久远的传统文化。不仅如此，我们还有记载历史的好传统，保留至今的古代文化典籍浩如烟海。我们今天的传统文化热正是基于这样的底蕴而发生的。而且，由于对如此丰富的传统文化我们一直未能很好地研究、总结过，要做的事情还有很多很多。所以，可以预言，这种传统文化热还将持续一个相当长的时间。本书不仅在许多地方应用了"文化热"的学术成果，而且它本身也是"文化热"的组成部分。

二、历史学与历史文化学

　　先来说说"历史"与"历史文化"。

　　"历史"概念是人们熟知和确定的。所谓"历史"，即一切事物的发展过程。广义的"历史"包含自然史和人类史，狭义的"历史"仅指人类社会的发展过程。我国著名历史学家、曾任北京师范大学历史系主任的白寿彝先生在笔者作为新生于80年代初入学的欢迎仪式上曾激昂地宣称："历史科学是唯一的科学。"这句话曾让我们兴奋了好一阵子。本以为是白老先生为了激励我们好好学习历史而脱口说出的，后来才知道，这句话是马克思他老人家说的。既然如此，当是真理了。不过仔细想来，也确实如此。马克思这句话的立论就是广义的历史概念。

　　至于"历史文化"，可定义为：指人类社会在发展过程中所展现出的文化风貌的总和，它包括政治、经济、军事、思想、艺术以及人们社会生活的各个方面。它的展现不仅是单纯的文化方面的体现，还与文化的创造者、自然环境、经济环境、社会制度环境以及地区间文化的相互交流相关联。而中国历史文化应当指中国社会发展、演变过程中所展现出的具有自己独特内质的文化风貌的总和。

　　再来说说"历史学"与"历史文化学"。

　　历史学是研究人类社会发生、发展、演变及其规律的科学。历史文化学则是研究历史文化及与其相关联的社会方面的科学。笔者还给"历史文化学"下了一个更加形象的定义，即以文化眼光——宏观的、对比的、高屋建瓴式的眼光，审视和研究人类历史发展演进的科学。这是笔者讲授"中国历史文化概论"课程的心得体会。

关于历史学与历史文化学的关系，笔者认为历史文化学当是文化的一个分支，属于亚文化学科，同时它又与历史学有着极为密切的联系。所以，历史文化学属于交叉学科或边缘学科。历史学与历史文化学的关系是：历史学是历史文化学研究的基础，没有历史也就无所谓历史文化；历史文化学则从更广泛的领域、更深刻的层次揭示出历史发展的客观规律。

历史学与历史文化学的区别在于：首先，二者的研究方法不同。历史学是在充分利用历史素材的基础上，运用历史唯物主义观点研究人类社会起源、发展的过程，并从中探求出演变规律的科学。历史文化学则是在充分利用历史素材的基础之上，结合社会发展的一般规律，通过宏观的、全方位的比对，运用辨证的思维方法进行研究，以探求出不同文明的本质特征的科学。其次，二者的研究结论不同。历史学探求的是人类具体、实在的发展过程，以及抽象的演变规律；历史文化学探求的则是经过高度抽象和概括的人类社会的总体文化风貌。比如，殷商时期的历史表象表明，它是中国奴隶制时代的发展时期，表现为奴隶制文明得到一定发展，如甲骨文字的成熟及青铜冶炼技术的高超等，但统治手段野蛮、残暴。而将这些历史表象进行文化研究和批判，通过抽象概括，则殷商的文化风貌体现出"天真无邪"的少儿型特征，被认为是中国文化的幼稚时代，表现为迷信神、依赖神、以神为中心。

三、学习、研究历史文化的目的和意义

学习、研究历史文化的目的和意义在于辨明文化发展过程中出现的问题，追根溯源，为事物的形成、演变找出历史根源，同时弘扬文明精华，摒弃文化糟粕，不断升华人文思想，推动人类社会朝着健康有序的方向发展。

而中国历史文化表明了中国人之所以成为中国人的根本原因。研究它可以从更深刻的层次揭示出中国文化的精髓与糟粕所产生的根源，使我们真正明白什么是精髓，什么是糟粕，这样才能对症下药，才能真正做到"弘扬精髓，摒弃糟粕"，才能实现以新的精神风貌赶超世界发达国家的目的。

针对大学生，则主要体现在帮助他们努力从历史与文化中提取文化精粹，提醒他们时刻注意摒弃自身存在的文化糟粕，努力提升自我修养，完善自我人格，为今后成为合格的社会精英奠定牢固的思想文化基础。同时，历史出知识，历史出智慧，历史出经验，历史出教训，读史使人明鉴，学习历史的目的是温习过去、服务现实、展望未来。所以，大学生应该学会将历史与现实结合起来的方法、将局部与整体结合起来的方法、将具体与抽象结合起来的方法思考及分析问题，预见自我的人生未来，善始善终，避免出现严重偏差和重大失误，并为社会做出自己应有的贡献。

　　总之，以笔者看来，"历史文化学"的内涵比"历史学"要深刻得多、宽广得多，学习、研究它也更加具有现实意义。

第二章 中国文化的发生——远古时代

前面已述，"文化"的第一属性是必须具有"人性"，所以谈中国文化的发生就必须从有中国人的那一天开始谈起。当然，中国人诞生的准确时间是谁也说不清楚的，肯定不会是某一天，而应该是一个时段，而且当时也没有"中国"这个概念。但不管怎么说，既然他们生活在后世被称作"中国"的土地上，他们的文化就肯定与我们今天的文化具有千丝万缕的联系，属于中国文化的一部分。

第一节 中国境内的古人类

今天，稍通中国历史的人都知道，中国历史至少有上百万年的时间，中华文明已经绵延四五千年之久，中华文明就发生于我们脚下这片被称为"中国"的土地之上，中国是世界上公认的为数不多的文明古国之一。但是，倒退到上个世纪 20 年代以前，关于"中国文化产生于何时"、"中华文明发生于何地"、"中华文明的历史有多长"等问题，曾经都是"悬而未决"的。不仅外国人否认中国文化、中华文明产生于中国，就连我们自己的一些学者也对我们是否拥有这么长的历史产生过怀疑。

一、中国文化源头之争

早从 18 世纪始，西方学界就一直盛行着"中国文化西源说"。该观点认为，中国古代文明起源于西方，中国人的远古先祖黄帝、炎帝都是西亚人，甚至可能是欧洲人。持这一观点的主要代表人物是法国著名的历史学家、考古学家拉克伯里，他著有《中国古代文化西源说》一书，声称黄帝、神农、伏羲等都是西亚的巴比伦人，中国人的祖先是从西亚向东迁徙，首先进入中国西北地区，然后再向东南地区发展，最后蔓延到中国全境的。

此外，在 20 世纪 20 年代，中国学术界也掀起一股"疑古思潮"，代表人物是著名学者胡适、顾颉刚等人。他们认为，殷商以前的历史是春秋战国时期的学者凭空编造出来的，根本就不存在，因为中国历史中能与今天被各国普遍使用的公历对应得上的最早时间是公元前 841 年，在此以前的中国古代纪年都是不确切的。这种疑问在当时产生了很大影响，它虽然是针对封建"泥古派"的反动学说而提出的，但由于它不仅将中华文明的历史向后推迟了两三千年，缩短了一半，甚至使"我们是炎黄子孙"、"五千年中华文明史"等传统说法都发生了根本动摇，这样就使得中国古代文明的源头问题更加扑朔迷离。

值得庆幸的是，以上这些观点在20世纪20年代末的时候遭到初步否定。就在"疑古思潮"正喧闹之时，从北京西南郊50公里处的周口店传出了震惊世界的消息——那里出土了中国有史以来第一次被认定的古人类化石。不仅如此，那里还出土了世界上第一具完整的古人类头盖骨化石，这使得中国这个古老的国度再次以其不可思议、难以想像的历史令世界刮目。

二、"中国猿人"的发现

1918年春，瑞典籍地质学家安特生在周口店龙骨山的山洞里首次发现了哺乳动物的化石。1927年，他又发现了3枚人牙化石。经解剖学家研究，这些化石属于古人类的一个新种属，于是被定名为"中国猿人北京种"，简称"中国猿人"。

两年后，一个更加值得载入史册的发现惊爆世界。1929年12月2日，来自北京大学的26岁的青年学者、以后成为著名古生物学家的裴文中先生奇迹般地发现了一具完整的"中国猿人"头盖骨化石，这在当时全世界范围内是绝无仅有的。这一发现不仅揭开了中国古人类发现的重要一页，而且还将人类起源的历史向前推进50万到70万年，其轰动的程度难以用语言来形容，同时它还有力地驳斥了"中国文化西源说"。

7年以后，1936年，当时年仅28岁、以后成为著名考古学家的贾兰坡先生又一连发现了3具中国猿人头盖骨化石，再次使小小的周口店名扬四海，也使得贾兰坡先生和裴文中先生一样成为名垂青史的人物。

但是，非常遗憾的是，裴文中先生和贾兰坡先生发现的这些头盖骨化石，连同其他一些化石，于1941年的时候被美国人弄得下落不明了。当时，中国的抗日战争激战正酣，美日关系也随着日本咄咄逼人的气势而日趋紧张，中国准备将这些被保存在北京协和医院中的化石送往美国暂避战争，谁知化石运出北京后便丢失了，至今下落不明，成为世纪之谜。我们今天所见到的那具完整的头盖骨化石是1966年时又发现的一具。

1949年以后，随着中国大地上各种古人类文化遗址的不断发现，"中国猿人"这一叫法就显得不适合了，于是它被更名为"北京猿人"，简称"北京人"，这个名称一直延续至今。

三、中国的远古祖先

1949年，新中国建立以后，考古事业迅猛发展，出土的各种古人类文化遗迹和历史遗存不断增多，中国文化、中华文明的真实面目越来越清晰。中国文化起源于中国本土，黄河、长江是中华文明的"摇篮"成为铁定的事实，"中国文化西源说"或"中国文化西来说"等荒谬论断遭到彻底否定。

学术研究表明，人类的直系远祖是生存在距今1400万年—800万年的腊玛古猿，此类古猿在中国云南的开远、禄丰也有发现。从腊玛古猿以后到现代人之前，我国学者从人类学角度将其划分为3个主要阶段：猿人、古人和新人。

猿人亦称直立人，著名的有元谋人、蓝田人和前述的北京人，他们被称为中国"三大古人类"。

元谋人于1965年5月发现于云南元谋县。在那里出土了可能是属于同一个男性青年的2枚上中门齿化石，后来被定名为"元谋直立人"，俗称"元谋人"。经测定，元谋人生活在距今170万年的时代，它是我国迄今发现的最早的古人类化石，虽然比发现于东非肯尼亚距今二三百万年的最早的古人类晚一些，但足以说明中国也是人类的起源地之一。

蓝田人于1963—1964年发现于陕西蓝田县，在那里出土了一具不完整的中年女性头骨化石、上下颌骨化石各一具和牙齿化石十余枚。经测定，这些化石距今80万年到65万年，晚于元谋人，早于北京人，所以比北京人表现出更多的原始性。

在"三大古人类"中，北京人出土的材料是最为丰富的。经鉴定，北京人生存的年代为距今69万年到23万年之间。在总共13层的文化沉积中，由上而下，第一层到第三层距今23万年左右，第十层为50万年左右，第13层的底部距今约70万年（或称绝对年代不少于69万年），说明北京人曾在这里生活了几十万年。迄今一共发现了属于40个以上男女老幼个体的化石，其中比较完整的头盖骨6个、下颌骨15件、牙齿157个、上下肢骨10多件，以及数以万计的石器、100多种动物骨骼化石，文化物堆积厚达几十米。如此丰富的材料，即使从全世界范围看也是独一无二的，这也是北京人著称于世的主要原因之一。1987年这里被联合国科教文组织认定为世界文化遗产，成为中国首批进入"世界遗产"清单的世界级文物保护单位。

猿人在体质特征上，已经由猿转化成人，下肢与现代人十分接近，可以直立行走，但在其他方面，比如大脑和上肢，还带有不少原始性。

古人亦称早期智人，生存于距今10到20万年之间，著名的有1958年发现于广东韶关的马坝人、1956年发现于湖北长阳的长阳人和1954年发现于山西襄汾的丁村人。马坝人是从猿人直接发展而来的最早的古人，长阳人稍晚，丁村人可能是直接向新人过渡的古人。

新人亦称晚期智人，生存于距今约一二万到十万年之间，著名的有1958年发现于广西柳江的柳江人、1951年发现于四川资阳的资阳人和1933年发现于北京西南周口店龙骨山上的山顶洞人。山顶洞人虽然与北京人生活在一个山上，但他们不是北京人的后裔。新人在体质上已经逐渐克服了猿人遗留下来的原始性，其中，山顶洞人距今只有一万八千年，在体质上已经与现代人几乎完全一样，他们是蒙古人种的直系祖先。同样非常可惜的是，1941年以前所发现的全部山顶洞人化石与北京人化石一起被美国人弄得下落不明了。

上述这些考古成就，使得中国成为世界上迄今为止唯一一个在人类起源的各个阶段上都有古人类文化遗迹出土的国家，中国文化发源于我们脚下成为不争的事实。

第二节　中国文化的产生

文化产生于从猿到人的转变之中，在这个过程中，原始人创造了两项最值得一提的文化杰作：一是用石头制作出的简单工具，二是使用火。

一、旧石器时代的文化杰作

石器是人类最早的文化杰作之一。虽然原始人制作的石头工具是十分粗糙而简单的，但这却是足以将他们与动物区别开来的"分水岭"，因此在文化产生的过程中占有重要地位。考古学就是依据原始人所制造和使用的石制工具，将他们生存的时代划分成旧石器时代和新石器时代两个阶段。旧石器亦称打制石器，新石器亦称磨制石器。

人类学对古人类的划分与考古学的划分大致对应如下：猿人阶段相当于旧石器时代的早期，古人阶段相当于旧石器时代的中期，新人阶段相当于旧石器时代的晚期。新石器时代距今有七八千年的时间，此时原始人已经完全进化为现代人。

另外，有些学者还在新、旧石器时代之间划分出一个中石器世代。中石器时代开始于距今约一万年前，特征为：经济生活以采集、渔猎为主，使用的工具虽仍以打制石器为主，但出现了局部磨光的石器，尤其是弓箭被发明，这使狩猎的生产效率得到了大幅度增长，也为畜牧业的产生奠定了基础。

从时间上计算，人类处于旧石器时代的时间历经二三百万年之久，占迄今为止的人类全部历史的99%以上。在这漫长的时间中，我们的祖先艰难而顽强地将石器的制作技术从打制提高到磨制。这种进步虽然在今天看来微不足道，但其对人类发展的意义是非凡的。今天发展速度令我们自己都目眩的日新月异的高科技成就，其发端就是我们祖先用几百万年的时间赢得的这不起眼的第一次技术进步，而我们距离那个时代不过才一万年左右的时间。作为现代人，我们进入机器时代不过才三四百年，进入计算机时代更是不到一百年，所以人类目前实际上还处于科技水平很低级的时代。谁敢想像几百万年以后的人类会掌握什么样的技术？

另外，依据人类社会组织的变化，历史学将原始人的生存时代划分为原始群时期和氏族公社时期两个时代，其中氏族公社时期又分为母系氏族公社和父系氏族公社两个阶段。它们与考古学划分的对应关系是：原始群时期几乎与旧石器时代完全对应，氏族公社时期与新石器时代对应。同样，人类处在原始群时期的时间也超过迄今为止的人类历史的99%以上。如果把这个时期当作人类的童年的话，人类之年轻又可见一斑。

原始人在制作石器的同时，还制作木器、骨器、蚌器等，并逐渐产生了语言、宗教的雏形等，这一切都浓缩着原始人的意识，都属于文化杰作，但由于只有石器成为化石保存到了今天，所以我们把从猿到人转变过程中生产的石制工具，不仅当作中华物质文明的开端，而且当作中国文化起源的直接标志。

如果说石器的制造是原始人与动物相区别的"分水岭"的话，那么火的使用则是原始人与动物正式揖别的标志。使用火，可以说是旧石器时代原始人完成的一项意义更加非凡的伟大文化杰作。因为使用火，人类开始吃熟食，而吃熟食的结果是促进了人类体质尤其是大脑的发育，使得脑容量增大，脑壁变薄，从而最终使人从动物界中"脱颖而出"，成为具有智慧的高等动物。

关于火在人类历史发展中的作用与地位，恩格斯有过一段非常精辟的论述。他说："就世界性解放作用而言，摩擦生火还是超过了蒸汽机①，因为摩擦生火第一次使人支配了一种自然力，从而最终把人同动物界分开。"② 他甚至说："可以把这种发现看作是人类历史的开端。"③ 所以，火的使用完全可以称得上是人类的一项划时代的文化创造。

使用火的意义还体现在：提高了原始人的生活质量，减少了疾病，延长了寿命，改进了生理结构，增强了抵御和猎取野兽的能力，还使原始人的活动区域扩大了，他们可以去比较寒冷的地区活动。

人类最初使用的火肯定来自于自然界，如火山爆发、闪电劈火、森林或草场的自燃等。以后人们在长期的实践中终于学会了摩擦生火，从而能动地掌握了这种"自然力"，使他们征服自然的能力有了前所未有的提高。北京人十几米厚的用火遗迹表明，他们早就熟练地掌握了取火、用火和保存火的技能。

二、新石器时代文化的丰富多彩

到新石器时代，随着生产力的进一步提高，我们的先民们创造出了更加辉煌灿烂的原始文化：磨制出较为精致的石器，农业、畜牧业取代以前的采集、渔猎的生活方式，陶器得到广泛的使用等。

陶器与石器不一样，它是人类第一次制作出了非自然生成的生产用器具和生活用器皿，是人类智慧的又一次创新，它表明人类的生活将有质的飞跃了。所以恩格斯在《家庭、私有制和国家起源》一书中把学会制陶术作为人类结束蒙昧时代、开始野蛮时代的标志。

迄今为止，在中国大地上已发现的新石器时代的文化遗址有七八千处之多，其中最著名的是3种文化类型：仰韶文化、大汶口文化和龙山文化。

仰韶文化存在于距今7000年到5000年时，因1921年首先发现于河南渑池仰韶村而得名，属母系氏族公社时期的文化遗存，分布于黄河中下游地区，又因以出土彩陶而著称，故亦称"彩陶文化"，最著名的遗址是陕西西安半坡村遗址。

---

① 1769 年英国人瓦特发明蒸汽机。
② 《马克思恩格斯选集》第 3 卷第 154 页。
③ 恩格斯：《自然辩证法》第 90 页。

大汶口文化存在于距今6500年到4500年时，因1959年首先发现于山东泰安大汶口而得名，属于从母系氏族社会向父系氏族社会过渡时期的人类文化遗址，主要分布于今山东西南和江苏北部一带，出土的陶器以灰陶为最多，红陶次之。

龙山文化存在于距今4800年到4300年时，因1928年首先发现于山东章丘龙山镇而得名，又因以出土一种薄而有光泽的黑陶著称，故也称"黑陶文化"，属父系氏族公社时期，主要分布于黄河中下游地区。

从新石器时期开始，原始中国人的宗教、艺术等文化内容逐渐丰富起来。同时，由于地理的广阔，中国文化在中国广袤大地上发生的时候，已呈现出"多元"的特点。

第三节 传说中的文明

神话传说肯定不是真实的历史，但它是我们的祖先记述历史的一种方式，如果把其中迷信、虚无的东西去掉，我们是能够得到真实历史信息的。

一、华夏文化的奠基

根据传说与考证，在距今5000年左右的时候，我们的祖先终于走到了文明的门槛前，此时他们处在父系氏族公社阶段。在黄河流域和长江流域分别形成三大文化集团，即华夏集团、东夷集团和苗蛮集团，他们都是中华民族的直系远祖。

华夏集团发祥于黄土高原，后来散布在黄河中下游地区。他们在很早的时候就自称为"诸夏"或"华夏"，或者单称"华"、"夏"。"华"为"荣"之意，即茂盛、光荣；"夏"为"中国之人"或"中原之人"之意。这个集团内部又分成两支：黄帝集团和炎帝集团。

黄帝，亦称轩辕氏，传说中古代部落的首领。相传他曾率领部众开荒种庄稼，艰苦创业，在发展生产和科技方面有许多重大发明和贡献。例如，他推算日月运行，制定出中国最早的历法；他精通医学，与神医岐伯合作研究出治病的理论和方法，被后人编成我国最早的医书——《内经》，亦称《黄帝内经》；他聪明灵巧，制作出车、船和指南车等。他还善于发挥众人的特长，命自己的妻子嫘祖总结养蚕、缫织帛的经验，织出光彩夺目的丝织品；命仓颉（一作苍颉）创造文字，命大挠创造六十甲子，命伶伦制乐，命隶首制定度量衡，命挥和牟夷制作弓箭。他还发明了农业、畜牧业、手工业、房屋建筑业等所需的一些必要的生产和生活用具。由于他的这些贡献，所以后人尊他为中华民族的祖先。其实，黄帝的发明乃是我们祖先共同的长期的劳动成果，这些东西有不少早在母系氏族公社时期，甚至更早一些时间就已经问世了。

炎帝，亦称神农氏，与黄帝同为传说中古代部落的首领，农业和医药的发明者。相传远古人民过着采集、渔猎生活，他以木制作耒、耜，教民农业生产。这个传说实际上反映的是我国原始时代由采集、渔猎进步到农耕的情况。还传说，他曾经尝百草，发现药材，教人治病。由于炎帝与黄帝的功勋卓著，所以被后人共同视为远古祖先，后人则自称为"炎黄子孙"。

东夷集团的活动区域大致在今山东、河南东南和安徽中部一带。传说中金属与刑罚的发明者蚩尤和射日的后羿都属于这个集团。

蚩尤是神话传说中东方九黎族首领，有兄弟81人。相传他能以金作兵器，能呼风唤雨。另外，他还创制了对犯罪之人进行惩罚的刑罚。但在神话传说中多将他描写成"魔头"的样子，因为他曾与我们的"直系"祖先黄帝对抗。实际上，蚩尤也是我们的祖先之一，他的81个兄弟很可能是受他领导的几十个氏族部落，他们共同组成了东夷集团这个部落联盟。

后羿，亦称夷羿，传说中东夷族首领，但人们记住他更多地是因为他曾是拯救人类的大英雄。传说尧当政的时候，10日当空，植物枯死，猛兽长蛇为害，人类面临灭绝的危险。后羿弯弓搭箭，一连射下9个太阳，又射杀猛兽长蛇，为民除害，所以后世子孙都以崇敬的心情怀念着他。

苗蛮集团主要活动于今湖南、湖北和江西一带。神话传说中人类的始祖伏羲氏、女娲氏即属于这个集团。据说，伏羲氏、女娲氏是兄妹，二人相婚而产生了人类，后来他们又禁止人类兄妹相婚。这个故事反映的是我国原始时代婚姻制度由血缘婚进步到族外婚的情况。另外，传说伏羲氏还教民结网，从事渔猎畜牧，这实际上反映的是中国原始时代开始渔猎畜牧的情况。据说，八卦也是出于他的制作。

我们的祖先在跨入文明时代门槛前曾爆发一系列兼并战争。先是华夏集团的黄帝诸部与炎帝诸部联合打败了蚩尤，发生涿鹿大战，战场在今河北西北部的涿鹿县东南，结果蚩尤被杀，两个集团完全融合，华夏集团的力量得到壮大。随后，在华夏集团内部，黄帝诸部与炎帝诸部发生了阪泉大战，战场在今山西运城盐池附近，还有一说战场也在今河北涿鹿东南，战争的结果是炎帝战败后向东南方退走，从此黄帝成为华夏集团的代表。

还有一种说法是阪泉大战发生在前，涿鹿大战发生在后。另外，关于阪泉大战的战场本来一直有两种说法，或在今山西运城盐池附近，或在河北涿鹿东南。当今一些权威的历史学家都认为在今河北涿鹿发现的一个巨型古泉，即阪泉大战所指的"阪泉"，也就是说这里就是阪泉大战的古战场。但2000年9月，北京的延庆县突然宣布阪泉大战发生在京郊延庆，并获得一些历史学家的支持，成为第三种说法，使这个问题更加扑朔迷离。实际上，阪泉大战并非一次战斗，而是双方在从涿鹿到延庆间几十公里的一马平川上反复拼杀，最后才以黄帝诸部的胜利而告终。

华夏集团在经历了这两场战争之后继续保持强大。以后，在距今4000年的尧、舜、禹时代，华夏集团又取得了对苗蛮集团战争的胜利，将自己的势力范围推进到长江流域。经过这一系列的胜利，华夏集团最终确立了自己在中华民族及在中国文化中的主流地位，对后世中国文化的格局产生了深远的影响。

二、神话传说所反映的中华民族的文化精神

神话传说一般产生于原始社会末期的氏族公社时代，它通常是以幻想的方式把客观世界加以形象化，是原始人集体信仰的产物，其中包含着原始人的全部自然科学和社会科学。以后，随着文明的进展，神话传说又被后人进行了程度不同的润饰与加工，这样一方面使之逐渐由最初的朴野叙事艺术成为文学化的艺术作品，另一方面后人还将自己的价值取向、政治理想等赋予其中，使之具有后天添加的更加丰富的信仰内涵。而在这些信仰内涵中，体现着中华民族最根本的文化精神、文化内涵。

首先是造福后代、牺牲自我的精神。在中国的神话传说中，我们可以看到一个独特的现象，就是不管多么伟大的神，无论他曾做出过何等辉煌的业绩，最后都不免会死去。比如开天辟地的盘古，可以称得上是神话传说中最古老的创造神之一①，他不仅将最初混沌在一起的天地劈开，迎来光明，还不断地将天举高，使天地永不能再混沌于一体，但最终他却因劳累过度而死。还有补天治水的女娲，她是神话传说中人类的始祖，曾用黄土造人，并炼五色石补天，还折断鳌足支撑四极，治平洪水，杀死猛兽，使人民得以安居，但是她也没有活到今天。其他像黄帝、炎帝，以及尧、舜、禹等所有传说中的人物，实际上都是我们的祖先神，也都没有活到今天。如果我们对照一下基督教文化或伊斯兰文化就会发现问题了。它们唯一的创造神上帝或安拉在创造出宇宙万物和人类之后，还要继续承担着繁重的工作，永远不能死掉。他们必须关心人类的一切，时时关注人类的喜怒哀乐、悲欢离合、生老病死，辅助人类的生活，还要帮助人类惩恶扬善，在人死后将他们分别引入天堂或打入地狱，让他们享永福或受永难，所以上帝、安拉至今还"活"着。东南亚佛教文化中的诸神也一样都还"活"着，永远保佑着他们的信徒。中国神话传说中的这种独特现象，实际上显示着中华民族从它的祖先起就有着顶天立地的英雄气概，他们有着为了造福后代不惜牺牲自己生命的雄伟气魄。

其次是自信的精神。我们知道，各种神实际上都是人创造的，所以其实并不是上帝、女娲造人，而是人造上帝、女娲。既然神是人造的，那么人可以让神生，也可以让神死。中国人之所以让神生，换句话说，中国必须有神话传说，是因为我们的先民知道天地宇宙万物及我们人类本身是不能被我们自己创造出的，人没有这样的能力，必须由神来创造，这是生产力低下时代的自然科学内涵。但是，当这一切都具备以后，我们的先民认为依靠自己的力量就完全可以改造生存环境，创造人类自己的历史，而无需神的帮助，所以就让神死去了。这种相信自己的力量，不想永远地依赖于神，将神完成使命以后的工作视为是自己能力所及的分内之事的精神，是中国文化、中华文明又一独特的内质。这种"无神"文化产生的原因，是因为中国古代生产力发达，造成中国文化的早熟。

---

① 实际上，关于盘古的传说始见于三国时。

当然，说中国文化"无神"，并不是说中国文化中就没有神，也不是说中国人就全都不信神。实际上，即使在今天的中国，佛教、道教、伊斯兰教、基督教和许多民间宗教等都有不少的信徒，他们崇拜着各式各样的神灵。但是，中国人作为一个文化群体来说总体上是不信神的，这个文化群体不是全民信教的。

第三是节俭的精神。这从盘古死后身上的一切都化作可利用之物可以反映出来。神话传说称，盘古死后他的身体装点了天地万物：呼出的气变成了风云，发出的声音变成了雷霆，左眼变成了太阳，右眼变成了月亮，四肢变成了擎天柱，躯干变成了五岳名山，须发和血液变成了群星和江河，皮肤、汗毛变成了花草树木，牙齿和骨骼变成了金属和玉石，汗水变成了雨露和甘霖。我们可以看到，盘古的身体一点都没有浪费，一点都没有糟蹋，全部都利用起来了，这反映的就是我们农耕文化的节俭传统。因为古代农业生产完全是靠天吃饭，劳作艰辛，收获不易，所以必须尽量收藏、利用一切可用之物，不能随意糟蹋、丢弃任何东西，以应付匮乏之需，避免灭顶之灾，久而久之形成了这样的文化传统。另外，从传说大禹的部下用粮食造酒而遭到他严厉斥责这件事也可以透露出这样的文化内涵。

第四是让贤的精神。这可从尧、舜、禹"禅让"的传说反映出来。"禅让"，即传说中原始社会末期部落联盟推举首领的制度。"禅让"的传说出现于春秋战国时，最早在《论语》中提到，到战国中期的孟子以后该故事开始逐渐完善和有声有色起来。实际上，它反映的是儒家文化的一种政治追求。这种政治追求虽然不能说是中国文化的本质精神，但由于儒家思想是中国两千年封建社会的正统理论，所以这种政治追求实际上也成为中国古代政治文化的重要内核之一。

"禅让"的传说是：尧为部落联盟首领的时候，四岳（四方部落首领）推举舜为继承人，尧对舜进行3年考核，让他辅助自己办事，最后决定传位给他。尧死了以后，舜继位。舜也同样用推举的方法，经过治水考验，以禹作为自己的继承人。禹继位后，又举皋陶为继承人，皋陶早死，又以伯益为继承人。

"禅让"之说实际上反映了春秋战国的儒家思想家们期望从"家天下"回复到所谓"公天下"的理想与愿望，他们以此来企盼阶级社会的君主们不从个人私利而从天下大局出发，将君位传贤不传子，以给小民更多的利益。这是儒家的理想，在当时的现实中是根本不可能实现的。

不过，尧、舜、禹"禅让"的传说对以后的中国历史影响很大，后人经常有模仿他们行为的，这样的闹剧在封建社会曾不断上演。例如，战国时燕王哙将王位"禅让"给相国子之，东汉末献帝刘协"禅位"于曹丕（魏文帝）等。这其中，除了燕王哙可能是真心实意以外，其他的末代皇帝们没有一个不是被逼无奈而"禅位"的。汉献帝在举行完"禅让"仪式后说："尧、舜之事，我终于知道了。"一语道出了"禅让"的辛酸。燕王哙虽然"真心实意"地让出了王位，但他的太子平不干。太子平与将军市起兵造反，反对子之，结果邻国齐国乘乱攻占燕国，燕王哙和子之都被杀死，空留下一段历史笑柄。

第四节　中国原始文化的特点

一、早熟性

中国文化早熟的特征早在原始社会末期就显现出来了。按照马克思的观点，中国文化实际上是一个早产的婴儿，它是在还未足月的时候就出生了。

马克思认为，处在原始时代的人们就像是被孕育着的婴儿，还在母体中未出生，进入文明时代才意味着他们的出生。他曾说过："有粗野的儿童，有早熟的儿童，古代民族中有许多是属于这一类的。希腊人是正常的儿童。"[①] 另外，古罗马也是正常的儿童。而古希腊、罗马如何成为"正常的儿童"呢？是因为他们是在"野蛮时代"的高级阶段，即原始父系氏族公社的军事民主制时代，经历了"铁器时代"以后才进入文明社会的，而中国的情况刚好比人家早了两个阶段。

一般来说，在"铁器时代"之前还有一个"青铜时代"。"青铜时代"与"铁器时代"合称"金属时代"，都是考古学上的名词。古希腊、罗马是在经历了"金属时代"以后进入阶级社会的，而中国则是在石器时代发展的最高峰的时候进入文明社会的。换句话说，中国人是在手无寸铁的情况下进入文明社会的。此时，中国人连青铜器都很少见到，更不要说铁器了。造成这种情形的原因是什么呢？原因就是我们的生存环境太好了。中原地区气候温和、雨量适中、土壤松软、灌溉方便等诸多优良的自然条件，最终促成了中国文化、中华文明的早熟、早产。

文化的早熟既给中国文化带来了一些先进的成果，比如古代生产力发达、无神性等，也带来许多负面的因素，比如王权发达、发展后劲不足等。近代中国的落后，从某种意义上说，就是由于文化早熟造成的。

二、多样性

前面已述，由于地理的广袤，中国文化在中国大地上从一开始发生就呈现出"多元"的特点，不同地区的文化遗迹都显现出些许独具的特色。新石器时期仰韶文化的彩陶、大汶口文化的灰陶和红陶、龙山文化的黑陶，都是原始文化多元、多样性的体现。

另外，从神话传说中也可以看到这一点。黄帝、炎帝、蚩尤、伏羲和女娲的事迹实际上反映出不同的文化族群所体现出的文化特征。尽管他们的一部分由于战争兼并而统一于黄帝族群，但活动于中原周边地区的那部分则仍旧保留着自己的文化传统和特征。而即使在黄帝

---

① 《马克思恩格斯选集》第 2 卷第 114 页。

族群内部，不同的氏族部落，也因传统习俗、生活方式各异而显现出不同的文化风格。这种文化的多元、多样性，随着以后文明的进展而不断深化，直到今天，中华人民共和国境内的文化仍然具有这样的特点。

虽然中国原始文化已经具备了早熟性和多样性的特征雏形，但实际上，从总体情况上来看，此时中国文化有别于其他文化的特殊面貌并没有显露出来，或者说尚没有鲜明地展现出来。

为什么这样说呢？因为在原始社会，人类生产力的发展进步极为缓慢，在经历了至少二三百万年的时间后，才从粗糙的打制石器发展为磨制石器。所以，尽管各地区的人们也会因为自然条件的差异而体现出一些不同的文化风格，但从总体上来说是大同小异的，显现不出太多的特色风貌。比如：火的使用都发生在旧石器时代，而且最初使用的火都是来自于天然，以后发展到钻木取火、燧石取火等；弓箭的发明都是在中石器时代，样式都差不多，使用方法也差不多；制陶术则都是出现在新石器时代，在技术上也没有太大差别，陶器的器形几乎一样。甚至最初的文字符号都很相似。例如，在仰韶文化半坡遗址中出土的陶器上面绘制的"T"、"L"等符号，有人认为是汉字的起源，但也明显像是西方文字的字母。原始宗教的发展也同样如此，都是从多神的自然崇拜、生殖崇拜到图腾崇拜、祖先崇拜，最后出现至上神崇拜。

由于在原始时代，世界上任何民族在文化上都表现不出太大的差异，所以如果这个时期有外星人来地球考察，他们会感到大失所望的。因为他们所看到的不论什么地方的人，生活方式几乎都是一样的：人们或赤身裸体，或用树叶、兽皮遮盖；或一群一群地追逐野兽于平原草地之上、山麓森林之间；或围绕着捕到的猎物欢呼雀跃，手舞足蹈。发生战争的双方都是手持石器、木棒相互砍砸、击打，甚至直接用拳脚相殴，战作一团，毫无章法，胜利果实由摇摇晃晃站起身的人较多的一方获得……诸如此类，基本一样，毫无二致。

中国文化也同样如此。中华民族在这个时期与其他民族一样，由于受生产力因素的限制，尚难以展示出自己独特的文化内涵，但是，产生日后文化差异的基础是存在的，如地理环境的因素、生产力发展的因素，等等。

第三章 中国文化的幼稚时代
——夏商时期

大约在公元前 22 世纪末或公元前 21 世纪初——还有人认为是在大约公元前 23 世纪的时候，我们的祖先迈进了文明的门槛，建立了第一个奴隶制国家——夏朝。夏朝和继之而起的商朝一共统治了 1000 年左右的时间。夏商文化与原始文化交接，仍处在中国文化发展的早期阶段。如果原始文化用人从出生到上幼儿园以前这个阶段来形容的话，那么夏商文化则是处在上幼儿园的阶段，也即一个人从三四岁到五六岁的样子，其特征必然是充满了幼稚性的。

第一节 夏文化的猜测

夏文化处在中华文明发生的初期，具有幼稚性的特征是毫无问题的。但是，由于夏朝的历史对今人来说内容不够丰富，其文化特征和内在性格的具体体现尚没有足够的历史素材作依托，所以目前还不能肯定，只能是猜测。

一、数千年的疑惑及揭破

实际上，在历史上关于是否有夏王朝存在都曾有着长期的争议。生活在春秋末的孔子说过："夏礼，吾能言之，杞不足徵也。"[1] 意思是：夏朝的礼制，我能说出来，但它的后代杞国（在今河南杞县）的礼制不足以为证了。这说明作为历史学家的孔子对夏朝是肯定的。但是，过了 200 多年，到了战国中后期，人们对夏朝的认识却开始模糊起来，如伟大的爱国诗人屈原在《天问》中曾对夏朝历史一连提出过二十几个疑问。《天问》主要是对自然现象发问，而关于人类历史则只对夏朝发问，如"洪泉极深，何以窴之？地方九则，何以坟之？"意思是：洪水的源泉那么深沉，大禹怎么能把它填住？大地被分为九等，大禹是如何划分的？说明屈原那个时代的人们对夏朝历史的了解已经是渺渺茫茫、恍恍惚惚的了。但奇怪的是，又过去 200 年左右的时间，到西汉时，大历史学家司马迁居然完整地列出了夏王的

---

[1] 《论语·八佾》。

世系表。司马迁在《史记·夏本纪》中明确记载：夏朝从启到桀共传 14 世，历 17 君，后被商族所灭。这就让人感到不可思议了。

除了上述 3 件事以外，夏朝历史在其他典籍中也有记载，但要么是片片段段的，要么是令人生疑的。如《尚书》中的《禹贡》和《甘誓》虽然列为《夏书》，但其成文年代至早不会超过春秋战国时期，也就是说晚于夏朝 1500 年以上。经过了如此久远的时间，谁还敢相信其所记内容是完全真实的呢？再如《左传》、《国语》、《吕氏春秋》等书虽然也能见到《夏书》，但不是一笔代过，就是只引片言支语，而且常常出现互相抵牾的现象，让人难以取舍真伪。至于战国晚期到两汉间，虽然谈论夏史的书籍多了起来，但那都是传闻，甚至带有演义性质，不足为信。

在古代，对夏朝历史比较真实的一次揭示可能是在西晋的时候。公元 281 年（晋武帝司马炎太康二年），位于汲郡（治所在今河南汲县西南）的一个战国魏王的墓被发掘，出土了记载历史的竹简数十车，当时被称为《汲冢书》，后来称《竹书纪年》。书中详记了夏朝的世系，与司马迁《史记》所载一模一样。由于魏国出于晋国，而晋国又是西周初年姬姓封国之一，因此周室的典籍魏国的史官是应该能见到的，其追述西周以前的史事也应该有其古史的根据，所以该书的史料价值应该是极高的。可惜的是，此书在宋时便已失传了。今天所见的《竹书纪年》是宋人或明人伪托的，称为今本，可疑之处颇多。

夏王朝历史的迷雾一直到新中国建立之后才最终被拨开。1959 年，考古工作者在河南偃师二里头发掘出一处古代文化遗迹，后被命名为"二里头文化"。经考证，二里头文化遗址是夏朝后期王都所在地。以后，在西起河南西部和山西南部，东至河南、河北、山东 3 省交界处，南接湖北，北入河北的广大地区又陆续发现了一些具有夏文化特征的遗址，显示出夏族人曾在这片广阔的区域活动过。这样，历史上确实存在过一个夏王朝终于成为不争的事实。

从考古发掘情况来看，夏王朝的统治中心在今河南西部，其势力和影响可达黄河南北，直到长江流域。从政治上来说，此时国家已经出现，王位世袭制也已经确立起来，并有了早期的行政区域。相传大禹曾划"九州"，即冀、兖、青、徐、扬、荆、豫、梁、雍。实际上，这是春秋战国的学者根据自己所掌握的地理知识，对中国地域所进行的大致划分。不过，既然夏朝已经进入文明时代，按地域划分国民肯定已经发生，只是不如后世所描述的那样清晰罢了。另外，奴隶主和奴隶两大对立阶级也已产生，但奴隶数量并不多，而且很少有债务奴隶，大部分奴隶来自战争中的俘虏。从经济上来说，夏朝社会虽已处于青铜时代，但青铜冶铸业尚不发达，这从二里头文化遗址中只出土了一些刀、镞、爵、铃等小件器物的事实就可以证明。

二、夏文化性格的猜测

今天我们虽然已经证明夏王朝是存在的，但从总的情况看，我们对夏朝历史的掌握还是肤浅的，还存在许多空白。另外，还有一个很重要的问题没有解决，就是我们至今没有发现夏朝的文字，更没有发现夏朝文字所记载的夏朝历史。而夏朝肯定是有文字的，因为我国目前发现的最早的古文字——商朝的甲骨文已经是比较成熟的文字了。根据任何事物都有发生、发展和灭亡过程的历史唯物主义观点，在商朝甲骨文之前肯定应该有比它更原始些的文字。所以，在商朝之前的夏朝已有文字当是无可争议的，甚至早在夏朝建立以前的仰韶文化、龙山文化就应该产生文字的雏形了。但非常遗憾的是，迟至今日仍没有人见过夏朝的文字，商王朝仍是中国历史上最早的有文字可考的朝代。所以，我们对夏文化的勾勒只能是依据少量的资料进行猜测了。

夏文化的性格之一也许是"忠于职守"，这主要从鲧因治水而被杀的传说得出的结论。相传尧在位的时候，黄河流域发生了很大的水灾，庄稼被淹，房屋被毁，人们只好往高处搬。不少地方还有毒蛇猛兽，伤害人和牲口，人们实在过不下去日子了。于是尧召开部落联盟会议，商量治水的问题，众人推荐鲧来担当此任。据说尧并不信任鲧，但苦于没有更好的人选，只好勉强同意。鲧用了9年的时间治水，却未能将洪水制服。因为他只懂水来土掩，构筑堤坝挡水，结果洪水冲塌了堤坝，造成更大的祸患。后来，舜接替了部落联盟首领的位子，他亲自到治水的地方去考察，发现鲧办事不力，就把鲧杀掉了，又让鲧的儿子禹去治水。禹改变了他父亲的做法，采用开渠引水、疏浚河道的办法，花了13年的时间，终于把洪水引入大海，制服了水患。这就是流传甚久的鲧和禹父子2人治水的故事。疑问在哪儿呢？疑问在鲧被杀的原因上。我们都知道"兵来将挡，水来土掩"这句古语，也就是说洪水来了必须用土构筑堤坝去挡水才能防止水患，今天也一样，因此鲧构筑堤坝挡水肯定是没有错的。换句话说，他不应该因此而被杀。至于洪水破堤，或是因为技术原因，或是因为不可抗力所造成的，不能全怪鲧，今天的堤坝被洪水冲破也是经常发生的事情嘛！而且，人类构筑堤坝总有一个发展过程，只有经过一次又一次的破堤，筑堤技术才能不断提高。鲧那个时代或许是我们的先民第一次构筑堤坝，所以在技术上肯定存在许多问题，但也肯定积累了一些经验，后来大禹之所以治水成功，就是汲取了这些经验教训的结果。另外，必须消除一个误解，即这个传说的明显暗示——鲧是在拦河筑堤，结果越挡水越大，才造成更大的祸患。实际上，这是不可能的，因为一是鲧不可能那样傻，二是他也没有那样的技术，他根本无法使河水断流，今天拦河构筑堤坝也是一件非常困难的事，更何况原始社会的古人了。所以，鲧只能是沿着河道构筑堤坝挡水，他肯定不会在河道上拦腰筑堤挡水。那么，他为什么被杀呢？既然水来土掩的举动是没有错的，那么就应该把目光放在他动用了什么"土"去挡水这个问题上面了。经考古发掘证实，鲧所动用的土是附近神山上的土，这可是要命的举动。因为这座神山上的祭祀活动是以尧、舜为首的那个部落联盟最高的精神信仰，它维系着整个部落联盟的团结与统一，挖了它的土等于动摇了部落联盟全体成员的精神寄托，会造成部落联盟四分五裂的结果，这是比洪水淹死人要严重得多的问题。所以，为了维系部落联盟的团结与统一，作为部落联盟首领的舜不得不断然采取了杀掉鲧的措施，这才是鲧被杀的真实原因。那么，它如何反映出夏文化忠于职守的性格呢？实际上，无论是鲧也罢还是禹也罢，都不可能是一个人在治水，他们是率领着夏族人去治水的，至少夏族人是治水"劳动大军"中的主体。夏族人接到的命令是治理洪水，消除水患，这是他们必须完成的职责，于是当洪水袭来的时候，他们首先想到的是构筑堤坝，挡水救人，因此便不管不顾地就近挖掘了神山上的土，最终酿成了首领被杀的悲剧，为自己的忠于职守付出了惨重代价。另外，以后禹继续治水的传说也透露出夏族人的这种文化性格。传说禹治水期间，曾几次经过家门而不入，甚至听见妻子涂山氏刚生下的儿子启在哇哇大哭，他也没有进家探望一下。这不正是夏族人忠于职守的最好实证吗？

而从鲧被杀，其子禹无怨无悔地继续治水这个传说，又透露出夏文化的另外一个性格特征——"任劳任怨"。正是有这种内在精神动力的支持，才使得夏族人从首领被杀的悲痛中顽强地站立起来，继续完成自己的职责，直到13年后终于治水成功。实际上，舜用禹治水也是不得已而为之的事情。鲧被杀的另一层含义是，作为部落联盟中来自其他部落的舜不愿意看到夏族正在日益强大起来这个事实，所以他才找借口把鲧杀了，以遏止夏族人势力的发展。而在洪水灾祸没有消除面前，他虽不愿意看到夏族逐渐强大，但又必须得派人治水，所以最后在两个祸患中取其轻，不得不派有能力的禹去治水，其他问题只有待以后再说了。当然，舜最不愿意看到的结局还是发生了，治水的成功不仅使夏族人获得了整个部落联盟的尊重，而且还使部落联盟首领的职位毫无争议地落在了他们手中，夏族人终于因此而强大起来了。

除上述两点以外，夏文化似乎还具有"活泼好动"的文化性格，这也是其文化幼稚特征的直观反映，其具体的历史现象就是夏王朝曾多次迁都。据传说，夏朝曾8次迁都，最后迁到今河南偃师二里头，这已被考古发掘证实。对照后代的王朝，除了商朝，很少有如此频繁迁都的。后世绝大多数王朝，从建立到灭亡都只有一个都城，这实际上是文化成熟的反映。而夏朝频繁迁都，其原因虽是多方面的，但至少是由于缺乏经验造成的。通过频繁地迁都，他们逐渐积累起选址、造城等经验，所以它既反映出中国文化在这个阶段的幼稚性，也体现出与夏文化的年龄阶段相吻合的活泼好动的幼儿性格。

还有，夏文化性格或许是充满"忧郁不安"的，这可从"杞人忧天"这个寓言故事中隐约反映出来。"杞人忧天"，亦称"杞国之忧"，出自《列子·天瑞》，说的是杞国有个人怕天塌下来，吃饭睡觉都感到不安，以后用于讥讽那些心有不必要的忧虑之人。前面所引孔子的话"夏礼，吾能言之，杞不足徵也"表明作为夏族人后代的杞国文化已经发生很大变化了，因为此时距离夏王朝灭亡已经有1000年的时间了，所以他们的礼制已不能印证夏朝的礼制，但他们毕竟是夏族人的后裔，在生产力低下的年代，尽管1000年是一个很长的时间，但文明的进步、文化的改造是极其缓慢的，所以夏人的文化传统到春秋末期或许不会改变得一点不剩，应该多少会保留一些的，这样透过"杞人忧天"我们或许能看到夏文化"忧郁不安"的性格特征。

总之，由于夏朝的历史一直不甚明朗，因此关于其文化性格的描述难以接近实际，上述忠于职守、任劳任怨、活泼好动、忧郁不安等都只是猜测。这样，商王朝就成为在中国历史上形成具有自己独特文化风格的第一个朝代。

第二节　殷商神本文化的体现及实质

商王朝是大约公元前 17 世纪的时候代夏而建的，到大约公元前 11 世纪被周所灭，一共统治了 600 年左右的时间。在中国历史上，商族人是一个非常特殊的族群，他们对鬼神的崇拜可以说达到了无以复加的程度，超过其他任何族群，所以殷商文化显现出了强烈的神本性特征，形成了自己独特的文化风貌。需要说明的是，这种文化特征虽对后世有一定影响，但它并不是中国文化的本质特征，所以殷商文化属于有别于后世文化特征的"另类"文化。

一、殷商神本文化形成的原因

所谓"神本"，即国家政治生活、社会生活等各个方面都以鬼神为中心，"天命观"决定一切。殷商这种神本文化特征的形成有着多方面的原因。

首先，是由于生产力水平低下造成的，这是根本原因。由于生产力水平低下使得初民们对一切自然现象都无法做出科学的解释，便很自然地认为是由某些超自然的力量在支配着这一切，于是对各种由人们想像出的神灵顶礼膜拜，形成宗教迷信文化。最初的宗教迷信产生于原始社会，被称为自然崇拜或自然神崇拜，以后逐渐出现至上神崇拜，亦即天神崇拜，天神成为其他众神的统领。父系氏族公社时，随着父系血缘的确定，又出现了祖先崇拜或称祖先神崇拜，如对黄帝、炎帝、尧、舜、禹等祖先的崇拜。殷商时期虽然已进入文明时代，但生产力水平仍很低下，原始宗教文化依然浓厚，自然崇拜、祖先崇拜风行，这是历史发展的客观规律所决定的。

其次，是由文化原因造成的。一方面，商族人对鬼神的迷信不仅超过其他部族，而且具有悠久的传统。前面已述，商族人是一个非常迷信的部族，其迷信鬼神、相信天命的程度超过任何一个其他部族，夏族人不如他们，周族人也不如他们。他们迷信鬼神、相信天命已经达到了登峰造极的地步，怀有一种令人难以置信的"天真无邪"。除神以外，其他任何人、任何事都不会左右商族人的行为。而商族人的这种迷信来自悠久的历史传统。相传商族人的始祖契是五帝之一的帝喾之子，他曾因佐助大禹治水有功而被舜任为司徒，掌管教化，封于商，赐姓子氏。这个传说既表明商族是与夏族一样古老的部族，也表明商族人迷信鬼神具有悠久的传统。因为原始时代的"教化"，除了用鬼神愚弄部民外，不会有其他什么内容。而契之所以被任命为司徒，是因为商族人擅长鬼神迷信的各种祭祀和仪式活动。另一方面，商族人顽固地相信自己的部族是受命于天的，他们笃信"天命玄鸟，降而生商"[①] 之说。传说契是因其母简狄吞吃玄鸟（燕子）蛋怀孕后生的他。这个传说表明，商族很可能是一个以

---

① 《诗经·商颂·玄鸟》。

燕子为图腾的部族。同时表明，在契之前商族尚处在母系氏族社会时期，所以只知其母不知其父，从契开始商族进入父系氏族社会阶段。契母简狄吞吃玄鸟卵而孕的传说，一直是商族人迷信"天命"的一个思想源泉。商族人不仅大肆宣扬"天命玄鸟，降而生商"，"殷受天命"等迷信思想，让别的部族安心接受他们的统治，同时他们自己也坚信这是一个毋庸置疑的事实。

在重"天命"的同时，商族人对自己的祖先也十分崇敬。在殷人的观念中，"天帝"（或称"上帝"）的地位在诸神中是最高的，自然界所有的神灵都归他驱遣，人间的一切也都由他主宰。历代商王活着的时候是代表"上帝"在人间行使统治权力的最高君主，称"下帝"或"王帝"，死后升天，"克配上帝"，成为"先王先公"，与天神一样享受后人祭祀，继续干预人间的一切。这样，中国文化在殷商时代完成了"祖先崇拜"与"上帝崇拜"的结合，从而正式形成了"天命神权"观。

将祖先崇拜与上帝崇拜相结合，具有深刻的政治内涵。从此以后，违背王命，不仅获罪于天，而且为列祖列宗所不容，这就使得神可以更加直接地为政治统治服务，它不仅成为殷商神权政治、神本文化高度发达的重要标志，同时对以后历朝历代都有着很深的影响。

二、殷商神本文化的体现

殷商神本文化首先表现为人们对天命神权的执著迷信与恐惧，所以商王经常利用这一点，假托天命神意来压服自己的臣民。

历史记载，商汤欲讨伐夏桀时，他的基地亳（今河南濮阳）的臣民对此并不感兴趣，啧有烦言，于是商汤在战前誓师大会上宣布："不是我胆敢发动战乱，而是因为夏国犯下许多罪行，天帝命令我去讨伐它。我畏惧上帝，不敢不去讨伐。如果你们能够辅助我，完成上天对夏国的惩罚，我一定重重地赏赐你们！假如你们不服从我的誓言，我一定将你们连同你们的妻子儿女一并处死，绝对不会有任何赦免。"① 受到这样一番惊吓，众人不得不跟随他出战，在条鸣（今河南封丘东）与夏军决战。最终，夏桀战败南逃，死在南巢（今安徽寿县东南）。商汤乘胜西进，占领夏朝的统治中心，灭亡夏朝，建立商王朝。

商朝第二十任国君盘庚为了商族的强大打算将都城迁徙到殷（今河南安阳西北小屯村）时，也曾假借天命进行胁迫。当时迁都的阻力很大。贵族们贪图安逸，不愿意迁徙，在他们的影响和鼓动下，庶民也不愿意搬迁。为此，盘庚一连下了3道命令，反复告诫群臣，自己的先王曾与他们的祖先同心协力过，现在他们的祖先正与先王一道接受着祭祀。希望群臣不要只顾自己安乐，轻视王命，煽动庶民，以免受到神的惩罚。他说："我迎来天帝延续你们的生命，并不是要威胁你们，而是要帮助你们，养育你们，但如果有人不走正道，狂妄放

---

① 见《尚书·汤誓》。

肆，欺诈行恶，胡作非为，我就要灭绝他的家族，不会使其后代在新都继续繁衍。"① 反对迁都的人全都害怕了，只得老老实实地跟着盘庚迁徙到了新都。从此，一直到商朝灭亡，一共270多年，商王朝再没有迁过国都，商王朝也因此强大起来。正因如此，盘庚成为与商族的始祖契、商王朝的建立者汤一样的必须被后世商族人祭祀的先祖。

殷商神本文化的第二个体现是占卜盛行，神职人员的地位举足轻重。

殷商的统治者将政治生活、社会生活中的一切都与鬼神紧密地联系在一起，大到国家政治制度，小到个人生活中微不足道的小事都要占卜问神。像对外发动战争，与敌对部族媾和，追捕逃亡奴隶等，都必须举行大规模占卜祭祀活动。甚至有些让今人看起来微不足道的小事，也要举行规模庞大的占卜祭祀活动。如有一次商王出现耳鸣，竟举行了一个用158只羊作祭品的占卜祭祀活动。殷商时，大规模的祭祀活动往往需用牲畜上千头，甚至用活人来祭祀。

商王不仅迷信上天和祖先，而且认为自然界中的山川河岳都有神灵，都能降福于人世，因此他们对上天鬼神的祭祀活动几乎天天举行，凡事都要通过占卜来祷告祈求。占，就是占卦；卜，就是问事。占卜活动由专门的神职人员（如巫、史、祝、卜等）负责。由于他们是能与鬼神进行沟通的人，所以在殷商王朝国家政治、军事、经济、社会生活等各个领域中具有举足轻重的地位。他们不仅知识高于一般人，是意识形态领域的权威，而且还拥有相当大的权力，代表鬼神指导国家政治和左右商王的行动。比如，传说商汤的嫡孙太甲即位后，破坏商汤之法，不理国政，结果被曾辅佐商汤建立商朝的伊尹（传说名叫挚，尹是官名）放逐。3年后，太甲悔悟，又被迎回复位。还有一说，伊尹篡位自立，将太甲放逐。7年后，太甲在外积聚力量后返回，杀伊尹复位。而伊尹之所以能将最高行政首脑放逐，很有可能他就是一个巫（或称祭司），他是借助了手里的神权才做到的。

殷商神本文化的第三个体现是统治者肆无忌惮地施行极为残暴的统治手段。

殷商的野蛮统治达到了令人发指的地步，其大规模地施行人祭、人殉则是这种野蛮性的突出体现。在殷商几乎天天举行的祭祀活动中，"人祭"是常见的事情。在甲骨文中记录用人作祭品的卜辞有3137条，其中1992条记录下了人数，共13052人；未记录人数的则有1145条。其中用"人祭"最多的一次是500人，一般为几十人。人祭的方式有砍头、焚烧、水淹、宰割和活埋，等等。在甲骨文中多次出现"炆妾"、"沉妾"、"伐羌"等字样。炆妾，即将女奴隶用火活活烧死以求雨。沉妾，即把女奴隶投入水中祭祀河神，以免除水灾。伐羌，即将羌奴活活敲打死，以祭祀祖先。

殷商"人祭"的情况在今天的考古发掘中得到了充分的反映。在河南安阳小屯村殷墟中，共发现了数以千计的杀人祭祀坑。这些祭祀坑大多数是在建筑宫殿、庙堂时举行的祭祀仪式后留下来的。殷商建筑宫殿、庙堂，一般要举行这样几次祭祀活动：基址挖好后，举行奠基仪式，将狗和小奴隶作为祭品埋在基坑下面；安放柱础前举行置础仪式，埋入奴隶作为

---

① 见《尚书·盘庚》。

贡献；安装门前举行装门仪式，在门槛的前后左右挖成方坑，每坑埋入 1～3 名执戈护卫的奴隶作为牺牲品，为首的手里还拿着盾牌；建筑完工后举行落成典礼，通常要杀掉数百人，连同车马、牲畜一起埋在建筑物的周围。

人殉即用活人殉葬，自古就有，但殷商时期这种惨绝人寰的暴行达到高潮。殷商奴隶主贵族为了能在"阴间"继续驱使奴隶为自己服务，往往在自己死后杀死大量奴隶为自己陪葬。在已发现的商代奴隶主贵族的墓葬中，殉葬奴隶少则一二人，多则几十人、上百人。在目前发现的用人殉最多的一座商朝贵族大墓中，共发现了近 400 个殉葬奴隶的尸骨。这些被残害的奴隶大多数不到 20 岁，有的甚至是囟门还未合拢的幼童。①

据统计，在殷墟发现的十几座大墓、中小墓和宫殿、庙堂遗址中，共发现被杀害的奴隶达 5000 人以上。可以想像，每当商族人举行祭祀或丧葬活动时，这些场所就变成了悲声震天的屠杀场，大批奴隶满怀着仇恨与恐惧永远地离开了人间。

殷商统治者的暴行，在末代国君商纣王统治时期达到了登峰造极的地步。老实说，商纣王尽管在中国历史上是数得着的暴君，但他并非一无是处，毫无功绩。他在位的时候，曾继承父王遗志，平定了江淮流域的东南夷方，此举对东南地区的最初开发和经营起了一定积极作用，为后来中原文化发展到东南地区奠定了基础，在这一点上商纣王是有贡献的。另外，商纣王也不完全是一个庸碌无为的人。《史记》中说他不仅聪明过人，反应灵敏，见多识广，而且勇力超群，能够赤手空拳地与猛兽格斗。但是，由于聪明过人，所以臣下一张嘴，他就知道臣下要说什么，立刻予以反驳，这个特点使他最终无法听进去别人的劝谏。据说商纣王的口才也很好，能把一件事情说得天花乱坠，也能把自己的过错掩饰得天衣无缝。当然，商纣王也不是个谦虚的人，他经常在大臣面前炫耀自己的能力，认为自己的声望高于一切天下人，认为天下的一切都是属于他自己的。一个人聪明过头了必定会落到自讨苦吃的地步。②

商纣王的荒淫是天下闻名的。他喜欢酗酒玩乐，终日与女子耍闹。不过虽然在他身边美女如云，但他最为喜爱的还是妲己。他最成名的荒淫之举是制作了"酒池肉林"。据说是在一个巨大的池子里盛满酒，把肉挂起来像树林一样，让男男女女赤裸着身子追逐嬉戏，通宵达旦地吃酒玩乐。为了满足自己的欲望，他对天下横征暴敛，到处搜求珍奇异兽充实宫中，供自己赏玩。

商纣王的种种举动遭致很多人的反对，于是他发明了"炮格（烙）"之刑进行镇压。炮格是一种十分残酷的死刑，即先将铜柱（一说铜格子）两端架起来，下面烧炭，将其烧红，然后令犯人赤脚在上面行走，最后犯人因脚伤不支坠落在火中活活烧死。商纣王发明这种酷刑，也是为了讨宠妃妲己的欢心。施刑时，妲己在一旁边欣赏边笑。

《史记》记载，商纣王曾将西伯、九侯（一说为鬼侯）、鄂侯 3 人立为"三公"。西伯就

---

① 囟门是新生儿颅顶各骨间的膜质部，最迟的一年半封闭。
② 见《史记·殷本纪》。

是周族的领袖姬昌，后被追尊为周文王。九侯、鄂侯可能也是别的部族的首领。九侯有一个很漂亮的女儿，献给商纣王，但是这个女儿不喜欢商纣王那些花样百出的淫乐方式，纣王一怒之下，把女孩儿杀死，捣成肉酱，送还给九侯。鄂侯替九侯气愤不过，声色俱厉地指责商纣王，纣王遂将鄂侯施以脯刑（把人肉剔下来晾成肉干）。西伯姬昌听说后暗地里叹息，被人告发，商纣王便将他囚禁起来。当时，西伯姬昌的长子伯邑考正在殷商作人质，给纣王作赶车的驭手，结果被纣王施以烹刑（把人放在开水锅中活活煮死），做成肉羹，送给姬昌。商纣王说："圣人是不会吃自己儿子的。"但姬昌把肉羹吃掉了。于是商纣王高兴地说："谁说西伯是圣人，他连吃了自己儿子的肉羹都不知道。"后来，周族人送给纣王许多美女、奇物、好马，于是商纣王就把姬昌释放了。

姬昌回去以后，串联许多反对殷商统治的部族，壮大势力，这使殷商王朝的一些有识之士感到威胁，他们力劝商纣王勤于政事，停止暴行，摒弃淫乐。谁知商纣王说出了一句最能代表殷商统治者顽固迷信"天命神权"的话，他说："我生不有命在天乎！"[1] 意思是：我生下来不就有命于天吗？潜意思是：除天以外，谁能奈何得了我呢？

后来，周族已经开始准备讨伐殷商王朝了，但纣王仍淫乱不止。他的同胞庶兄微子启多次劝谏他也不听，无奈微子启只好与太师箕子、少师比干商议离开殷商。箕子和比干都是商纣王的叔父。比干说："做人臣的，不可以不以死净谏。"于是他进宫继续强谏纣王，惹得商纣王大怒，说"我听说圣人的心脏有七窍，今天把你的心掏出来给我看看。"竟下令杀死比干，挖出他的心脏。箕子吓坏了，假装疯癫，但还是被商纣王囚禁起来。微子启独自逃走，后来投降了周朝。商纣王则在公元前1046年1月20日的牧野之战中战败，[2] 自焚而死，商朝灭亡。

三、殷商神本文化的实质

殷商文化之所以显现出突出的以神为本的特征，首先是商族人未能完全摆脱原始蒙昧状态的自然反映。换句话说，处在生产力十分低下时代的商族人相信神、迷信神完全是一个正常的现象，如果此时此刻他们不相信神、不迷信神那才有问题呢！

其次，显现出殷商统治者政治统治经验的不足。在殷商之前虽然已有一个统治400多年的夏王朝，但由于夏王朝是第一个阶级统治的王朝，处在文明时代的早期，原始性还是很浓厚，本身不可能积累太多的统治经验，所以可供商王朝汲取的经验、教训并不很多。同时，殷商统治者顽固地相信天命，坚持认为自己承受天命，受天保佑，所以始终不在乎任何人的威胁，也不讲求统治手段。商纣王的例子是最典型的，他的荒淫、暴虐、一味地胡折腾固然有其自身禀性的因素，但过于迷信于天命才是最主要的原因。要知道，到他统治时殷商已经

---

[1] 《史记·殷本纪》。
[2] 见《夏商周年表》。

建国 600 年了，中国进入阶级统治时代也有 1000 年了，但商纣王比起其祖先来说一点没有进步，依旧十分迷信，所以才会叫嚣"我生不有命在天乎"，结果最终走上了夏王朝亡国之君夏桀的老路，丧失了殷商 600 年的江山，断送了自己的生命。

第三，是原始的"非我族类，其心必异"的文化心理继续作祟的结果。原始社会时期，由于生产力低下，各群体必须占有一定的生活空间才能生存，别的族群的到来会给自己的群体带来生存危急甚至灭顶之灾，所以不能也不会把对方看成是自己的同类，而是当成必须消灭的异类，有的时候甚至还得像吃食野兽一样吃掉他们的肉体。另外，抢夺其他群体的生活资源，杀死其成员，也是拓宽本群体生活来源的重要途径之一，而干这样的事情也都是不能把对方当作人来看待的。所以，出于自身生存的需要，"非我族类，其心必异"就成了原始社会的基本生存法则之一。商朝的建立虽然是在中国进入文明时代 400 年以后，但是商族人进入文明时代可不能从公元前 21 世纪开始计算，因为那是夏族人进入文明时代的时间。商族人进入文明时代的时间，也就是在公元前 16 世纪他们建朝不久以前的时候。虽然他们肯定受到夏文化的影响，也接受了不少夏文明的成果，并显现出比夏族人当年进入文明时代稍稍进步些，但毕竟进入文明时代的时间短暂，所以依旧保留了浓厚的原始习俗，残酷地屠杀异族便是原始风俗的体现之一。那些被用于人祭的几乎全是异族人，用于人殉的也大部分是异族人。这使得商族人最后成为众矢之的，除了他们的同姓部族以外，其他异族几乎全都"造反"了。

第四，体现出中华民族幼儿时代"天真无邪"的"稚气"。前面已述，殷商时期是中国文化的幼稚时代，不仅中国文化如此，世界上其他民族在同样的发展阶段都是如此。人们在这个阶段就是痴迷鬼神的，"以神为本"是这个阶段普遍的文化特征，此时尚没有任何力量能冲破这种迷信氛围。商族人其实就像不太懂事的小孩一样，在传统习俗的支配下，天真无邪地相信神、迷信神，毫无杂念地崇拜各种神灵，一心一意地按神的旨意办事。所以，从这个角度看，商纣王的暴行是可以理解的，属于一个小孩子的不懂事的行为，而以后秦二世胡亥、隋炀帝杨广的暴行则属于成年人的胡作非为了，是绝对不可以原谅的。

第三节　殷商文化幼稚性格的体现

与神本文化特征相一致，殷商文化显现出强烈的幼稚性格，其体现如下。

一、天真无邪　信神为真

内容见上节。

二、活泼好动　迁徙不定

商族人是一个非常好动的部族，经常四处迁徙。传说在商汤建立商王朝以前，从契到汤，他们曾经迁徙过 8 次；商王朝建立以后，从汤到盘庚，又迁都 5 次，所以有"前八后五"之说。

商族最初居住在黄河下游地区，属东夷人，夏朝建立后，成为夏朝的一个属国。殷商从契到汤，一共经历了 14 世，约四五百年的时间，基本上相当于夏朝统治的时间。在这期间，先是契自亳（今山东曹县）迁到藩（今山东滕县），然后契之子、商族第二位首领昭明又迁于砥石（今河北泜水流域），再迁于商（今河南商丘），随后昭明之子、商族第三位首领相土又东徙泰山下，之后再回到商，其后世则迁于殷（今河南安阳），再后商族第九位首领上甲复归于商，最后商汤又迁到亳，回到了祖先创业的旧地。

商王朝建立后，先是第十一位国君仲丁将都城从亳迁到嚣（今河南荥阳东北），而后第十三位国君河亶甲迁于相（今河南内黄东南），再后第十四位国君祖乙迁于邢（河南温县东），然后第十八位国君南庚迁于奄（今山东曲阜），最后第二十位国君盘庚迁于殷。从盘庚迁殷开始，商王朝的统治稳固住并开始强大，所以商朝的历史，以盘庚为界限，明显分为前后两个时期。从此，商朝亦称殷朝、殷商或殷，商族人亦称殷人。

商族人之所以四处迁徙，既有政治上的原因，如内部统治不稳固，贵族集团中经常发生权力纷争；也有自然灾害的原因，如遇到水灾、旱灾等。据说有一次发大水，把都城全淹了，所以必须更换居住地。另外，还有经济上的原因。商族人是一个畜牧业发达同时擅长商业贸易的部族，所以一方面他们要频繁不断地更换放牧地区，另一方面则要经常赶着牲畜在各个部族之间从事贸易活动，因此需要到处迁徙。

据说，商族人很早就使用车马到远方进行贸易活动。相传马车是相土发明的，牛车是王亥（第七位首领）发明的。王亥赶着牛车在各部落间进行贸易时，被北方一个叫有易氏（一作有扈氏）的强大部族杀死，牛车被夺走。后来，王亥的儿子上甲（一说是王亥的弟弟王恒）借助其他部族的力量，打败了有易氏，又夺回了牛车。

三、东渡大洋　走出中国

"殷人东渡"——即商族人曾东渡太平洋在中美洲创建了玛雅文明。

关于殷商文明与玛雅文明（在今墨西哥，又称"奥尔梅克文明"）有着亲缘关系这个问题，在学术界有着非常大的争论，多数学者是持否定态度的。然而，尽管这个问题看似是不可思议的，甚至有点"天方夜谭"的味道，但无论是在文献记载中，还是在考古发掘中，这样的结论都显现出极大的可能性。

首先，据历史记载，夏朝在第二个王太康（夏启之子）统治时期，由于他经常外出狩猎，不理民事，被东夷族的首领后羿夺去王位，使夏朝失去对东方的控制。乘此机会，契的孙子相土迅速扩大了商族的势力。他以商丘为中心，把势力伸张到黄河下游的广大地区，并抵达到渤海边。《诗经·商颂·长发》中有"相土烈烈，海外有截"诗句，意思是：相土威名远扬，四海之外都一起来归顺。表明殷人的势力已经达到了海外。

其次，考古工作者在殷墟中曾发现了大量的海贝，还发现有鲟鱼鳞片、鲸鱼骨、海蚌等。至于商族人占卜用的龟甲，更有不少是来自深海的大海龟甲。这些东西都是殷人与海外关系密切的实证。另外，有报纸报道，1973 年到 1975 年，在美国加利福尼亚附近海域曾打捞出具有殷商文化特征的石锚、压舱石等文物。如果这则消息能得到证实，那么"殷人东渡"之说又多了一个实证。

第三，从文化逻辑推理上也可以证实"殷人东渡"之说是成立的。一方面，作为一个擅长商业贸易的部族，商族人肯定具有与商人一样的重利益、轻离别的特征。商人的特点是惟利是图、敢于冒险，为了追求高额利润他们什么地方都敢去，并不在乎远离家乡，远离亲人。所以，有些商族人在条件极其简陋的情况下利用简单的交通工具东渡太平洋到中美洲不是不可能的。而且，这也恰恰是与商族人活泼好动的文化性格相吻合的。另一方面，玛雅文明兴起时，正值商朝统治末期的公元前 12 世纪。而且，玛雅文明似乎是在公元前 1200 年前后突然出现的，这让人不得不产生一些疑问。是谁建立的它？如果不是商族人，那么是谁？这个答案至今没有合情合理的解释。

第四，更为重要的是玛雅文明与中华文明，尤其是殷商文明有着太多的相像之处了。例如，在玛雅文化废墟的城砖上有原创于中国的"太极图"——阴阳鱼图案；玛雅人死后像古代的中国人一样脸上戴一个玉面罩，玉面罩上面涂着中国人认为可以辟邪的朱砂；玛雅人认为猫头鹰与黑夜、死亡和阴曹地府有关，中国古代也有类似的迷信；玛雅丘皮夸罗出土的陶器上很多图案与中国新石器时代的安徽凌家滩遗址中出土的玉器纹饰一模一样，这些图案后来普遍出现在商周时代的青铜器上；在墨西哥，有些地方的土著民族因相貌酷似中国人而被昵称为"中国人"；玛雅语与中国的广东话非常相似，有人曾把玛雅语中的 100 个常用字与中国语中 100 个常用字发音进行比较，发现不少都近似。再有，玛雅的文字在外貌上虽然与汉字迥然不同，但实质是如出一辙的。玛雅文字是与汉字一样的意音和意形相结合的文字，这种文字在世界上很少见，现在尚在应用的只有汉字一家。

最神奇的是 1996 年 11 月 1 日美国纽约《世界日报》的一则报道，称一位来自中国的甲骨文专家陈汉平在华盛顿举办的一项美洲奥尔梅克文明展览中发现一件 1955 年墨西哥出土的拉文塔第四号文物的玉圭上面刻着的 4 个竖形排列的符号，是 3000 多年以前中国商代的甲骨文。陈汉平读出了它的大意："统治者和首领们建立了王国的基础。"另据报道，美国俄克拉荷马中央州立大学华裔教授许辉曾将他收集到的 146 个奥尔梅克文明中与甲骨文相似的符号带回国内，在请教了国内数位甲骨文权威后，得出这样的结论："这些文字属于先秦文字字体"。有一位专家说："许辉带来的文字，与甲骨文的相似不是个别的、孤立的。"当然，需要说明的是，这两则消息尚待证明，在此只作旁证。

2000 年 6 月 1 日到 8 月 31 日，墨西哥在北京世纪坛举办"神秘的玛雅——墨西哥古代文明"展览，这让我们从最近的距离认识了玛雅文明。在这次展品中至少有 8 件展品分别提示了该展品与中国某件文物有相似之处，尤其在一个玉米神雕像的腹部上有一个图案，其上半部与江苏连云港将军崖岩画非常相似，而下半部则与商周金文中的"藝"字极为相似。还有一件名叫基尼·阿奥的太阳神雕塑，其双手僵直拄在腿上的坐姿和头顶翘膀形的羽毛披饰，很容易让人联想起中国良渚文化玉器纹饰中兽背上的神人。

尽管如此，大多数学者对"玛雅文明起源于中国说"持反对意见，但仍有不少学者坚持己见。另外，一位美国学者的话或许能给这个话题增强一些肯定的分量。他说："美洲文明可能起源于青铜时代的商朝，因为太平洋两岸同时期拥有类似的艺术风格和宗教意识。"实际上，不少对玛雅文明有着很深研究的前苏联学者也持这种观点。

关于玛雅文明与中华文明，或者与殷商文明的关系问题，肯定会长期地争论下去。而且，可能这个谜永远都揭不穿。

四、政治禁忌较少 经济全面发展

殷商时期由于处在中华文明的早期，刚刚进入阶级统治不久，所以在政治上必然会表现出一些幼稚性。其体现为以下两个方面。

首先，使用人才不拘一格。例如前面提到过的伊尹，原本是媵臣，是商汤妻子带来的陪嫁奴隶。后来，商汤发现此人与众不同，便与之交谈，果然他讲出了许多治国的道理，于是商汤提拔伊尹做助手，任以国事，灭亡了夏桀。还有一说，称伊尹为处士，即隐居民间的有才之士。但不管哪一说，伊尹最初的身份非常卑微当是事实。再有，傅说被武丁举以为相的事情也很说明问题。相传傅说原是服苦役的奴隶或罪徒，后被商王武丁发现，任为大臣，治理国政，并成为古代著名的贤相。类似的事情虽然在以后的朝代也有发生的，但商王朝处在奴隶制时代，自由人与非自由人之间横跨着一道难以逾越的鸿沟，商汤和武丁能够将一名奴隶抬举到一人之下万人之上的地位，即体现了他们独到的政治魄力，也体现出这个时代的宽容性，实际上展现了殷商文化幼稚性格的一个侧面。这种事情若在后代发生，唾沫星子也能把这两个人给淹死，反对之声绝对会响成一片，更别说让他俩干实事了。而在商朝，我们没有听到什么非议之声，估计不会没有，而是声音不大，所以史籍也懒得记载了。

殷商时期政治禁忌较少，还表现为广泛允许妇女参与要务方面。周武王在发动灭亡商朝的进攻之战前，曾在距殷商别都朝歌以南 70 里的牧野举行誓师大会，历数商纣王的罪行，其第一条就是"惟妇言是用"，并称"牝鸡无晨。牝鸡之晨，惟家是索。"[①] 意思是：母鸡没有早上打鸣的。如果谁家的母鸡早上打鸣了，谁家就会败亡的。"索"是"空"、"尽"的意思。以此来论证妇人参与政事导致殷商必然灭亡的道理。虽然周武王的"惟妇言是用"

---

① 《尚书·牧誓》。

明的是指商纣王惟"妲己之言是从"①，实际上也指殷商一代"惟妇言是用"的风气。

殷商统治时期，妇女确实在国家事务中发挥了很大作用。应该说，这是母系氏族公社的遗存，毕竟殷商时期距离原始社会的瓦解时间并不长久。实际上，人类社会进入阶级社会以后，原始的习俗都不同程度地保留过一段时间。譬如在古埃及，女性的地位更高，不仅妇女为"家庭的统治者"，子女一般从母名，在亲属中外祖父和舅父的地位最为尊贵。而且，家庭财产中妻子保留自己的全部财产，丈夫则有义务提供妻子的生活所需。殷商的时候，女性地位没有古埃及妇女那样高，但是妇女在国家政治、军事等领域都是十分活跃的，这从甲骨文中就可以看到。商王朝时不少贵族妇女在国家政治、经济、军事领域承担着重要工作，如签收各地进献的用于占卜的甲骨，检视甲骨的加工钻凿，参与守宗庙奉祭祀活动，准备祭祀用的谷物，管理王室田庄，以及参加军事活动（指挥打仗、警卫边防），等等。在出土的商代墓葬中发现，不少殉葬的妇女身边随葬着兵器。她们可能属于墓主近身妃嫔婢妾或女官，随葬武器表明她们生前曾参与戎事，使用过这些兵器，因而要把它们带到另外一个世界继续为主人服务。在商代，"国之大事，在祀与戎"，让妇女参与这类工作，可见妇女所拥有的社会地位是极高的。

在商代参与国家大事的妇女中，最为著名的是商王武丁的一个法定配偶妇好（妣辛）。据甲骨文记载，她曾统率 3000 女兵参加战争，这场战争的总兵力是 13000 人。战争中，妇好负责设伏，伏击敌人。另外，妇好还曾代表商王参与征兵活动。

实际上，即使到了西周初年，妇女仍然参加国家大事的决策。如《左传·昭公二十四年》引武王在《太誓》（亦称《泰誓》、《大誓》）中说："纣有亿兆夷（助词，无义；一说指普通人）人，亦有离德；余有乱臣（治理国家的贤臣。乱：治理）十人，同心同德"。《论语·泰伯》记孔子曾引此语，说："唐虞之际，于斯为盛。有妇人焉，九人而已"。意思是：唐尧虞舜以后，就数周武王的时候人才多。可是由于周武王的 10 位治理国家的大臣中有一位妇人，所以实际上只有 9 个人罢了。这个"智囊团"中的妇人就是文母太姒（亦作大姒），她是周文王妻、武王之母。另外，从金文可知，在西周时天子的法定配偶还有代天子行某些政事的遗风。但是，随着文明的进一步发展，国家机构和宗法制度的一步步完善，妇女的地位不可挽回地逐渐下降了。例如，在甲骨文中经常有生女孩视为不佳的记录，另外在埋葬制度中男女的差别也是很大的。正因为妇女地位的下降，"牝鸡无晨"的社会意识逐渐产生，所以周武王在《牧誓》中才会以商王"惟妇言是用"作为吊民伐罪的第一条理由。

殷商时期，由于受生产力发展水平的限制，以及受商族人传统习惯的影响，农业、牧业、商业和手工业等各个经济部门都得到"全面"发展，后世农业生产占绝对优势的经济结构尚没有形成，所以它表现出了中国文化在发展初期幼稚性格的又一侧面。

殷商农业的"发达"首先体现在水利事业的初步发展上。前面提到过，传说契曾助禹治水，因有功而被舜任命为司徒。还传说，契的五世孙冥也勤于治水，并死于水，为民献了

---

① 《史记·殷本纪》。

身。古代的治水，其实都是与农田水利的兴修联系在一起的。因为，如果单纯治水，不过造福一两代人而已，以后洪水又泛滥了，还会有新的英雄产生，因此他们不会被后世子孙世世代代歌颂、怀念的。而在治水的同时发展农田水利事业，将大量的土地开发出来变成农田，使世世代代的子孙切切实实感受到祖先的恩惠，他们才会念念不忘祖先的功绩。所以，大禹治水的事迹之所以被后世永远牢记，就是因他曾引水溉田，发展农业生产，造福子孙万代。同样的道理，契与冥治水的传说实际上反映出殷商水利事业的发展，而水利事业的发展与农业的"发达"有着直接的、密切的联系。其次，自契的六世孙王亥起，商族的先公均以天干命名，如上甲、报乙、报丙、报丁、主壬、主癸等，而殷商建立后历代商王也均以天干命名，如大乙（亦称太乙，即商汤）、太丁、外丙、太甲、沃丁、太戊、河亶甲、盘庚、武丁、祖庚、帝辛等。帝辛就是商纣王。纣是谥号，意思是残义损善，表明商纣王这一生没干什么好事。天干，即甲、乙、丙、丁、戊、己、庚、辛、壬、癸；地支，即子、丑、寅、卯、辰、巳、午、未、申、酉、戌、亥，合称"干支"。有关干支的知识是农业发展的标志之一。

殷商的牧业发达，从祭祀、殉葬杀牲甚多就可以看出来。由于商族人几乎天天祭祀，祭祀时都要杀牲，所以畜牧业应该是非常发达的。西周时，除了武王克商后举行过一次杀牲2000头的祭祀活动外，再没见过如此大规模的杀牲举动，表明他们的畜牧业迅速萎缩了，而殷商时期这样的祭祀规模是司空见惯的。另外，祭祀活动中的牺牲，神或祖先是吃不了的，那么就只有活人来吃了。因此，可以判断，商族人是经常吃牛羊肉的，他们的食肉量肯定比后世大多了，由此他们的身体恐怕也是十分强壮的。所以，《史记》载商纣王可以赤手空拳与野兽格斗当是可信的。而妇好统率3000女兵估计也是个个膀大腰圆、英勇善战、不好对付的。

殷商商业的"发达"不仅通过相土发明马车、王亥发明牛车等交通工具的传说来证明，而且通过考古发现更证明了这一点。殷墟曾出土了大量用作交换媒介的海贝，另外还发现了世界上最早的金属货币——1958年在殷墟大司空村出土的仿海贝铸成的铜贝。稍有经济头脑的人都知道，没有发达的商品经济，就不会有金属货币的出现，它是殷商商业"发达"的实证。另外，据说"商人"之称就是来自西周时对"商族人"的称谓。作为一个擅长农业生产的部族，周族人看不起追求商业利润的商族人，认为他们惟利是图，同时认为从事这样的经济活动，东奔西跑，不利于宗族的团结。因此，灭亡殷商以后，殷商人擅长贸易交换的特点为周族人所鄙视，西周的统治者坚持让自己的部族从事农业生产，而允许商族人（此时被称"商遗民"）继续从事商业贸易活动。周公姬旦曾告诫商遗民说："你们一定要用你们的力量专心种植黍稷，勤勉地侍奉你们的长辈。农事完毕后，你们可以模仿你们祖先的行为，牵着牛赶着车，到各地从事贸易去吧。"在西周的时候，由于从事贸易活动的都是这些商族人，所以逐渐地人们把从事贸易活动的人称为"商人"。又由于商族人尚白，喜欢穿白衣服，所以人们见到穿白色衣服的就认为是商人。后世封建王朝推行抑商政策时，曾命令商人只许穿白色的衣服，出处就在于此。这个说法也证实了殷商商业的发达。

在殷商时期的手工业生产中最值得一提的是青铜冶铸业。殷商的青铜冶铸技术水平之高是令人咋舌的，其技术甚至达到了古代世界的顶峰。就中国而言，不仅超过了以后的西周王朝，而且为封建社会所有朝代所不及。青铜是铜、锡、铅的合金，因颜色青灰，故名青铜。殷商时期青铜器不但种类繁多——从生产工具、生活用具、装饰品、随葬品到车马器、礼器、祭器、兵器等一应俱全，应有尽有，而且产量很大。现已出土的青铜器中，仅礼器就达数千件，其他更多。

殷商青铜技艺的最高成就体现在1939年出土于河南安阳殷墟武官村的"司母戊"（一说"后母戊"）大方鼎上。"司母戊"大方鼎高137公分，横长110公分，宽78公分，重875公斤，是迄今为止发现的最大的青铜器。其周身饰有兽面纹，形制雄伟，造型美观，在世界古代工艺史上占有很高的地位。据推算，制造这样大型的青铜器需要两三百人在同一时间内的密切分工合作才行，由此可见殷商时期青铜业生产的规模和技艺水平。

当然，虽然说殷商的农、牧、商、手工业全面发展，但并非是齐头并进的，其中农业经济肯定占主导地位。中国是世界上最早的农业垦区之一，殷商王朝不会放弃我们祖先在距今一万年以前取得的这个非凡的成就，尽管商族人的牧业、商业、青铜冶铸业都很发达，但他们绝对会把农业生产放在第一位的，因为农业生产提供了比较稳定的生活资料。在中国，几千年来历代政府都不敢对此掉以轻心，商朝也一样。

总之，殷商时期作为中国文化的幼稚时代，展现出的是十足的神本特征，这种文化特征"鹤立"于中国文化的发展长河中。殷商以后的历代王朝虽然都深信鬼神，比如对"君权神授"笃信不疑，但再没有人像商族人这样、像殷商王朝这样，信神为真达到这种程度。中国文化并不是宗教文化，其迷信色彩远不如世界其他民族的这个特征的形成并定型是在西周时期。

第四章　中国文化"人本"特征的初步定型
——西周时期

　　西周时期，从公元前 1046 年到公元前 771 年，是中国奴隶制时代发展到顶峰、综合国力最强的时候。随着生产力水平的提高、农业经济的发达、政治统治经验的初步丰富，中国文化的基本特征和基本性格在这个时期终于得到初步的确定。

　　西周的文化特征是："人本性"逐渐代替了"神本性"。其表现为：社会生活、国家政治的中心逐渐从神的身上转移到了人的身上，如完善的宗法制度的形成和严密的礼仪制度的制定等。随之，其文化性格也显现出与殷商"天真无邪"完全不同的"少年老成"性，表现为农业生产成为占据绝对优势地位的经济部门，在社会生活和国家政治等各个方面格外重视血缘亲缘关系，强调和严格维护等级秩序，以及人们随时随地规规矩矩地依礼行事，等等。

第一节　西周"人本"文化特征形成的背景

　　需要说明的是，西周文化具有较为浓郁的"人本性"特征，并非是说西周时人们就不信神了。鬼神迷信思想在西周不仅依然存在，而且还在很大程度上支配着人们的一切，对人间社会继续发挥着重要作用，只是已经失去了往日独尊的地位，不再是人们头脑中的全部内容了，所以西周文化的"人本性"是指其显现出了开始"以人为本"的趋向。

一、生产力水平的提高和农业经济的发达

　　西周时期，中国文化出现了由"神本"向"人本"的转变，原因是多方面的，其最根本的原因还是生产力提高的结果，没有生产力的提高是绝对不会出现这种转变的。

　　实际上，就生产力而言，商朝统治后期已经达到相当的水平了，青铜冶铸技术的发达就是证明。生产力的提高使我们的祖先战胜自然、征服自然的能力提高，同时对自然的认识也必然随之提高。所以，在殷商统治后期，从"神本"文化向"人本"文化过渡的条件已经成熟。但是，殷商的统治者没有意识到以单纯的"神本"手段进行统治已经走到尽头，他们在传统思维惯性的带动下，仍然坚持认为上天是保佑殷商的，因而继续有恃无恐地实行残

暴统治，结果被以周族为首的广大被统治部族共同推翻。

西周时期生产力水平普遍高过殷商时期，其最主要的体现是在金属农具的较多出现和使用上。西周时期，农业生产虽主要还是使用木器、石器、骨器和蚌器等非金属工具，但金属农具有了较多的增加，这从西周遗址和墓葬中出土的青铜镰、青铜镈（锄田去草的农具）和青铜臿（掘土的农具）等农具就可以得到证明。另外，从《诗经》中的西周农事诗也可以得到证明。如《诗经·周颂·臣工》中的"庤乃钱镈，奄观铚艾"诗句，意思是：准备好钱（音减，类似铲）与镈，看到铚（一种短小的镰刀）将农作物收获完毕。《臣工》是西周成王、周公庙祭后告诫诸侯农官要及时治田以备丰收的乐歌，它反映出当时不仅已经有了不少种类的金属农具，而且数量还相当多。

西周的农业生产仍然采取大规模的奴隶劳动方式。如《诗经·周颂·载芟》曰："载芟载柞，其耕泽泽。千耦其耘，徂隰徂畛。"意思是：铲除掉野草和杂树，嘭哧嘭哧地耕种土地。一千对耕田种地的农夫，布满新耕地及田间小路。从字面上看，有2000个奴隶同时在一起劳作，可见生产规模之大，但这不是人数最多的，还有一两万人同时劳作的大场面。如《诗经·周颂·噫嘻》曰："骏发尔私，终三十里。亦服尔耕，十千维耦。"意思是：赶快将划分给你们的土地开垦出来，必须开垦三十里那么远。你们要服从命令好好耕地，十千个农夫俩俩成对地进行耦耕。当然，"千耦其耘"、"十千维耦"肯定不是实际人数，但当时农事劳动场面宏大当是确定无疑的。

西周时期的粮食产量也已不低。如《诗经·小雅·甫田》曰："曾孙之稼，如茨如梁。曾孙之庾，如坻如京。乃求千斯仓，乃求万斯箱。"意思是：曾孙（西周天子祭祀先王时的自称）的粮食堆得像草房、像车篷一样高，曾孙的粮食堆得像小岛、像高岗一样高，要准备一千座谷仓、一万只箩筐才能装下。同样，诗句虽有夸张之意，但从一个侧面反映出当时的粮食产量是很丰富的。

不仅如此，西周时期农作物品种也大大增多，比商代增加了许多，如粮食作物有黍、麦、粱、谷（粟）、稷、稻、菽（豆）等，农副产品有桑、麻、瓜、果等。在《诗经》的西周农事诗中也经常可以看到农作物的名称，如西周天子祈年、祭神的乐歌《诗经·小雅·甫田》中的诗句"黍稷稻粱，农夫之庆"，意思是：丰收黍稷稻粱，奖赏农夫的功劳。

西周时期生产力水平的提高和农业生产的发达，使周人认识自然和征服自然的能力大幅度提高，这是他们变"神本"文化为"人本"文化的经济基础。

二、周人的"重民"传统及西周"重民轻神"思想的确立

西周文化向"人本性"转化，除了生产力水平的提高和农业生产的发达奠定坚实的物质基础以外，还有一个非常重要的因素，即周族人没有像商族人那样的重神传统，自古以来他们对神的迷信和崇拜就远远逊色于商族人。所以，在周族人的传说中没有如商族人那样的悠久迷信史，而是相反，他们有着重视人的传统。

据史载，西周建立前，周文王的爷爷古公亶父为首领时，戎狄中的薰育族来犯，要夺取周人的土地与人口。周人欲战，但被古公亶父劝止。他说："有民立君，将以利之。今戎狄所为攻战，以吾地与民。民之在我与其在彼，何异？民欲以我故战，杀人父子而君之，予不忍为。"① 意思是：民众拥立君主是想让他给大家谋利益。现在戎狄前来侵犯，目的是要夺取我的土地和民众。民众跟着我与跟着他们有什么区别呢？现在民众为了我的缘故而去打仗，但让我牺牲掉别人的父亲或儿子还继续做他们的君主，我实在不忍心这样做。于是，他率领周族人离开了这里，迁到了别处。周人这种完全与殷商文化不同的把人当人看的"人性化"的文化不仅大大增强了周族的内部亲和力，而且也给周族人赢得了极大的声誉。其他部族知道后，都认为古公亶父仁爱，纷纷前来归顺周人，从而壮大了周族的势力。

正因为周族有着重视人的传统，所以在他们的文化中本身就缺少对神灵分外崇敬的基础。西周建立后受这种重人传统的影响，加之汲取了信神为真的殷商覆亡的教训，最终促成了西周"重民轻神"思想和政策的确立。

殷商的灭亡给建立西周的周族统治者们提出了一个深刻的命题，即受到天保佑数百年的殷商为什么会被周人灭亡掉？前面已述，周人对神虽然没有商族人那么虔诚，但也是迷信天和相信神的，他们也相信统治权来自于神，所以他们也只能从神权的角度来探讨人间改朝换代的原因。对西周初年的统治者来说，他们必须要完成这一理论突破才能保证统治的稳固，因为"武王克商"实际上是弱小的周族打败了强大的商族，商族的人口比周族人多数倍，殷商虽然灭亡了，但商族人并没有被杀光，他们在西周初被称为"商遗民"，人口众多，势力强大，如果不能让他们彻底改变"天佑殷商"的观念，老老实实地接受已成被统治者的现实，周人的统治肯定是会有很多麻烦的。另外，据史载，武王克商时还有"八百诸侯"参与，他们都是无法忍受商纣王暴行的其他部族，数目或许没有这么多，但为数也不少。这"八百诸侯"在灭亡殷商时虽与周人一起并肩作战，但当殷商这个主要矛盾方消失后，他们与新的统治者周人之间的矛盾必然会上升为主要矛盾，他们是否能诚心悦意地接受周人的统治，也关系到西周的长治久安。不仅如此，西周初年的统治者还必须坚定周族人自己的统治信念，必须让他们对于自己的统治充满信心才行，如果周族中有人不敢确定上天能否保佑周族，显然对西周的统治也是不利的。所以，西周初年的统治者必须解决"天为什么不保护殷商"及"天是否会保佑周人统治"这一理论课题。由于武王在克商以后不久就故去了，即位的其子成王尚年幼，于是完成这一重大理论课题的任务主要就落在了辅政的武王弟弟周公姬旦身上。

周公是历史上著名的政治家、军事家。他由殷商的建立和灭亡，以及西周灭商而建的变化，首先悟出了"天命靡常"的理论，即天命是可以转移的。以前殷商的先王汤受到上天的保佑建立了商朝，现在同样是这个天已不再保佑殷商而是保佑周人了，所以周人才能克商。这一理论在当时是一个重大的突破，因为殷商的统治已数百年，对内对外一直宣扬

---

① 《史记·周本纪》。

"殷受天命"等迷信思想,这一思想不仅商族人自己相信,而且在很长时间里其他部族也是相信的。所以,如果不是商纣王的胡折腾让别人活不下去,周族人也不敢承担起"改天伐殷"的使命。

由"天命靡常",周公继续思索天命为什么会转移的原因。他首先得出了"皇天无亲,惟德是辅"①的结论,即皇天与人无亲,它只保佑有德之人。周公是历史上第一个把"德"的思想引入政治的人。"德"的思想的提出在中国古代政治思想史上具有重大意义,它不仅成为周公用于解决天命神权理论课题的一把神圣的钥匙,而且也成为天神与人间社会沟通的一个新的媒介,它为今后中国政治思想的发展奠定了一个基本的立足点。

实际上,"德"字在殷商甲骨文中就有,其含义有二:一是将战争中抓到的战俘用弓弦系住颈项牵去祭祀上天、祖先;二是外出做生意赚了钱,持币而返,与"得"字意思相同。而周公为"德"字赋予了新的含义,使其不仅重新谱写了人间的历史,而且还修正了天的形象。从此,天从只关心一姓一族利益的神变成了关心天下各族利益的神,这是人对神的第一次胜利。

从"皇天无亲,惟德是辅",周公进而提出统治者要想有效地统治必须要"以德配天"②才行,即敬天必须先有德,无德之人不管如何敬天也不会得到天的保佑的。那么,如何才能被认为是"有德"呢?结合殷商不重视小民而亡的教训,周公最终得出有德者必须首先能够保民的结论,即"敬德"须先"保民"。"敬德保民"③思想第一次将"民"纳入统治者的视野中,意义重大,从此人心的向背始终是论证统治者德行好坏、统治安危的一个最基本的依据,同时它也是西周文化"人本性"特征体现的一个亮点。

周公的"保民"思想包括"安民"和"治民"两项内容,即要让多数人安居乐业,对少数触犯统治者根本利益的人要给予制裁,但要"明德慎罚"④,即统治者必须彰明自己仁爱德行,使民众都知晓,对于少数不能接受德化而犯罪者也应谨慎处罚。

从上述我们可以看出,周公有关"德"的思想,一方面把上天拉向人间,另一方面又把民推向上天,从而缩短了天与人的距离。他虽然没有摆脱宗教神学的束缚,但已经把注意力的重心放在了人事上,在承认天意主宰人事的同时,又让人事制约着天意,这不仅在一定程度上动摇了神权统治的地位,而且也多少承认了人的能动作用。从此以后,人们越来越关心人事而逐渐淡忘鬼神。这样,不仅中国文化的朴素的唯物主义无神论基调由此而奠定,同时也促成了西周"人本"文化的形成。

---

① 《左传·僖公五年》。
② 《尚书·蔡仲之命》。
③ 《尚书·康诰》。
④ 《尚书·康诰》。

第二节　西周"人本"文化特征的体现

西周"人本"文化特征最主要的体现是宗法制的完善和周礼的制作，它们所表述的完全都是人与人的关系，在其中几乎看不到人与神交往的痕迹。

一、宗法制的完善

宗法，即以家族为中心，按血统（即血族的族系，凡同一祖先的人为同一血统）远近区别亲疏的法则。宗法制就是围绕着这种法则而建立起的一整套等级制度。

宗法制起源于原始社会氏族公社末期的父系家长制。在父系氏族公社阶段，每个父系氏族中都有一个享有越来越大权力的最高领袖——父系大家长，氏族的血统依其而定，氏族成员依照与他的血缘关系的远近确定亲疏尊卑关系。进入阶级社会以后，宗法制逐渐演变为维护贵族世袭统治的一种等级制度。宗法制在世界各民族历史上都曾不同程度地存在过，但没有哪个国家、哪个地区的宗法制发展得如中国这样细密、完善和影响深远。在中国，宗法制影响达 3000 多年之久，一直及于今天的中国社会，所以有人称这是"人类文明史上的奇观"。

中国的宗法制度成型于商代后期，西周时达到完备。西周宗法制的主要内容有三，即嫡长子继承制、分封制和宗庙祭祀制度。

（一）嫡长子继承制的确立

嫡长子继承制是宗法制的政治基础，它规定权力地位和财产由嫡长子继承。这项制度是在殷商末期确立起来的，西周正式确定下来。在此之前，殷商君主实行的是"父死子继"和"兄终弟及"交互使用的继承制度。由于继承人的不确定，造成权力交接时往往出现剧烈动荡，影响政权的稳固。有鉴于此，西周确定了"立嫡以长不以贤，立子以贵不以长"的宗法制原则，将嫡长子继承制正式确定下来，从而避免了殷商时期的政治弊病。按照这一原则，君主只以正规迎娶进门的妻子为嫡妻，也即正妻，其他嫔妃不管有多贤惠也不能取代嫡妻的地位，而嫡妻所生的长子即为嫡长子，被确认为君位继承人，其他嫔妃所生的儿子即使比嫡长子年长也不能继承君位。这一原则实际上在殷商末期已经实行了，如商纣王与其哥哥微子启为同一母亲所生，但微子启出生时其母尚未被立为嫡妻，而纣王出生时母亲已被立嫡，所以微子启虽为长，但身份只是庶长子，而纣王虽小但为嫡长子，因此继承王位。

西周时，周王自称天子，为姬姓宗族的"大宗"，其权力、地位由嫡长子世袭继承，世代保持大宗的地位。周天子既是姬姓贵族的最高家长，同时也是全国贵族政治上的共主，掌握国家的政治、军事、经济等大权。周天子的庶子有的被分封为诸侯，对于周天子来说，诸侯的血统属"小宗",但在本国内则为大宗,其职位亦由嫡长子世袭继承。他们以国为氏①,如鲁、晋、卫等。再往下,诸侯的庶子有的被分封为卿大夫,他们的血统对诸侯来说为小宗,但在本家则为大宗,其职位亦由嫡长子世袭继承,他们以官职、邑名、辈分等为氏。以官职为氏如司马、司空、司徒等,以邑名为氏如城、郭、园等,以辈分为氏如伯、仲、叔、季等。最后,卿大夫的庶子有的被分封为士。士是西周最低级的贵族,其血统对卿大夫来说为小宗。士的嫡长子仍为士,其他庶子则降为庶人。这样,从周天子到士都实行嫡长子继承制。这些世袭的嫡长子,亦称宗子或世子,他们掌握本族的财产,负责本族的祭祀,管理本族的成员,同时代表贵族统治和剥削民众。

(二) 分封制的实施

分封制,亦称封建制,它既是西周的地方行政制度,同时也是宗法制的政治体现。西周时的行政区划是:国都镐京(今陕西西安西南)周围1000多里的地区划为王畿,由周王直接统辖;王畿以外的广大地区分封给各级诸侯,由诸侯分统,但他们只有占有权、使用权、受益权,而无所有权。全国土地的所有权属于周天子,即所谓"溥天之下,莫非王土;率土之滨,莫非王臣"②。

西周分封是从周武王开始的,周公时扩大分封,以后周成王也分封了一些,据说他们一共分封了71个诸侯国。诸侯主要有3类:第一类是周王的同姓亲属,共53个,其中武王辈分的15个,成王辈分的10个,如鲁国(在今山东,始封君为周公子伯禽)、卫国(在今河南,始封君为武王弟康叔)、晋国(在今山西,始封君为成王弟叔虞)、蔡国(在今河南,始封君为武王弟叔度)、曹国(在今山东,始封君为武王弟叔振铎)、毛国(在今陕西,始封君为文王子叔郑)、蒋国(在今河南,始封君为周公之子)等;第二类是帮助周武王克商的功臣,如齐国(在今山东)的始封君吕尚,又称姜子牙,他辅佐了周文王、周武王两代国君,为克商贡献了很大功劳;第三类是古代先王圣贤之后,如陈国(在今山东,始封君胡公满,传为舜的后裔)、薛国(在今山东,任姓,传说中车的发明人奚仲的后裔)、申(在今河南,传为商末孤竹君长子伯夷之后)、宋(在今河南,始封君为商纣王庶兄微子启)等。分封制要求,诸侯对周天子必须保持臣属关系,必须承担各种义务,比如镇守疆土、捍卫王室、交纳贡税、朝觐述职,等等。如果诸侯不承担义务,将会受到惩罚,如一次不朝,削地;两次不朝,降低爵位;三次不朝,将遭军事讨伐等。

西周分封制改变了夏、商两族基本聚族而居的传统,将姬姓贵族分封各地,将本族的血缘关系拉长,使姬姓血缘像一张无形的大网一样牢牢罩住了整个周人统治的地区。这样,不仅有效地控制了比夏、商王朝大得多的国土,而且改变"王室独占天下"为"诸侯共治天下"的新的政治统治格局,因此有人称西周的分封制为"分权式的民主制"。事实证明,这

---

① 氏是姓的支系,一姓之下有许多氏。三代之时,姓、氏分离,且只有贵族才有姓氏,因此贵族称"百姓"。
② 《诗经·小雅·北山》。

种统治方式是奴隶制时代最好的、最有效的地方行政制度。

在对待异姓贵族问题上，西周统治者一改殷商野蛮压迫的做法，采用了积极与之通婚的办法，将他们也纳入到周族人的宗法体系当中来。西周时，坚持"同姓不婚"的婚姻原则，规定凡姬姓男女百代不得通婚，姬姓女子必须嫁给异姓贵族，姬姓男子也必须全部娶于异姓。"同姓不婚"婚姻原则的实行，一方面是周族人认识到"男女同姓，其生不蕃"[①]，即近亲结婚会导致后代的不繁盛；另一方面则是为了笼络异姓贵族，即所谓的"娶于异姓，所以附远厚别也"[②]。如此一来，同姓贵族之间是兄弟叔伯的关系，异姓贵族与姬姓贵族之间则是甥舅关系，大家全都被划归于一个血缘宗法体当中。由此，周天子、诸侯、卿大夫、士之间构成了一个金字塔形的等级结构。这一结构既表达了血缘上的亲疏关系，又展现了政治上的上下级关系，同时还标明了等级上的不平等关系。

（三）宗庙祭祀制度的完备

宗庙祭祀制度是宗法制的第三项重要内容。"宗"的意思是"尊贵"，"庙"的意思是"颜面"。当时祭祀祖先是对着祖先的画像施礼，所以宗庙祭祀就是见先祖尊貌的意思。这项制度虽与鬼神有关，但实际上也是为人事服务的，因为举行宗庙祭祀活动的目的，一是为了维护宗族的团结，即所有同血缘的人都是来自一个始祖，定期祭祀始祖和列祖列宗，可以增强宗族本身的凝合力；二是为了加强嫡长子的地位，维护宗法制的政治基础，因为只有嫡长子才有权祭祀始祖。所以，西周的宗庙祭祀制度带有强烈的等级制的色彩。如规定：天子七庙、诸侯五庙、大夫三庙、士一庙、庶人无庙等。天子七庙，即周天子可以祭祀7个祖先，他们是后稷、文王、武王和"四亲"（即当朝天子的高祖、曾祖、祖父和父亲）；诸侯五庙，即诸侯只能祭祀5个祖先，他们是始封君和诸侯自己的"四亲"；大夫三庙，即大夫只能祭祀3个祖先，他们是始封君和祖父、父亲；士一庙，即士只能祭祀祖先神主。庶人无庙，即庶人不得有专门的场所祭祀祖先，要想祭祀只能在嫡长子的寝室中。

西周灭亡以后，这种"家国同构"的宗法制度没有了。春秋战国时期，有着血缘关系或者姻亲关系的各个诸侯国不再为此有所顾虑，相互之间不断发生血腥的战争。他们为了自己的政治目的和其他利益，不再讲究血缘亲情，也不再理会作为天下大宗和共主的周天子的权威，从而瓦解了"家国同构"的政治格局。但是，宗法制度中强调伦常秩序、注重血缘身份的原则和精神，却经过春秋战国儒家的宣扬而维系下来了。不仅如此，随着儒家思想被确立为封建正统理论，这些精神原则逐渐渗透到了中华民族的民族意识之中，并深深植根于我们的民族性格和民族习惯之中，从而使中国文化具有显著的宗法制的特征，这是世界上其他民族所没有的。

---

① 《左传·僖公二十三年》。
② 《礼记·郊特牲》。

二、周礼的制作

周礼是周人的另外一项人本文化创新。"礼"起源于原始氏族公社时期的氏族习惯，经过夏商的发展，到西周时发展完善起来。据史载，周礼是周公制定的，他依据周族人的习惯，结合夏商以来有利于贵族统治的礼仪规范，将他们厘定补充，并规范化、系统化，从而制定出一套对各个等级的人们产生强烈约束力的礼制。周礼的形式是"仪"，即各种礼节仪式。

西周的礼十分庞杂，就数目而言，有所谓"经礼三百，曲礼三千"[①]、"礼仪三百，威仪三千"[②] 等说法。就类型来说，有所谓"五礼"之说，即吉礼、嘉礼、宾礼、军礼、凶礼，其中吉礼又分为12种、嘉礼分6种、宾礼分8种、军礼分5种、凶礼分5种；有所谓"六礼"之说，即冠礼、昏（婚）礼、丧礼、祭礼、乡礼、相见礼；有所谓"九礼"之说，即冠礼、婚礼、朝礼、聘礼、丧礼、祭礼、宾主礼、乡饮酒礼、军旅礼。就内容来说，周礼囊括社会的一切方面，包括国家的政治与外交、战争与媾和、兵役与贡赋、教育与刑罚、宗教与祭祀、生产活动和经济关系、社会交往与人情往来、家庭生活与婚丧嫁娶，等等。周礼实际上是当时一切行为规范准则的总和，社会生活的一切都要受到礼的约束和支配。正如《礼记·曲礼》所说："道德仁义，非礼不成；教训正俗，非礼不备；分争辩讼，非礼不决；君臣上下，父子兄弟，非礼不定；宦学事师，非礼不亲；班朝治军，莅官行法，非礼威严不行；祷祠祭祀，供给鬼神，非礼不诚不庄。"

周礼表现出的是强烈的人与人之间的等级差别性，它要求各级贵族及庶人在祭祀、政治、军事及日常生活的各个方面，都必须严格按照合乎自己等级身份的礼节仪式来行事，严禁有任何僭越行为。比如，军礼规定：天子设六军，诸侯大者三军、中者两军、小者一军；乐礼规定：天子的乐队排列在东南西北四面，诸侯为三面，大夫为两面，士只一面，这叫"正乐县（悬）之位"[③]，而乐舞则实行"天子八佾、诸侯六佾、大夫四佾、士二佾"[④]，即天子观赏六十四人的乐舞规模、诸侯三十六人、大夫十六人、士四人。据《论语·八佾》记载，春秋鲁国的权臣季氏"八佾舞于庭"，孔子称："是可忍也，孰可不忍也？"意思是：如果这种事情都能忍受的话，难道还有什么别的不能忍受的事吗？为这事，孔子恨死作为大夫的季氏了。

还有，关于仪仗扇（用雉羽做成，以显示高贵和权威）的使用，规定：天子八扇，诸侯六扇、大夫四扇、士二扇。至于象征权力的鼎更是不能随意使用。西周用鼎的制度称

① 《礼记·礼器》。
② 《礼记·中庸》。
③ 《周礼·春官·大司乐》。
④ 《左传·隐公五年》。

"列鼎制度"或"升鼎制度"，规定天子九鼎，诸侯七鼎，大夫五鼎，士三鼎。春秋时，楚庄王曾陈兵东周边境，炫耀武力，并向前来劳军的大夫王孙满询问周之九鼎的"大小轻重"，企图取周而代之，结果被王孙满严厉地教训一番。王孙满告诉楚庄王："周德虽衰，天命未改！鼎之轻重，未可问也！"①弄得楚庄王灰头土脸的，十分没趣。

另外，关于穿衣戴帽规定：贵族穿丝织品并可以戴冠，庶人则只能穿麻织品和戴头巾。关于不同人的死亡，说法上也必须尊卑有别，分别为："天子死曰崩，诸侯曰薨，大夫曰卒，士曰不禄，庶人曰死"②。还有，只有天子才能封禅泰山——登泰山筑坛祭天曰"封"，在山南梁父山辟基祭地曰"禅"，以及前面所述宗庙祭祀制度，等等。

西周运用这些礼仪的目的，就是要明确君臣、父子、兄弟、夫妻的上下尊卑关系。它所贯彻的最基本的原则是"亲亲"、"尊尊"。亲亲，即亲其亲者，要求父慈、子孝、兄爱、弟敬、夫和、妻柔，也包括男女有别，核心是"孝"，它贯彻的是血缘宗族的原则。尊尊，即尊其尊者，要求臣对君、小宗对大宗、下级对上级，都必须绝对服从，核心是"忠"，它执行的是政治关系的等级制原则。可以看出，周礼的主旨就是"别贵贱，序尊贵"，它是与宗法等级制度相配套的。

当然，需要指出的是：一、周礼是不成文法；二、现在我们所谓的"周礼"是经过儒家学者充实和完善过的，不一定是西周时的。西周时的礼绝对不如后世描述得那样完备、细密。

西周灭亡以后，一方面儒家学者们对周礼进行了补充和加工，另一方面又发挥了其中的精神原则，从而使之一直以强劲的力量规范着后世国人的生活行为、心理情操、价值观念及是非善恶的判断等，并使礼文化成为中国文化"人本性"特征的突出体现之一。

第三节　西周文化"少年老成"性格的体现

伴随着西周文化"人本性"特征的形成，其文化性格也从殷商的"天真无邪"向"少年老成"转化，中国文化活泼可爱的性格逐渐湮没在历史长河之中。

一、农业生产占据绝对优势地位的经济格局的确定

西周时期是我国古代四次经济高潮中的第一次——另三次是战国两汉时期、隋唐时期和明清时期。从西周开始，中国古代经济成分中农业经济逐渐占据绝对的优势地位，其他经济部门与农业生产相比较越发显得微不足道，甚至变得可有可无，完全改变了殷商时期经济"全面发展"的格局。

农业生产是人类最古老的经济部门之一，在中国产生于距今一万年前左右的时候。以

---

① 《左传·宣公三年》。
② 《礼记·曲礼下》。

后，随着它的发展出现了两次社会大分工，第一次是手工业从农业中分离，第二次是商业经济的分离。农业经济是奴隶制时代和封建制时代的经济基础，如果按照正常发展，商业经济的发展会不断吞噬农业经济，并在一定时期后从中产生资本主义，将社会带入资本主义时代。不过中国出现了一些其他的问题，其中最关键的就是重农抑商政策的实施，它使商业经济一直被牢固地局限在农业经济许可的范围内发展，使之始终没有能力改变以农业经济为主体的经济格局，从而也使得中国的封建主义社会延续得特别长。关于重农抑商政策，以后再谈，这里先谈重农的事情。

中国重农的风气是从西周开始的，这样说并不是说夏、商就不重农。其实，农业一产生就受到我们祖先格外的重视，因为它使人们可以自主地种植农作物，能动地制造出食物来，而不再像以前那样完全依赖自然。殷商时，农业也是第一大经济部门，但是由于商族人有畜牧和经商的传统，所以相比之下不如周人那样专心致志地重视农业生产。周人只重视农业，而忽视其他经济成分的发展。

西周时期，畜牧业在社会经济中的地位明显下降，成为完全依属于农业的经济部门，这从西周祭祀鬼神的用牲量就可以看出来。西周初的祭祀有时还用到牛 500 头，羊、猪 2000 头，后来用牲的数量逐渐减少，它反映的就是畜牧业地位的变化。西周时期青铜冶铸业仍然是手工业中最主要的部门，但周人的青铜冶铸业明显是继承殷商的成就。在灭商前，周人的青铜制作技术显著落后，基本上没有铸造出什么大型的青铜器物。如前所述，西周的商业活动最初是由战败的商遗民从事的，而商遗民作为战败者，地位低微，又只能在农闲的时候才能外出经营，商业经济发展规模不大也是可想而知的。当然，随着西周农业经济的发展，手工业、商业经济在此基础上肯定会取得超过殷商时的成就，但这是客观经济规律使然，并不是西周统治者主观愿望的实现。至于西周的农业经济，则要比殷商时发达得多。西周农业的发达除了生产力水平有大幅度提高外，还有一个非常重要的原因，就是周族人本身有着悠久的重视农业的传统。

周族是我国西北地区一个古老的部族，和羌族中的姜姓部落有过通婚关系。传说周人的始祖姓姬，名弃，善于种植各种粮食作物，曾在尧、舜时代做过农官，教民耕种。周族人认为是他开始种植稷和麦的，故尊其为"神农"，称为"后稷"。后稷的三世孙公刘为首领时，周族人定居于豳（今陕西旬邑），农业逐渐发达起来，人口也增多了。公刘九传至古公亶父的时候，前面已述，戎狄中的薰育族贪婪周族的土地和人口而来进犯，于是周族人迁徙到了岐山脚下的周原（今陕西岐山）。周原土地肥美，宜于耕植，周族人便在这里定居下来，从此改变了戎狄习俗，并对外自称"周人"。估计从这个时候起，周人开始逐渐向阶级社会过渡了，所以与殷商的矛盾冲突也激烈起来。到古公亶父的儿子季历时，周族逐渐强大的形势引起殷商的警觉，商王文丁杀死了季历。季历的儿子姬昌继位后仍称西伯，姬昌就是周文王。由上述可见，周族人早有重农的传统，与其他经济部门不同，其农业生产并不是从殷人那里承袭而来的，而是早有基础。

周族人不仅有着悠久的重农传统，而且他们还把农业生产看成是其部族得以延续不断的重要的经济基础和维系族群不致分裂的前提条件，给农业经济赋予了浓郁的人文色彩。所以，不仅周族人被禁止经商，而且周族的首领，包括西周建立以后的最初数代周天子，都必须要带头下地参加劳动，这种情况在《诗经》中有不少反映。如西周第三代国君周康王春夏祈谷祭祀时告诫农官的乐歌《诗经·周颂·噫嘻》称："噫嘻成王，既昭假尔。率时农夫，播厥百谷。"意思是：伟大成王（西周第二代国君）的神灵已经招请到这里。我正率领着众多农夫们，耕耘土地播种百谷。即使以后随着西周统治的稳固，以及周族内部阶级的进一步分化，周天子距离实际生产越来越远，其下地劳动逐渐流为形式，但每年春播时的"藉田"仪式周天子仍必须亲自参加，以起模范带头作用。这个制度一直延续到明清时。

从西周开始，中国文化的农业属性越来越浓郁。农业经济的发展特点一是比较稳定。在中国历史上农业经济在其稳步向前发展的同时，虽然由于各种各样的原因曾多次濒于崩溃，但它从未彻底崩溃过，它能一次一次地挺过危机，并迎来新的辉煌。农业经济的再一个特点是发展缓慢。虽然在数千年的时间中它也曾有过大幅度提高的上佳表现，但从总体上看，生产力的提高还是过于缓慢，这就是为什么中国在领先西方数千年后突然落后的原因所在。农业经济还有一个特点，就是具有逐渐僵化的趋向。因为从根本上说，农业生产不是一种活泼的经济成分，它必须依托耕地才能生存与发展，不能随意移动，而且还必须按照季节安排生产活动，靠天吃饭，不敢有半点马虎，稍有不慎便有可能导致严重的后果。同时，农业经济还有一种自我封闭的情结，它不愿意与外界交往，不愿意其他经济成分随意地与其竞争。因此，这就决定了虽然在一定时间内，农业文化能够创造辉煌灿烂的文明成就，但随着时间的推移，其与生俱来的僵化性会越来越束缚它的发展，直至最后几乎停滞不前。所以，以农业为主要经济部门并占据绝对优势地位的经济结构必然显现出的是一种老气横秋的文化性格。

本来西周时期尚处中国文化的儿童时代，仍应该是天真活泼的——如果殷商时期是一个人上幼儿园的年龄阶段的话，那么西周至多也就是上小学一二年级，七八岁的样子——但其建筑在农业经济基础之上而形成的文化性格已与这样的年龄阶段极不相符了，它太成熟、太世故、太懂规矩了，其言谈举止、所思所想完全不像是一个孩子，而更像是一个小老头。所以，可以这样说，中国文化的内在性格几乎没有青壮年期，它是从幼儿园毕业后直接到了退休阶段，这样，虽然在一定时期内它要比同龄人聪明许多，但当别人正常发展起来后，中国文化便显得底气不足了。近代中国的落后挨打就是这种农业文化发展的必然结果。

二、注重血缘亲缘关系 提倡孝道

为了维护宗法等级制度和巩固奴隶主贵族统治，西周文化中浸透着浓郁的注重血缘身份、强调亲缘关系和提倡忠孝伦理道德的味道，使尚处在儿童时代的西周文化因格外强调这些人与人的关系而显得非常凝重，失去了往日人与神之间的那种随心所欲的关系，丧失了活泼可爱的儿童性格。

前面已述，宗法制度是建立在血缘关系基础之上的，血缘或血统决定着社会成员中每一个人的身份等级，关系着每一个人的政治地位和权利义务等，所以西周文化格外关注每一个人的血缘身份，并用礼制将其固定下来，使之在每一个人的日常生活中随时体现出来。在西周，如果是贵族则按血统分为天子、诸侯、大夫、士4个等级——实际上诸侯、大夫、士还分有多级，如诸侯有公、侯、伯、子、男5等，大夫和士各有上、中、下3等；如果是平民，则称为"国人"，虽与贵族同姓，可以议论政治，甚至发起怒来可以将天子赶跑①，但基本上不能享受礼，日常生活受到很多约束，如不能乘车，不能佩带兵器，送礼只能送家鸭，等等；如果是奴隶，那就什么也别说了，吃苦耐劳在前不说，还经常受到虐待，甚至被主人随意杀死。在这样的社会中，每一个成员都按照已有的轨迹安排自己的一生，不需要创新，也不允许改变，一切按部就班，不可越雷池一步。久而久之，这种僵化的社会关系必然导致这个社会的崩溃和灭亡。

与重视血缘身份相一致，西周文化格外强调亲缘关系，尤其注重贵族之间的亲缘关系。殷商之所以被处在弱势的周人灭亡——在其并不强大的兵力进攻之下迅速土崩瓦解，除了树敌太多以外，还有一个重要的原因，就是内部众叛亲离，使商纣王孤立无援。有鉴于此，西周统治者十分注意贵族内部的关系调节。在西周，从理论上说，所有贵族——不管是同血缘的还是异姓的，都是亲戚，我中有你，你中有我，大家都处在同一个血缘宗族体内，彼此认亲，相互亲近，团结一致，目的明确，就是要共同对付被统治者的不服和反抗，从而更加有效地实行奴隶主贵族统治，以确保统治集团中每一个成员的根本利益。而为了维护这种血缘亲缘关系，确保等级制的构建，提倡忠孝伦理道德便成为切实的需要。

西周时期已构建起一整套忠孝伦理道德体系，如要求君臣有义（公正合宜的道德和举动）、父子有亲、夫妇有别、长幼有叙（排列的次第）、朋友有信的"五伦"，还有被称为"五常"或"五典"的父义、母慈、兄友、弟恭、子孝等。它们从不同角度确定了宗法制之下人与人之间的关系，其中"五常"是关于家庭成员的，"五伦"涉及社会成员。而在宗法制之下，为了保证父系家长的绝对权威，最为提倡的就是"孝"。

"孝"，即子女孝顺和孝敬父母，具有多重含义，如无条件地服从父母，父母在不远游、不分家，赡养年老父母，为亡父母守孝3年，等等，但其最基本含义乃是繁衍子孙，为家庭和家族传宗接代，所谓"不孝有三，无后为大"②。"孝"始于原始社会末期的氏族公社时期，进入文明时代后，由于氏族血缘关系依旧相当浓厚，所以"以孝烝烝（厚美）"③的风尚依然存在，于是统治者便利用它来为自己服务。例如，夏王朝为了有效地治理民众，就曾极力劝尚孝道，并严厉惩处不孝行为，视之为最大的犯罪，故有"五刑之属三千，而罪莫大于不孝"④之说。而宗法制完善的西周，更是将不孝视为"元恶大憝（恨）"之行，要求

① 公元前841年，国人暴动将周厉王赶走，14年后厉王死在外面。

② 《孟子·离娄上》。

③ 《尚书·尧典》。

④ 《孝经·五刑》。五刑，始于夏朝的古代刑罚制度。

必须"刑兹无赦"。① 如在《尚书·康诰》中，周武王就告诫其同母弟卫康叔姬封说："罪恶极大的人，还有一些是不孝顺父亲、不友爱兄弟之人。例如做儿子的不认真履行父亲交给的事务，使父亲伤透了心；做父亲的不能爱怜自己的儿子，反而厌恶其子；做弟弟的不顾天伦，不尊敬自己的哥哥；做哥哥的不顾念弟弟的痛苦，对弟弟极不友爱。如果父子兄弟之间的关系发展到了这种地步，而执政的人还不惩罚他们，那么上天赐予民众的常法就会大大地混乱了。你应该赶快运用文王制定的刑罚，惩罚这样的人，不要对他们施行赦免。"不孝之罪也是以后两千多年封建社会中最严重的罪行之一。

三、讲礼崇仪 规矩行事

由于西周社会完全以礼制进行规范，任何人不得僭越等级身份，所以西周时人人必须时时注意自己的言行举止，处处强调依礼行事。一般来说，西周贵族从 7 岁开始就要在日常生活中被灌输礼的知识，如"男女不同席，不共食"等，10 岁入小学后"朝夕学幼仪"，20 岁开始系统地、正规地学习礼，直到 30 岁基本学成。②

周礼的庞杂程度可以说超出现代人的想像，下面简单举几例。

诸侯生太子之礼：太子出生当天，国君要设太牢之礼——即牛、羊、豕三牲全备的祭祀活动，并由宰夫负责食具。第三天，通过占卜选出的一名已提前一天斋戒的士，身着正式朝服，从保姆手中接过太子。此时，射人用桑木做的弓将用蓬草茎做的 6 支箭，分别射向天地和四方。然后，再由保姆将太子抱回。接下来，由宰夫向抱子之士献甜酒，并赐予他一束帛。随后，又通过占卜选出一名士的妻子和一名大夫的妾，并由他们负责喂养太子。③

为子之礼：做儿子的要使父母冬天感到温暖，夏天感到清凉；傍晚要为父母铺好枕席，早晨要向父母请安；见到父亲志同道合的友人，不让他上前就不敢进前，不让他退下就不敢退下，不发问他就不敢随便说话；出门必先禀告父母，回家也必须面告父母；平时说话不带"老"字；起居不得占据室中西南角的位置，坐不敢坐在席子的正中，行不敢走在路的中间，站不敢站在门的中央；父母在世，帽子和衣服不镶白边等。④

学生之礼：随从先生而行，不可跑到路的对面去与人交谈；在路上遇到先生，应快步向前，立正，向先生拱手；先生同你说话要好好回答，不与你说话就快步退下；随从年长的人上丘陵，一定要面朝长者所看的方向等。

诸侯朝见周天子之"宾礼"：有朝、宗、觐、遇、会、同、问、视 8 种。朝、宗、觐、遇，指诸侯分别在春夏秋冬四季来朝觐周天子；会，亦称"时见"，指周天子不定期接见诸

---

① 《尚书·康诰》。
② 见《礼记·内则》。
③ 见《礼记·内则》。
④ 见《礼记·内则》。

侯；同，亦称殷见，即天下诸侯一起来见周天子；问，亦称"时聘"，指诸侯派手下大夫不定期向周天子汇报诸侯国情况；视，指诸侯派大夫定期问候周天子起居情况。

婚礼：亦称"六礼"，分别为纳采、问名、纳吉、纳征、请期、亲迎。纳采，即男家通过掌管男女婚姻的机构——媒氏，向女家求婚，以雁为彩礼；问名，即媒人代男家请问女方的生年月日时辰及出生贵贱等；纳吉，即男家将男女婚约之事卜问祖庙，求祖先告之相合的凶吉，卜得吉兆后乃正式订婚；纳征，即男家向女家送订婚礼物，并准备结婚事宜；请期，即男家择定吉日为婚期，与女家商定；亲迎，即新郎奉父母之命，亲赴女家迎娶新娘，回来举行结婚仪式。

跪拜之礼：共有 9 种，分为稽首、顿首、空首、振动、吉拜、凶拜、奇拜、褒拜、膜拜，① 其中日常生活中使用最多的是前 3 种。稽首是最隆重的跪拜礼，属于臣拜君之礼，施礼者拜跪于地，然后引头至地，并停留一段较长时间。顿首是地位相等或平辈人之间的跪拜礼，施礼者拜跪于地，引头至地只作短暂的接触后就立即举头。空首则头不真正叩地，其行礼的方法是拜跪于地后，先以两手拱至地，然后引头至手，这是国君回答臣下的拜礼。②

西周时，人们在日常生活中必须随时注意礼的细节，否则会给自己造成不必要的麻烦，甚至带来杀身之祸。如周礼有"履不上于堂"的规定，即不得穿鞋进屋。因为古人席地而坐，登堂便已就席，穿鞋既不卫生也不礼貌。春秋时这种遗风尚存，一次卫侯与大夫们饮酒，褚师声子穿履登席，卫侯大怒。褚师声子辩解说脚上生疮，如果让君侯看到了会呕吐的。卫侯更加生气，要砍掉褚师声子的脚，吓得褚师声子赶快逃走了。③ 再如做客人家吃羹时要"勿恕羹"、"勿嚃羹"。"羹"是古人经常食用的一道比现代所称的浓汤还要浓一些的家常便饭。"恕羹"即往端上席的羹中加调料，由于羹中已配好调料，故客人再往里加会使主人觉得自己调的羹不适合客人的口味而感到难堪。"嚃羹"则指狼吞虎咽地吃羹，这样的吃法，一方面很不礼貌，另一方面也会使主人认为自己所调的羹不够好，所以客人才囫囵吞咽，以求赶紧吃完。

从我们今人所能看到的历史记载看，生活在春秋的孔子是最讲究礼仪的，《论语》中记载了孔子很多这方面的故事。前面已述，鲁国的始封君是周公的儿子伯禽，由于与周公有这层关系，所以鲁国受到周礼的熏陶比较浓厚，到春秋时仍保留着浓郁的西周传统，孔子就是深受这种文化的影响才成才的。同时，孔子的理想社会是西周，他在不断宣扬自己理论主张的同时，还力图通过自己的言传身教为恢复古老的周礼而努力，因此孔子讲究礼仪的故事可以使我们从侧面了解周人的礼制生活。

据《论语·先进》记载：孔子最得意的学生颜渊死时，其父颜路曾请求孔子卖掉车子替颜渊买个外椁（棺外的套棺），结果被孔子依礼拒绝。颜渊，名回，字子渊，死时年仅32

① 见《周礼·春官·大祝》。
② 当时人们都是席地而坐，故君主亦跪拜答礼。
③ 见《左传·哀公二十五年》。

岁。他因"贫而好学，笃于存仁"而被孔子视为最得意的学生，孔子把他当作自己学说的继承人，后人将他列为孔子学生中的七十二贤人之首，尊为"复圣"。颜渊的父亲颜路也是孔子的学生。得知颜渊死讯，孔子悲痛欲绝地说："噫！天丧予！天丧予！"意思是：老天是要我的命呀！但对于颜路的请求孔子却一口回绝。他说："才不才，亦各言其子也。鲤也死，有棺而无椁。吾不徒行以为之椁，以吾从大夫之后，不可徒行也。"意思是：有才无才的儿子都是自己的儿子。孔鲤（孔子的儿子）死时，也是只有棺而无椁的。我不能卖掉车子为颜渊买椁而自己步行，因为我曾经做过大夫（也可理解为"我是贵族之后"），是不可以步行的。孔子曾在 51 岁至 54 岁时在鲁国做过官，属于当过大夫的人，他将乘车外出看成是维护大夫尊严的事情，即使现在他已不是大夫了，而且颜渊还是他最喜爱的学生，但也不能使他放弃礼的要求而步行上街。

据《论语·子罕》记载：孔子看见穿丧服、穿戴礼服礼帽（当官者）和瞎眼睛的人（乐官），总是毕恭毕敬的，即使他们比他的年龄小，他也要站起身来；而当经过这些人的身边时，孔子肯定要快走几步，以示对他们的敬意。

据《论语·乡党》记载：孔子在朝廷上与同级的下大夫交谈时，总是从容不迫，侃侃而谈，但与地位高于自己的上大夫谈话则要委婉和悦多了。当国君出来后，他立刻就会表现出恭敬不安的神情，但威仪适度。又载：每当国君让孔子去接待宾客时，他马上就会显现出庄严的神色，步履也郑重多了。当他与宾客相见施礼时，虽然左右拱手施礼使得礼服前后摇动但依旧非常整齐。当他见到宾客时，就会立刻快步抵前，姿态优美得犹如舒展翅膀的鸟儿。宾客辞去后，孔子必定要向国君复命说："宾客已经远去了。"还载：孔子进入朝廷大门时，总是恭敬地弯着身子，好像无容身之地的样子。他从不站在门的中间，行走时也从不会踩踏门槛。当他经过国君前面时，脸色立刻就会庄重起来，脚步也马上加快些，说话的声音压得很低，就像说不出话来一样。进入朝堂时，他总是用两只手提起衣襟上台阶，并恭敬地弯着腰，屏住气息就像停止呼吸一样。出来时，他每下一层台阶，脸色就放松一些，显现出和悦的样子。下完台阶，他立刻快步前行，好像鸟儿展翅一样。直到回到自己的坐席上，他内心还是恭敬不安的。另载：孔子出使别国举行典礼时，他会恭敬地弯腰拿着圭，好像力量不够而举不起来的样子，拿高一点好像在作揖，拿低一点好像在递给别人东西；脸上还显现出战栗恐惧的颜色，脚步小而频促，好像循着一条线走一样。当向主人献礼时，他满脸都是和悦之色。直到私下相会，他才完全是轻松愉快的样子。

有人考证，孔子的身高有 1.96 米，一般也认为在 1.85 以上，所以在当时人们就呼他为"长人"。想一想，一个身材如此高大的人做上述动作，是很难为他的。孔子遵礼的事迹还有很多，其他典籍如《礼记》上也有记载。不过，孔子身体力行的这些礼节仪式恐怕在他那个时代已没有几个人能做到了，倒不是因为太烦琐，而是难在发自内心、诚心悦意地施礼。春秋末季的人不大可能会像孔子这样诚惶诚恐、小心翼翼地依礼行事。所以，敬佩孔子的人把他当成大学问家，佩服得五体投地，经常远道而来向他请教各种问题；厌烦他的人则认为他一个老古董，只有杀了他社会才能进步。由于在西周时人们必须把很大精力放在烦琐的礼节仪式上，所以西周文化必然会趋向于枯燥乏味、缺少生气。

第四节　西周文化对后世的影响

西周文化对后世的影响是巨大的，其经济上重农贱商、政治上崇德重人等都长期影响着后代社会，而其建立在农耕经济基础之上的宗法制度的影响更是深远。西周文化的"人本性"内涵其实最基本的就是宗法属性，这种宗法属性也是后世中国文化的基本内涵。受西周宗法文化的影响，后世中国文化显现出如下几个特征。

一、"家天下"与"家国同构"长期延续

所谓"家天下"，就是把国家看成是自己家族的私产，世代相传。其特点是，一个家族统治一个朝代，只要这个朝代不灭亡，这个家族就一直统治下去。而保证一个又一个家族得以统治中国的就是完备而细密的宗法制，因为宗法制的阶级实质就是家族制度政治化，利用家族来进行统治。在中国古代，往往由一个家族来掌握国家的政治命脉，这个统治家族的大家长则成为国家最高政治领袖。

中国的"家天下"是从大禹将其部落联盟首领的位置传给他的儿子启开始的。在此之前，首领的位子传贤不传子，是所谓的"公天下"。从大禹时代开始，一直到1911年清朝末代皇帝宣统帝溥仪退位为止，一共4000多年。在这漫长的历史长河中，中国曾有过这样一些家族充当过统治家族，它们是：姒姓家族（夏王朝）、子姓家族（商王朝）、姬姓家族（周王朝）、嬴姓家族（秦王朝）、刘氏家族（汉王朝）、司马氏家族（晋王朝）、杨氏家族（隋王朝）、李氏家族（唐王朝）、赵氏家族（宋王朝）、孛儿只斤氏家族（元王朝）、朱氏家族（明王朝）和爱新觉罗氏家族（清王朝）等，其他一些建立小王朝的家族还没有计算在里面。所以，从某种意义上说，一部中国古代史实际上就是一部家族统治的历史。宗法制对这种"家天下"政治格局的延续起了极大的保护作用。

所谓"家国同构"，指的是家族、家庭与国家在组织结构上完全一样。具体而言，就是家与国的组织系统和权力配置都是严格的父家长制。如前所述，西周的政治统治是典型的家族统治政治化，具体体现就是分封制，依照血缘亲疏关系确定政治上的上下级关系，层层向下进行分封。分封制从形式上看是土地、人民的分封，实际上是权力的分封。进入封建社会以后，随着分封制的废除，宗法制不再直接表现为国家的政治制度。封建社会的政治权力分配，从表面上看是由皇帝所任命的各级官吏来掌握的，但其精神和主旨仍是宗法性质的。因为在人们的观念中皇帝仍然是天下的"大宗"，地位仍相当于父系大家长，即使他的辈分在本家族中不是最高的，但大家也必须以家长之礼对待他，所以汉献帝认刘备为皇叔，并不意味着刘备可以高居汉献帝之上，他见了汉献帝一样得下跪，一样得毕恭毕敬；而溥仪被慈禧选中作了皇帝，他的亲生父亲醇亲王载沣也必须向他下跪，就是这个道理。

在封建社会，皇权对于本家族和全国臣民来说都是至高无上的。皇帝是全国臣民的"大家长"、"大族长"，各级官吏和普通百姓都必须像对待自己父亲那样尊敬他，而不管他是个襁褓中的婴儿，还是七八十岁的老爷子。同时，皇帝所任命的各级官长乃是民众的"父母官"，平民百姓亦不得犯上。所以，在整个封建时代国家政治结构始终具有家族结构的印记。

二、家族制度长盛不衰

与政治上"家天下"的长期延续相适应，中国古代的家族制度也长盛不衰。

受宗法制的影响，中国传统社会的基石始终是一个个以血缘纽带维系在一起的家庭。在古代中国，以血缘关系为纽带的家族制度非常稳固，它绝不会因为朝代的更替而发生动摇。朝代可以随着政治的波动而更替，但是家族不会破裂。有些家族可能会随着战乱而分散各地，形成若干个分支，但仍然是旧有的家族模式。

中国古代家族制度发展的历史大致可以分为3个阶段，即西周时期、秦汉魏晋南北朝时期到唐朝中期、宋代到明清时期。在第一个阶段的西周时期，家族制度与宗法制度是合而为一的，家族权力的分配就是政治权力的分配，因而"家国同构"。

第二个阶段秦汉魏晋南北朝时期到唐朝中期，是家族制度的极盛阶段。这个时期，由于战乱频繁等原因，豪强地主势力膨胀发展起来，在地主阶级的上层形成了一个世族地主阶层。世族地主以家族为单位，世世代代把持着高官厚爵，并从中央到地方形成很大的势力。为了显示与众不同，保证自己的政治、经济利益，防止下层"寒门"地主混入，此时的世家大族都十分重视家谱和族谱的编写，并形成"谱牒"之学。只有世代出高官的豪门大姓才能编入谱牒。这个时期的世家大族已不是单纯的血缘宗族体，其中有不少异姓者。这些异姓者主要是依附农民，他们与世家大族没有血缘关系，但为了生存不得不求助世家大族的保护，从而被纳入到世家大族的血缘宗族之中。这样，世族地主、族中的同姓平民及异姓农民一起共同构成了一个大家族，人数少则几百，多则成千上万。为了在战乱中保护自己的宗族和为自己耕种土地的农民，世族地主还修筑了一个个坞堡（亦称坞壁），建立了私人武装，有些甚至还制定了自己的法律。世族地主集团在中国历史上活跃了近1000年，到唐末黄巢起义时遭到极大的打击，此后这个阶层彻底消亡。

第三个阶段宋代到明清时期，家族制度逐渐推行于庶民之家，宗族组织成为封建社会的基层社会组织。由门第等级家族制度向庶民型家族制度的过渡是从唐朝中后期开始的，到两宋时期基本完成。在这个过程中，理学起了很大的推动作用。理学家们首先从家庭伦常着手，提倡孝道，讲求家庭和睦，以使家族制度中的孝、睦内涵更加浓厚，然后又把它引向政治。在此之前，虽然人们也讲求孝道与家庭和睦，但由于受门第等级观念的制约，人们更加注意的是门第出身和血缘血统，因此伦常孝悌关系被冲淡了。宋代以后，门第等级关系被突破，这样使得人们将注意力重新放到伦常孝悌关系上，并通过它来达到政治目的。在理学家们的努力下，再加上封建统治者政策上的调整，到明清时期家族制度已经深入庶民之家，其最突出的表现是庶民祠庙的普遍建立。

本来，在此之前庶民是不准建立祠庙的，从西周到宋代都是如此。明朝前期也规定，品官从一品到九品可以立一庙，内奉高祖、曾祖、祖父和祢（已经死去的父亲在宗庙中的立主之称），庶民不许立庙，只可在寝室中立牌祭祖，而且只允许祭祀三代以内的祖先，即曾祖、祖父、祢。到明嘉靖十九年（1540年），政府才正式下令允许天下人建立家庙，而且允许臣民在冬至之日祭祀始祖，这样就打破了庶民不得建置宗祠和追祭列祖列宗的限制，强化了家族制度的基础，并引起庶民之家修谱的高潮，目前保存下来的这个时期的族谱有3万多种。在修谱的同时还制定了族规家约。从这些族规家约中可以看出，家族制度的政治属性较之以前要浓厚多了。

在宋代，官僚士大夫们对于家族制度虽然也重视它在稳定封建统治秩序方面的政治作用，但主要还是以维护子孙的生存、延续祖宗的血脉为宗旨；以维护家族的孝、睦，求得宗族自身的生存和发展为目的，因而这时的家族集团主要还是一个血缘共同体，政治色彩稍淡。但是，到了明清之时，各家族的族规中除了继续提倡孝敬尊长、和睦族里这些维护宗族内部伦常关系的规范外，还明令族众遵守封建法规，完纳国家赋税。这样，家族集团不仅是一个血缘共同体，而且还具备了政治共同体的属性。家族制度性质的这种变化更有利于封建统治，并且成为封建统治的社会基石。

封建家族制度一直延续到民国时期。梁启超曾说："吾中国社会之组织，以家族为单位，不以个人为单位，所谓家齐而后国治是也。周代之宗法之制，在今日其形式虽废，其精神犹存也。"闻一多也说："封建社会的秩序是那家族中父权式的以上临下的强制性的秩序。"民国以后虽然完整的家族制度不再存在，但其遗迹还在，至今还能有所见闻。

三、等级观念严重 等级制度森严

前面已述，宗法制本身就是一种等级制度，其本质就是通过血缘关系的亲疏来区别家族成员地位的尊卑，其目的是为了维护父系大家长对整个家族的绝对统治。把这种制度推广到社会政治中，必然形成森严的等级制度，造成人们严重的等级观念。比如，西周时期，周天子、诸侯、卿大夫、士和庶民之间的关系是极其明确的，严禁僭越，不能越"雷池"一步，否则就要遭到惩罚。在法律上，"礼不下庶人，刑不上大夫"原则的实施更将贵族和庶民之间的关系清晰地划分出来。

"礼不下庶人"指礼的制作不是为了平民庶人，平民庶人不得享受礼。但实际上，周礼在要求各级贵族之间必须严格按照礼制的规定来行事的同时，也对庶民的日常生活做出了许多限制，比如送礼只能送家鸭等。"刑不上大夫"指在一般情况下贵族犯罪不受处罚，即使必须受处罚，也须得到优待，如贵族犯罪不亲自出庭受审，贵族不公开行刑，贵族不陈尸闹市，贵族没有肉刑，贵族没有官刑，贵族不受没为奴隶的处罚等。

到封建时代,受宗法制度影响的等级观念、等级制度不仅依然存在,而且许多内容还被以成文法的形式固定下来。如战国魏国李悝制作的中国封建时代第一部法典《法经》中明文规定:"大夫之家有侯物,自一以上者族"等。后世封建法律中维护等级制的内容更是随处可见,如"八议"规定亲、故、贤、能、功、贵、勤、宾等8类贵族犯罪,各级官吏不许判罪,必须交给皇帝裁决,一般是进行减罪或无罪处理;"官当"则规定各级官员犯罪可以用官阶抵罪,等等。这些内容都继续贯彻了"刑不上大夫"的原则。

与西周时期一样,生活在封建宗法结构中的每一个人,从出生到死始终都受到等级身份的限制,如婚姻、起居、衣着、仕途、死后的殡葬礼仪等,都毫无例外地受到宗法制的束缚。《红楼梦》第十三回中贾蓉的老婆秦可卿死,而贾蓉没有功名,于是其父贾珍花1000两银子给他买了一个五品的"防护内廷御前侍卫龙禁尉"的官衔,这样秦可卿就可以按照"宜人"(明清时期封赠五品官的母亲、妻子)的规格下葬了。在《我的前半生》中,中国末代皇帝溥仪写道,小的时候一次他与亲弟弟溥杰玩耍时,忽然发现溥杰身上衣服的颜色与自己的正黄色很接近,于是厉声斥责他怎敢穿只有皇帝才能穿的颜色,把溥杰吓了个半死。

严重的等级观念,森严的等级制度,最终使古代中国失去活动,一蹶不振。

四、血缘亲缘关系发达 人际关系复杂

由于宗法制是以血缘关系为基础来划分尊卑贵贱的,所以自古以来,中国人就十分重视每个人的血缘身份。这从中国人的亲属称谓堪称世界第一、中国人的辈分划分最为清楚就可以看出来。

对于一个中国人来说,从他出生到死一般处在这样一个关系网中。

上有:

直系长辈:爷爷、奶奶、父亲、母亲(多妻制下还有好几个妈)等。

旁系长辈:伯父、伯母、叔叔、婶婶、姑姑、姑父等。

母家长辈:姥爷、姥姥、舅舅、舅妈、姨妈、姨父等。

中有:

兄弟、姐妹、嫂子、弟妹、姐夫、妹夫等。

堂兄弟、堂姐妹、堂嫂子、堂弟妹、堂姐夫、堂妹夫等。

表兄弟、表姐妹、表嫂子、表弟妹、表姐夫、表妹夫等。

下有:

儿子、儿媳妇、女儿、女婿。

侄子、侄子媳妇、侄女、侄女婿。

外甥、外甥媳妇、外甥女、外甥女婿。

孙子、孙子媳妇、孙女、孙女婿。

另外，男的结婚上有岳父、岳母等；中有大小舅子、大小姨子等；下有妻侄、妻甥等。女的结婚上有公公、婆婆（古称公婆为舅姑）等；中有大伯、小叔子、大小姑子等；下有夫侄、夫甥等。

在传统社会中，中国人的亲属关系错综繁乱，复杂无比，让今天的独生子们几乎难以分别，以至于有些人读《红楼梦》都十分吃力。而一些外国人对亲属关系的称谓较之中国人来说要简单多了，比如"uncle"一词是英语中一个很笼统的称谓，伯父、叔父、舅舅、姑父、姨父等都用它来代指。甚至许多美国人根本不用辈分称呼，而是直呼其名，管他是老爸还是老太爷，一律威廉、汤姆、史密斯地叫，没人觉得有什么不妥。但是，在中国，这是绝对行不通的。中国人必须用不同的称谓来识别一个人的血缘身份，以确定其与自己的亲疏关系。比如，伯父、叔父是本家亲属，最亲；舅舅是母亲的兄弟，男尊女卑，关系稍远些；姑父、姨父更远些，因为"泼出去的水，嫁出去的女"，他们虽娶了本家族的女儿，但与本族没有任何血缘关系。

中国文化强调亲缘关系的目的不仅是为了识别亲属之间地位的尊卑亲疏，更重要的是要把具有共同血缘的人纳入同一个宗法家族的共同体之中。在这个共同体之中，人们具有基本一致的经济利益和政治需要。皇帝利用它可以对全国实行有效的统治，各级官吏利用它可以巩固自己的政治地位，平民百姓利用它可以维持生计（靠家族的力量来谋生）和保护本家族成员，等等。所以，我们只听到中国人说"血浓于水"，而没听过美国人、英国人说"老乡见老乡，两眼泪汪汪"。

中国的血亲关系不仅把所有具有共同血亲的人都凝聚在一起，而且还通过其他关系壮大家族的势力，比如姻亲、同事、同学、朋友、师生、同乡、上下级关系，等等。所以，在传统社会中，中国人往往是关系套关系，感情浸感情，层层缠绕，理不清，剪不断，大家都被一张庞大的关系网笼罩着，任何人要想办成任何一件事都必须得通过这张网，如果不在这张关系网之内，则事情很难办成。

五、强调伦常 提倡忠孝

既然宗法制是按照尊卑长幼关系而建立起来的一种伦理体制，因此它很自然地要求在宗法体制中的每一个人都必须遵守伦常道德要求，其中最基本的道德关系就是"三纲"，即君为臣纲、父为子纲、夫为妻纲。纲，是提网的总绳。为纲，是居于主要或支配地位的意思。"三纲"非常明确地表明了宗法制度之下尊卑长幼的伦常关系。

关于"孝"，前面已经提到，它是保障宗法制度下父系家长绝对权威的根本道德要求。中国有句古语"万恶淫为首，百善孝为先"，从中可以看出"孝"在中国传统伦理道德中的地位。在传统社会中，一个人如果不孝，无论他做了多少好事也全都白费。孝道，不仅在中国传统家庭中居于主要地位，而且在社会上，在政治上，乃至在整个中国文化传统中都居于主要地位。打一个比方来说，如果把中国文化当成一堵墙的话，孝不仅是这堵墙的地基部分,而且还是这堵墙的最主要部分,抽出了孝,中国文化这堵墙就完全崩塌,丧失体系了。

在封建社会中,统治者之所以拼命宣扬孝道,除了遵从古老的传统外,最主要的意义体现在社会政治层面上,即为"忠君"服务,要求全国臣民忠于皇帝。因为一个人只有"孝"于家庭,才能"忠"于由千千万万个宗法制家庭组成的国家,才能忠于这个国家的大家长皇帝,所谓"忠臣必出孝子之门"。而忠于国家,忠于皇帝,不仅符合封建伦理道德的最高标准,可以在社会上立足,而且还可以流芳百世。所以,如果包公斩了皇帝,他就决不会成为千古颂扬的清官;如果岳飞反对宋高宗,他也一样不会成为千古传颂的民族英雄。

关于孝的功能,《孝经》中说得很明白,即"夫孝,始于事亲,中于事君,终于立身"。由此可见"忠君"是"孝父"的延伸。在这种延伸中,孝道不仅是道德标准,而且还具有维护皇权的政治功能。《孝经》还有更加具体的说法,即"君子之事亲孝,故忠可移于君;事兄悌(指弟弟无条件听从哥哥),故顺可移于长;居家理,故治可移于官。是以成名于内,而名立于后世矣。"由孝到忠,家与国相通,君与父相代,从而造就了古代中国长期的以"忠孝"治天下的传统。

公元前771年,由于周幽王姬宫涅加重剥削,又逢地震与旱灾,再加上对外战争的失败,人民流离失所,统治岌岌可危。但幽王与当年的商纣王一样,不为所动,终日与宠妃褒姒淫乐,除了"烽火戏诸侯"外,还竟然废掉王后申后和太子姬宜臼,立褒姒为后,违背了"立嫡以长不以贤,立子以贵不以长"的宗法制原则,搞得众叛亲离。申后的父亲、太子的姥爷申侯一怒之下,联合曾国和犬戎等进攻西周。周军大败,幽王被杀于骊山下,西周灭亡。亲属相攻表明宗法制下的血缘纽带已经疏松,血亲政治的覆亡指日可待。

第五章　中国文化的辉煌时代
——春秋战国时期

春秋战国时期，从公元前 770 年周平王东迁洛邑（今河南洛阳）到公元前 221 年秦始皇统一六国止，共 550 年的时间，是中国社会的大变革时代。这个时期，在社会形态上，中国社会从奴隶制时代向封建制时代转变，并且初步确立起封建制度；在政治上，各诸侯国通过顺应历史潮流发展的变法活动，纷纷建立起专制政权，实行集权统治；在军事上，各诸侯国间通过规模越来越大的战争实行国土兼并，并在腥风血雨中逐步走向统一；在经济上，生产力大幅度提高，经济繁荣，人口增殖；在思想上，以儒、道、法、墨为主的各种学术理论得以创立并得到初步发展，形成中国古代历史上仅见的"百家争鸣"现象。在这种社会背景下，中国文化进入到一个以前一千多年未有、后世两千年未见的辉煌时代。同时，中国文化在前一时期西周"人本"文化发展的基础上更加成熟、更加理性化、更加关注人本身及人类社会。

第一节　春秋战国文化辉煌的背景

春秋战国时期辉煌文化成就的取得主要得益于社会经济的高度发达、政治形势的复杂多样及学术争鸣的活泼活跃等，同时它们也是这一时期文化辉煌的具体体现。

一、社会经济的高度发展

春秋战国时期的经济水平已经达到相当的高度，这个时期是中国历史上第二个经济高峰期——战国两汉时期的前半程。从生产关系和上层建筑的角度来说，由于奴隶制度的衰落，生产关系得到很大改善，一家一户的封建小农经济逐渐上升为主要的生产方式，从旧的生产关系束缚下解放出来的农民有着比奴隶更高的生产积极性。同时，各诸侯国为了在激烈的政治、军事斗争中保持不败，并能提高国力，吞并别人，也纷纷施行各种政策保障和发展农业生产。从生产力和经济基础的角度来说，铁制农具得到了广泛使用，用牛耕作的方式被迅速推广①，各诸侯国兴修了许多农田水利灌溉工程，以改善农耕条件，如著名的都江堰、郑国渠②等，耕作技术也大幅度提高。

中国人最早使用铁器是在殷商时，到西周晚期，铁已经是较为常见的东西了。春秋末年，中国大部分地区都已使用铁器。进入战国后，铁器的使用更加普遍，种类也增多，生产、生活中使用铁农具、铁工具已经是很平常的事情了。铁农具的广泛使用不仅有利于大量荒地的开垦，而且也便于深耕、发土、平田、除草和收割等各种农事操作，可以大大提高劳作效率。更为重要的是，铁农具的广泛使用使农耕中比较广泛地使用牲畜成为可能和必要。春秋时期用牛耕田已是人们习见的事情，战国时期除牛耕外还使用马耕。用牲畜耕作比用人力可以大大提高效率，所以铁农具和牛耕对发展农业生产起了重要的作用，代表当时的生产力发展水平。另外，当时的耕作方法也更加进步。战国时代的人们已经注意到对不同的土壤实行不同的种植方法，并懂得广泛地使用肥料，深耕、熟耘也已成为耕作中普遍的基本要求，而且对耕地、整田、选种、播种、保苗、除草、收割及季节时令的知识都有了很大的进步。这样，不仅促使了耕地面积迅速扩大，而且单位面积产量也有了很大提高。

战国初期的魏文侯相国李悝曾对当时魏国的粮食产量做了一个统计，这使我们多少了解了那个时代农业经济发展的一般情况。按李悝统计，当时一亩田通常可以产粟一石半，上熟可4倍，即6石；中熟可3倍，即4石半；下熟一倍，即3石；小饥可收一石，中饥可收7斗，大饥只能收3斗。战国时的一亩约为今亩的31.2%；战国时的一石约为今制的2市斗。推算下来，可知战国时一般年景下，相当于今天一市亩的田地约可产粟9斗6升多（今制），最好的年份则可以产3石8斗5升（今制），折合成市斤为462斤，这个产量与今天比较也不算低。如果以一般年景的产量计算，则相当于今天一亩产粮115.2市斤，按一夫一妻耕百亩之田计算——当时百亩合今制31.2亩——共产粮约3600市斤。也就是说，战国初期一个农业劳动力一年可生产粮食1800斤，可以养活除自身以外四到五个人（以每人每年消耗360斤粮食计算），这可是个了不起的成就。春秋战国时期，常备军中的士兵、周游列国的游说之士、百家争鸣的思想家们及各级行政部门的官吏等都是完全脱离生产的人，换句话说，他们都是吃白饭的。如果没有丰富的食物，如此庞大的非生产性队伍是不可能存在的。试想，如果孔子上午在地里干活，下午到学堂教书，他可能成为伟大的思想家、教育家吗？所以，历史唯物主义关于"人民群众创造历史"的观点其中之一就是从这个角度讲的。

随着农业经济的发展及奴隶制度的衰落，西周时期"工商食官"的官营手工业、商业的格局终于被突破了，城市日益繁荣。《战国策》记载当时齐国的首都临淄的繁华是"临淄之途，车毂击，人肩摩，连衽（衣襟）成帷，举袂（衣袖）成幕，挥汗成雨"。早几年出土

---

① 牛耕的普及从当时人的名字中就可以反映出来，如孔子的两个学生：冉耕，字伯牛；司马耕，字子牛。

② 都江堰是战国秦国蜀太守李冰主持修建的，它引岷江水，灌溉农田达300万亩，很快将成都平原变成了一个丰产地区。郑国渠则是秦王嬴政时韩国著名的水工郑国来秦国主持修建的。他用了十几年的时间，兴修干渠300余里，灌溉土地面积合200多万亩，将关中平原变成了肥壤沃野。秦国之所以能统一中国，与这两个水利工程的兴修不无关系，它们保障了强大秦军的粮食供应。

的总重 2500 多公斤的曾侯乙青铜编钟从一个侧面反映出这个时期手工业的成就，而弦高、范蠡、子贡、白圭、吕不韦等著名大私商的不断涌现则是这个时期商业发达的标志。

二、政治形势的复杂多样

春秋战国文化辉煌局面的形成首先要归功于生产力的提高、经济的发达，这是最基本的原因。但是，生产力的提高、经济的发达并不是春秋战国文化辉煌局面形成的必然原因，因为以后各代的生产力和经济水平从总体上看都高于这个时期，然而却再也没有出现过这种文化辉煌的局面。是什么原因造成了这样不同的结局呢？答案是，这个时期的政治因素使然，类似的政治因素以后再也没有出现过。

春秋战国时期政治形势的复杂多样首先体现为阶级、阶层状况的复杂。在历时数百年翻天覆地的社会大变革中，有 4 大阶级彼此消长着：逐渐消退的是奴隶主旧贵族阶级及其对抗阶级——奴隶阶级，逐渐生成的是新兴地主阶级及其对抗阶级——农民阶级。奴隶主旧贵族阶级曾进行过一番苦苦的挣扎，他们不情愿退出历史舞台，但由于无力阻挡历史的潮流，所以最终未能改变逐渐衰亡的命运。随之，其对抗阶级——奴隶阶级的人数也日见减少。新兴地主阶级或从奴隶主旧贵族阶级中兑变而来，或来自普通民众之中，他们顺应历史潮流的发展，从弱到强，逐渐走上政治舞台，直至最终彻底击败奴隶主旧贵族阶级，夺取政权。同时，其对抗阶级——农民阶级也逐渐形成，他们虽必须忍受地主阶级沉重的剥削和压迫，但毕竟有了自己的人格和独立的经济。当时，除了这两对对抗阶级外，社会上还存在着个体手工业者集团（或阶层）和商人集团（或阶层）等，一些大私商甚至可以富敌诸侯。由于每一个阶级、每一个集团（或阶层）都有自己的主张、理想、愿望、利益，所以他们都力图展现自己的政治意图，都希望社会朝着有利于自己利益的方向发展，由此促成了"百家争鸣"局面的出现。而"百家争鸣"的形成恰恰是这一时期文化辉煌的重要成就。

其次，新旧制度交替、政局动荡。这个时期奴隶制的消亡、封建制的确立，不仅是新旧制度的交替，更是文化上的新旧交替。而封建制比奴隶制更为先进，更能代表社会未来发展的方向，所以其文化也更加顺应社会发展、更加具有生命力，当它在代替奴隶制旧文化的过程中也必然会呈现新的繁荣。与此同时，激烈的兼并战争也打破了各诸侯国间孤立、静态的统治格局。随着经济的发展，人口的增殖，各诸侯国从以前的相互隔远逐渐走到一个空间中争霸争雄。它们在同一个大舞台上演着此消彼长的人间活剧的同时，也促使不同区域的文化相互冲突、相互交织并相互渗透，从而既为文化重组提供机会，也使文化传播的规模日盛。

三、学术争鸣的活泼活跃

春秋战国时期学术争鸣活动，即"百家争鸣"，是中国古代历史上最自由、最开放、最有成就、最有学术味道、最为名副其实的文化现象。它既是这一时期文化辉煌形成的背景，也是其主要体现。

"百家争鸣"的出现除了上述两个重要的因素外，还有几个非常重要的因素。首先是学术环境宽松活泼。在春秋战国那个社会急剧动荡的时代，各诸侯国要在激烈的政治斗争和兼并战争中获得生存，必须不断地改进统治手段、统治方法。春秋战国时期的兼并战争是十分激烈的。有数字显示，春秋初的时候尚有100多个大大小小的诸侯国，但经过300多年的兼并混战，到战国初就剩下20多个了，以后又经过进一步兼并，最后只剩下7个，即被称为"战国七雄"的齐、楚、燕、韩、赵、魏、秦。在如此激烈的兼并战争中如何保存自己，壮大自己，并能吞并别人，是一个很严峻的课题。任何一个诸侯国都不想被别人吞并，都想壮大自己，吞并别人，但是怎样才能使自己立于不败之地呢？实践证明，最好的办法莫过于实行"文化开明政策"，即招徕各种人才，试用各式贤才；允许各种学说、各个学派的存在，让他们自由发展、自由争鸣等。通过这些人的学术活动和实践活动，为自己摸索出一条既能立于不败之地又最适合社会发展的道路。因此，各诸侯国基本上都允许各家各派的学者在自己的境内自由出入，允许他们在政治舞台上充分展示自己的才华。

其次是"私学"的兴盛和"养士"风气的盛行。春秋战国时期，随着奴隶制的衰落，在学术领域发生的最大变化就是以前"学在官府"的官学变成了学在私人的私学，这样就使得各个阶级、阶层、集团的人士都有了受教育的机会，有学问、有知识的人多起来。在以前的奴隶制时代，学校都是官办的，是为贵族子弟开设的，不允许庶人的子弟上学读书。春秋时期，由于"礼崩乐坏"，官学维持不下去了，于是一些掌握文化知识的最低级贵族——士，因为生活没有了着落，被迫流落民间，有的便以教书为业。同时，新兴地主阶级分子由于大部分来自庶民或破落贵族，缺少受教育的机会，他们希望自己的子弟能够读书，掌握文化知识，以为日后夺权奠定文化基础。于是，当老师和学生两方面的因素都具备以后，开办私学的条件就成熟了。当时，开办私塾的人实际上都是不同阶级、阶层和集团的代言人，他们对于各种学术问题，包括天文、地理、数学、物理、人类社会的起源等争论不休，对政治制度和社会的发展前途更是各有主张，争论不已，从而形成"百家争鸣"的局面。与此同时，战国时期还盛行着"养士"的风气。"养士"，即将各种人才网罗到自己门下，一方面扩大自己的势力，一方面让他们为自己服务。当时，齐国的齐威王、齐宣王在都城临淄稷门外专门开辟的供"文学游说之士""不治而议论"的学校——稷下学宫是最为有名的"养士"场所。那些来自不同国家、持不同观点的学者，千里迢迢来到齐国，聚集于稷下学宫，他们在这里著书立说，自由辩论，人数最多的时候达到一千多人，成为战国时期"百家争鸣"的一个重要中心。稷下学宫一直到秦统一的时候才寿终正寝，一共持续了150年左右的时间。除此之外，战国"四公子"——齐国的孟尝君、魏国的信陵君、赵国的平原君、楚国的春申君，也各养士多达几千人。这些被养的士中间有不少是"百家"学者，他们处在同一个时空中，更可以面对面地进行直接的争鸣。所以，几乎可以这样说，每一个"养士"场所，就是"百家"直接交锋、争鸣的舞台。

第二节　春秋战国文化元典性特征的主要体现

春秋战国文化呈现明显的元典性特征，这也是其文化辉煌的主要成果。所谓"元典性"，是指这一时期的文化思想乃是中国文化精神的真正源头。其具体体现为中国历史上第一批"百科全书式"的渊博学者的涌现，中华思想文化宝库的初步形成，以及第一批流芳千古的文化典籍的制作，等等。此时，中国文化精神的各个侧面得到充分的展开和升华，中华民族的文化走向大致确定。在以后的数千年时间里，历代思想家、政治家、史学家、军事家、经济家等无一不是把这个时期的文化当作自己的思想源泉，因此这个时期既可以称为中国文化的"元典时期"，也可以称为中国文化的"轴心时代"①。

一、第一批"百科全书式"的渊博学者的涌现

春秋战国时期涌现出的中国历史上第一批"百科全书式"的渊博学者主要指的是创立道家、儒家、墨家等学派的老子、孔子、墨子等人。他们不仅以巨大的热情、雄伟的气魄和无畏的勇气开创出影响后世中国文化走向的思想学派，并且对宇宙、社会、人生等无比广阔的领域发表了纵横八极的议论，显示出他们对自然及人类社会全方位的关注。

（一）老子及其主要思想贡献

老子，一说即老聃，姓李名耳，字伯阳，春秋楚国苦县（今河南鹿邑东）人，道家学派的创始者。关于他的生卒年代和身世，今已无法确考，只知道他曾经做过周朝管理藏书的官吏，与孔子同时代。据《史记》记载，孔子曾经到东周向老子请教过关于"礼"的问题，估计老子应该比孔子年龄大一些。当时老子对孔子说："你所说的礼，倡导它的人连骨头都已腐烂了，只剩下言论了。我以为，君子时运来时就该驾着车出去做官，生不逢时就要像蓬草一样随风飘转。我听说，擅长经商的人总把货物隐藏起来，就像什么东西也没有一样；君子具有高尚的品德，他的容貌总是谦虚得像愚钝的人一样。你应该抛弃骄气和过多的欲望，抛弃你做作的情态神色和过大的志向，这些对于你来说是没有好处的。我能告诉你的就是这些了。"老子没有直接回答孔子的问题，但孔子听后对弟子说："我知道，鸟能飞、鱼能游、兽能跑。会跑的用网捕捉，会游的用线去钓它，会飞的用箭去射它，至于龙，我不知道该怎么办了，因为它是驾着风腾飞上天的。我今天见到的老子，大概就是龙吧！"②可见孔子对老子是十分敬重的。老子在东周住了很久，眼看周朝越来越衰败，便心灰意冷地回到老家去当隐士了。

---

① 文化的"轴心时代"这个概念最初由德国学者雅斯贝尔斯提出。
② 见《史记·老子韩非列传》。

　　老子的政治主张从总体上说属于没落阶级一种无可奈何的颓废思想，表现为在急剧动荡的社会变革面前，他既对现实不满，但又无能为力；既感到自己的没落，但又实在不甘心退出历史舞台，所以干脆主张让社会倒退回去。由于他已经知道自己所依赖的奴隶制社会是没有希望和前途的，所以他不像孔子那样要求回到西周奴隶制鼎盛时期，而是干脆主张让社会退回到"鸡犬之声相闻，老死不相往来"的原始蒙昧时代。基于这样的思想，老子一方面对日渐衰败的奴隶制典章制度失去信心，主张干脆废弃它们；另一方面对新兴地主阶级的制度和新兴事物更是深恶痛绝。他严厉谴责新兴地主阶级的奢侈挥霍，指责他们对民众繁重的剥削和发动残酷的战争，造成田地荒芜，百姓饿死。他主张应"绝圣弃智"，既不要圣人也不要聪明者，摒弃贤才，排斥能者，使民不争，一切循其自然，实行"无为而治"，强调"我无为而民自化，我好静而民自正，我无事而民自富，我无欲而民自朴"①。当然，老子对新兴地主阶级的攻击并不是为了民众说话，而是下台的旧阶级对新上台的暴发户的谩骂，同时他还坚决反对儒家所宣扬的仁、义、礼等思想，主张废弃一切伦理规范。

　　老子的哲学思想有很大成就，他与庄子可以称得上是先秦时期最具抽象思维的思想家。老子对中国哲学史的最大贡献就是创造了"道"这个概念，"道"在《老子》中也称为"无"、"大"和"一"。"道"几乎可以说是中国哲学史中第一个真正意义上的抽象概念，在此之前虽然已经出现了"天"、"五行"等抽象概念，但它们实际上都是在自然界中已有的物质基础上提炼抽象出来的，而老子的"道"则完全是他凭自己的脑子想像出来的。老子的"道"不仅超越时间，超越空间，而且也超越人们的认识，人们对"道"听不见，看不到，摸不着。"道"不仅无形无声无物，它还先天地宇宙而生，并生天地宇宙万物，在天地宇宙万物生成之后，"道"无时不在，无处不存。但"道"本身并没有目的，也没有意志，它实行自然无为，根本不主宰由它产生的世界万物。这么一个纯粹抽象的概念不知花费了老子多少心血才思考出来，真是难为他老人家了。

　　老子在中国哲学史上的另一个贡献是提出了朴素辩证法。他从复杂变动的世界万物中，抽象出长短高下、刚柔强弱、智愚巧拙、生死胜败之类，认为它们都是既对立又统一的矛盾体。他认为"有无相生，难易相成，长短相形，高下相倾，声音相和，前后相随"②，矛盾着的双方，一方要依另一方的存在而存在，这种矛盾的统一观是人类认识史上一个重大的发展。不仅如此，老子还提出事物的发展能够向相反的方向转化，即所谓"反者道之动"③。"反"即向相反的方向发展，但发展到相反的方向以后，还要再向相反的方向发展，也就是回到最初的状态，这是老子对"运动"的一个重要认识，正如他认为的"祸兮，福之所倚；福兮，祸之所伏"④。

---

① 《老子》五十七章。
② 《老子》二章。
③ 《老子》四十章。
④ 《老子》五十八章。

老子还有一个被人们所忽视的贡献，即提出了中国最早的自然法思想，这就是"人法地，地法天，天法道，道法自然"。自然法思想在西方最早产生于古希腊，后来被古罗马法学家所沿用，近代西方资产阶级思想启蒙家利用它提出"法律面前人人平等"思想。但是十分可惜，这种思想在中国没有发展起来，被封建专制制度扼杀了。

（二）孔子及其主要思想贡献

孔子，名丘，字仲尼，春秋末鲁国陬邑（今山东曲阜东南）人，儒家学派的创始者，生于公元前551年（一说公元前552年），卒于公元前479年，享年72岁（一说73岁）。据说孔子的出生地附近有一座山，名尼丘（即尼山），所以他取名丘，字仲尼。仲，是行二的意思，因为他上面还有一个同父异母的哥哥，是个残疾人。还有一说，因其父母曾祷于尼丘而生孔子，故名。

孔子出身破落的奴隶主贵族家庭，家境贫寒，到他自己的时候只能通过教书挣钱来养家糊口。但在孔子身上却有着王族的血统，他是殷商第30位君主帝乙的后裔。帝乙就是殷商末代国君商纣王的父亲，殷商灭亡后，西周将商纣王的庶兄、帝乙之子微子启封于宋。孔子是微子启的第15代孙，是帝乙的第16代孙，但不是直系。孔子这一支的直系先祖曾做宋卿，到孔子前第5代祖的时候，宋国发生内乱，他的先祖逃到了鲁国。孔子的曾祖还做过鲁国的大夫，属于贵族，但到他父亲的时候家道中衰了，失去了贵族的身份。孔子的王族血统对他的影响很大，提醒着他不要忘记自己贵族的身份，而祖上的光辉业绩也时时激励着孔子。正因如此，在春秋那种纷乱的时代，孔子能够挺身而出，不辞劳苦地东奔西走，四处宣扬自己的主张，积极救世，甚至"明知不可为而为之"。当然这只是其中的原因之一。

孔子的父亲名纥（？—公元前548年），字叔，《左传》作梁纥，《史记》作叔梁纥。他曾做过鲁国的下级武官，还是当时一位比较有名的武士。据说有一次他随军攻打一座城池时，所悬城门突然坠下，叔梁纥挺身上前，托起城门，救出了自己的人。孔子的母亲，传说姓颜，名徵在，亦称颜徵。她与孔纥结婚时，两人的年岁相差较大，孔纥60多岁，颜氏17岁，所以两人的结合不符合当时的婚姻习俗，受到社会的奚落，被称为"野合"。后世有人望文生义，非说孔子是私生子，这是不对的。孔子母亲的颜氏家族原是鲁国的望族，后来也衰败了，到他母亲的时候也已经不再属于富贵阶层了。

孔子童年是很不幸的，据说当他3岁的时候，孔纥逝世了。不知出于什么原因，颜氏在世的时候一直没有告诉孔子他父亲的葬地。后来，孔子17岁时母亲也死了，他经过多方打听才找到父亲的墓地，将母亲与父亲合葬在一起。孔子在少儿时代不仅失去了自己的双亲，而且生活是非常艰辛的。孔子成年后曾说："吾少也贱，故多能鄙事。"[1] 意思是：我小的时候很贫贱，所以能做很多下贱的事情。他还说："吾不试，故艺。"[2] 意思是：我没有被国家

---

① 《论语·子罕》。
② 《论语·子罕》。

任用，所以学会了一些只有普通人才掌握的技艺。孔子学会的技能肯定很多。据《论语·子罕》记载，鲁国负责管理宫廷事务的太宰曾问孔子学生子贡："孔子是一位圣人吧？为什么这样多才多艺？"子贡回答："是天让他成为圣人，且多才多艺。"孔子听说后才讲出了前面"多能鄙事"的话，并接着说："君子多乎哉？不多也。"意思是：真正的君子会有这样多的技能吗？是不会多的。孔子这样的出身经历正应和了孟子的"天降大任于是人也，必先苦其心志，劳其筋骨，饿其体肤，空乏其身"① 这句话，用今天的话来说就是"穷人的孩子早当家"。孔子所说的"多能鄙事"，可能包括他在季氏家干的管理仓库和牧养牲畜的工作，当时他 20 多岁。据孔子自己说，他管理仓库做委吏（会计）的时候把账目管理得很妥善，管牛羊做"乘田"（官称）的时候把牛羊养得很肥壮。这说明孔子不是好高骛远的人，他能踏踏实实从"鄙事"做起，以为将来的发展奠定基础。

孔子在很年轻的时候就已经展现出才华了。据《史记·孔子世家》记载，孔子 17 岁时，鲁国的一个大夫孟僖子在临死之前对自己的儿子孟懿子说：孔丘是圣人（商汤）之后。我听说圣人之后，"虽不当世，必有达者"。孔子"少而好礼"，我死以后，你一定要以他为老师。孟僖子死后，懿子和孟僖子的另外一个儿子南宫敬叔果真遵从父命投到孔子门下来"学礼"。孔子 51 岁的时候，由于他的名气而被鲁国权臣任为中都宰（地方官），后升任司寇，主管司法，但只干了 3 年，就被罢免。从此，孔子率领弟子们周游列国，他到过齐国、卫国、陈国、宋国、蔡国、楚国等，晚年又回到鲁国，从事整理和传授古籍的工作。

孔子所创立的学派，因与春秋时代从巫、史、祝、卜分化出来的"师儒"有渊源关系，所以称"儒家"。"师儒"是西周传授道艺的官吏，他们以六艺教人。

孔子所代表的是奴隶主旧贵族阶级，因此他的思想从总的来说是比较保守的。孔子的思想倾向性很明确，就是希望回到西周那种讲求礼制的时代去。他认为只要人们的言行都符合礼制的要求，天下就会太平，人民就能过上好日子，要求君臣父子都应恪守周礼规定的名分，以严格亲疏、贵贱、尊卑、上下的区别。他把春秋时代"礼崩乐坏"的社会现象看作是"天下无道"，给予非常严厉的抨击。

孔子最重要的思想是"仁"，这是他对中国文化的一大贡献。"仁"的意思就是"爱人"，如"己所不欲，勿施于人"②、"克己复礼为仁"③，等等。"仁"是孔子的最高道德标准，他把当时经常发生在贵族之间破坏周礼和犯上作乱的行为，看作是贵族之间彼此不能相爱的结果，因此反复强调要"爱人"，提倡"己欲立而立人，己欲达而达人"的"忠恕"之道。孔子企图通过实施"仁"的道德约束来维护周礼所代表的统治秩序和政治制度。孔子还主张以德礼为治，强调对民众要"道（导）之以德，齐之以礼"，以图改善统治者和民众的关系。从"仁"的思想出发，他劝告统治者要讲求"节用而爱人，使民以时"、"惠则

---

① 《孟子·告子章句下》。
② 《论语·雍也》。
③ 《论语·颜渊》。

足以使民"、"使民如承大祭"等。他还说："百姓足，君孰与不足；百姓不足，君孰与足？"这些都是针对当时一些统治者专靠刑政高压手段治民而提出的，具有积极意义。

孔子对中国文化的另一大贡献就是发展了私人讲学的风气。中国历史上私学之兴并不是由孔子开始的。据文献记载，当时私人讲学的风气很盛，晋国的叔向、郑国的壶丘子林和邓析、鲁国的少正卯等都收徒讲学，其中少正卯还多次将孔子的学生吸引走了，所以应该说孔子是第一批开办私学的人。不过，孔子将这股兴办私学之风发扬光大了。传说孔子有弟子3000人，其中精通礼、乐、射、御、书、数六艺的有72贤人。孔子在教育理论方面总结出很多很好的经验，如在学习上"知之为知之，不知为不知，是知也"，以及"毋意"（不凭空揣测）、"毋必"（不要绝对肯定）、"毋固"（不要固执）、"毋我"（不要自以为是）、"温故而知新"、"学而时习之"、"三人行必有我师"等；在教学上的"因材施教"、"诲人不倦"等，直到今天仍有着很好的借鉴意义。

需要说明的，孔子所宣扬的周礼，都是经过他加工改造以后的，并非是真正的周礼。而且，作为一个思想家，孔子不会不知道社会是无法逆转回西周那个时代的。孔子所主张的回归西周社会，实际上是回归到经过他加工的理想化的西周社会，不是历史中客观存在的西周社会。例如，当时的礼帽较之西周的传统已经有了一点改变，孔子认为这种修改比过去节俭，于是说："我从众。"意思是：我同意大家的做法。他所提出"举贤才"的主张，即要求在不触动旧制度的根本前提下，从下层贵族中选拔一些较有德才的人来参与政事，显然也是他根据社会进步而对周礼进行的修正。而开办私学，甚至"有教无类"，更是典型的破坏周礼等级制度的举动，孔子不仅积极赞同和勇于实践，并且是其中干得最好的一个。由此可见，孔子并不是顽固维护周礼不变，而是比较务实和赶得上时代潮流的。

我国著名历史学家夏曾佑老先生在他的《中国古代史》一书中曾提到，中国历史上有3位至关重要的人物：孔子、秦始皇和汉武帝。他说："中国之教，得孔子而后立。中国之政，得秦皇而后行。中国之境，得汉武而后定。三者皆中国之所以为中国也。"夏老先生的话不无道理。西汉以后，孔子被封建统治者推崇为圣人，其思想成为中国封建文化的正统，影响极其深远。不仅如此，孔子还是享誉世界的文化人物，这已是今天举世公认的事实。

（三）墨子及其主要思想贡献

墨子，名翟，宋国人，一说鲁国人，大约生于公元前468年，卒于公元前376年，活了大约93岁，是名副其实的长寿老。墨子属于春秋战国之际的思想家，与孔子未曾谋面，他出生的时候孔子已经去世是十一二年了。其实墨子最初也是学儒的，但因不满其烦琐的"礼"而另立新说，成为墨家学派的创始人。墨子本人出身于手工业劳动者，当过木匠，造过车子，其技术与当时的名匠鲁班（公叔般）齐名。同时，他还是一个自然科学家，在物理、数学方面有许多杰出的成就。墨子曾做过小官，读过许多书，参加过政治活动，因此他很了解当时的社会政治斗争情况。他也熟习古代的经典，常与儒家学派辩论，是儒家的主要反对学者。

墨子的最基本思想是"兼相爱，交相利"，即让人们相互爱护，相互关心，相互帮助，利益均沾。他是一个坚决的"反战主义者"，十分痛恨那些侵犯弱国、小国的战争，主张"非攻"，要人们修城造械，制止以强凌弱的战争。他说："天之意，不欲大国之攻小国也，大家之乱小家也。强之暴寡，诈之谋愚，贵之傲贱，此天之所不欲也。不止此而已，欲人之有力相营，有道相教，有财相分也。"① 墨子曾经步行 10 天 10 夜，从齐国赶到楚国，阻止了楚国对宋国将要发动的进攻，成为千古美谈。

墨子在政治上进一步发展了孔子的"举贤才"主张，提出"尚贤"思想。孔子的"举贤才"限定在贵族范围内，而墨子认为，无论是农夫工匠，"有能即举之"，无须限定身份。在他看来，"官无常贵，民无终贱，有能则举之，无能则下之"。原来的贫贱之人，只要有贤能就应当举用；原来富贵的人，无贤无能的，就降为贫贱，这显然是与儒家所维护的宗法等级制度相对立的。他还提出"尚同"思想，即要民众向上服从各级官吏，与他们保持一致；各级官吏则向上服从君主，向君主看齐。他试图用上说下教的方法，说服统治者"使饥者得食，寒者得衣，劳者得息，乱则得治"。

墨子还提出判断客观事物是非真假的三个根据——"三表"，也叫"三法"，即"有本之者，有原之者，有用之者"。意思是：推究来历、详查实情、考验实用。其中，"有用之者"是墨子"三表"中最重要的思想，他以此反对战争，反对贵族的世袭和特权，提倡节用、节葬和非乐等。

二、中华思想文化宝库的初步形成

春秋战国时期，随着诸子百家的创立及它们的争鸣活动，中国思想文化的发展进入到一个新的境界，中华民族文化的思想宝库初步形成。

春秋战国的诸子百家其实主要只有十几家左右的样子，但每家之中又分为许多派别，从而形成"百家"。百，是多的意思，不是定数。当时最主要的学术派别分别是儒家、道家、法家、墨家、阴阳家、兵家、名家、小说家、纵横家、杂家、农家等。各家各派的思想家们在"宽松"的政治环境之下，各抒己见，相互争鸣，相互攻击，相互兼容，从而使中国文化的思想内涵极大地丰富起来。

（一）儒家思想——从孔子到孟子再到荀子

关于孔子及其思想，前面已述。孟子和荀子都是战国时代的人，一个是战国中期人，一个是战国末期人，他们 2 人继承了孔子的思想，但又都有创新。孔子、孟子、荀子 3 个人的思想分别代表了古典儒学 3 个不同阶段的主要理论。需要说明的是，儒家在战国时虽被法家认定为"显学"，但在各学派中并无特殊地位。

---

① 《墨子·天志中》。

孟子，名轲，字子舆，邹国（今山东邹县东南）人，大约生于公元前 372 年，卒于公元前 289 年。据说孟子小的时候，家住在墓地附近，孟子游戏时总是模仿办丧事埋葬死人的活动，孟母觉得不妥，把家搬到了集市附近。谁知孟子嬉戏时又开始模仿商人交易的行为，于是孟母决定再搬家。这次搬到了学校的附近，孟子很快模仿起礼仪来，孟母这才把心放下来。孟子上学以后，一次放学回家，孟母正在织布，问道："课程学到哪里了？"孟子回答："还和原来一样。"孟母立刻拿起刀将织布机上的经线割断。孟子惶恐不安地问为什么。孟母说：君子靠学习来确立自己的名誉，靠向老师请教来增长智慧，这样才可以得到安宁和远离祸患。现在你荒废学业，就像我割断经线一样，最终将一事无成。从此，孟子从早到晚勤学不息，终于成为天下闻名的大学者。这就是流传甚广的"孟母三迁"和"孟母断织"的故事。

孟子是孔子的孙子子思的门人的学生，他也像孔子那样从事教育活动，广收门徒。为了推行自己的一套政治主张，他也奔走于列国之间，到过齐国、魏国、宋国、鲁国等。但和孔子一样，他的主张也不被采用。晚年，孟子回到邹国，著书立说。

孟子的主要文化贡献是把孔子"仁"的思想发展为"仁政"的主张，同时把孔子的思想进一步唯心化，形成一套主观唯心主义的哲学体系，对后世有很大影响，因此后人一向把他看成是孔子的正统继承人，与孔子并称为"孔孟"。孟子"仁政"主张的中心是"民为贵，社稷次之，君为轻"①，简称"民贵君轻"，强调普通民众的重要性，要求君主必须对他们施行"仁政"，与民"同忧"、"同乐"。他甚至提出可以将不行"仁政"的暴君流放或诛杀掉，"君之视臣如草芥，则臣视君如寇仇"，所以他认为"武王伐纣"是诛一独夫，并不是弑君。孟子的"民贵君轻"主张是其思想中最具积极意义的部分。为了这句话，1700 多年后，明太祖朱元璋差点将他的牌位撤掉。

孟子的"仁政"主张要求统治者实行这样几条措施。第一是让农民有地可耕。他提出由政府授给农民百亩私田，作为恒产，禁止买卖，然后实行井田制的办法收取租税，即"方里而田，井九百亩，其中为公田，八家皆私百亩，同养公田"。意思是：900 亩土地中有100 亩是公田，由 8 家共同耕种，收成作为租税上缴。第二是保护农业生产。他认为征发兵役、力役都不要延误农时，春耕春播时要帮助有困难者，秋后对受灾地区要减少赋税。第三是加强对臣民的礼治教育。他指出教育的目的在于"明人伦"，让人们做到"父子有亲，君臣有义，夫妇有别，长幼有序，朋友有信"，其中"孝"和"悌"是核心。为了保证这些措施的施行，孟子又提出"尚贤"的主张。他认为必须用贤德的人来实行"仁政"，国君要尊重"贤人"，"尚贤"的最高形式就是"禅让"。为了保证"仁政"得到实施，孟子强烈反对兼并战争，主张实行"王道"，通过"保民"，用和平的方式统一天下。

孟子"仁政"思想的理论基础是"性善论"。他认为性善是天给予人的本性，仁、义、礼、智是人生下来就具备的 4 个善端，只要把这些善端扩而充之，就人人都可以为尧舜了。

---

① 《孟子·尽心下》。

孟子的"仁政"就是这样推论出来的。他认为人人都有同情心，这就是"仁"的善端，把这种同情心推而广之用在政治上，就是"仁政"。

另外，作为学者，孟子对于个人品德还提出通过修养应该达到"富贵不能淫，贫贱不能移，威武不能屈"的境界。这种伟丈夫式的顶天立地的思想，对后世影响极大。

孟子的思想不仅在当时不受重视，而且在整个封建社会前期都没有受到重视，尤其当孔子早在西汉时就已经成为"圣人"了，他却一直默默无闻，直到北宋时他这朵花才开放出来。北宋神宗皇帝封孟子为"邹国公"，以后元朝文宗皇帝又加封他为"邹国亚圣公"，仅次于孔子，从此孔孟才开始并提。

荀子，名况，字卿，后世也称之为孙卿，赵国人。他出身于稷下学宫，据说曾在那里"三为祭酒（学长）"，可见其学问之大。严格说来，荀子的思想"属性"是不甚明朗的，因为他虽出身儒家，但由于广泛吸收了各家精华，因此其思想既有近于法家之处，又有近于墨家的地方。他对孔孟的态度也很有意思，荀子非常尊崇孔子，但对子思－孟子这一派的儒家学者进行了猛烈的抨击。更能说明问题的是，荀子的两个学生韩非和李斯，都是战国末期大名鼎鼎的法家代表人物，其中韩非还是战国法家之集大成者，李斯则帮助秦始皇统一了中国，最终做了秦朝的丞相。荀子曾于公元前266年西入秦国，与秦昭王见过面。他盛誉秦国的"法治"社会，称其"威，强乎汤武；广，大乎舜禹"，认为远远超过历代"先王"。离开秦国后，荀子又去了赵国，最后受战国四大公子之一的楚国的春申君之邀入楚为官。春申君死后，荀子一直在楚国做学问和教书。

荀子之所以猛烈抨击孟子，是因为其思想基础是"性恶论"。他认为人天生就是好逸恶劳的，所以人性"目好色，耳好声，口好味，心好利，骨体肤里好愉逸"，而"饥而欲食，寒而欲暖，劳而欲息，好利而恶害"①等都是人的本性。"性恶论"也是法家的思想基础之一，由此不难理解为什么韩非和李斯作为荀子的学生却成为地地道道的法家代表人物了。但荀子的"性恶论"与法家不同的是，他重视后天的学习和积累，强调环境影响的作用，认为只要肯学习，通过礼法仁义的教育，就能改恶向善。同时，他反对"天才"之说，认为所谓的"圣人"并非是天生的，而是后天学习积累的结果，这一思想具有进步意义。

从"性恶论"出发，荀子在政治上提出"礼治"论，主张对民众要"明礼义以化之"，"重刑罚以禁之"。不过，作为出身儒家的思想家，荀子仍将"礼"的作用放在了"法"之上，提出先礼而后法，认为维护封建统治秩序，主要是靠礼义道德教化，而不能完全依靠刑罚和奖赏。但同时，为了适应新兴地主阶级对法制的要求，他把"礼"的内涵扩大了，把"礼"说成是"法之大分而类之纲纪也"②，即认为礼是法的基本条理，也是法的纲领。这就给"礼"赋予了"法"的内涵。不仅如此，荀子还对传统儒学的"礼"进行了改造，认为"礼"的要求应该是：君"以礼分施，均遍而不偏"；臣"以礼待君，忠顺而不懈"；父

---

① 《荀子·荣辱》。
② 《荀子·劝学》。

要"宽惠而有礼";子要"敬爱而致恭";兄要"慈爱而见友";弟要"敬诎而不悖";夫要"致功而不流,致临而有辨";妻应"夫有礼则柔从听侍,夫无礼则恐惧而自竦也"。这些理论为西汉董仲舒提出"三纲五常"的整套封建伦理奠定了基础。

荀子还有一个著名的论断,即"人定胜天"思想。他认为"天行有常,不为尧存,不为桀亡",即天不具有宗教神秘性,它有自己的运行规律,不会因人间政治的好坏而转移。不仅如此,他还认为人可以"制天命而用之"。① 尽管荀子所说的这个"人"指的是所谓的"君子",不是指普通民众,他认为只有"君子"才能"理天地",但其意义十分重大。举目四望,同一时期的其他地区的文化此时还是迷信色彩相当浓厚的,如地中海地区的古希腊、古罗马文化仍迷信万物有灵,相信神灵是存在的,而黄河流域的中国文化已经高举起了祛除迷信思想的大旗,中国文化的早熟又可见一斑。

儒家学说的宗旨是,告诉人们如何积极面对生活,以及如何建立和服从社会秩序。但是,就当时来说,孔孟思想的最大的问题是脱离了社会现实。他们企图通过让统治者提高个人的修养,通过实行"仁政",来达到统一的目的,完全是书生气十足的异想天开。所以,当时没有一个国君肯采用他们的理论,这既是他们一生不得志的原因所在,也是春秋战国时期儒家学说在政治上颇受排挤的原因所在。实际上,孔孟的思想都是适合于和平时期的理论,并不适合战争时期。相比之下,荀子的思想比孔孟更加接近社会实际些,也更加唯物些。事实上,荀子是中国古代杰出的唯物主义思想家之一,他把中国古代唯物主义思想的发展向前大大地推进了一步,迈上了一个新的台阶。因此,荀子的理论比孔孟更多地适应统治者的需要。比如他提出的"法后王"的进步历史观,就因适应新兴地主阶级建立统一政权的要求而被秦国的统治者所运用。不仅如此,荀子的思想实际上还是后世封建正统学术的真正开山鼻祖。西汉中期,社会稳定以后,儒家学术一扫多年的晦气,终于以主角的身份占据历史舞台时,其虽冠名为孔孟之学,其实独尊的是荀子之学。以后两千多年的封建社会正统学术都没有超出荀子设计的蓝图。

而历代封建统治者之所以扬孔孟抑荀子,是因为荀子的学说有些内容不适合封建统治阶级的胃口,主要有3点:一是荀子的思想属于唯物主义,不利于封建帝王的神圣化;二是荀子的"性恶论"既不利于美化统治阶级和麻痹人民的反抗意识,同时还在一定程度上承认了人们物质欲望的合理性,冲淡了统治阶级对人民实行道德教化的社会功用;三是荀子直语"严刑",有损于统治阶级的"仁德"形象。但另一方面,荀子的学说由于结合了儒法思想,又非常符合封建统治的实际利益。如此一来,封建统治阶级对荀子之学只能是明里弃之而暗中用之了。这也是荀子成不了圣人的原因。

(二)道家思想——从老子到庄子

老子所创立的道家学派,在春秋战国时并不叫这个名称。"道家"的名称始见于西汉司

---

① 见《荀子·天论》。

马迁的父亲司马谈的《论六家之要指》，称之为"道德家"。《汉书·艺文志》因其以"道"为宇宙天地万物的本源和学说的中心，故称为"道家"，以后才有此名。春秋末战国初，道家主要与儒、墨之学对立；战国中期，道家主要与儒学对立，其代表人物是庄子。

庄子，名周，字子休，宋国蒙（今河南商丘东北）人，大约生于公元前369年，死于公元前286年，与孟子同时。庄子出身是一个破落的贵族知识分子，但他身上也有王族血统，他是楚庄王的后裔。庄子学问很大，曾遍读诸家著作，但家里很穷，经常衣履不整，家里揭不开锅时他只好向别人借粮食吃，有时他还不得不打些草鞋卖点钱混日子。不过庄子很有骨气，他曾经做过管理漆园的小吏，后来辞职不干了。有一次，魏王召见他，他竟要穿着破烂衣服去赴召。后来楚威王也曾派人携厚币请他出来做楚相，他说自己要过逍遥自在的隐士生活，一口回绝掉了。庄子对一切都抱无所谓的态度，认为生死本来没有什么区别，生不足喜，死不足悲。他的妻子死了，他也不哭，坐在尸体旁边，敲着瓦盆唱着歌，给后世留下了一个成语，叫"鼓盆而歌"。

庄子也可以称得上是"百科全书式"的学者，但他的学说是典型的没落阶级的思想，比老子还要消极。他把老子对现实社会的诅咒和不满进一步发展为对人类社会生活和政治生活的厌弃和否定，可是他又不敢起来进行反抗斗争，所以只好沉浸在悲观失望中，通过在主观意识中寻求到的精神解脱来安慰自己没落的遭遇。他主张齐物我、齐是非、齐大小、齐生死、齐贵贱，幻想一种"天地与我并生，万物与我为一"的主观精神境界。他提出人应该安时处顺，逍遥自得，"不谴是非以与世俗处"[①]，以此来养生避害。他反对追求知识，认为人生有限，知识无边，以有限的生命去追求无限的知识，是违反"养生"原则的危险行为。庄子还认为，如果一个人觉悟到没有是非标准的话，就可以超脱一切了，甚至能摆脱自己肉体的拖累（"无己"），获得绝对的精神自由，成为"至人"、"真人"，不需要粮食、空气，在宇宙间作"逍遥游"，与天地浑然一体。

庄子的思想反映了战国时期没落的贵族阶级失去一切的绝望情绪，同时也是他们在极度的消极悲观之中自我麻痹、自我安慰的表现。正因为庄子整天沉浸在自己想像的精神世界中，所以使得他的精神世界非常发达，遐想无限。他写的散文如《逍遥游》，汪洋恣肆，仪态万芳，想像丰富，在战国诸子中最为突出，是中国古代文学史上的瑰宝。庄子的思想在魏晋南北朝的时候得到更大的发展，成为更为精细的"玄学"，并影响深远。

道家学说的宗旨是，当社会秩序解体或出现社会动乱的时候，当面对社会越来越多的不公平现象时，告诉人们如何超脱和回避。这样的宗旨虽然从总体上说是消极的，但具体到单个事件、单个人，甚至某个特殊时段时，也具有一定的积极意义，不可一概否定。另外，道家学说中往往隐含一些极深刻的道理，如"治大国若烹小鲜"之类，更是中华文化的精华所在。

---

① 《庄子·人世间》。

（三）法家思想——从商鞅到韩非

法家是以宣扬法治为核心的学派，以春秋时期的管仲、子产、邓析为先驱，以战国初期到中期的李悝、吴起、商鞅、申不害和慎到等为早期代表，以战国末的韩非为集大成者。其中，商鞅重"法"，申不害重"术"，慎到偏于"势"，韩非则受道家和荀子思想影响，把"法"、"术"、"势"三者结合，形成完整的法治理论。

法家是春秋战国诸子百家中将自己的理论用诸政治实践并获得成功的学派，如管仲曾为齐桓公卿，帮助齐桓公率先称霸；子产为郑国执政，在郑国首先实行改革，使郑国在列强的夹缝中得以生存；邓析是郑国大夫，经常帮助人打官司，可以称得上中国历史上第一个"律师"，他还办学校教授法律知识，其编定的中国第一部个人修订的成文法典——《竹刑》在郑国被采用实行；李悝在战国初年帮助魏文侯变法改革，使魏国在战国七雄中率先强大，并制作出中国第一部封建法典——《法经》；吴起曾为楚悼王令尹，辅佐楚悼王实行变法改革获得一定成效，使楚国一度富强；申不害为韩昭侯相，为相17年，使韩国国治兵强，无人敢犯；商鞅为秦孝公大良造，在秦国进行两次变法改革，获得成功，为秦始皇的统一奠定坚实的基础。

法家代表人物中只有慎到和韩非是纯学者。慎到，赵国人，是当时颇负盛名的学者，曾在稷下讲学。他强调"势治"，即执行法令须靠权势，认为君主"抱法处势"，可以"无为而治天下"，反对贤人治国。韩非后面再讲。

法家也是当时诸子百家中主张以武力进行统一的学派。由于法家的理论适应当时的政治形势，即只有通过血和铁、刀与剑才能完成统一中国的大业，所以才被统治者所赏识，并取得了成功。但是，由于种种的原因，法家的代表人物常不得好死，如邓析因私制刑书而被当权者杀害，吴起被"受其迫害者"乱箭射死，商鞅被反对派车裂而亡，韩非则被同窗李斯毒杀于秦国狱中……

法家学派中，商鞅因变法成功而著称，韩非以集大成者而著名，他们的思想基本代表了法家的学术成就。

商鞅，公孙氏，名鞅，后因功被秦封于商（今陕西商县东南），故又叫商鞅。他是卫国（在今河南、山东交界）的庶出公子，故亦称卫鞅。商鞅大约出生于公元前390年，死于公元前338年，活了50几岁。商鞅从小就好刑名之学，他是战国中期法家的著名代表人物。

商鞅的出生地卫国是西周初年的大国，始封之君是周武王的弟弟康叔，建都朝歌（今河南淇县）。但公元前660年卫国被翟（狄）人（春秋前长期活动在齐、鲁、卫、宋、邢等国之间的部族）所败，后来依靠齐国的帮助，迁到楚丘（今河南滑县）复国，但从此成为小国，以后又迁都帝丘（今河南濮阳）。到战国时代，卫国已日薄西山，气息奄奄了。由于卫国贫弱的现状，让商鞅感到无用武之地，所以他便到魏国求发展，投在魏相公叔痤门下作家臣，时值魏惠王统治时。公叔痤临死前向魏惠王推荐商鞅，但建议未被采用。不久，恰逢秦孝公招贤，于是公元前361年商鞅西入秦国，受到秦孝公的赏识，被委以重任。

商鞅于公元前359年（一说前356年）和前351年两次变法，他在秦国的变法改革是战国七雄中最彻底、最成功的，由此不仅奠定了秦国富强的基础，而且最终在一百二三十年之后由秦国完成了统一。由于变法的成功，使商鞅成为战国中期以前最有声望、最有影响的法家代表人物，同时他还是封建地主阶级出色的政治改革家。他的名字与整个中国封建社会的形成与发展都有着不可分割的联系。

商鞅不仅是一位政治改革家，而且还是一位较早的法家理论家。商鞅以前的法家人物，如李悝、吴起等人，都缺乏理论学说，从商鞅开始建立了自己的理论。商鞅的政治思想总结起来包括3个部分，一是"农战"，二是重刑，三是君主集权。

商鞅认为治国要治根本，要使国家富强起来，最根本的就是要发展农业生产。他认为农业是根本，是本业，而手工业、商业则是枝叶，是末业，因此要实行重农抑商政策，崇本抑末。他主张用官爵来奖励农业生产，使民归心于农，因为使民归心于农既可以促进农业生产，多打粮食，使国富兵强，又可以使民敦厚朴实，为国所用。商鞅坚决要求消除那些读诗书礼乐好言谈的游说之士，认为他们只会使国家战败和贫弱。

商鞅还认为"行赏"和"用法"是为治之本。他主张"明法"，即将法律公开，让百姓知晓法律规定，不做邪辟之事；还主张"一断于法"，即依法办事。他明确提出"刑无等级"，即对于犯法者不论官爵大小一律依法惩处；还提出"重刑轻罪"，即用重刑惩处轻罪，其目的是要"以刑去刑"。他说："以刑去刑，国治；以刑致刑，国乱。"[1] 商鞅还说："刑生力，力生强，强生威，威生惠。惠生于力。"[2] 意思是：刑罚能生出强大的威力，威力能生出恩惠来。

商鞅提出，法是君臣都要遵守的，信（诚信）是君臣都要建立的，权则必须是君主所独揽的。他认为权制必须独断于君，大权必须集中在君主一人手中，所以他坚决维护君主集权、君主专制制度。

韩非，大约生于公元前280年，卒于公元前233年。韩非的思想虽属于法家学派，但是又带有黄老、道家学派的一些思想，所以司马迁称他"喜刑名法术之学，而其归本于黄老"[3]。韩非与李斯共同拜荀子为师，韩非的学问做得比李斯好，但是韩非有口吃的生理缺陷，不能凭嘴游说诸侯，所以学成以后他只能回到韩国，把主要精力用在著书立说上了。韩非广泛吸收了法家前辈们的精华，使其思想理论成为战国法家思想的集大成者。但是，韩非的理论在韩国无人理睬，韩国的国君安甚至对他十分反感。后来有人把韩非的书带到了秦国，颇爱法家思想理论的秦王嬴政看后兴奋异常，竟然脱口说道："嗟乎！寡人得见此人，与之游，死不恨矣！"[4] 他立刻派军队把韩非接到了秦国。但是，到秦国以后，韩非很快陷

---

① 《商君书·去强》。
② 《商君书·去强》。
③ 《史记·老子韩非列传》。
④ 《史记·老子韩非列传》。

进官场的是是非非之中，并向秦王建议不要先灭韩国，令嬴政颇有想法，将他下了大狱。时任廷尉的李斯利用职权，瞒着秦王派人给韩非送去毒药，将他杀害。

韩非的主要文化贡献如下所述。

一是提出"法"、"术"、"势"结合的君主独裁理论。韩非认为，实行"法治"对于一个国家来说是非常重要的。"法"就如同"规矩"，没有了法，臣下就会作乱于下。他反对以贤臣治国，认为："吏不必贤，能守我法而已。"①　他还提出："法不阿贵"、"刑过不避大臣，赏善不遗匹夫"②　等思想。"术"，即君主驾驭臣下的权术。韩非认为，"术"是君主必须具备的才能，君主的"术"是不能让人知道而由君主暗中运用的。韩非认为，商鞅只讲法而不讲术，结果是"国富而兵强，然而无术以知奸，则以其富强也资人臣而已矣"，"战胜则大臣尊，益地则私封立"③，所以秦国数十年不能成帝王之业。"势"，即君主的权威。韩非认为："万乘之主，千乘之君，所以制天下而征诸侯者，以其威势也。"④　只有威势才能使法令得以推行，因为"威势之可以禁暴，而德厚之不足以止乱也"⑤。韩非认为，"法"、"术"、"势"三者缺一不可，不可偏废。同时，他特别强调"法"与"势"的结合，认为："抱法处势则治，背法去势则乱。"⑥　韩非的这套"法"、"术"、"势"的理论，把战国法家思想发展到了顶峰。

二是强调暴力制恶。他主张："重一刑之罪而止境内之邪。"他说："所谓重刑者，奸之所利者细，而上之所加者大也。民不以小利蒙大罪，故奸必止者也。"

三是主张愚民钳口。韩非认为："明主之国，无书简之文，以法为教；无先王之语，以吏为师。"他提出："禁奸之法，太上禁其心，其次禁其言，其次禁其事。"

韩非的这套理论没法不让秦王嬴政喜欢。作为国土面积远大于六国之合的秦国国君，年轻的嬴政一定要有一番作为，韩非的学说给他奠定了坚实的思想基础。以后，无论是在统一时还是在统一后，嬴政的种种作为中处处都能见到韩非理论的影子。

法家学说的宗旨是，一方面极力维护君主的权力，拼命抬高君主的位子，教给君主统治臣民的各种手段；另一方面强令臣民尊重专制王权，绝对服从专制王权，忠实执行法律，严格依法行事，死心塌地接受严刑酷法的暴虐统治，不得反抗。法家思想家们自己就是这样做的，所以他们都有致命的弱点，即线性思维，头脑僵硬，一心想着为君主服务，与其他人都搞不好关系，最后成为众矢之的，都死于他们辛辛苦苦维护、强化和无限推崇的专制君权之手，这不能不说是法家的一大悲剧。从这一点说，法家代表人物的"不得好死"，没一个是值得同情的，是他们自己害了自己。以后，李斯死得更惨，被秦二世"具五刑"而死，也

---

①　《韩非子·定法》。
②　《韩非子·有度》。
③　《韩非子·定法》。
④　《韩非子·人主》。
⑤　《韩非子·显学》。
⑥　《韩非子·难势》。

就是把什么罪都受够了以后才被处死。李斯的死，为战国法家的悲剧画上了句号。

（四）墨家思想——从墨子到"墨辩"再到游侠

春秋战国时代，墨家是与儒家齐名的学派。直到战国末期，墨家弟子仍然充斥天下，不可胜数，被韩非称为"显学"。

墨家代表的是小手工业者的利益和思想，其成员多是"耕稼树艺"、"纺绩织纴"的小手工业者，还有少数来自社会下层的"士"。他们虽与奴隶主旧贵族阶级相对立，但与新兴地主阶级也相对立，可是他们自己在政治上并没有地位，形不成一支独立的政治力量，所以不得不依附于新兴地主阶级，这样就使得他们的主张显得十分软弱无力。而实际上，新兴地主阶级从来也没有采纳过墨家的意见，因为他们那种充满小生产者天真与幻想的思想根本不可能实现。

墨子的弟子称为"墨者"，他们结成组织十分严密的团体，制定有严格的纪律，强调服从命令，违反禁令者，轻则开除，重则处死。另外，他们还讲究艰苦实践，以自苦励志。相传"墨者"都能赴火蹈刃，是当时社会一个令人生畏的群体。

墨子死后，墨家一分为三，首领称"巨子"，代代下传。至战国后期，墨家又汇合为两支：一支注重几何、光学、力学等自然科学研究，尤其发展了前期墨家的认识论和逻辑思想，被称为"墨辩"。"墨辩"是中国哲学史上最早建立在唯物主义基础上、最有体系的逻辑理论，内容丰富、深刻，具有较多的科学性。另一支发展了墨家学说主张用强力讨回公道的宗旨，转化为秦汉社会的游侠，其除暴安良、劫富济贫、蔑视皇权的侠客思想对专制皇权构成威胁。汉武帝"罢黜百家、独尊儒术"之后，墨家学派因不利于封建统治而遭致压制，逐渐湮没，成为"绝学"，直至清代乾隆以后，才重新被重视和研究。

（五）其他学派的主要思想

除了上述儒、道、法、墨四大家外，春秋战国时代的阴阳家影响也很大。

阴阳家，亦称"阴阳五行家"，是战国时期提倡阴阳五行说的学派。该学派把西周以来的阴阳说与五行说神秘化，用以附会人类社会历史，提出"五德终始"的历史循环论，其著名代表人物是邹衍。

邹衍，战国后期齐国人，生卒年代约为公元前305年—前240年，活了大约66岁。他最初是学习儒学的，后来觉得儒、墨两家的学问都是一曲之见，于是另辟他途，研究阴阳五行。他曾周游各国，主要在齐国、燕国、赵国一带宣传他的理论主张。邹衍的学说包括天文、地理、历史3个部分，构成一个宏大的体系，但是保存下来的主要是他的历史学说，因为这部分内容与当时的社会发展密切相关，受到统治者的重视并被接受，因而得以保存下来。另外，其地理部分的内容也有一些保留下来。

邹衍的最大创造在于他把五行理论运用到了历史学之中，发明了"五德终始"学说，亦称"五德转移"说，即以五行生克原理来解释王朝的兴废更替。邹衍的"五行"用的是自己发明的顺序，即土德、木德、金德、火德、水德。五行相胜的关系是：木克土、金克木、火克金、水克火、土克水。水德之后又是土德，开始另一个周期，如此循环不已。

五行也叫"五材"，其思想和概念出现于春秋时期。它是当时的一些思想家以日常生活中常见的金、木、水、火、土 5 种物质来解释世界万物的形成。这种不用神而用物质性的元素来说明世界的构成，应该属于唯物主义的观点，是当时自然科学发展的结果，但邹衍又将其改造回去了。

邹衍认为每一个王朝都受一种"德"的支配，当这个王朝衰落后，必然会被受另一种"德"支配的王朝所替代。每当一"德"兴起时，天必会显现出某种征兆以示下民。这种征兆，即自然界发生的某种奇特的现象，就是改朝换代的信息，被称为"符应"。受后一"德"支配而兴起的帝王便要依照天的示意，制定符合该"德"的政令、服色、冠舆等制度。具体来说，到邹衍生活的时代为止已经出现的王朝，他认为是虞朝、夏朝、商朝、周朝 4 个朝代。虞，即舜的部落，邹衍把黄帝到舜的时代称为虞朝。邹衍认为虞朝是依土德而建的，其色尚黄；夏依木德而建，其色尚青；商依金德而建，其色尚白；周依火德而建，其色尚赤。依据这个理论，他断定代替周火的必定是依水德而立的"尚黑"的王朝。"五德终始"虽然荒诞不经，但是它把改朝换代看作是不可抗拒的规律，认为每一个朝代都不是永恒不变的，每一个朝代都会有自己的终数，这样的历史发展观还是具有进步意义的。另外，这一学说在理论上论证了周朝必亡，在当时也具有极大的现实意义。

当时，周朝的衰落、灭亡虽然已是不争的事实，但是如何在理论上解决周朝灭亡后由新的朝代代替的问题，各家各派都在寻求理论依据。因为周王毕竟是"天子"，尽管周朝已经很虚弱了，但它仍受天的保佑。西周取代商朝后，"皇天无亲，惟德是辅"的理论已经被讲滥，虽然天的作用依然存在，但这套理论已无法再让人深信不疑。当时，各家各派在周朝灭亡、由新朝代替方面都没有找出更好的理论依据。邹衍的这套理论不仅比较合理地说明了朝代的更替是不可控制的自然规律，而且更加具有现实意义的是，它关于周代火德已衰，必将为体现水德的王朝所替代的理论，给那些想摘取王冠的诸侯们以极大的鼓舞。这是他们放手争夺最高政治权力的理论依据，从此他们可以无所顾忌地放开手脚大干一场了。所以，邹衍的理论不仅促使了周朝的灭亡，而且为诸侯通过以血和火、刀与剑的战争统一中国创造了理论依据。也正因为如此，邹衍的理论在当时受到各国统治者的推崇，盛极一时。

"五德终始"说被秦始皇完全接受。统一中国后，秦朝实行的就是水德制度，如黄河被更名为"德水"，衣服、旌旗等全都尚黑。另外，水德尚六，所以"六"这个数字是秦国基本的量度单位，如法律规定"步过六尺有罚"，即走路时的步子超过 6 尺（合今制 1 米 4 左右）就要被处罚，实际上是跑。不许人们在大街上跑步，这体现秦朝法律的苛酷。

邹衍的理论在东汉时被著名的唯物主义者王充等人批驳得体无完肤，从此"五德终始"说衰颓下去。

兵家是春秋战国时期研究军事的学派，主要代表人物有孙武、吴起、司马穰苴、孙膑、尉缭等。他们总结春秋战国时代的战争经验，提出了一系列战略战术原则，包含有丰富的军事辩证法思想。现存兵家的重要著作有《孙子兵法》、《吴起》、《司马法》、《孙膑兵法》、《尉缭子》等。由于兵家研究对象的独特性，所以这一学派与法家一样，也是当时最为务实的学派，成就也很大，对后世影响更是深远，甚至及于海外。

名家是战国时以辩论名实关系为中心的学派。名，指名词，概念；实，指事物、实际。这一学派分成两个主要派别。一个是以公孙龙为代表的"离坚白"派——着重分析感觉和概念，区别个别和一般、具体和抽象。"离坚白"的意思是：人用眼看石只识其白，不识其坚；用手摸石只觉其坚，不觉其白，故只有白石、坚石，而没有坚白石。其他还有"白马非马"、"牛羊五足、鸡三足"①等命题。另一个是以惠施为代表的"合同异"派——认为一切差别和对立都是相对的。"合同异"的意思是：一切事物都是相同的，其同一性是绝对的，而差异性则是相对的，异合于同之中。其他还有"天与地卑"、"山与泽平"等10个命题。这个学派的出现体现了当时中国人思辨能力的水准，同时在中国哲学史上影响也很大。

小说家指采集民间传说、议论，借以考察民情风俗的学派。

纵横家指战国时期从事外交游说活动的谋略家。六国联合抗秦，称"和纵"；秦国联合某国进攻其他国家，称"连横"。公孙衍、苏秦是和纵派主要代表，张仪则为连横派主要代表。他们没有定主，朝秦暮楚，反复无常，也没有形成完整的思想体系。

杂家是兼收诸子思想的学派，一直发展到汉初。杂家没有提出自己独立的中心观点，也没有形成完整体系，以战国末期的吕不韦和西汉淮南王刘安为代表。

农家是反映农业生产、农民思想的学派，如提出"君民并耕"、"市贾不二"等。代表人物是战国楚国的许行，他曾被孟子骂为"南蛮鴃舌之人"。鴃，伯劳鸟。许行有门徒几十人，这些人生活极为简朴，穿粗麻衣服，靠打草鞋、编席子为生。他们没有自己的土地和房屋，过着流浪的生活，是农村中的赤贫者。

其实关于春秋战国诸子学派的划分并不全面，自战国以后就存在争议，但不管划分成什么样，它们的学术理论共同构成了中国文化思想宝库的最初内涵当是无可争议的。

三、第一批流芳千古的文化典籍的制作

春秋战国时期诸子百家学派的创立者和不同时期的代表人物不仅知识渊博、见解独到，而且更为重要的是，他们还编纂、修订了一大批中国文化的"元典性"著作，从而便利了学术思想的保存与传播。

（一） 儒家经书

在春秋战国文化典籍中对后世影响最大的当属儒家经书。经，原本是古籍的统称，凡带有原理、原则性的著述都可以称作经，所以几乎各种学问都有经。"经"字本义是指纵的

---

① 《公孙龙子·通变论》。

丝，就是订书的线，经常要读的书必须用线把它订牢，以免错乱，后来引申为"经书"，指经常必读的书。再以后，所谓的经书，专指儒家所传授的几种书，其余诸子的著述皆不在群经范围之内了。

儒家经书可分"五经"、"六经"、"七经"、"九经"、"十经"、"十二经"、"十三经"及"四书五经"等，但成书于春秋战国时期的是"六经"和"四书"，以及《左传》、《周礼》、《孝经》等。

儒家六经，即《诗经》、《尚书》、《礼记》、《乐经》、《易经》和《春秋》6部经典。

《诗经》是春秋以前平民和贵族的诗歌总集，本来只称《诗》，后被儒家奉为经典，故得名。相传《诗经》是孔子从数千篇中选出305篇编订而成，流传至今。其所收作品上起周初，下至春秋中叶，分《风》、《雅》、《颂》3部分。《风》是民间歌唱的诗，表现各地方的风俗；《雅》是朝廷歌唱的诗，说明朝廷政治的好坏；《颂》是宗庙祭祀的诗，赞美祖先的功业。作品中大部分是今陕西、甘肃、山东、山西、河南等地民歌，小部分是贵族作品。《诗经》不但是最古的一部文学书，也是研究殷周特别是西周社会的最有价值的史料。

《尚书》，亦称《书》、《书经》，是上古历史文献和史迹记述的汇编。尚，古通"上"；书，就是史。上古的时候，史为记事之官，书为史官所记之史，"尚书"就是上古之史。相传为孔子编订，原书100篇，今存58篇，内容基本上是君王的文告和君臣的谈话记录，包括帝尧和夏、商、周几个时代的史料，是极为珍贵的有文字可考的史料，在古代史籍中占有很重要的地位。

《礼经》，简称《礼》，亦名《仪礼》或《士礼》，是记载周代部分礼制的典籍，旧说系周公所作，经孔子整理，实际应成书于战国前期。其内容有周人的各种礼节仪式，如冠礼、婚礼、士相见礼、乡饮酒礼、聘礼、乡射礼等，是研究西周社会情况、等级制度的重要资料。

《乐经》，今无存，内容不可考，估计是与《礼》相配合的音乐。据称毁于秦朝末年项羽入咸阳后所放的大火中，汉代已见不到《乐经》，所以仅设"五经博士"。

《易经》，亦称《周易》、《易》，是周代的占卜书，旧说是孔子编写的，实际非一人一时之作，最晚应成书于战国末期。"易"的原义是"简易"，因周人以蓍草占卜较之以前殷商以甲骨占卜简单容易，故得名。其内容包括《经》和《传》两部分：《经》主要是64卦的卦辞和384爻的爻辞，《传》是对《经》的注释和论述。《易经》以八卦象征天、地、雷、风、水、火、山、泽等自然现象，推测自然和社会的变化，认为阴阳两种势力的相互作用形成万事万物。其中包含的朴素辨证观点是研究殷商春秋战国思想，包括哲学、社会历史、自然科学思想的重要材料。

《春秋》，亦称《春秋经》，相传是孔子依据鲁国的历史并参考周王室及各诸侯国史官的记载而整理修订的一部史书。它是中国第一部断代编年体史书，其内容起自鲁隐公元年（公元前722年），终于鲁哀公十四年（公元前481年），共342年的历史，记载了周王室及各诸侯国间的政治、军事活动，以及日食、地震、水灾等自然现象。由于《春秋》的文字过于简单，记载的史实只是一个大纲或提要，事情的原委记载的很不详细，于是后来就有人将它的史实补充叙述和进行评论，这就是《传》。给《春秋》作《传》流传至今的共3家，即春秋末鲁国人左丘明作《春秋左氏传》，简称《左传》；战国齐国人公羊高作《春秋公羊传》，简称《公羊传》；战国鲁国人谷梁赤作《春秋谷梁传》，简称《谷梁传》。3种《传》合称《春秋三传》，均为经书，但后两《传》主要是评论，没有多少史实补充，比较空洞，且一直是口授，直到西汉初期才写成书。《左传》开始也是口授，约在战国初年成书，其内容丰富，是一部很宝贵的史书，同时还是一部优秀的文学作品，是研究先秦社会史和文学史不可缺少的典籍。

"六经"至汉代受到尊崇。在《史记·孔子世家》和《滑稽列传》中，司马迁称"六经"为"六艺"，并阐述其对教育的作用是："《礼》以节人，《乐》以发和，《书》以道事，《诗》以达意，《易》以神化，《春秋》以道义。"

四书，即《大学》、《中庸》、《论语》、《孟子》4部著作。

《大学》和《中庸》最初是《礼记》中的两篇。《礼记》，亦称《小戴礼》、《小戴记》、《小戴礼记》，是战国至西汉初儒家学者各种仪礼论文的选集，相传为西汉初戴圣编，共49篇，内容包含了许多儒家的重要思想，如"天下为公"、"中庸之道"等。《大学》疑为秦汉之际荀子后学作，一说作于战国，篇中着重阐明修身、治家与政治的关系。《中庸》相传为战国子思所作，一说秦汉之际儒者所作，篇中以"中和"为道德行为的最高标准和世界万物的基本秩序，提出一套个人修养与天道、社会历史相联系的学说。

《论语》是孔子弟子、再传弟子所记孔子及其弟子言行的著述，由孔子的再传弟子编辑成书，共20篇，约成书于春秋战国之际，内容综合了孔子道德和教育的多方面论述，反映其哲学、政治观点，是研究孔子思想的主要资料。东汉时《论语》列入七经（《诗》、《书》、《礼》、《易》、《春秋》、《论语》、《孝经》）之中。

《孟子》为孟子及其弟子万章等著，一说为孟子弟子、再传弟子著，共7篇，记载了孟子的政治活动及其思想，南宋时升经。

"四书"之名始于南宋，其时大儒朱熹将此4部著作汇编在一起并加注释，名为《四书章句集注》刊行天下，始有此名。元朝时明令以《四书章句集注》考试士子，一直到清末，相沿不改。四书统治封建社会后期的思想达700年之久，影响深远。

另外，《周礼》，亦称《周官》、《周官经》，是记载西周官制的典籍，传为周公旦所作，实际上应为战国时代儒者根据各国官制添附儒家政治思想增减编排而成，其中经济思想颇多，还夹杂了一些法家的观点，对研究西周、春秋战国时的政治制度史有一定价值。《孝经》至晚成书于战国，为孔子后学所撰，为宣扬孝道的著述，从汉代起受到推崇。

（二）诸子著述

除了儒家经书外，春秋战国诸子的著述流传至今的有21种。"子"原是春秋战国时师兄弟之间的通称，后来凡是有学问、有著述的人都可以称"子"，他们的书就叫子书。"诸子"之称始于汉代，本来包括儒家，但近世学者提到诸子主要指道、法、名、墨、纵横、杂6家。下列诸子之书虽名为诸子亲手所著，但实际上大部分是出于战国人之手，或是后人根据战国的材料撰述而成的，其中有真的，有伪的，而伪的则有部分真、部分伪的，也有全伪的，或者是书不伪而作者是伪的，更有伪中之伪的，所以今人已难以全部辨别清楚了。

道家的著作有以下几种。

《老子》，亦称《道德经》或《德道经》，相传为李耳作，现今多数人认为成书于战国时期，其内容基本保留了老子的思想。

《文子》，传为春秋老子弟子文子所作，今人定为战国时期的作品。书中各章均冠以"老子曰"，以老子"道"之思想为宗，杂取儒、墨、法诸家语。

《关尹子》，相传为春秋末关尹喜所作，也有称系秦汉间方士所伪托。

《列子》，相传为战国郑国列御寇所作，原本早佚，今本多认为是魏晋人托名伪作。书中多取先秦诸子及汉代人言论并辑录民间故事、寓言、神话等。

《杨子》，传为战国魏国杨朱所作，实为后人依托。

《鹖冠子》，传为战国楚国隐士鹖冠子所作，内容以道家思想为本，兼及儒、法、阴阳、名、墨、兵各家思想。

《庄子》，庄周及其后学所作，为战国至汉初道家庄子一派的著作总集。

《亢仓子》，亦称《亢桑子》，传为战国东周人庚桑楚所作，其书杂取《老子》、《庄子》、《列子》、《商君书》、《吕氏春秋》等著述内容，间有独到见解，基本思想则属于道家。

法家著作有以下几种。

《管子》，托名管仲所作，其实大部分内容为稷下学者采拾管仲言行推其旨意而成，其中也有汉朝人附益的部分，其内容庞杂，不仅包含有法、道、名等家思想，而且还涉及天文、历数、舆地、农业和经济等知识。

《邓析子》，后人托邓析之作，透射出邓析的一些思想。

《商君书》，商鞅及其后学的著作汇编，成书于战国末，记述商鞅的政治活动和变法主张。

《申子》，相传为战国郑国人申不害所作，书中多刑名权术之学，是法家政治学说的重要组成部分。

《慎子》，战国慎到作，现仅存7篇，保留其主要思想。

《荀子》，战国荀况作，部分内容疑为荀子后学的杂记。

《韩非子》，后人所编的战国韩非著作，基本保留了韩非的思想。

名家著作有以下2种。

《公孙龙子》，战国公孙龙作，保留其主要思想。

《尹文子》，相传战国稷下学者尹文所作，其内容与刑名之学相近。

墨家著作有以下1种。

《墨子》，墨翟及其后学的著作总集，成书于战国末，是研究墨家学派思想的重要著作。

纵横家著作有以下 1 种。

《鬼谷子》，一说为战国鬼谷子作，一说系苏秦之书，也有说为东汉人或魏晋人所作，但均无确证。书中多述揣摩、捭阖（开合）等纵横游说之术，也有一些近道家之言。

杂家著作有以下 2 种。

《尸子》，战国晋国（一说鲁国）尸佼作，已佚。尸佼曾为商鞅门客，参与变法，商鞅被害后，逃亡入蜀。

《吕氏春秋》，战国末秦相吕不韦集合门客编著，汇集先秦各家言论，以构成取各家之长的统一体系，为杂家代表作。内容以儒、道思想为主，兼及名、法、墨、农、阴阳家之言。其中保存许多先秦学说、古史旧闻及天文、历数、音律等方面的古史资料。

第三节 春秋战国文化趋一性特征的主要体现

春秋战国时期的 550 年，既是中国文化辉煌的元典时代，也是中国文化趋向统一的辉煌时代。这一时期，统一的市场业已形成，趋于一致的政治制度在各国业已建立，中华民族的主体民族——华夏族基本形成。

一、统一的市场业已形成

春秋战国时期，尤其是战国时代，随着新的封建生产关系的成长，农业、手工业、商业都得到了迅速发展，各地区之间的交通和经济联系大大加强。

前面已述，春秋战国时期的农业生产已经十分发达。农业的发展使得越来越多的人脱离农业生产成为可能，这些人当中有不少是从事手工业生产的小手工业者。当时，不仅个体经营的小手工业者逐渐增多，在官营手工业之外，经营私营手工业的"豪民"人数也不少。这个时期，最发达的行业要属冶铁业和制盐业，其他如冶铜业、漆器业、建筑业、制陶业、皮革业和纺织业等也都有很大进步。由于受地理条件和技术传统的影响，有些新兴手工业往往在某些地区优先发展，形成了一些地区性的手工业。像楚国的漆器、铁兵器、铜镜等部门比较发达，中原国家则是金属细工比较发达，长江下游的釉陶制造业比较先进。

农业和手工业的发展扩大了社会分工，促进了商品交换的发展，使得商人在市场中的活动非常活跃。战国时代，不仅统治者所需的日用品和奢侈品都依赖于市场，农民和手工业者也经常把各自的产品拿到市场上去进行交易。当时，几乎每个城市中都划出一块或一块以上的地区作为人们进行商品交易的场所，就连一些军队驻扎地也出现了"军市"。适应商品交换的发展，被称为"通货"或"通施"的金属货币也已广泛流行。

农业、手工业的发展，商业的繁荣，又促进了各个地区间经济联系的加强，而各地间经济联系的加强还得益于水陆交通的发达。当时著名的人工水道有两条：一条在中原地区，即魏国在魏惠王时（公元前 360 年）开通的鸿沟（在今河南省境内），它使黄河与济水、汝水、淮水、泗水等相沟通，形成了黄淮平原上的水道交通网，对促进全国各地经济、文化的交流起了巨大作用。后来秦朝灭亡后，楚汉相争时曾以鸿沟为界，东面属楚，西面归汉，于是后世称界限分明为"划若鸿沟"。第二条在东部地区，即春秋末年吴王夫差为争霸中原而在长江和淮河间开凿的邗沟（在今江苏省境内），时间是公元前 486 年，它不仅沟通了江淮两大水系，而且北面还与济水、沂水相沟通，其作用和影响及于后世许多年。

南方由于天然水道的便利，水路交通更是发达，其水运首推长江。长江上通巴蜀，下达吴越，沟通东西，甚是方便。巴蜀的大船"起于汶山，浮江已下，至楚三千余里"，"下水而浮，一日行三百余里，里数虽多，然而不费牛马之力"①。在今太湖、鄱阳湖、洞庭湖的四周，水道纵横，水上交通更是四通八达。

战国时代各国间陆路交通也有发展。在魏国、赵国和齐国之间有一条交错的交通大道，叫做"午道"，是当时军事上的必争之地。从成皋（今河南荥阳西北虎牢关）沿黄河到函谷关（今河南灵宝东北），有一条交通大道，叫做"成皋之路"，东方各国联合攻秦经常是由此进军的，因此也是军事上必争之地。从方城（今河南方城东北）往东，有一条大道，叫做"夏路"，是中原地区通往楚国的重要交通线；往东南则有道可通下蔡（今安徽凤台）、居巢（今安徽寿县东南）等地。从汉中越七盘岭进入四川，有一条要道，叫做"石牛道"，亦称"金牛道"，是汉中通往巴蜀的重要交通线。另外，在太行山地区，通过井陉（今河北井陉西北）、孟门（今河南辉县西）、天门（今山西晋城南）、轵道（今河南济源西北），有许多条通过太行山的重要交通线，沟通太行山两边地区，这些道路统称为"太行之道"。战国时代陆路交通的发达虽然主要是为了军事目的，但对于加强各国之间的经济联系无疑也起了重大的作用。到战国后期，陆路交通更加发达。比如秦国为了解决蜀地的交通困难，在陡峭的崖壁上修筑了"栈道千里"，这是陆路交通的重大发展。

当时交通最为发达的要属"无有名山大川之阻"的魏国。据史载，其地"诸侯四通，条达辐凑"，"从郑至梁，不过百里；从陈至梁，二百余里。马驰人趋，不待倦而至"②。这样的地理环境及便利的交通条件，虽有利于商业往来及本国军队的调动，但当强敌来攻时也会为敌人提供方便，而使自己陷于不利之地。

由于社会经济的迅速发展，交通条件的便利，使得各地之间的经济往来大为加强。尤其到战国后期，各地出产的手工业原料，包括各种木材、矿物、水产、海产、鸟兽的牙骨皮毛等，已运销全国以供手工业生产之需，同时各地重要的手工业产品也向全国行销，其中最主要的商品还是各地的特产。如秦国市场上就有来自齐国的百绢、西方昆仑山的宝玉、西蜀的颜料丹砂和曾青、北方的駃騠（马的一种），以及楚国的铜、锡、鼍（鳄鱼的一种）皮鼓及

---

① 《史记·张仪列传》。
② 《战国策·魏策》。

珠子、犀牛、象牙等工业品。各地经济上的广泛联系已经到了"四海之内若一家"① 的程度，从而促使中国文化走向统一。

二、趋于一致的政治制度业已建立

从战国初期到中期，魏、赵、韩、齐、楚、秦、燕7国的社会改革前后共经历了一百多年。由于各国政治经济发展的不平衡和阶级力量的对比不同，社会改革的深度和广度很不一致，经历的曲折和反复也不尽相同，但基本的趋势都是地主阶级的专政代替奴隶主贵族的专政，在政治制度上都建立了封建的专制主义中央集权制度。尽管有的国家可能君权稍弱些，中央集权稍差点，但从总的情况看基本上取消了以前旧的政治体系，并逐渐趋于一致。

战国时各国封建专制主义中央集权制度的突出特点就是建立了以国王为首的封建官僚政治机构。这种新的封建制的行政机构体系一般分为中央、郡、县3级。中央政府官僚机构以丞相（亦称相、相邦、相国等，楚国则称令尹）为首，辅佐国王，统筹全局；将军（或称将，楚国则称柱国或上柱国），为武官之长，负责统兵打仗。中国古代文武官职比较明显的区分就是从这个时期开始的。地方政府分为郡、县两级。郡出现于春秋时期，起初是设立在边境要地的行政区划，地位较之县要低。以后随着经济的发展，人口的增多，到战国时郡逐渐发展成为地方最高行政区划，郡内设若干县。郡设守或太守为长官，县设县令（长）为长官。县以下还有乡、里。另外，还有属于军事组织性质的亭。七国之中只有齐国始终没有设郡，而是设立类似于郡的都，长官称大夫。

这种官僚机构的最基本特点是，无论中央，还是地方，各级主要官吏都必须由国王来任免，并对国王负责。官吏上任时，由国王颁发印玺，作为任官的凭证，免职时收回。地方官每年年终要将自己辖境内的户口、垦田、租税收入及治安情况上报中央，称为"上计"。国王根据上计来考核官吏的政绩，作为升降或任免的依据。这样就改变了过去完全由贵族担任官卿的制度，相对来说可以将一些有才之士放在领导岗位，有利于封建统治和巩固国家政权。这种官僚机构还有一个特点是，地方的权力集中于中央，中央的权力集中于国王手中，国王掌握着国家所有的权力，包括行政权、军事权、财政权、司法权及用人权等。在国中，只有国王有权发布命令、下达军令、颁布法令等，各级官吏只能服从、执行和提出建议，所以叫做专制主义中央集权制度。这种制度是中国人在历经数百年磨难，牺牲无数生命之后才摸索出来的一种新型的封建制的政治制度，它彻底改变了以前奴隶主贵族的"世卿世禄"制度，消除了西周分封制所带来的一系列不稳定因素，有力地维护了君权，维护了封建政治统治。尤其是，它还维护了封建统治的经济基础——小农经济，为之提供了稳定的、强有力的保护。这一话题将在下一章谈论。

与这种官僚政治机构相适应，各国还建立了一套比较完整的官吏俸禄制度，即由封建国

---

① 《荀子·王制篇》。

家来支付各级官吏的职务薪水及养家费用，主要是实物。当时各国计算俸禄的单位虽然各不相同，如齐国和魏国以"钟"为单位计算，赵国、韩国、秦国、燕国以"石"为计算单位，楚国以"担"为计算单位，俸禄高者可达万石、万钟、万担，但是具体制度内容都是差不多的。俸禄制度的实行，取消了分封土地或赐田、赏田给各级官吏的做法，至少不再大规模地进行了，从而使国家的土地不再被分割，全国绝大部分地区都能直接听命于国王，这样就减少了分裂割据的可能性。

随着专制主义中央集权制度的确立，各国军事制度也趋于一致。在兵役制度方面，各国基本上都实行郡县征兵制，即以郡县为单位征发兵役，征召的对象主要是农民。另外，各国还建立了常备兵制度。常备兵是经过考选并且受过专门训练的部队，像当时齐国的"技击"、魏国的"武卒"、秦国的"锐士"，都属于这类常备兵。由于他们的战斗力很强，所以构成了军队中的主力。郡县征兵制和常备兵制度的建立也是封建制度的确立所带来的成果。在奴隶制时代，当兵打仗以获得荣誉是一种只有自由人才能享有的权利，这一点中国如此，古罗马更是如此。在中国奴隶制时代，军队的主力是身着铠甲的甲士，他们由贵族和平民的上层充当，奴隶虽然也有不少在军中服役，但基本上都是从事后勤或杂役工作，即便上阵冲杀，也不过是充当炮灰而已。封建制的建立不仅取消了兵役制度方面的这些限制，而且扩大了兵源，并使军队的战斗力迅速增强，从而适应了兼并战争的需要。当时各国拥有的军队从几十万到上百万人不等，在一次战争中每方各出动几万、几十万人是常有的事。战国时期，各国军队的结构也发生了很大变化，步兵成为军队中的主力，骑兵正在崛起，奴隶制时代处于主力地位的车兵的作用大为下降，虽还不致在军队中完全取消，但境况明显是日薄西山，一天不如一天了，这是赵武灵王适应社会发展潮流进行的"胡服骑射"改革所带来的变化。

为了维护君权，军队的最高军事指挥权一般都牢牢地抓在了各国国君手中。辅助国君统领军队的无论是将（或称将军），还是稍次一级的尉，都只有带兵权而无调兵权。为了控制军队，严防军权旁落，以维护专制主义中央集权制，各国都实行了兵符调兵制度。兵符一般制成虎形，从中间一分两半，一半在国君手中，一半在地方。一般来说，凡50人以上的用兵调动，就必须由国君派人持虎符到军中去合符，丝毫不差才能调兵。如果没有出示国君的那半个虎符，任何人都不能调动军队。公元前257年，长平之战后，秦军包围赵国首都邯郸，赵国一面组织力量坚决抵抗，一面向魏国和楚国求救。魏王派将军晋鄙率10万大军救赵，但又惧怕秦国报复，不敢下令进攻。最后魏公子信陵君无忌设计沟通魏王宠姬，窃出虎符，前往军中，杀死心有疑虑的晋鄙，夺得兵权，发兵救赵，与楚军、赵军相配合，大败秦军，使秦军东扩的计划暂时受到挫折。这就是历史上有名的"窃符救赵"的故事，它说明了虎符调兵的严肃性。

战国时代的司法制度也充分体现了君主专制的味道。国君握有最高的司法审判权，对一切案件都有权干预或审理。中央设有专门执掌司法的官吏，如秦国的廷尉、楚国的廷理等，他们必须对国君负责。地方司法工作由郡、县行政长官兼理，一般性案件由郡守、县令（长）审理，重大案件交由中央审理。这一司法制度的建立不仅使当时各国司法制度趋于一致，而且开创了今后两千年封建社会地方长官兼理司法制度之先河。

战国时代由于各国经过改革后所建立的政治制度极为相近，这样就为秦的统一创造了良好的政治基础。秦的统一，在政治制度上无非就是将以前分散于各地的、局部的专制主义中央集权制度统一合并为一个。尽管为了适应统一的需要也会做一些必要的调整，尤其要进一步强化君权，但不管怎么说，秦朝用不着在这方面花费掉很大精力，而且也用不着花许多时间让被征服地区的人民来适应这一制度。

实际上，当封建专制主义中央集权制度发展到一定程度时，也必然会提出在中国范围内实现统一的要求。因为专制主义中央集权制度的本质就是要统一权力，将所辖境内的权力集中于一人之手。其结果是先统一了自己境内的权力，待其巩固之后又去强行统一别人境内的权力归为己有，进而逐渐扩大，最终将全国的权力都统一于一个君主的手中。而其他君主或因国力不济而亡，或因专制主义不坚强而亡，最终不得不将自己的权力"交给"实行专制主义中央集权制度最坚决的君主，让他实现统一，彪炳史册。

三、统一的华夏民族业已出现

春秋战国时期，经过 500 多年的兼并战争，到战国中期以后不仅数目众多的诸侯国已经并入到少数几个大国的版图中，而且在原始华夏族以外的那些所谓的"异族"也被纳入到了华夏族中来，其中北方的狄族多为晋国兼并，西方的戎族多被秦国兼并，东方的夷族多并入了齐国，南方的苗蛮则有不少被楚国吞并。

不仅如此，尤为重要的是，以前被中原国家视为蛮夷的秦国和楚国，也经过几百年的文化交流逐渐实现了华夏化。例如，秦国的习俗原本比较落后，"与戎狄同俗"，"不识礼义德行"①，甚至"父子无别，同室而居"②，长期被东方国家所蔑视。到了战国中期商鞅变法时，他曾下大力气改变这种落后的风俗习惯，使秦俗从此开始发生巨大的变化。至秦统一中国前，秦俗已经大为改观，甚至受到一些来自六国的人士的称赞。楚国也一样，经过与中原国家长期的交往、交融，其文化从语言文字、生活方式到政治制度、礼仪文化等各个方面都已经与中原华夏文化趋于一致了。

这样，在燕山以南，长江中下游平原以北的黄河中下游、淮河、汉江流域的广大地区的居民，已经基本上融合成为一个民族。从此，不再有华夏与蛮夷、戎狄的区别了，这些异族已经成了历史名词。到秦汉时，华夏民族终于完成政治上的统一，形成在政治上、经济上、思想上、习俗上及生活方式上等各个方面具有鲜明共性的统一民族——汉族。

① 《战国策·魏策三》。
② 《史记·商君列传》。

第四节 春秋战国文化争斗性格的主要体现

春秋战国时期一切都在变的同时，又一切都在"争"——政治上争霸、军事上争胜、经济上争利、思想上争鸣，由此形成这一时期文化的"争斗"性格。

一、政治争霸

春秋战国时期随着周天子政治地位的逐渐衰落，天下大势逐渐演化为大国之间的争霸争雄斗争。先是春秋时代出现了 5 个诸侯先后称霸的局面，称"五伯"称霸，亦称"春秋五霸"。所谓"称霸"，即是"兴师不请天子，然挟王室之义以讨伐，为会盟主"①。

春秋时期，最先称霸的是管仲辅佐下的齐桓公。他以"尊王攘夷"相号召，先是帮助燕国打败了山戎，然后又营救邢、卫两国，制止了戎狄对中原的进攻。他还联合中原诸侯进攻蔡、楚两国，阻止它们插手中原事务。尤为重要的是，他安定了东周王室的内乱，为自己树立了极高的威望。于是，公元前 651 年齐桓公大会诸侯于葵丘（今河南兰考东），订立盟约，成为第一个霸主，以后又多次大会诸侯。

第二个称霸的是晋文公。他曾出奔在外 19 年，历尽千辛万苦。即位后，他对内整顿政局，增强军队，使国力强盛；对外以"尊王"相号召，平定东周内乱，迎接周襄王复位，还为解救宋国大败楚军于城濮（今山东鄄城西南）。公元前 632 年晋文公大会诸侯于践土（今河南原阳），成为霸主。这次会盟连周襄王都被迫亲自出席，可见影响之大。

第三个称霸的是楚庄王。楚庄王曾于公元前 606 年陈兵东周郊区"问鼎之大小轻重"，以后又于公元前 597 年包围郑国，并败晋军于邲（今河南郑州东北），接着又于公元前 594 年包围宋国，而晋国不敢再出兵相救，这样陆续使鲁、宋、郑、陈等国归附，从而成为霸主。

第四个称霸的是吴王阖闾。他曾灭亡徐国，攻破楚国，一度占领楚国都城郢（今湖北江陵西北），但后来被越王勾践打败，重伤而死。以后，他的儿子夫差攻破越国，替父亲报了仇。然后，夫差又在艾陵（今山东莱芜东北）大败齐兵。公元前 482 年，夫差与诸侯会盟于黄池（今河南封丘西南），但未及争取到霸主地位，后方就传来越国偷袭吴国的消息，只好让与晋国，自己匆匆回军救吴，最后兵败被杀。

最后一个称霸的是越王勾践。勾践被吴王夫差大败后，被迫屈服求和。他卧薪尝胆，刻苦图强，任用范蠡、文种等贤臣整顿国政，终于转弱为强，灭亡吴国。随后，勾践于公元前 473 年与诸侯会于徐（今山东滕县南），成为霸主，但亦昙花一现，很快复趋衰落。

大国的争霸给中小国家带来深重的灾难，于是他们开展了一场"弭兵运动"，企望在大

---

① 《史记·十二诸侯年表·序》。

国夹缝中求生存。弭，"平息"的意思。公元前 546 年，在宋国的倡议下弭兵之会终于召开，结盟诸国决定以晋、楚为大国盟主，除齐、秦两大国外，其他各国同为晋、楚属国，互朝晋、楚和承担晋、楚两国给予的义务，以避免战争。这次大会后由于晋、楚两国无力争霸，中原终于得到了一些年的和平。

春秋时期还有两个霸主：一个是宋襄公，他于齐桓公死后与楚争霸，结果在泓水（今河南柘城西北）之战中重伤而死；二是秦穆公，他称霸西戎，灭亡了 12 国。

当历史进入到战国时代，终于形成了齐、楚、燕、韩、赵、魏、秦"七雄"争夺天下的局面。

二、军事争胜

伴随着政治上的争霸、争雄、争天下，军事上的斗争也必然会越来越残酷、激烈。春秋时期，尽管有"春秋无义战"之说，但大国的争霸战争主要是为了争夺空旷地带和控制弱小国家，因此并不倾全国之力作战，大战不过万人左右，一二日即可决出胜负。作战时讲究阵形、程序、礼节，甚至带有"彬彬有礼"的味道。例如，宋襄公在泓水之战（前 638 年）中追求"君子不乘人之危"的所谓君子之义，先是不让向正在渡河的楚军发动攻击，然后又阻止向正在列阵的楚军进攻，连连丧失战机，结果被排好阵势的楚军打得大败，他也身受重伤，次年因伤而亡。后人讥笑宋襄公，认为这是愚蠢之举，但如果站在那个时代的立场上，或许就能理解他了。到了战国时期，战争的目的已变成为夺取天下而战，各大国所追求的都是为了争夺敌方地盘、歼灭敌方军队主力或予以毁灭性打击，同时为了获胜不择手段，讲求兵不厌诈等阴谋之术。

前面已述，随着封建制的确立，战国各国征兵入伍的对象放宽，军队的规模越来越大。同时，随着生产力的提高、铁兵器的应用、弓弩的发明，以及骑兵部队的发展，战争的规模也越来越大。加之作战方式也由车兵列阵冲杀变为步、骑兵的野战和包围战，所以一次战争战死几万人甚至数十万人是经常的事情。尤其到了战国中后期，随着合纵连横战略政策的实施，各大国互相拉拢、结盟，组成联军，从而使战争的规模远远超过了以往。在战争中，为了达到消灭敌国有生力量的目的，各国统治者都采取了奖励军功的政策，激励士兵杀敌，杀人多者可以赐爵和受田，因此杀人更众。

据不完全统计，仅战国秦国在商鞅变法以后到昭襄王的 120 年左右的时间里，历次战争中有明文记载的斩杀敌国士兵人数就超过 130 万。其数字如下：

秦孝公八年，与魏战，斩首 7 千；

秦惠文王八年，与魏战，斩首 4 万 5 千人；

秦惠文王更元七年，与韩、赵战，斩首 8 万；

秦惠文王更元十一年，与韩战岸门，斩首万人；

秦惠文王更元十三年，与楚战丹阳，斩首 8 万；

秦武王四年，占韩之宜阳，斩首 6 万；

秦昭襄王六年，两次伐楚，斩首 2 万 7 千和 2 万；

秦昭襄王十四年，攻韩、魏，斩首 24 万；

秦昭襄王二十七年，伐赵，斩首 3 万；

秦昭襄王三十二年，伐魏，斩首 4 万；

秦昭襄王三十三年，伐魏，斩首 4 万；

秦昭襄王三十四年，伐魏，斩首 13 万，沉河 2 万；

秦昭襄王四十三年，伐韩，斩首 5 万；

秦昭襄王四十七年，长平及围赵都邯郸之战，斩杀、坑埋赵军 45 万；

秦昭襄王五十年，攻晋军，流河死 2 万；

秦昭襄王五十一年，伐韩，斩首 4 万；攻赵，斩首 9 万。

这其中还不包括秦军自己的损失数字。古语云："杀敌一万，自损三千。"可知秦军的损失也该有几十万。这一时期，六国之间也不断发生战事，其伤亡数字难以统计。估计，在这 120 年左右的时间中，战争死亡人数当有数百万之众，实在惊人。

三、经济争利

前面已述，春秋战国时期商业经济十分发达，被司马迁描述为"天下熙熙皆为利来，天下攘攘皆为利往"①。应该说，这是那个时代商业经济发达的真实写照。春秋的私商中，范蠡是最著名的一个。他在佐助越王勾践灭吴后，功成身退，携西施潜逃，来到齐国，在陶（今山东定陶西北）经商，改名陶朱公。由于他"能择人而任时"，所以"十九年之中三致千金"②，以致成为后世商人的行业神，被世代供奉。还有孔子的学生子贡（名端木赐），其财力雄厚，竟能"结驷连骑，束帛之币以聘享诸侯。所至，国君无不分庭与之抗礼"③。正是有他的资助，孔子才能周游列国，故后人都明白"使孔子名布扬于天下者，子贡先后之也"。

战国的商人更加精明。东周人白圭总结出一套买贱售贵的贸易致富理论，采取"人弃我取，人取我与"④的办法经商——谷成熟时收进粮食，出售丝、漆；茧出产时收进帛、絮，出售粮食，结果生财有道，成为巨商。而卫国大商人吕不韦更是精明到极点，他在赵都邯郸偶遇入质于此的秦公子异人（后改名子楚）后，认定"此奇货可居"，毅然决定弃商从政。他抓住秦国王室内部的矛盾，倾其全部财产支持异人成为后嗣，终获成功。异人即位，

---

① 《史记·货殖列传》。

② 《史记·货殖列传》。

③ 《史记·货殖列传》。

④ 《史记·货殖列传》。

是为庄襄王，吕不韦被任为相国，封文信侯。庄襄王死，秦王政继位，他又被尊为"仲父"，前后掌握秦国大权十二三年。

四、思想争鸣

思想争鸣，即"百家争鸣"。其时各家各派的思想交锋是十分激烈的，有的时候甚至使用漫骂之辞。春秋战国时期，"百家争鸣"的主要交锋对手在不同时段是不尽相同的。一般来说，春秋末期是儒家与墨家对立，二者并称为"显学"；战国前期是儒家、墨家、杨朱鼎立；战国中期是儒家与道家对立；战国末期则是法家对儒家、墨家、杨朱、道家等进行尖锐的批判。

杨朱学派被有些人归于道家学派，其实并不合适，其思想与道家明显不同。杨朱学派以主张"贵生"和"为我"而著称，反对别人侵夺自己，亦不愿侵夺别人，提出"全生葆真，不以物累形"①及"迫生不若死"②等思想。其特点是"拔一毛而利天下不为也"③，"不以天下大利易其胫之一毛"④。其"我"的本质是"生"，"生"是欲望得以满足的过程，也即自由，因此杨朱学派认为一切有碍于"生"的东西都是不道德的、无价值的。这种观念是私有制经济关系的发展在人们思想中的极端反映。杨朱学派把生命的价值归结于物质欲望的满足，从而把追求物质利益的行为和思想合理化，这既是对儒家"重义轻利"的否定，更是对贵孝仁爱道德伦理观念的藐视。他们曾与墨家学派形成无形的"反儒联盟"，而且势力相当大，以致"杨朱墨翟之言盈天下，天下之言不归杨则归墨"。孟子对他们愤恨之极，曾说："杨氏为我，是无君也；墨氏兼爱，是无父也。无君无父，是禽兽也。"⑤

另外，魏文侯时邺（今河北临漳西南）令西门豹曾破除当地"河伯娶妇"迷信，应是思想争鸣在现实政治中的反映，也是无神思想的继续发展。

公元前221年，秦始皇统一中国，春秋战国时代结束了。随之，中国历史上文化最辉煌的时代也终结了。从此以后，在两千多年封建历史中再也未见如此辉煌的文化景象。

---

① 《淮南子·泛论训》。
② 《吕氏春秋·贵生》。
③ 《孟子·尽心上》。
④ 《韩非子·显学》。
⑤ 《孟子·滕文公下》。

第六章　中国文化的统一与一统
——秦汉时期

秦汉时期，中国文化实现了统一，与此同时，文化一统也随即实现。这种文化的统一与一统体现在制度层面，就是专制主义中央集权制在全国的建立，这种制度在当时来说是人类有史以来最好的制度——不仅由于这个制度本身，而且还由于其性质是封建性的，这在当时的世界是独一无二的。

第一节　统一是中国文化发展的必然归宿

秦汉时期，中国文化的统一从表面上看是由当时的民族英雄们领导完成的，但实际上是必然归宿使然。换句话说，中国文化的统一并不在乎由谁来领导或由谁来完成，而在于它什么时候能够实现。中国文化必然统一的归宿是由其所处的地理环境所决定的，这种必然归宿不受任何人的左右、支配或控制，也没有人能挡得住。秦始皇、刘邦、汉武帝等人的功绩在于，当条件成熟时他们勇敢地承担起了历史的使命，英明地顺应了历史发展的潮流，使中国文化得以在秦汉时期实现统一。

中国文化必然统一，一是中国地理地貌的特点使然，二是中国地理位置的优越使然，三是黄河中下游地区的地理环境特点使然。

一、地理地貌特点决定中国文化必然统一

中国的地理地貌有两个主要特点：一是四周拥有相对封闭的天然限隔；二是内部没有不可逾越的地理阻碍。

中国东边是浩瀚的大海。对于古人来说，广阔无垠的大海无疑是一道天然屏障，外面的人进不来，里面的人也出不去。中国北边是覆盖着广阔无垠的草原和沙漠的蒙古高原，这里地势虽然起伏不大，平均海拔也只有1500多米，但属于干旱半干旱、寒冷半寒冷地区，只适合游牧经济，不适合农耕经济，从而形成一道天然屏障。中国南边有横断山脉，位于今四川、云南的西部，西藏的东部，南北走向，因其横隔东西交通而得名。另外，还有顺山势奔腾不息的怒江、金沙江、澜沧江等。它们所形成的天然地理屏障，不仅对古代交通造成极大

的不便，即使是今天还有许多地方从没有人进去过，再加上这里到处是热带丛林瘴疠地区①，因而越往古代这里就越是中国与外界交往的阻碍。中国西边，分为西北和西南两个部分。西北的帕米尔高原是古代葱岭的一部分，海拔 4000 米以上，属于高寒干旱地区。尽管从汉代起一直到唐代，著名的"丝绸之路"从这里经过，往西通往中亚、西亚和地中海地区，向东通往黄河流域地区。但是，由于自然环境的恶劣，在古代这里一直是一个难以逾越的西北地理阻隔，除了少数追求高额利润的商人、负有政治使命的使者及具有坚定宗教信念的信徒以外，很少有人不顾死活地从此经过。西南则有世界上最高的山脉——喜马拉雅山脉。喜马拉雅山脉上虽有一些通往印度半岛的小道，但四五千米甚至更高的海拔，使它们不可能成为经常人来人往的通途，所以喜马拉雅山脉至今仍是中国与南亚诸国天然的分界线。

中国四周的天然地理限隔虽然只是相对封闭，但它呈现出两项功能：一是保护中国文化免遭外敌毁灭——这是中华文明不间断传承 5000 年的原因之一；二是提示这个区域中的不同民族只有统一起来才能共存共荣。

不仅如此，中国境内的河流、山脉等地理阻隔没有一个是不可逾越的，尤其最早进入文明时代、文明程度最高的黄河中下游地区和长江中下游地区更不存在什么难以逾越的天然屏障。这一地区的秦岭山脉、太行山脉、大别山山脉、黄河、淮河、长江等在很早的时候就被我们的先民征服了。所以，没有什么地理限隔可以阻碍中国文化的南北、东西统一。

当然，仅有上述地理地貌特点还不足以使中国文化的统一成为必然归宿，它们只是指引出了一个方向，还必须与下面两个因素结合起来才行。

二、地理位置优越决定中国文化必然统一

中国所处的地理位置是：绝大部分地区处于中纬度；位于全球最大的大陆——亚欧大陆东部，东临全球最大的海洋——太平洋，西南隔东南亚与印度洋相望。

这种地理位置有两个优越性：一是气候温和，二是雨热同季。气候温和是处于中纬度所造成的，雨热同季则是因季风气候的发达而引起的。季风是随季节变化而形成的大范围的风向。中国东部地区夏季时节盛行从海洋刮来的湿热的东南季风，冬季则刮干冷的西北季风。于是，当春天气温升高时这里便开始下雨，到了夏天则一直处于雨季中，当秋季来临气候转凉时雨水也逐渐减少，因此温度和水分配合良好。

这样的优越性，毋庸提示，显然为农业的起源和发展创造了极佳的条件。因此，中国是世界上最早产生农业的国家之一。至少在距今一万年以前的时候，也即原始社会母系氏族时期的早期阶段，农业在中国就产生了。不仅如此，中国这样的地理优越性还特别适合一夫一妻制的小农经济的生存与发展。甚至可以这样说，作为自然经济的"温床"，全世界再没有比像中国这样更适合其发展的地区了。所以，小农经济在春秋战国时期随着生产力的提高而

---

① 瘴，南方山林中产生的湿热蒸郁致人疾病的毒气。疠，瘟疫。

大量出现绝非偶然，它是中国地理环境培育出的必然绽放的花朵。从此，它一直是两千多年封建农业生产中居有绝对优势地位的生产方式。

小农经济的特点之一是生产单位小。正因为生产单位小，所以它又具有脆弱不堪的特点——经不起天灾、人祸的打击，一有风吹草动就会遭受破坏，甚至彻底破产。对于人类来说，天灾至今无法避免和抗拒，一遇水旱灾害等农业便减产甚至颗粒无收，古代更是如此。不过，天灾无法抗拒，"人祸"由于起因于人，所以从某种程度上说是可以避免的。人类给自己造成的最大的祸患就是战争，而它是可以避免的。如何避免呢？最好办法就是统一起来。各个农业区都统一在一个政府的领导之下，相互之间化干戈为玉帛，不再有战争，并由这个政府统一指挥生产、安排生产、组织生产，这样小农经济就会生存和繁荣起来，它不仅会为这个政府提供几乎所有的物质资料，而且还会创造出辉煌灿烂的古代文明。所以，小农经济强烈要求统一。应这一要求，秦汉时期文化统一终于实现了。由于小农经济的产生是中国地理环境所导致的必然结果，所以黄河中下游地区、长江中下游地区，以及其他适合农业生产的地区的最终统一，也一样成为不依人的意志为转移的客观必然。

三、黄河中下游地理环境特点决定中国文化必然统一

上述两点虽然说明了中国文化必然统一的归宿，但是还有一个问题没有解决，即由谁来统一的问题。如果在中国这个区域内有两个以上势均力敌的势力，谁也征服不了谁，那么统一肯定是无法实现的。十分幸运，黄河中下游地理环境特点决定了中国文化必然以它为核心来完成统一。

黄河中下游地区的地理环境特点是土地辽阔，水源充足，土质疏松，肥力尚可。这一地区的地理范围大致包括今河南、山西、陕西、河北、山东等省的部分地区，十分辽阔，其中有两个大的农业垦区——华北平原和关中平原。黄河及其支流，如渭河、泾河、洛河等，为这一地区农业的发展提供了丰富的水源。而这里松软、疏松的黄土土质则使其易于开垦。原始人用原始、简单的生产工具，如石器、木器、骨器等，就可以开垦出来。这里的土地虽不十分肥沃，但肥力还算可以，尤其古代时的自然条件比现在好多了。春秋战国时这里还保留着不少的原始森林，土地基本上被草原所覆盖，所以水土流失并不严重，这由古代称黄河为"河"而不叫"黄河"就可以得到证明。

黄河中下游地区的这种地理环境特点决定了中国最早的农业区必然在这里形成，同时这里还必然是中华文明的发源地之一。更为重要的是，这里不仅最先进入文明时代，而且长期保持着领先地位。其周边"四夷"由于政治、经济的落后，一方面导致它们无法对这里的文明造成致命破坏，另一方面也使得它们为了求得自身的生存与发展而不得不接受黄河中下游地区的文化征服。所以，中国文化统一的主角就非黄河中下游地区莫属了。正是这个原因，秦朝时南方诸民族接受了中原王朝的统治；两汉时今天的新疆地区划入中原王朝版图；宋朝时海外澎湖成为中国行政区域的一部分；元朝时蒙古地区正式列入中国版图，西藏地区

承认了中原王朝的领导地位，台湾也被划入中国的行政版图等，都成为中国文化发展的必然归宿。

中国这样的地理环境，不仅使中国文化必然走向统一，而且在统一之后，即便政治上再出现分裂——无论分裂多长时间，分裂状况有多散乱——最终还是会重新统一起来的。因此，不管三国鼎立也好，"五胡乱华"也好，五代十国也好，还是宋辽金夏时期的天下大乱也好，最后仍归结为统一。魏晋南北朝时期的分裂时间长达400年之久，是秦汉统一以后分裂时间最长的时代，但最后也被隋朝统一了，这种情况在其他国家的历史中几乎是不可想像的。《三国演义》的开篇之句"话说天下大势，合久必分，分久必合"讲的就是中国文化的这个特性，这也是中华民族历数千年而不分裂、不破灭的原因所在。

第二节　秦汉文化大一统特征形成的背景

秦汉时期的主要文化特征之一是大一统性。这种大一统性的实现，一是得益于文化统一的实现，二是为了满足小农经济的另外一个强烈要求。由于统一和小农经济的产生都是中国文化发展的必然归宿，所以大一统的实现也同样成为中国文化发展的必然归宿。

一、文化统一的完成

秦汉时期的文化统一是全方位的，它由秦朝建立开始，到汉朝基本定型，做了大量开创性的工作。其主要包括以下一些内容。

（一）地同域

"地同域"，即全国各地区都统一在一个政府的领导之下。秦王朝做了3方面的工作：一是毁坏战国时各国在国境上和交通要道上设置的军事要塞和各种阻碍；二是在全国修筑四通八达的交通道路；三是在地方全面推行郡县制。汉王朝则主要是进一步巩固了中央集权制度。

1. 决通川防，夷毁险阻。

战国时期，各诸侯国在自己领地内的交通要道上，尤其是在与他国交界的边境线上，修筑了不少关塞、堡垒，以相互防范。统一以后，秦始皇为了不使反抗势力利用这些军事设施，下令拆除各国的一部分城郭，并决通川防，夷毁险阻。此举，不仅使中国境内浓厚的战争气氛逐渐消散，而且也便利了各地之间的交通往来。

2. 构建水陆交通网络。

为了自己出巡各地的便利和运送军队开赴边疆或各地的需要，在统一后的第二年（公元前220年），秦始皇下令征调民力在全国范围内修筑道路，其中以驰道、直道最为重要。驰道主要有两条，均以秦王朝的都城咸阳为中心：一条向东，通原燕、齐地（今河北、山东一带），一直到海；另一条向东南，达原吴、楚之地（今江苏、浙江一带）。驰道阔50步，约合今69米，中间3丈宽为皇帝专用御道，用明显标志标出，除皇帝外任何人不得行走，道路两侧每隔3丈植松树一株。可以想像，这两条以咸阳为中心的绿茵大道在当时是何等的壮观。公元前212年，为了加强北部边疆的防御，秦始皇命令大将蒙恬主持修筑了直道。直道以咸阳为起点，向北经云阳（今陕西淳化北）、上郡（今陕西北部）直达九原（今内蒙古包头西南），其一半在山岭间，一半在草原上，全长1800里（一说合今700多公里），一路开山添堑，工程量巨大。据说今天在一些地区还能时隐时现地见到秦直道的痕迹。此外，在西南边疆（今云南、贵州一带），秦还开凿了"五尺道"——因宽五尺而得名；在南越之地（今湖南、江西、广东、广西之间）修筑了"新道"（亦称"越道"）。秦始皇在沟通全国道路交通的同时，还统一了以前各国各不相同的车制，实行"车同轨"政策，定车轴距宽6尺。

在水路方面，最著名的是灵渠的开凿。灵渠位于今广西兴安县西北，故又称"兴安运河"，还称"湘桂运河"。它是秦始皇为了进一步统一岭南，解决对百越用兵的军粮运输问题而命令史禄开凿的。灵渠沟通了漓江和湘江两条河流，将长江、珠江两大水系连接在了一起。秦汉以后，中原地区与岭南交通多取此道。到近代，由于公路、铁路的修筑，灵渠的航道作用才逐渐消失，现在它成为以灌溉为主的河渠，其水利作用不可低估。

秦始皇对全国水陆交通网络的修筑、开凿虽然主要是出于政治和军事的需要，但是在客观上也便利了各地的交通往来，对于促进各地经济、文化的进一步交流与发展起了积极的作用。

3. 在地方设置郡县。

秦王朝"地同域"政策中最重要的内容是郡县制的确立。秦最初设置36个郡，以后陆续增加到四十几个郡。在秦始皇决定全面推行郡县制以前，以丞相王绾为首的一些大臣曾提出应该在原燕、齐、楚等地实行分封制，将子弟分封出去作诸侯。这样既可加强对这些地区的统治，又可屏蔽秦王朝。这个建议被时任廷尉的李斯否决。秦始皇支持李斯，决定推行郡县制。

实际上，从秦王朝以后的发展来看，王绾等人的建议是正确的，因为这些地区远离秦王朝的统治中心，对秦王朝的离心力最大，不服势力猖獗，虽然秦始皇曾多次出巡到这里，威吓和镇压异己力量，但奏效不大，秦末战争的主要领导者陈胜、吴广、刘邦、项羽等都出于原楚国的界地之上就是证明。

有趣的是，秦始皇没有接受王绾的建议，而汉高祖刘邦却在不经意间实践了这个建议。楚汉战争中，出于打败项羽的需要，刘邦曾经分封过韩信、彭越、英布等7个异姓诸侯王。西汉建立以后，这些异姓诸侯王基本上都被解决掉了，但是刘邦又同时分封了9个同姓诸侯王。这9个同姓诸侯王所占的地盘加起来，远远超过西汉中央政府直接控制的土地。在全部53个郡之中，中央政府才控制15个郡。不仅如此，各诸侯王拥有很大的权力，可以任命除国相以外的全部官吏①，可以自行收税等。西汉初年，这些诸侯王年纪尚幼，对中央构不成什么威胁，但是到了汉景帝的时候终于形成了尾大不掉的局面。

在西汉初期的同姓诸侯国中，以吴国势力最大。景帝前三年（公元前154年），吴王刘濞联合楚国等7个诸侯国起兵反叛，给中央朝廷造成极大的威胁，好在这次叛乱最后被镇压下去了。以后，汉景帝的儿子汉武帝为了加强中央集权制度，实行"推恩令"，取消诸侯王的嫡长子继承制度，令其所有的儿子都享有继承权，强制诸侯王国裂土析产。他还利用《酎金律》，经常以诸侯助祭的黄金或酒不纯为由，剥夺他们的爵位，并设置"刺史"制度监督他们。终汉武帝之世，诸侯国问题获得圆满解决，中央集权制度得以巩固。此后，虽然在西晋和明朝初期曾出现过引起政局动荡的分封制，但其他大部分时间里，都是实行由中央直接控制地方的行政制度，所以自古地方分裂主义在中国文化中就扎不下根。

（二）书同文

"书同文"，即统一文字。战国时期，由于各国地理条件和文化传统的不同，因而"言语异声，文字异形"②，各国所使用的文字差异很大，甚至同一国内还存在着几种文字杂相使用的情况。当时主要流行的是古文、籀文和小篆3种字体。一般说来，东方6国主要通行古文，秦国则使用籀文和小篆。

古文亦称"蝌蚪文"，其字形没有一定体系，千变万化，很不一致；籀文亦称大篆，字形复杂，笔画繁多，不宜书写；小篆亦称"秦篆"，是从大篆演化而来的，其字形线条简单、均匀，较之大篆来说要更加整齐和定型，而且减少了许多异体字。

多种字形的存在，显然妨碍了秦王朝统一政令的实行和政权的巩固。于是，秦统一的当年（公元前221年），秦始皇便下令对各国原来使用的文字进行整理，规定以秦之小篆为统一书体，废除与秦国文字不相符的其他文字。根据秦始皇的命令，擅长书法的廷尉李斯、中车府令赵高、太史令胡毋敬用标准小篆体分别写成四言诗句的《仓颉篇》、《爱历篇》和《博学篇》，颁行全国，既作为蒙学教材，又作为统一标准文字的范本，责令实行。

就在秦始皇下令全国通用小篆的同时，有一种名为"隶书"的字形已经在民间广为流传了。隶书起源于草篆，实际上是书写得比较潦草或不甚规范的小篆，因此在文字结构上，草篆和小篆二者没有太大差别。以后，草篆发展为隶书，才与小篆的差别明显起来。到秦统一时，隶书已经发展成为一种比小篆更为简便的新书体。后来，经过一个名叫程邈的狱吏的改进、整理，使之更加定型化和规范化，所以历史上有"程邈作隶"之说。

由于隶书在笔画上变小篆的圆转为方折，在线条上变弧曲为直线，在结构上删繁就简、

---

① 诸侯国相由中央任命。
② 《说文解字·叙》。

平整规范，因而书写方便，在社会上很快就流行起来。后来，不仅民间广为使用，就连秦王朝政府的文件，除重要诏书外一般也都使用隶书，其结果是小篆逐渐受到冷落而隶书大行。隶书的出现和流行是汉字发展的必然结果，也是中国文字由古体转为今体的重要里程碑。到了西汉初年，隶书更加定型，最终完成了篆书隶变的过程并彻底统一了文字。

秦汉时期文字的统一，对于实现政令统一、思想统一具有极其重要的意义。一方面，以统一的文字书写法令，便于各级官吏和百姓的了解和执行，可以真正做到"普施明法，经纬天下"①，促进专制主义中央集权制度的巩固和加强；另一方面，文字的统一也促进了经济、文化诸事业的发展。对后世而言，尽管各地方言始终不一，且割据局面不时出现，但文字一直是统一的，它使得中国境内各个地区人们对统一文化形成牢固的认同，这也是中华民族始终不曾分裂的原因之一。因此，秦汉时期统一文字的功绩，影响是深远的。

（三）币同形

"币同形"，即统一货币。秦统一以前，各国的货币形制差别很大。统一后，秦始皇下令废止六国货币，规定货币分为上、下两种：上币为黄金，以"溢"（又作"镒"）为单位，一溢合二十两；下币即原来秦国所使用的圆型方孔有廓的"圜钱"，铜质，重半两，为通常使用的货币，同时规定珠玉、龟贝和银锡等不再用作货币。秦之半两铜钱，在秦始皇兵马俑坑和秦代刑徒墓中曾出土过，一般直径为2.5～2.77厘米之间，重量在2.5～3.35克之间。

货币的统一，不仅有利于国家财政职能的行使，更重要的是便利了各地经济的交流和商品交换的发展，对巩固统一起着巨大的积极作用。由于这种圆形方孔铜钱铸造简单，使用方便，所以秦亡以后不仅为汉代所继承，而且此后两千余年流行不废。

（四）度同制

"度同制"，即统一度量衡制。战国时代，各国尽管在本国境内不同程度地统一了度量衡制，但各国之间差距很大。如以量器"升"为例，同样是一升，周制相当于今天的19.9毫升，赵国为21.1毫升，魏国是71.4毫升，齐国相当于16.4毫升，秦国相当于20毫升。最高的魏国与最低的齐国居然相差55毫升，这显然不利于商品的流通和经济的发展，也和统一的大势不相吻合。于是，并六国后，秦始皇立即下令，以商鞅所统一的秦国的度量衡制单位为标准，颁行全国。具体做法是，收回商鞅及商鞅以后所颁布的度量衡标准器，在上面加刻秦始皇的诏书铭文后再发放各地，或者新制造一批标准器具发至各地，让地方照样仿作。

秦始皇统一度量衡的工作不是一时完成的，整个秦朝时期都在做这项工作，在一些标准器上还附刻有秦二世的诏书就是证明。秦朝这种刻有诏书的度量衡标准器在今天的陕西、甘肃、山西、河北、河南、内蒙古、辽宁、吉林、山东和江苏等地均有发现。由此可见，秦始

---

① 《史记·秦始皇本纪》。

皇统一度量衡制的工作是成功的。度量衡制的统一，便利了秦王朝赋税的征收，也便利了各地经济的往来和商品交换，符合社会经济发展的要求。

（五）行同伦

"行同伦"是秦始皇曾大力推行的政策，有 3 项主要内容。一是改化黔首，匡饰异俗。并六国后，秦王朝的统治者在全国范围内开展了端正风俗，倡导封建文明的工作，并把这项工作与灭六国、统一中国的意义相提并论。关于这一点，从秦始皇巡游全国时四处留下的刻石颂辞中就可以看出来。秦始皇巡游全国各地，虽然主要是为了镇压不服，显示功绩，耀武扬威，以及亲眼看看自己统治的江山社稷到底是个什么样子，但褒颂文明习俗、改化黔首、匡饰异俗的目的也是十分明显的。所以，秦始皇才会在之罘（今山东烟台之罘山）刻石中称颂自己改化黔首，"远迩同度，临古绝尤"① 的丰功伟绩。

"行同伦"的第二项内容是以法为教，即让人们学会遵纪守法，不要随意触犯法令，以求得自身平安，并在各地设置掌教化的乡官——三老，随时教育乡民。这项工作从秦始皇琅邪刻石中称颂自己"匡饰异俗"，"尊卑贵贱，不逾次行"，"奸邪不容，皆务贞良"，使黔首"欢欣奉教，尽知法度"等内容看也是卓有成效的。②

"行同伦"的第三项内容是教育臣民注意男女大防，不要乱搞男女关系。如秦始皇在泰山刻石称："贵贱分明，男女礼顺，慎遵职事，昭隔内外，靡不清净，施于后嗣。"③ 意思是：贵贱清楚分明，男女依礼有别，各自谨守职事，内外分别醒目，没有不当关系，德行延及后代。把男女恪守两性大防作为自己的一大功绩来歌颂，可见秦始皇对此事的重视程度。

秦始皇对婚姻家庭的关心一直到他临死之前。在去世的前一年（公元前 211 年），他在会稽（今浙江绍兴）留下的颂辞称："有子而嫁，倍死不贞。防隔内外，禁止淫佚，男女絜诚。夫为寄豭，杀之无罪，男秉义程。妻为逃嫁，子不得母，咸化廉清。"④ 意思是：女子有夫弃子而嫁，背叛丈夫不守贞洁（都应当治罪）；分别内外之礼，禁止纵欲放荡，男女都应洁诚。丈夫如像不归圈的公猪一样在外淫乱，妻子可杀之且无罪，故男子也要注意谨守规矩。妻子弃夫逃嫁，使子女失去母亲，都要感化清正。为端正社会风俗，秦始皇用了毕生的时间，到死方休。

秦始皇在涤除陋俗，倡导文明风俗方面的工作，既巩固了秦政权的统一，同时通过融会各地风俗习惯，摒弃秽俗，对促进中华民族共同价值取向、共同伦理观念的形成起到了积极的作用。

上述的文化统一举措有力地增强了秦汉版图内各区域人们的文化共鸣和文化认同，为文

---

① 《史记·秦始皇本纪》。

② 《史记·秦始皇本纪》。

③ 《史记·秦始皇本纪》。

④ 《史记·秦始皇本纪》。

化大一统的实现奠定了坚实的基础。

二、小农经济的呼唤

前面已述,小农经济的特点之一是非常脆弱,它经不起天灾人祸的打击,所以它要求中国境内的各个农业区必须统一起来,以为自己提供稳定的生存环境。但是,仅仅集权中央而不实行专制,权力由几个人来掌握,即实行寡头统治,战争的危险依然存在。例如古罗马的"前三头政治"和"后三头政治",前者以恺撒为首,后者以屋大维为首,都实行寡头统治,但最终均不免于爆发战争,劳民伤财。所以,公元前30年屋大维干脆实行"元首制",建立起君主制度,强化统治,使庞大的罗马帝国走向辉煌。

对于实行专制统治的问题,先秦的思想家们也进行过理论探讨,如《吕氏春秋》说:"国必有君,所以一之也。天下必有天子,所以一之也。天子必执一,所以抟("专"的古字)之也。一则治,两则乱。"这种强调不实行专制会导致天下大乱的思想,显然是顺应了当时客观历史发展的要求。

由于"一则治,两则乱",而"乱"就会影响小农经济的生存与发展,所以小农经济出于使自己得到完全、彻底保护的目的,不仅要求实现统一,而且要求实现一统;不仅要求实行中央集权制,而且要求必须由专制君主领导这个中央集权制政府。所以,秦汉时期一统天下的专制主义中央集权制政府的出现绝非偶然,它乃是小农经济自然选择的必然结果。小农经济要求这个专制主义中央集权制政府不仅一统政治、一统军事、一统经济,而且一统文化思想;不仅要求它在政治上、军事上、思想上消除一切不利于一统的因素,而且在经济上要求它必须实行重农抑商政策,以为自身提供最强有力的保护。

重农抑商政策的实施也是中国文化发展的必然结果之一。因为,小农经济非常脆弱的特点还有一个表现,就是非常惧怕商品经济的冲击。其实,小农经济并不绝对排斥商业,因为它虽以男耕女织的经营模式基本保证自给自足,但不可能做到完全自给,它也需要通过简单的交换来弥补自己的不足。比如小农经济自己不能生产的铁器、食盐等生产、生活资料就不得不依赖市场。但是,小农经济不喜欢非常活跃的商品经济,更不愿意看到发达的商业市场,因为发达、活跃的商品经济,一是会将大量农业人口吸引走,造成劳动力投入不足,影响农业生产;二是商业资本对土地的兼并会造成小农经济的大量破产。所以,小农经济坚决要求重农抑商。不仅如此,小农经济遭到破坏,必然导致建筑在其基础之上的专制主义中央集权制的崩溃。同时,商业经济的发展也必然会产生许多不利于封建统治的因素,尤其从中产生出的资本主义萌芽更是会成长为封建主义的掘墓力量。所以,一是为了满足小农经济的要求,二是为了维护自身的安全,专制主义中央集权制的政府也必然要实行重农抑商政策。

秦汉时期,专制皇权与中央集权已经很好地结合在一起了。在封建社会前期,这种结合是一种非常完美的结合。在专制主义中央集权制政府的领导下,中华民族不仅创造出高度发达的古代文明,而且曾将中国建设成为世界上最强大、最富庶的国家,并保持着长久的领先地位。

第三节 秦汉文化大一统特征的主要体现

秦汉文化大一统特征的体现主要有两方面：一是专制皇权的创建与初步完善；二是专制思想的确立。

一、皇帝制度的创建与初步完善

皇帝制度的创建是秦汉时期一项伟大的文化杰作，它不仅影响了以后 2000 多年的封建政治制度———直到 1911 年才退出历史舞台，而且直到今天其在思想意识等方面的影响还没有完全消除。在 2000 多年的封建时代，它既造就了中国文化的繁荣，同时也将中华民族带入险些灭亡的境地。

（一）"皇帝"名号的确定

秦灭六国、统一中国后，秦王嬴政要做的第一件事就是给自己确定个名号。先秦时期，夏、商、周的最高统治者都称"王"，战国中期以后随着东周天子的彻底失势，诸侯国的国君也开始称王。最先称王的是魏惠王，以后其他诸侯国君纷纷效仿。秦国从秦孝公的儿子惠文王开始称王。

现在，所有的诸侯王都已被击败，自感取得前无古人的业绩、功高盖世的秦王嬴政再不愿意以称"王"来取荣了。他对众臣说："寡人以眇眇之身，兴兵诛暴乱，赖宗庙之灵，六王咸伏其辜，天下大定。今名号不更，无以称成功，传后世。"[1] 于是，他让众臣议定出一个新的名号。诸大臣尚跳不出传统思维的束缚，认为古时有天皇、地皇和泰皇，而天、地是不能被人所替代的，那么算起来只有"泰皇"最为尊贵，于是建议嬴政称"泰皇"。其实，嬴政早有想法，他认为自己既有三皇之德，又有五帝之功，功德无量，何不采"三皇五帝"之合，于是他下令自己的称号为"皇帝"，并称："朕为始皇帝，后世以计数，二世三世至于万世，传之无穷。"[2] 从此人们称其为秦始皇。

嬴政发明的"皇帝"一称是亘古以来最崇高的名号，以后历代最高统治者也都把它作为自己的专称。

（二）避讳和专享制度的规定

为了使皇帝神圣化、威严化，使人人敬畏，不敢冒犯，秦始皇创立了与之相关的避讳制

---

① 《史记·秦始皇本纪》。
② 《史记·秦始皇本纪》。

度，严禁臣民在言语和文字中涉及皇帝的名字。秦始皇名政，于是他下令将"正月"改称"端月"①，或者"正"字发"征"的音②。不仅皇帝的名字要避讳，同音字也要避讳。如秦时地方基层单位的长官"里正"改称"里典"。另外，皇帝家人的名字也须避讳。如秦始皇的父亲因名为子楚，所以楚国、楚地在秦朝时改称"荆国"、"荆地"③。不仅如此，因古人竖行写字，所以避讳制度还规定，在文稿中凡出现"皇帝"、"始皇帝"等字样或与之同义的词句，均必须抬头，另行顶格书写，以免造成压迫皇帝之感。避讳制度为后世继承。如西汉武帝的孙子宣帝名刘询，从此生活在战国的荀况改称孙卿；东汉光武帝名刘秀，于是秀才改称茂才，等等。

皇帝专享制度则严禁臣民滥用专归皇帝的"名物"，如皇帝的自称"朕"。"朕"在秦统一以前任何贵族都可以用来表示"我"的意思，但是自秦以后则成为皇帝独享的用语，其他人再用将没有好果子吃。再如，皇帝专用的御印称"玺"。秦以前，贵族的印都可以称"玺"，但是现在只有皇帝的御印才可以称"玺"，而且只有皇帝才能用玉质的玺。另外，秦始皇还同意众臣提出的皇帝的"命"为"制"、"令"为"诏"的建议。制，为皇帝关于制度的命令；诏，为皇帝诏告臣民的一般命令。其他如秦始皇的服饰、车马等也都有一套显示其"唯我独尊"的制度。

这种专享制度在汉代得到进一步的发展。汉时规定："汉天子正号曰皇帝，自称曰朕。臣民称之曰陛下，其言曰制诏，史官记事曰上。车马衣服器械百物称舆。所在曰行在所，所居曰禁中，后曰省中。印曰玺。所至曰幸。所进曰御。其命令一曰策书，二曰制书，三曰诏书，四曰戒书。"④以后各代基本上延续了这样的制度。

（三）名位制度的建立和发展

名位制度是皇帝制度的重要组成部分，它突出了皇帝的特殊地位，充分强调了由皇帝一人独治天下的制度，主要包括年号、庙号、谥号、尊号及陵寝号等。

1. 年号

年号是历代帝王纪元所立的名号。一说始于汉武帝建元元年（公元前140年），一说起于汉武帝元鼎时（公元前116—前111年）。秦始皇、秦二世、汉高祖、汉惠帝、汉文帝、汉景帝均没有年号，都是以数字表示，如秦始皇三十四年（公元前213年，焚书）、汉高祖七年（公元前200年，白登之围）、汉景帝前三年（公元前154年，吴楚七国之乱）等。汉武帝以后，历代封建帝王，不管是统一政权的皇帝，还是分裂割据政权的君主，均通过颁布

① 见《史记索隐》。
② 见《史记正义》。
③ 见《史记正义》。
④ 蔡邕《独断》。

或改定年号来确立自己最高统治者的地位。

在古代，年号的改定一般为新帝即位或者遇有祥瑞及重大事故时进行，称为"改元"。历史上有的皇帝改元定号10余次，有的于一年之内数改年号，都是出于某种目的。秦汉时期，汉武帝曾改元11次，而东汉明帝在位18年则只用一个年号"永平"。

年号初创时期多与祥瑞和重大变故有关，后来的年号则与当时的政治形势联系逐渐密切，往往反映着当时的时事和政局的特点，以及体现着皇帝治国的意向。到明清时，年号固定为一帝一号，每当原来的皇帝去世，便由嗣位皇帝或权贵们审时度势，制定并颁行新的年号，从中明显反映出嗣位皇帝的实际地位和治国意图。例如：明太祖朱元璋的年号"洪武"，体现他以武定国的尚武思想。其继任者朱允炆年号"建文"，意在建立文治。而明成祖朱棣发动政变夺取帝位，定年号为"永乐"，是希望造就永远安乐的局面。又如，晚清文宗奕詝去世，其子穆宗载淳年幼，由慈安、慈禧两太后垂帘听政，因此确定年号为"同治"，等等。

2. 庙号

庙号是皇帝死后受到后世祭祀的庙宇称号。按照古代的宗庙制度，只有有资格被祭祀的祖先才可建立庙堂。由于庙的数额有限，不是每一个皇帝死后都能享此"殊荣"，所以要根据死去皇帝的世系和在王朝政治中的地位来确定其祭祀地位，凡可享此"殊荣"的，称为祖或宗。开国皇帝都称为"祖"，如高祖、太祖、世祖等，其后则称"宗"，如太宗、世宗等，统称之为庙号。以汉王朝为例，西汉开国皇帝刘邦为太祖，汉文帝为太宗，汉武帝为世宗，汉宣帝为中宗；东汉开国皇帝光武帝刘秀为世祖，汉明帝为显宗，汉章帝为肃宗。当时，并非每一个皇帝都能建宗立庙的这种庙号制度在某种程度上意味着对已死皇帝政绩行事的评价，用以对新即位皇帝进行鉴戒。

但是，这种庙号待遇上有所区别的做法，往往招致在位皇帝的反对。因为对自己死后难以确定是否能得庙号而怀反感，认为与皇帝至高无上的权威格格不入，进而采取各种方式要求取消这种做法。唐代以后，庙号制度终于有了重大的变化，皇帝在死后都获得庙号，开国皇帝称"祖"，其余称"宗"，不再按照世系和政绩排位，以此加强皇帝的绝对权威，确立对本朝皇帝不容指摘的绝对崇高地位。不过，明成祖朱棣例外，他以燕王之身"靖难"夺取帝位，迁都北京，初庙号太宗，后来明世宗朱厚熜以朱棣重新奠定帝国大鸿基大业，功拟太祖，所以改庙号为"成祖"。

3. 谥号

谥号是古时帝王或贵族死后按其生前的功业和品德所评定的一个称号，一般用一字或两个字来概括，目的是为了"褒善贬恶"。相传，这项制度始于西周初，周公曾作《谥法》。"谥字"一般分为美、平、恶三类，用以褒、怜、贬。一生为善或建有功勋的，得美谥，如文、昭、敬、恭、庄、襄、烈等；志向未申、一生平淡或短命夭折的，得平谥，如怀、悼、哀、隐、闵等；行为背礼或作恶胡为的，得恶谥，如纣、炀、丑、昏、荡等。

秦统一后，秦始皇不再认可这项实行近千年的谥法制度。他认为，一方面谥法制度是儿子评议父亲，臣下评议君主，有损于作为天子的尊严，与其至高无上的地位不相符合；另一方面古人用作谥号的字只有三四十个，有时会出现父子谥号一样的情况，非常不妥。所以，秦始皇决定由他来确定后世子孙的排列，用从一到万的数字计，可以永远不相重复。这样，秦王朝就成了历史上唯一皇帝没有谥号的朝代。其实，秦始皇不废谥法，他所得到的谥字一定不会差，因为他统一中国，奠定许多封建制度基础的功劳实在太大了。

汉王朝恢复了谥法制度，谥号由礼官议定，群臣上奏，报请新皇帝裁决，并增加新的内容，旨在保持皇位的正统，提高已故和当今在位皇帝的统治权威。汉代在相当长的时期内保留了古风，帝王的谥号仅一二字，没有太过分的浮夸，也没有利用它进行完全不符合实际的炫耀和溢美。例如：汉惠帝——爱民好与曰惠；汉文帝——经纬天地曰文；汉景帝——布义行刚曰景；汉武帝——威强睿德曰武；汉昭帝——圣闻周达曰昭；汉宣帝——圣善周闻曰宣；汉元帝——行义悦民曰元；汉成帝——安民立政曰成；汉哀帝——恭仁短折曰哀；汉平帝——布纲治纪曰平；光武帝——能绍前业曰光，克定祸乱曰武；汉明帝——照临四方曰明；汉章帝——温克令仪曰章；汉和帝——不刚不柔曰和；汉殇帝——短折不成曰殇；汉安帝——宽容和平曰安；汉顺帝——慈和偏服曰顺；汉冲帝——幼少在位曰冲；汉质帝——忠正无邪曰质；汉桓帝——克敌服远曰桓；汉灵帝——乱而不损曰灵；汉献帝——有智有圣曰献。

唐代以后，谥字逐渐增多，精心堆砌上许多赞美、颂扬、祝福的辞藻，为死去的皇帝歌功颂德，失去了谥号原来具有的可褒可贬之意，与死者生平事迹完全脱节。如北宋亡国之君宋徽宗，其谥号竟然是"体育合道骏烈逊功圣文仁德宪慈显孝皇帝"。以昏聩懒惰著称、迷信道教而求长生、20多年不见朝臣的明世宗朱厚熜的谥号竟然是："钦天履道英毅圣神宣文广武洪仁大孝肃皇帝"。这些华而不实的赞美之辞，与其说是歌功颂德，还不如说是对其人其事的莫大讽刺。

4. 尊号

尊号是在谥号的基础上发展起来的。西汉开国皇帝刘邦死后被上尊号为高皇帝，当为上尊号之始，但唐朝以前并无定制。唐高宗李治当政时，接受群臣的公开吹捧，被尊为"天皇大帝"，是为皇帝活着上尊号之始。本来"皇帝"已经是至尊至贵的称号，但他们并不满足，还想在皇帝行列中更突出自己，尊上加尊，荣上加荣。武则天以女主自为皇帝，示意亲佞上尊号为"则天大圣皇帝"。自此，群臣上尊号便成为定制。唐玄宗李隆基以后，在位皇帝常多次接受群臣上尊号。如唐玄宗本人竟被6次上尊号，每次上尊号都增加两字，务求一尊再尊，最后为："开元天地大宝圣文神武孝德证道皇帝"。这种将本来应该在死后才能得到的谥号提前推加给活着的皇帝，使他们即时取得一切虚荣，求取畸形心态的满足的做法直接限制了谥号的作用。

5. 陵寝号

陵寝号是对每一个皇帝死后坟墓的专用称呼。一般是根据死去皇帝一生的行事活动特点而概括拟定，例如长陵、茂陵、昭陵、乾陵等。

陵寝制度出现于战国，确立于东汉。它作为推崇至高无上的皇权、维护等级制度、巩固专制统治的一种手段，为历代统治者所继承。历代皇帝生前都大规模地营建陵墓，并设有专门的官署守护和日常洒扫祀祠。陵寝号的内涵包括诸如世系、颂扬、尊崇、怀念、求佑等多方面的内容。

（四）尊君抑臣朝仪的制定

神化君权，还要有一套能体现出皇帝无上尊贵的朝仪。秦始皇统一中国以后，博采前代和六国礼仪，杂糅秦国自己的制度，取其合意的内容，制定出一套完整的尊君抑臣的新的朝仪制度，以后到汉代进一步发展完善。司马迁在《史记·叔孙通列传》中记载了汉高祖刘邦举行大典时的盛况：

> 天刚亮，众官在皇宫外集合完毕，然后在主持行礼的谒者引导下鱼贯进入宫门。宫廷院中，车骑步卒整齐威严地布列四周护卫着宫殿，院中还陈设着兵器、旌旗等物，以壮声势。众官获准进殿后，疾步前行。宫殿前的台阶上数百名皇帝的警卫——郎中，分立两旁。功臣、列侯、诸将军、军吏进殿后依次排列，站在西侧，面向东方；文官丞相以下依次站立在东侧，面向西方。礼仪官大行排设公、侯、伯、子、男、孤、卿、大夫、士九宾之礼，由引赞者从殿上往下依次传呼唱谒。待众官站定之后，皇帝乘坐辇车从寝宫出来，仪仗官们手执旗帜传呼清道，导引各级官吏依次上前祝贺唱赞。行礼完毕，由皇帝赐宴。侍坐在殿上的官员都必须低垂着头，按尊卑等级挨次起身向皇帝祝酒上寿。酒过九巡，谒者传言"酒宴到此结束"，众官退出。饮宴时由御史执法，举止不合仪礼者立刻拖出。

这套礼仪制度是叔孙通根据古礼与秦仪杂就而成的，从中不仅体会出皇帝的无上威严，而且还可以体会到无上的荣耀，难怪刘邦第一次见到时乐得连称："我到今天才知道当皇帝的尊贵！"在此之前，他那些起自布衣的将相们不是在朝堂上扎堆聊天，就是喝醉了酒拔刀乱砍柱子，或者痛哭流涕，或者喊叫叱骂，毫无规矩。有了这套肃穆威严的朝仪后，再没有人敢在朝堂之上放肆无礼了。

秦汉时所确立的尊君抑臣的朝仪制度不仅为以后专制皇帝所继承，而且得到不断发展——隋唐以前大臣在皇帝面前可以按席就坐，两宋时则只能站立两班，到明清时不仅双膝下跪而且张口自称"奴才"，皇帝与臣下的政治距离越拉越大。

皇帝制度还有许多内容，在此不再一一赘言。秦汉时期建立的这套皇帝制度，为中国封建时代的专制制度奠定了基础。从此以后，经过历朝历代的强化，到明清时期君主的权力终于达到无以复加的程度。对于中国古代文化来说，有了稳固的皇权，就有了稳固的中央集权制度；有了稳固的专制主义中央集权制度，就会有相对稳定的社会环境；有了相对稳定的社会环境，小农经济就会得到发展；而小农经济的繁荣发展反过来又继续强化了君主专制制度，终于形成一个"怪圈"。所以，最终的结果是，专制制度从最初的应运而生、适应社会发展的需要，到最后成为阻碍社会进步的反动制度。

二、思想领域专制统治的初步实现

秦汉时期专制思想的确立经历了一番曲折的过程，历时八九十年的时间。

秦始皇的统一是实践法家学说而取得的丰硕成果。统一以后他继续实践法家理论，下令在全国范围禁止私学，并通过焚烧诗书等举措对人们的思想进行强行划一，以求实现法家提倡的"以法为教"、"以吏为师"及"禁其心"、"禁其言"、"禁其事"的理想社会。秦始皇天真地认为既然能够运用法家学说完成统一，也一定能够运用它来实行长期有效的专制统治。但实践证明这是行不通的，因为法家学说只适合于战争年代而不适合于和平建设时期。力主实行严刑酷法统治的法家学说在和平建设时期成了极度"扰民"的反动理论，最终导致秦王朝"成也法家，败亦法家"，只统治了15年时间便轰然倒塌。秦朝的灭亡，标志着运用法家思想维护专制统治的失败，从此法家学说遭到历史的唾弃。

西汉初年，由于经历了战国末年的多年混战、秦王朝的暴政、秦末农民战争和4年的楚汉战争，社会经济已经到了崩溃的边缘——土地荒芜，粮食匮乏，牲畜大量死亡，国力极为虚弱，以致于皇帝在全国范围内竟然找不到4匹毛色一样的驾车马，有的大臣上朝甚至乘坐牛车。在这种情况下，统治者为了维护其根本利益，不得不采用黄老"清静无为"思想，实行"与民休息"的政策，以恢复社会经济。这一时期，专制主义中央集权制度虽然在不断加强，尤其公元前154年汉景帝镇压吴、楚七国之乱后，中央集权制度得到空前的加强，但黄老"清静无为"思想的盛行严重阻碍了皇权的进一步强化。

到西汉中期，经过七八十年的休养生息，社会经济终于全面恢复起来。汉武帝时，国力已相当强大，经济富足。据称，粮仓里的粮食新粮盖旧粮已经堆不下，粮食把围挡都涨破了，流到了院子里；钱库里的铜钱长久不用，堆积太多，串钱的牛皮绳子都断了，散钱到处都是。在这种情况下，汉武帝抛弃了黄老"无为而治"的思想，改取主动出击的姿态，对外北击匈奴，对内削弱诸侯，以巩固大一统局面。与此同时，由于封建负担不断加重，土地兼并日渐严重，农民生活十分痛苦，不断爆发起义。凡此种种，使统治者感到迫切需要一种新的思想体系，一方面为专制皇权的统治寻找理论依据，另一方面为钳制臣民准备一套思想枷锁。在这种社会背景下，董仲舒走上了历史舞台。

董仲舒（约公元前179—前104年），西汉广川（今河北枣强）人，儒家公羊学派的大师，著有《春秋繁露》等书。他自小攻读《春秋》，由于读书专心致志，留下了"三年不窥园"的传说。景帝时他曾做过博士官，充当皇帝的顾问；武帝时在地方封国作相，还一度入狱，晚年退居在家，集众讲学。由于他名气很大，所以朝廷每有"大议"便派使者向他请教。

汉武帝即位之初，下令地方举荐贤良文学之士。董仲舒以公羊学大师身份应召，当选首列。从此以后，他投合当政者的口味，多次上书、对策，进而撰述、讲学，全面阐发自己的学说，形成了完整的思想体系。不过，董仲舒的学说已不是孔孟学说的原貌，他在采荀子之学的基础上，还杂糅了法家、阴阳家等诸子学说，按需所取，并将古典儒学神学化，所以称为"新儒术"。

董仲舒的"新儒术"首先鉴于统一、集权既是大势所趋又是汉武帝所追求的，于是搬出《春秋》一书进行穿凿附会，宣称《春秋》提倡的大一统思想是天地间最高的真理，古今通用，谁也不能违抗，并称："君人者，国之元也。"其次，吸收法家尊君抑臣的思想，提出：大一统要统到皇帝身上，必须要绝对尊君；皇帝与臣民的关系是干和枝、本和末的关系，应该"强干弱枝，大本小末"，这种主次关系，绝对不容颠倒。他还运用阴阳五行理论，提出：君主阳，臣主阴。阳居主位，阴居次位，这是永恒不变的，所以君臣的上尊下卑关系也永远是固定不变的。董仲舒还把荀子的思想加以总结精练，提出"三纲"思想，即君为臣纲、父为子纲、夫为妻纲，把它们当作最基本的人伦关系。另外，董仲舒还大肆宣扬君权神授、灾异谴告、天人感应等思想，提出："与天同者，大治；与天异者，大乱。"一方面为维护专制统治服务，另一方面也希望通过天来约束至高无上的皇权，避免因其恶性膨胀而对社会造成严重的危害。这样，董仲舒通过杂糅诸家学说及将古典儒学神学化，顺利地为汉武帝加强专制集权找到了成套的理论根据。

政治上加强专制集权，必然要求思想上也实现专制，董仲舒深知此道。他正式向汉武帝建议："诸不在六艺之科，孔子之术者，皆绝其道，勿使并进。"即"罢黜百家，独尊儒术"。这个建议立刻为汉武帝所采纳，并在朝中设立了倡导儒家学说的"五经博士"。于是，儒术很快就取得了独尊的地位。从此以后，人们只有读儒家的书才能当官，才会有前途，读其他诸子的书只能是自毁前程。因此，读书人全部被吸引到儒学上来，其他学说逐渐衰落，春秋战国以来"百家争鸣"的局面彻底结束了。

从西汉中期以后，儒家学说一直是封建正统理论，直到封建时代结束，它成为维护专制皇权的思想武器。

第四节　秦汉文化宏阔壮丽特征的主要体现

秦汉时期的文化除了大一统的特征以外，还有一个显著特征，就是宏阔壮丽。这一时期是前所未有的创造时代，其"大制作"的文化手笔，常使后人咋舌不已。

一、空前规模的秦汉帝国

秦汉时期，中国建立了历史上前所未有的统一王朝，它具有前朝任何时期所不具备的宏大规模和气象。秦汉的国土面积不仅超过三代时期，甚至在今天中华人民共和国疆域以外的一些地方也曾受到秦汉政府的领导。

秦王朝的疆域北起今内蒙古河套地区、阴山山脉（位于内蒙古中部）；东北到辽河下游流域，包括今朝鲜北部；南至今越南东北和广东地区；西达陇山（六盘山南段的别称，在陕西、甘肃交界处）、川西高原和云贵高原；东到大海。秦王朝不仅是中国有史以来规模空前的大帝国，而且也是当时世界上规模空前的大帝国。到了西汉，疆域进一步扩大，今天的新疆地区在这时初步并入中原版图。今日中国的疆域是西汉的时候，具体来说，是汉武帝时奠定下来的。

秦汉时期的西南部和北部疆域虽然没有达到今天中国的边界，但是东北和南部超出了今天中国的疆界。从秦朝到西晋末年的 500 多年的时间里，朝鲜半岛的西北部一直是中国的领土，中原王朝曾在这里设置正式的行政区。元封三年（公元前 108 年），汉武帝设置的乐浪郡的治所就在今天的平壤。直到西晋末，这里才归属高句丽，但仍与中原保持着间接的行政关系。而秦之象郡曾管辖今天越南的北部地区，以后自西汉中期至唐朝末年的 1000 多年之间，这一地区也一直是中国行政版图的一部分。

二、惊心动魄的战争场面

秦汉时期，随着国家的统一，战争规模远远超过了以前各代。一方面封建政府可以集全国的人力、物力、财力进行对外或对内战争，另一方面反对封建政府统治的起义战争也能在全国范围内展开，因此这一时期规模恢弘的战争场面经常可见。

（一）秦南定百越之战与北驱匈奴之战

秦时，东南沿海一带被称为百越之地，这里居住的少数民族在春秋战国时期被称为"越人"，因其分部众多，故称为"百越"。百越大体分为东越、闽越、南越、西瓯等几个部分。东越，又称东瓯或瓯越，居住在今浙江南部的瓯江流域，以温州一带为中心；闽越的势力范围以今福建的福州为中心；南越分布于今广东的南部、北部和西部地区；西瓯活动于今广东的西南部和广西南部一带。

百越居住的地区气候温和、雨水充沛、物产丰富、幅员辽阔。早在灭 6 国之前，秦始皇就已经把这里当作必欲征服的对象了。统一战争结束不久，秦始皇即派出 50 万大军，兵分5 路，南下出击百越。由于这里地域广阔，地形复杂，加之百越居住分散，所以秦军作战遭遇前所未有的艰难，甚至连主帅尉屠睢都战死沙场，这是秦军在统一战争中都没有过的耻辱。秦军与南越和西瓯苦战若干年，仍不得手。后来，秦始皇不得不再增派大批援军，又凿成灵渠，解决了军粮运输问题，秦军才终于获胜。秦在这里设置了南海、桂林、象郡 3 郡。从此，东至海南，北至向户，皆归于秦朝版图。①

---

① 参见《史记·秦始皇本纪》、《淮南子·人间训》。

在南征百越的同时，秦始皇对北方的强敌匈奴也展开了大规模的军事攻势。匈奴是我国古代北方的一个大部族，主要分布在蒙古高原，南达阴山一带，北抵今贝加尔湖附近，过着游牧生活。在战国后期，由于中原各国忙于兼并战争，与匈奴接壤的秦、赵、燕3国对北方的防御力量大为减弱，匈奴得以迅速扩张势力，并乘虚南下，占有河套及河南地①，对秦的侧后方造成极大的威胁。由于匈奴男女老少皆长于骑乘，勇猛凶悍，机动性强，加之其地域苦寒，故秦对之采取了有别于征伐百越的战略方针，派兵驱逐南下的匈奴，收复失地，固守北边。

秦始皇三十二年（公元前215年），大将蒙恬受命率30万大军，分两路北攻匈奴。秦军进兵突然，来势迅猛，匈奴措手不及，难以组织有效的抵抗。秦军顺利夺回河南地。第二年春，秦军渡过黄河继续北进，兵威势猛，匈奴深为恐惧，迅速向北退去。秦军遂攻占高阙（今内蒙古乌拉特中后旗西南）、阳山（今内蒙古狼山）、北假（今内蒙古河套以北、阴山以南地区）等地，设置了34个县，并重新设置九原郡。随后，秦始皇命蒙恬修筑长城，并屯军于塞外，防御匈奴，还以长子扶苏为监军，充实边军领导力量。蒙恬死以前，匈奴始终不敢侵犯秦的边境。

这两场战争，秦军分别出动50万以上和30万的兵力，总兵力达百万左右，规模之大可想而知。

（二）秦末章邯败周文之战与巨鹿之战

秦始皇统一六国，建立专制主义中央集权制的封建王朝，对中国历史的发展具有巨大的进步作用。但是，统一后的秦王朝对人民横征暴敛，以严刑酷法维系其统治，致使民不聊生，危机四伏。秦始皇三十七年（公元前210年），秦皇死，秦二世即位，实行更加残暴的统治政策，对人民变本加厉地进行压迫和剥削，致使阶级矛盾迅速激化。终于在秦二世元年（公元前209年）七月，贫苦农民陈胜、吴广揭竿而起，掀起了推翻秦王朝统治的巨浪。

陈胜、吴广起义后不久，即部署起义军分多路向秦王朝腹地发动攻势。其中主力一路由周文率领，径直西进，入函谷关（今河南灵宝西南），直插秦王朝的都城——咸阳。由于人民苦秦已久，见到反秦起义军，犹如干柴遇烈火，群起而动，纷纷加入。周文军一路势如破竹，仅几十天就横扫淮河、黄河流域，突破关中的重要门户函谷关。是年九月，起义军进至距咸阳仅百里之遥的戏（今陕西临潼东北）时，已拥有兵车几千辆、步卒几十万人，震撼秦廷上下。此时，守卫秦都咸阳的秦军只有5万人。秦二世获知起义军已兵临城下的消息，惊恐万状，他采纳了少府章邯的建议，赦免在骊山修墓的70万刑徒和"奴产子"（私家奴隶所生的儿子）的奴隶身份，发给武器，命章邯统率，编成军队，迎击起义军，同时从边塞调回精锐部队约20万人。

章邯率领的70万骊山刑徒和"奴产子"改编的秦军，对沉浸在顺利进军喜悦中的周文

---

① 今内蒙古河套以南的地方，古称"河南"。

军发动突然进攻。这支秦军虽系被赦免的刑徒和"奴产子"，但他们对秦王朝抱有幻想，一心想作战胜利后成为自由人回归故乡，所以有较高的战斗热情，加之章邯颇有指挥才能，因而战斗力较强。而起义军统帅周文则缺少帅才，他仅在楚将项燕军中作过一名预卜吉凶的小军官——视日，没有指挥大部队作战的经验。其所率军队，虽然人数众多，但大部分是进军途中刚刚参加进来的普通农民，未经严格的训练，缺乏战斗经验，更未经历过大战。同时，起义军缺乏粮食和必要的装备，又是孤军深入秦王朝腹地，没有后援。因而，在秦军的猛袭下，起义军无法抵敌，被迫后退，败出函谷关，苦战两三个月后，失利，周文自刭而死，余部溃散。

章邯率领的70万秦军，加上南下边军约20万精锐，与周文统帅的近百万农民起义大军会战，场面之大不言而喻。起义军战败，秦军也损失了几十万。章邯击败周文军后，一路南下，连破吴广、陈胜、项梁等各路农民起义军。随后，挥军北去，进攻赵地。秦二世二年（公元前208年）闰九月，章邯将这里的义兵紧紧包围在巨鹿城（今河北平乡县西南）中。他把秦军分为两路，一路20万人急攻巨鹿，自率另一路20万兵屯驻巨鹿南数里，筑甬道（两侧有土墙为屏障的道路）直达巨鹿城外，为前军输送粮草。巨鹿义军危在旦夕，派人四处求援。

一个多月后，项羽率楚军5万精锐赶到，他先派2万楚军渡过漳水，切断了秦军的运粮甬道，隔绝了两路秦军的联系。随后，项羽亲率全军北渡漳水，并下令破釜沉舟，烧毁营舍，每个战士只携带3天口粮，"以示士卒必死，无一还心"。楚军士气大振，与巨鹿城下的秦军大战九合，九战九捷，全歼其军。章邯来救，也被击退。当时，各地救赵的诸侯军有十余支，但慑于秦军的威势均不敢出战。当楚军与秦军激战时，"诸将皆从壁上观"，各自保守营垒，无一人敢纵兵出战秦军。只见"楚战士无不以一当十，楚兵呼声动天，诸侯军无不人人慴恐"。破秦军后，"项羽召见诸侯将，入辕门，无不膝行而前，莫敢仰视"。①从此，项羽被公认为反秦起义军的领袖，成为各路诸侯军的上将军，统一指挥所有反秦军队。

巨鹿之战是二十几岁的项羽的成名之战，他率领5万楚军全歼20万秦军，并击退章邯军，创造了历史上以少胜多的著名战役。此战后，项羽对章邯穷追不舍，最后迫使其率部投降。残忍的项羽下令，除了章邯等3位秦将外，将其余20万秦军降卒全部坑杀。至此，秦军主力被消灭殆尽，秦王朝的统治濒于崩溃。

（三）楚汉相争的彭城大战与垓下之围

秦王朝灭亡后，反秦义军中的两支重要力量——项羽集团和刘邦集团的矛盾激化，终于导致楚汉战争的爆发。在历时4年半之久的楚汉战争中，刘邦在战役上始终处于下风。他与项羽6次接战，5次大败，只有最后一次战斗——垓下之战由韩信指挥，汉军才大获全胜，彻底击败楚军。当然，刘邦在战略上始终处于上风。项羽虽多次取胜刘邦，但在战略上愈胜

---

① 见《史记·项羽本纪》。

愈衰，直至最后失败。

刘邦与项羽交战，失败最惨的要数公元前205年的彭城大战。当时，刘邦先趁项羽北上攻齐之机，从封地汉中"明修栈道，暗渡陈仓"，夺取三秦，杀死被项羽分封在关中地区监视自己的章邯等3位秦降将，随后又东出函谷关，一路接连迫降受项羽分封的5个诸侯王，率领近60万联军，占领了项羽的都城——彭城（今江苏徐州）。但是，刘邦入彭城后，满足于已得胜利和抑制不住贪恋美色之心，尽收项羽宫中货宝美妇，整日饮酒高会，疏于戒备。

项羽得知彭城失陷，亲率3万精锐骑兵急驰还救。楚军由鲁南（今山东西南部）出胡陵（今山东鱼台东南），进至萧（今安徽萧县西北），首先击溃汉军一部，接着又绕道至彭城西、南两面，切断了联军归路。拂晓时，楚军由西向东猛袭联军侧背，联军乱作一团，自相践踏，根本无法组织有效的抵抗。至中午，联军大败。楚军将联军压缩于谷水、泗水（今江苏徐州西）间，斩杀十余万人，接着又南追溃敌至灵璧（今安徽淮北市北）以东的睢水之上，再歼灭十余万，睢水为之不流。刘邦仅率十余骑突围而逃，但其父刘老太公及妻子吕雉都被楚军俘获，众诸侯也纷纷背汉向楚。

彭城大战又是一次以少胜多的著名战役。项羽飞兵千里，以3万精骑几乎全歼刘邦60万联军，充分显示出果敢无畏的英雄气概，其军事指挥才能已经达到了炉火纯青的地步。但在此战后不久，楚军的攻击力遭到遏制，双方进入胶着状态。

公元前202年，汉军在苦战数年后终于在垓下（今安徽灵璧东南）等到了与楚军进行最后决战的机会。当时，汉军30万，由韩信指挥，楚军约10万，处于下风，退入壁垒坚守。汉军将楚军重重包围，项羽指挥楚军多次冲击未果，已无力回天。为了尽快取胜，汉军夜夜高唱楚歌，瓦解楚兵斗志。项羽夜闻"四面皆楚歌"[1]，以为楚地已尽为刘邦所得，便武断地认为大势已去，竟丢下主力，乘夜率800精骑突围南逃，最后被汉军追及，自刎于乌江（今安徽和县东北长江边的乌江浦）边，死时年仅31岁。至此，历时数年的楚汉战争终于以刘邦的胜利而告终。

（四）西汉反击匈奴的三次大战

秦朝末年，由于中原内乱，边军内调，匈奴复南下袭扰。西汉初年，由于无力与匈奴争锋，被迫采取"和亲"政策，以牺牲少数女孩的幸福来换取国家暂时的安宁。到汉武帝时，他决心放弃这一被动的政策，凭借雄厚的国力与匈奴进行决战。汉武帝对匈奴的战略反击战有3次，它们在古代战争史上留下了辉煌的一页。

第一次大战是元朔二年（公元前127年）的收复河南地之战。河南地南接汉边，距西汉首都长安约千余里，一直是匈奴袭扰汉边的前哨阵地。汉军主帅卫青采取"迂回侧击"的战术，率4万骑兵出云中，沿黄河北岸西进，长途奔袭高阙塞（今内蒙古杭锦后旗东北），首先切断了河南地匈奴军与主力的联系，然后沿黄河西岸折而南下，从侧翼对其发动

---

[1] 《史记·项羽本纪》。

猛攻。此战歼敌数千，获牛羊百万头，汉军大获全胜，彻底收复河南地。这次大战的胜利不仅解除了长期以来匈奴对西汉都城长安的威胁，使长安距西北部边境的距离增大至1600余里，而且为下一步向匈奴纵深进行战略进攻奠定了基础。

第二次大战是元狩二年（公元前121年）的夺取河西之战。"河西"指今甘肃的武威、张掖、酒泉等地，因位于黄河以西，自古称为"河西"；又因夹在祁连山（亦称南山）与合黎山之间，像狭长的走廊，亦称"河西走廊"，是中原地区通往西域的咽喉要道。是年夏，汉将霍去病领数万骑兵出击河西，他采取迂回包抄战术，先由今宁夏灵武渡过黄河，向北越过贺兰山，涉过浩瀚的巴丹吉林大沙漠，绕道居延海（今内蒙古西北），转而由北向南，沿弱水而进，经小月氏（未西徙的月氏人，今甘肃酒泉一带），再由西北转向东南，深入匈奴境内2000余里，在祁连山与合黎山之间的弱水上游地区，从匈奴军侧背发起猛攻，歼敌3万余人，汉军仅伤亡3千余人，获得大胜。河西之战的胜利，使西汉王朝完全占据了河西走廊地区，打开了通往西域的道路，切断了匈奴与羌人的联系，为日后向漠北的匈奴单于主力发动进攻创造了良好的条件。

第三次大战是元狩四年（公元前119年）的漠北决战。河西战役之后，经过两年时间的积极准备，汉武帝调集10万骑兵，命大将军卫青、骠骑将军霍去病各领5万，深入漠北，寻歼匈奴主力。为了确保作战胜利，汉武帝还征集"私负从马凡十四万匹"[①]，步兵数十万，负责转运辎重，保障后勤供应，而为这次大战准备的粮草更是不计其数。

匈奴得知汉军来攻，以精兵待于漠北，准备决战。卫青一路出塞后，奔袭1000余里，涉过大沙漠，与匈奴单于主力相遇。激战中，匈奴单于竟抢先突围逃走，致全军溃散。汉军追击至寘颜山（今蒙古纳柱特山）赵信城，共歼敌19 000余，并获得匈奴大批屯粮而回。霍去病一路北进2000余里，越过大沙漠，与匈奴另一主力遭遇，歼敌7万余人，随后追杀至狼居胥山（今蒙古乌兰巴托东）而回。

漠北大战是汉武帝战略反击战中规模最大的一仗，双方都竭尽了全力。这一仗，匈奴两路共9万余人被歼，元气大伤，再加上自然灾害及其他部族的侵扰，实力日渐衰落。汉军的损失也很大，伤亡数万人，马匹损失了十几万，后备空虚，短时期内也无力再发动大规模进攻。

汉武帝对匈奴的三大战略反击战是中原军队前所未见的战争。汉军以数万骑兵，长途奔袭，远距离包抄，深入敌后，在敌腹地与其主力决战，并能战而胜之，其组织协调、通信联络、后勤保障等能力都已达到很高的水平，卫青、霍去病也因此而成为中国古代军事史上的著名将领。

（五）西汉末年的昆阳之战

昆阳之战发生于西汉末王莽统治的地皇四年（公元23年）。当时，新莽政权的军队42

---

① 《汉书·匈奴传》。

万，号称百万，在主帅王邑的率领下将八九千起义军——绿林军团团包围在昆阳城中。驻守昆阳的绿林军一面坚守拒敌，一面派刘秀等人乘夜突围，调集援兵。王邑将几十万大军列营百余座，把昆阳包围了数十层，一时旌旗蔽野，钲鼓之声闻于数十里之外，但屡攻不下。

不久，刘秀引率着 1 万余援军赶回昆阳。刘秀率精锐步骑兵 1000 余人为前锋，列开阵势，莽军见绿林军援兵人少，便只派几千人迎战，结果被刘秀歼灭近千。紧接着，刘秀精选 3000 勇士，迂回到城西，涉过昆水，直攻莽军中坚。此时，王邑仍不以为然，见刘秀来攻自己，便亲率万余人迎战。为防止出现混乱，他下令各军不准擅自出战。但其所率士兵多系被胁迫来的农民，本无斗志，在刘秀的猛攻下，很快溃败奔逃，其余各军因未得到出击的命令，不敢轻举妄动。正在此时，昆阳城内绿林军也开城杀出，与援军内外夹击，莽军顿时乱作一团，很快全军崩溃，四散奔逃，又逢狂风暴雨，瓦掀石滚，绿林军穷追猛撵。莽军互相践踏，积尸遍野，无数兵卒溺于河中，王邑仅与极少数残军逃走。绿林军缴获莽军大量辎重和装备，各种战利品堆积如山，绿林军一连搬了一个多月还没搬完。

昆阳之战是我国古代军事史上以少胜多、以弱胜强的著名战役。此战消灭了王莽军的主力，使新莽统治临于土崩瓦解之势。刘秀为这次战斗的胜利立下了极大的功劳。

三、雄伟壮丽的文化制作

秦汉时期，文化宏阔壮丽的特征还体现在制造出一些超大规模的制作物上。其中长城、阿房宫、秦始皇陵、长安城等是最突出的代表。

（一）伟大的长墙——长城

长城是秦汉时代一项规模恢弘的土木工程。中国修建这种用于防御的"长墙"至晚在春秋时。有书记载最早在公元前 657 年，由楚国兴修。春秋战国时期，各国修建的"长城"分为两类：一类是各诸侯国之间为了彼此防御而在相互间的边境建造的，它们可以称为"内长城"，上面提到的楚国建造的最早"长城"就属于这类；第二类被称为"北长城"，它们是当时最靠北部的几个诸侯国——燕国、赵国和秦国修筑的，目的是为了阻止正在强大起来的匈奴的南下袭扰。

秦始皇统一中国以后，"内长城"失去了作用和存在的必要，被尽数拆毁。"北长城"虽因匈奴的更加强大而被保留下来，但由于刚刚统一，要做的工作千头万绪，所以暂时没有动它们。直到统一以后的第七个年头（公元前 215 年），大将蒙恬夺回被匈奴占去的河套以南地区，并夺取河套以北到阴山一带地区之后，才将"北长城"修葺、新筑、加长和加固，有的地方还向北推移，建成了一条地跨今甘肃、宁夏、陕西、山西、内蒙古、河北和辽宁数省，包括朝鲜北部地区，西起临洮（今甘肃岷县境），东至辽东，总长度 5000 余里的长城。

秦长城较之今天我们所见到的明长城的地理位置要更加靠北一些，沿途所经都是深山险谷和荒漠草原。汉代时，随着疆域的拓展，又继续将秦长城两头拉长，西面修至玉门关，东面延长到朝鲜半岛的中部，使之更加有效地保护黄河中下游地区。秦汉长城的大部分都是夯土而成的，只有少部分是砖石垒砌的，所以今天除了在甘肃、陕西、山西等比较干燥的地区尚能见到秦汉长城的一些残迹外，绝大部分都已消失在岁月之中。

长城的修建弥补了中国北边地理阻隔不够理想的缺憾，进一步完善了中国地理环境的相对封闭性，在一定程度上阻止了北方游牧部族的南下侵扰，保护了北方发达的农业垦区。所以，从秦汉起，一直到明朝，历朝历代都把修长城当作是保障国泰民安的一件大事。但是，也必须看到，长城在历史上发挥积极作用的同时，也增长了中国农业文化的惰性。

（二）巨大的宫殿——阿房宫

秦始皇下令修建阿房宫是在公元前 212 年。他认为咸阳人口太多，而先王留下的宫室过小，便下令在周文王之都——丰和周武王之都——镐之间营造他的新的"帝王之都"，这就是阿房宫。

翻阅史籍，只觉得阿房宫是个巨大的古代宫殿，而到底有多大则说法极不统一。不仅如此，就连"阿房宫"到底指的是什么？是一个宫殿？是一个宫殿的一个部分？还是指一群宫殿？各史籍记载的也不一样。如司马迁在《史记·秦始皇本纪》中称，阿房宫指的是朝宫的前殿，"东西五百步，南北五十丈，上可以坐万人，下可以建五丈旗"。班固则在《汉书·贾山传》中称："阿房之殿，高数十仞，东西五里，南北千步。"而郦道元《水经注·渭水》引《关中记》称："阿房殿在长安西南二十里，殿东西千步，南北三百步，庭中受十万人。"张守节引《三辅旧事》云："阿房宫东西三里，南北五里，庭下可受十万人。"上述说法虽不一致，不过都指明阿房宫是一个大宫殿。但《三辅黄图》却称："阿房宫，亦称阿城，惠文王造，宫未成而亡。始皇广其宫，规恢三百余里，离宫别馆，弥山跨谷，辇道相属。阁道通骊山八十余里，表南山之巅以为阙，络樊川以为池。"显然，"阿房宫"在这里指的是整个宫殿建筑群，而不单指某个宫殿。

造成记载混乱的原因，一是阿房宫未建成，二是项羽入咸阳后一把大火把它烧毁了，保存至今的只有一堆高三四米到五六米、经过夯实的地基。经测量，现存夯土台基长约 1300 米、宽约 500 米，总面积 60 多万平方米。从这个数字看，《史记》关于殿上可以同时坐 1 万人的说法应当是准确的。

（三）中华第一陵——秦始皇陵

秦始皇陵是中国历史上规模最大、神秘色彩最为浓厚的古代帝王陵墓。

秦始皇陵开始修建的时间是在其即秦王位后不久，大规模的修建是在灭六国之后。不过，一直到秦始皇死，陵墓仍未竣工，后来是由其子秦二世仓促完成的，修建时间前后长达 30 多年。

秦始皇陵位于今陕西临潼县城东面大约 5 公里之处，南望骊山，北临渭水。陵墓分地上和地下两部分。地上部分是高大的封土堆，呈方锥体状，中腰有两个缓坡状台阶，形成 3 层阶梯，全部为人工夯筑而成。据《史记·秦始皇本纪》集解引《皇览》记载，秦始皇陵"坟高五十余丈，周回五里余"。折合今长度计量为：高不低于 120 米，底边周长不小于2 000 米。经现代实测，原封土底边东西长 485 米，南北长 515 米，面积为 249 775 平方米。如此高大的墓冢在中国历史上是独一无二的。

经过 2000 多年的风雨侵蚀和人为破坏，现今秦始皇陵地上封土尚高 76 米，底边东西长345 米、南北长 350 米，面积 120 750 平方米；顶部东西长 24 米、南北 10.4 米，面积 249.6平方米。尽管较之两千年以前低矮、缩小了许多，但其宏伟壮观之势仍不逊于任何现代建筑物，其巍巍之势常令见多识广的今人惊叹不已。

雄伟壮丽的地上封土尽管耗费了巨大的人力、物力，但它不过是秦始皇陵整个工程中最简单、最容易完成的部分。秦始皇陵最精彩、最复杂、最不可思议的部分在地下的宫殿中，这里放置盛装秦始皇尸体的棺椁和大量随葬物品。关于秦始皇陵的地宫，司马迁在《史记·秦始皇本纪》中有详细的描述。其文曰：秦始皇陵"穿三泉，下铜（堵塞地下水）而致椁，宫观、百官、奇器、珍怪、徒臧满之。令匠作机弩矢，有所穿近者辄射之。以水银为百川江河大海，机相灌输，上具天文，下具地理。以人鱼膏为烛，度不灭者久之。"北魏郦道元在其名著《水经注·渭水》中也有类似的描述。其文曰：秦始皇陵"斩山凿石，下锢三泉，以铜为椁。旁行周回三十余里。上画天文星宿之象，下以水银为四渎、百川、五岳、九州，具地理之势。宫观、百官、奇器、珍宝充其中。令匠作机弩，有所穿近者辄射之。以人鱼膏为灯烛，取其不灭者久之。"另外，在《汉书·刘向传》、《汉书·贾山传》、《汉书·楚元王传》及其他一些历史典籍中也有类似的记载。尽管这些典籍都力求给世人详述秦始皇陵地宫的情况，但由于它们的作者谁也没有亲眼见过里面的样子，所以是真是假，无从考证。葬秦始皇时，秦二世胡亥为防修建陵墓的工匠泄漏地宫的机密，竟然在葬礼结束后把所有工匠都封死在陵墓里。从此，再无人确切知晓秦始皇陵地宫内的情况。

不过，现代考古学已经对司马迁等人的文字记载给予了部分强有力的证明。例如，经过实测，在秦始皇陵 12 000 平方米的面积内发现了强烈的汞反映，由此可知陵墓内部确实存在大量的水银。另外，考古工作者已经探明，秦始皇陵地宫面积为 180 320 平方米，其地下宫墙在距地面 2.7～4 米的深处，墙体的高和宽都是 4 米，宫墙东西长 392 米，南北长 460米，是用未经焙烧的砖坯砌成的。宫墙的四面每面有一到五座门，门道呈斜坡形，宽约 12米，用夯土填实。

秦始皇陵的地上部分除了封土之外，还有占地面积广大的陵园。明人都穆在其《骊山记》中曾对秦始皇的陵园有所描写。其文曰："始皇陵内城周五里，旧有四门，外城周十二里，其址俱存。自南登之，二丘并峙，人曰：'此南门也。'南门石枢犹露土外。"由此可知，明代时秦始皇陵园的内外城和南门遗址尚存，现如今则早已湮没。现代考古发掘证实，秦始皇陵园的内外城均呈长方形，构成"回"字形，显然是模仿咸阳城建造的，体现出不愿离开人世的秦始皇仍希望在阴间继续实行统治的愿望。

经勘测，秦始皇陵内城面积为 785 900 平方米，外城面积为 2 035 100 平方米，内外城垣的四面均辟门。内城的南区就是巨大的封土,封土北侧是寝殿,用以祭祀秦始皇。在陵园内设立寝殿,秦始皇也为中国历史第一人。以前的君王陵内都没有寝殿,而是设在另外的地方。自秦始皇以后,陵园内设寝殿成为定制,一直持续到近代,所以陵墓又叫"陵寝"。在陵区内,还发现了多处大型建筑的遗迹。可以想见,当年这里壮观雄伟的亭台楼阁一定是鳞次栉比、金碧辉煌的。

秦始皇陵地下的最主要部分地宫至今没有打开,但从秦始皇陵兵马俑坑的出土来看,肯定神奇得不得了。兵马俑坑位于秦始皇陵东侧 1.5 公里处,属于秦始皇陵的从葬区,因此在秦始皇陵的整个工程中,它还是比较次要的部分。但是,就是这么个比较次要的部分已经令全世界震惊不已了,被称为"世界第八大奇观"。从 1974 年至今在这里一共发掘出 4 个兵马俑坑,在其中 3 个兵马俑坑中一共出土了 8 000 件武陶俑和陶马,都与真人、真马一般大小,同时还有大批青铜兵器和车马器。第 4 个俑坑是文陶俑坑。另外,还有一个未建成的俑坑。整个俑坑的面积(不含未建成的俑坑)约 20 780 平方米。这么一个较为次要的工程就如此宏大,秦始皇陵地宫的宏大可想而知。

(四) 盛大的城池——长安城

西汉都城长安城是当时规模空前的城市,周围达 65 里,有 12 个城门,城内有 12 条大街和无数的小巷,大街可以并行两辆车,两边植有两行荫树;小巷曰里,为市民的住宅。市场与住宅区是分开的,长安城内一共有 9 个市场。

长安城中皇帝的居所是两个规模巨大的宫殿,一个是长乐宫,一个是未央宫。长乐宫为西汉初所建,虽比较朴素,但规模极宏大,周回有 20 里,前殿东西 49 丈多,深 12 丈,有 1个楼台和数座殿堂。未央宫的规模更大,周回达 28 里,前殿东西 50 丈,深 15 丈,高 35丈,有楼台殿阁无数,都极尽华丽,其中最富丽者是汉武帝嫔妃所居住的掖庭宫。另外,未央宫中还有织室(纺织厂)、凌室(储冰厂)、暴室(洗染室),以及供皇帝象征性耕种的弄田(藉田),可见其规模之大。

(五) 占地广阔的宫殿群和皇家苑囿

阿房宫虽然是秦时所建造的最大规模的宫殿,但它不过是秦始皇所营造的宫殿群中的一个而已。实际上,秦始皇应该称得上是古代帝王中建造宫殿数目最多的一位。为了显示自己的伟大业绩和体会不同地区的统治者的奢侈享受,在统一战争进行的过程中,每破一国,秦始皇就命令在咸阳北阪仿照其国宫殿式样修造同样的建筑。以至于灭亡六国之后,这里的宫殿绵延 200 里,成了各国宫室的"博览会"。

除了阿房宫以外,秦始皇时代营建的其他有名可考的宫殿有信宫(亦称咸阳宫)、兴乐宫(见《三辅旧事》、《宫殿疏》)、梁山宫等。秦始皇营建的宫殿数目数不胜数。《三辅旧事》称有 145 座。《史记·秦始皇本纪》则称:"关中计宫三百,关外四百余",而"咸阳之旁二百里内,宫观二百七十"。

汉王朝也一样建造了无数的宫殿。在长安城近郊散布着众多金碧辉煌的宫殿，据说有145座。在这些宫殿中，最为宏大的是建章宫和甘泉宫，它们与长乐、未央两宫齐名。建章宫在长安西郊，是汉武帝建造的，周回20余里，里面千门万户，别殿无数，北面太液池中的渐台竟高达30丈。据说，渐台西面的桂宫最为华丽，里面装着汉武帝的4件宝贝：七宝床、杂宝桉、厕宝屏风和列宝帐，所以又称"四宝宫"。甘泉宫在长安城西200里之外，为秦代旧宫，汉武帝时再建，周围19里，是最大的离宫。其中有紫宫，雕文刻镂，饰以玉璧。据说这里树木最多，风景极佳。

另外，在长安西南几百里之内，还布满了皇家的苑囿，最大者有上林苑、甘泉苑、西郊苑、思贤苑、博望苑、宜春下苑等。各苑中散养着百兽，随时供皇帝狩猎玩乐。其中上林苑为汉武帝所建，周围达300里，里面还建有离宫70所。而甘泉苑更大，周围540里，苑中起宫殿台阁百余所。西郊苑则周围400余里，内有离宫别馆300余所。

（六）各重千石的12座巨铜人

除上述以外，还有一件文化制作物是后世难以忘怀的，就是秦始皇铸造的12座巨大的金属人像。统一后，秦始皇下令在全国范围内收缴民间兵器，并派专人将这些收缴来的兵器集中到咸阳，统一销毁，除了铸成一些像钟一样的乐器外，其余的金属被熔铸成各重千石的12座铜人，放置在宫中。西汉时，这些铜人被搬到长安城的长乐宫前。新莽时，王莽将其中10座熔化，铸成铜钱。剩下2座，到南北朝时被前秦皇帝符坚熔毁，从此后人再也见不到了。

四、难以逾越的学术高峰

秦汉文化的宏阔壮丽在文学上也有显著体现，这就是以百科全书式的眼光观照历史的鸿篇巨著——《史记》，以及"苞括宇宙，总览人物"的汉赋。

（一）司马迁与《史记》

被鲁迅称誉为"史家之绝唱，无韵之离骚"的《史记》是西汉王朝强盛背景下产生的又一个文化大制作。《史记》的创作表面上看是司马迁继承亡父的未竟事业而作，实际上是在经济发展、学术繁荣的大背景下，统治者为巩固政权而迫切要求的结果。换句话说，《史记》不是司马迁想写就能写出来的，首先需要社会安定，其次需要经济富足，另外还有统治者的支持，当然还有其自己的抱负和个人独特背景，等等。否则，司马迁即使再有才华，他也不可能创作出有如此杰出学术成就的作品，这恐怕也是"盛世"才能修史的道理。

事实上，正是在社会安定的前提之下，司马迁创作《史记》前才能够游历大江南北。他的一生除了今天的福建、广东以外，长城以南的许多地方都留下了他的足迹。这些游历，使他接触到汉代社会的许多方面，具备了当时知识分子中较为远大和进步的社会历史眼光，以致能在《史记》中生动地反映社会现实。

《史记》是一部通史，同时也是一部优秀的文学作品。全书共 130 篇，52 万字，但仅用 1761 个单字。另外，司马迁在编写体例上也发挥了创造才能，他运用本纪、表、书、世家、列传 5 个部分来叙述上起传说中的黄帝、下到汉武帝太初年间（公元前 104—前 101 年）约 3000 年的历史。其中 112 篇本纪、世家、列传为人物传记，8 书则记制度沿革，10 表通史事脉络，这些体例也为后世正史所沿用。

司马迁在忠于历史真实的前提下，创造性地把历史和文学巧妙地结合在起来，塑造了一大批具有鲜明性格特征的人物形象，生动地展示了中华民族早期 3000 年文明历史的社会生活画卷。他还特别注意表现秦汉之际的重大历史事件，着力描写汉兴百年间的当代人物。由于司马迁对许多人物都寄予了深切的感情，在字里行间中洋溢着自己的心情，所以《史记》中的人物形象真切动人，具有强烈的艺术感染力。可以说，无论是艺术成就，还是思想成就，《史记》在中国古代史上都是无与伦比之作，没有另外一部史学著作可以和它相提并论。

司马迁在创作《史记》期间曾因替投降匈奴的李陵辩护，触怒了汉武帝，被施以腐刑（宫刑）。在此后的 8 年间，司马迁以惊人的毅力完成了这部力作。在两个杰出文化人物之间发生这样的悲剧，是谁也不愿意看到的事情。但是，正因为有这样的耻辱，才加深了司马迁对专制主义的认识，对他的封建异端和非正统思想的形成有很大影响，使《史记》没有像绝大多数汉赋那样成为为统治者歌功颂德之作。所以，对司马迁来说受刑是悲剧，但对中国文化来说却是十分庆幸的事情。

由于在《史记》中司马迁揭露了汉武帝好大喜功、穷兵黩武、聚敛钱财的劣迹，以及官吏恭谨、朝臣阿谀、酷吏惨急、宫廷倾轧等败坏的社会风气，进一步触怒了当权者，所以在完成《史记》的公元前 91 年以后，司马迁就不知所终了，估计可能是遇害了。

（二）司马相如和汉赋

汉赋，亦称"古赋"，是西汉时期新兴的文学体裁，它是在屈原楚辞的影响下发展起来的一种长篇韵文。汉赋的特点是：手法铺张渲染，字义丰富无极，辞藻华丽富贵，典故网罗无数，行文变化多端，因此使人看起来极为富丽堂皇。其内容多以帝王、贵族的宫室苑囿、车骑田猎、巡游祭祀、声色犬马、服饰饮食等浮华生活为题材。这样的艺术特点和题材内容，最好不过地反映出西汉王朝鼎盛时期的时代风貌。所以，在西汉最强大的汉武帝时期，也是辞赋最兴盛的时代。后世统计，西汉的赋共 700 余篇，汉武帝时就有 400 余篇。

西汉著名的辞赋家有贾谊、枚乘、司马相如和扬雄等。贾谊是汉初骚体赋的唯一优秀作家，他的《吊屈原赋》和《服鸟赋》是汉赋中不可多得的"体物写志"之作，它们与西汉初期艰难时事局面是相符合的。枚乘的《七发》则是新赋体正式形成的标志。《七发》的艺术特点是虽略显铺张但较为平易，显示出西汉文景时期社会逐渐趋于稳定的时代背景。而司马相如所处的时代正是西汉王朝无比强盛的时代，他的作品以壮阔的气势夸张地歌颂了汉武帝统治下的大一统帝国的气魄和声威，反映出西汉帝国无比的奢华和富丽，从而使其本人也成为西汉中期最伟大的辞赋家，其最著名的代表作品是《子虚赋》和《上林赋》。扬雄则是西汉后期最伟大的辞赋家。

汉赋的出现是西汉强盛文化的文学反映，没有这样的时代背景，汉赋至少不会取得如此高的艺术成就。汉赋的艺术技巧，如对结构、用词、音韵的考究，用词力求新颖、华丽，"写物图貌，蔚以雕画"等给后世文学以很大的影响。

第五节　秦汉文化性格的主要体现

秦汉时期，新兴地主阶级在经历了数百年的努力与艰苦斗争后，不仅终于登上了历史舞台，而且建成了前所未有、强大无比的封建大帝国，其文化性格中踌躇满志、不可一世的亢奋劲头十分鲜明。又由于，这个时期是地主阶级正处在上升阶段，其亢奋劲头又使其流露出不可抑制的勇于开拓、敢于历难的文化性格。

一、踌躇满志　不可一世

秦汉时期，新兴地主阶级这种踌躇满志、不可一世的文化性格，在秦始皇身上体现得最为明显。作为千古第一帝，秦始皇目空一切的气势无人能及。例如，其人所共知的名言——"朕为始皇帝，后世以计数，二世三世至于万世，传之无穷"。在以后的两千多年封建社会中，我们再也听不到有哪位皇帝能说出如此"大气"的话来。正因为他目空一切，所以给当时的小民及秦王朝本身都带来了灭顶之灾。

（一）不顾死活的超限剥削

不顾死活的超限剥削最突出体现在秦王朝的徭役剥削上。这里所说的"不顾死活"，不是说秦始皇不顾百姓死活——以法家理论武装头脑的他确实不顾百姓死活，而是说他不顾秦王朝的死活，不顾包括他自己在内的秦王朝统治者们的死活。他与其子二世皇帝的这种不顾死活的超限剥削直接导致了秦王朝的短命。

秦王朝的徭役剥削有多么繁重，我们来算一笔账就知道了。有统计数字的：南征百越50万人，平定百越后从中原征调戍守五岭的50万人，北击匈奴30万人，建阿房宫和修骊山陵一共用70万人，加起来是200万人。没有统计数字的：南征百越的增援部队，修长城、驰道、直道、五尺道和"新道"等工程的民工，为政府、边军、服劳役者转输粮食等物资的民工，每年定期为各级政府部门服劳役者等，这几项相加人数肯定不会低于三百万。这样，以最保守的数字计算，秦时有500万人常年在外服徭役。而秦时的人口有多少呢？据估计，当为2000万左右。这2000万左右人口以男女各占一半计，男子为1000万。而1000万男子中老幼按一半计，剩下的壮年者不过500万人。也就是说，秦时几乎所有的壮年男子都被征发了。有些地区男子征发完了，不得不征发女子服劳役。所以，董仲舒曾说秦王朝的力役 30 倍于古。他的话一点不错。

秦王朝超繁重的徭役剥削至少造成两个严重后果：一是在地里干活的只剩下妇女和老幼，农业生产肯定受到严重影响；二是男子常年在外，长期与妻子不得相见，人口的再生产也受到严重影响。孟姜女哭长城的故事其实就是从一个侧面反映了这一问题。尽管孟姜女的故事是后人移植到秦朝的，但除了哭塌长城的情节外，其他还是可信的。孟姜女在丈夫被征走后，不仅再没见过他的面，就连他的尸骨都未见到，如何能留下后代？

（二）随意扩大内部矛盾

随意扩大内部矛盾主要指秦始皇焚书坑儒的暴行。这两件事导致了统治集团内部的知识分子从此与秦王朝离心离德，是秦王朝短命的主要原因之一。

1. 禁私学、焚诗书

禁私学、焚诗书发生于公元前 213 年，起因是秦王朝统治集团内部为了如何巩固地方统治而发生的一场争论。争论的双方，一派是认为应"法先王"的众博士官，主张地方应效仿古人实行分封制，以免发生类似春秋时期田氏代齐、六卿瓜分晋国那样的事情时外面没有亲人相救；另一派是认为应"法后王"的以已升任丞相的李斯为首的行政官僚，坚持主张维持现行的郡县制。

这场争论本是秦王朝统治集团内部正常的政治分歧，但满脑子法家理论学说、对持诸家学术的众博士官一直存有歧视心理的李斯却利用自己的地位，将批判矛头强行指向众博士官和天下读书人身上，指责他们不学当今法令却在从事取法古人、批评当世、惑乱黔首的勾当，认为这样的言行如果不加禁止的话，就会降低君主的威势，并使朋党勾结于朝中。李斯认定读书人诽谤朝廷的依据是他们手中的诗书，因此他向秦始皇建议：将史官所藏的非《秦纪》以外的书统统烧掉，把不任博士官职务的人所私藏的《诗》、《书》和诸子百家言论等书籍全部搜出送到官府焚毁。以后有胆敢谈论《诗》、《书》者，弃市①；有胆敢用古人诽谤当今者，灭族；凡官吏见到而不举报者，与之同罪。命令下达后 30 天之内，仍然拒不焚书者，黥为城旦②。可以不焚烧的书是医药、卜筮和种树等书。他同时建议取消私学，如果有人想学习法令，可以以官吏为老师学习。对于李斯的建议，一贯与之一拍即合的秦始皇立即表示同意，并很快颁布了"挟书律"，严禁人们读书学习，并下令焚书。于是，私学在全国范围内被禁止了，各地都点燃了焚书之火，本来数目就不多的先秦书籍在烈火中化为了灰烬。

禁私学、焚诗书实际上是秦国长期奉行法家理论为统治指导思想的必然结果。换句话

① 秦汉时在闹市将罪犯处死的刑罚。
② 秦朝在脸上刺字后罚修城池的刑罚。

说，秦始皇禁私学、焚诗书是早晚要发生的事情。从秦国的历史来看，早在商鞅时代秦国就有过焚书之举。秦始皇、李斯天真地认为这样做可以加强统治，殊不知这种粗暴的行径不仅造成秦王朝统治集团内部的分裂，使那些肚中藏有学问的读书人从此与秦王朝离心离德，甚至把他们推到了秦王朝的反对势力一方。尽管这些读书人弱不禁风，书生气十足，但是当他们与其他反抗势力结合起来之后能量将呈几何数字般成倍地增大，成为了秦王朝统治的巨大的祸患。实际上，在领导秦末大起义的陈胜、吴广、刘邦、项羽等人身边就聚集着一大批秦朝的读书人，他们为推翻秦王朝统治做出了极大贡献。

2. 坑杀"儒生"

"坑儒"事件发生在秦始皇焚书的第二年，即公元前 212 年。从主观上说，"坑儒"是法家理论学说残暴性的又一具体表现，同时也是秦始皇暴虐本性的又一次展现，所以在秦王朝发生这样的事情是毫不奇怪的。从客观上说，其直接导火索是那些装神弄鬼的方士们欺骗和诽谤秦始皇。而聪明一世的秦始皇之所以受到这些方士的愚弄，是因为他企盼长生不死。

秦始皇在建立丰功伟业之后，自认已不是凡人，希望能够永生，因此十分热衷于寻求长生不老的仙药和方法。一些胆大妄为的方士便投其所好，用各种各样的方法欺骗他、愚弄他。譬如，齐人徐市声称，东海中有 3 座神山，分别叫蓬莱、方丈和瀛洲，上面住有仙人，要求派给他一些童男童女，以便入海求仙。秦始皇立即下令搜罗数千童男童女，交与徐市。结果徐市一去便再不复返。再如，一个叫卢生的方士欺骗秦始皇说，方士们每每无功而还，是因为秦始皇行踪不密。他建议秦始皇如果想作水淹不死、火烧不毙的"真人"，就该隐匿自己的行踪，不让臣下知道他居住在什么地方，这样他们才能找回不死的仙药。对此深信不疑的秦始皇居然连声说："我仰慕真人，从现在起我自称'真人'，不再称'朕'。"连自己作为最高统治者的"标识"——"朕"都放弃不用，可见秦始皇求仙寻药的心情之真挚。秦始皇随即下令，将宫中所有宫殿以悬挂着帏帐的夹道、甬道相连，有人胆敢说出他的行踪，立即处死。

但秦始皇的种种残暴之举一方面使众方士越来越对他不满，另一方面也使他们越来越感到不寒而栗。因为，秦法规定所献"仙方"不见效果的方士一律处死，他们也知道一次又一次地欺骗秦始皇终非长久之计。于是，一个来自原韩国的侯生和前面提到的卢生，在发表了一大通充满了诽谤味道的言论后，逃之夭夭了。他们说秦始皇为人刚愎自用，自以为自古无人可比，还说他以刑杀为乐，专权拒谏等，并表示决不能为这种人求仙药。当二人的话传到秦始皇的耳中时，他怒不可遏地命令廷尉将"诸生"抓来一一审问、追查。自古文人是见不得官的，一顿板子下去，"诸生"便你咬我、我咬你，最后竟连带出"犯禁者"460 余人。秦始皇下令，将他们全部活埋于咸阳，并且诏告天下，以示儆戒。这就是闻名后世的"坑儒"事件。

秦之"坑儒"，尽管坑杀的并非全是读书人，其中绝大部分是那些装神弄鬼的方士，但影响太恶劣了。结合前一年的"焚书"之举，已经心怀极度不满的读书人更绝难与秦王朝合作了，从而极大地动摇了秦王朝统治的政治根基。

另外，由"坑儒"事件还造成秦始皇与其长子扶苏的不和，这也间接地导致了秦王朝的灭亡。扶苏劝谏秦始皇不要"坑儒"，他说："诸生皆诵法孔子，今上皆重法绳之，臣恐天下不安。"① 谁知盛怒之下的秦始皇竟将其赶出京城咸阳，"使扶苏北监蒙恬于上郡"②，由此为其少子胡亥的篡位夺权留下了可乘之机。秦始皇死时，赵高、胡亥和李斯就是乘扶苏远在边疆之机篡位夺权的，这是秦始皇万万没有想到的事情。

（三）扰民致祸的严刑峻法

秦王朝所制定的法律也是不顾自己死活的。其法网之密、内容之繁、刑罚之酷为中国历史所仅见。在秦朝，上至军政大事，下至平民百姓的日常生活，法律都规定了严格的限制。如对行路者规定："步过六尺，有罚"。③ "六尺"是什么概念？秦六尺，约合今 1.4 米。也就是说，如果有人在大街上跑步或狂奔就要受到处罚。另外，"妄言者，无类"④，即大胆胡言者灭族。甚至，连穿鞋也有限制，严禁平民百姓穿"锦履"，即不许穿以丝杂织、有花纹的鞋子，否则受到处罚。

秦王朝的法律不仅对百姓生活的一举一动都做出了明文规定，稍有触犯便要给予惩处，而且厉行法家所提倡的"以刑去刑"、"以杀去杀"的思想主张，以重刑杜绝犯罪。如"五人盗，臧（赃）一钱以上斩左止（趾）"；"甲盗不盈一钱……乙见知而弗捕，当赀（罚款）一盾"⑤，等等。

如此繁密苛酷的法律规定严重妨碍了人们的生活，使人动辄得咎，举步获罪，以至于秦时的罪犯出奇地多，"赭衣塞路，囹圄成市"⑥。以最保守的数字统计，秦时 2000 万人口中，罪徒就有 100 万之众，竟达 5%，平均每 20 个人当中就有一个罪徒，这是一个惊人的数字。

另外，秦王朝的刑罚是十分残酷的，主要表现为以各种野蛮的方式处死或残害罪犯、实行无端株连无辜者的"连坐"制度、所有的劳役刑均为无期徒刑，以及肉刑与劳役刑并施等方面。

秦朝的死刑有：绞——用绳索将犯人活活勒死；枭首——把犯人的头割下来悬于木杆之上；腰斩——将犯人拦腰斫断而毙命；磔——分裂犯人的肢体而杀之；车裂——将犯人的头和四肢分拴在 5 辆马车之上，车向 5 个方向同时分驰将受刑者撕裂；戮——在处死犯人的时候进行羞辱；弃市——在闹市处死犯人并暴尸；剖腹——切开犯人的肚子致其死亡；镬烹——将犯人丢入开水锅中煮死；抽胁——割取犯人的肋骨致其死亡；笞杀——用竹棍或木

---

① 《史记·秦始皇本纪》。
② 《史记·秦始皇本纪》。
③ 《史记·商君列传》引《新序》。
④ 《史记·郦生列传》。
⑤ 《睡虎地秦墓竹简·法律答问》。
⑥ 《汉书·刑法志》。

棒将犯人活活打死；具五刑——先对犯人施以各种肉刑，如黥面、切鼻、割舌、砍腿等，最后再将犯人杀死；坑杀——活埋；族刑——诛杀罪犯及罪犯的亲族，有夷三族、诛九族等；夷乡——诛杀罪犯及罪犯的乡邻；等等。

秦朝的肉刑有：黥——以锐器刻划犯人面部，然后在伤处涂墨；劓——割掉犯人的鼻子；斩左右趾——砍掉犯人的左脚或右脚；宫——破坏男女的生殖器官；笞——以竹木击打犯人背、臀、腿；等等。秦时广泛施行肉刑，尤其是动不动就砍人左右脚，以致当时不仅市场上假脚十分畅销，而且制作假脚业竟成了一个收入可观、赢利很大的行业，真是令人不寒而栗。

秦时的徒刑犯都是没有刑期的，一旦获罪，终身服役。不仅如此，秦法还将各种肉刑与劳役刑合并实施，如斩左趾为城旦舂等①。而在骊山修陵和阿房宫服役的 70 万人几乎全是被施行了宫刑的罪犯。各种残酷无道的肉刑与徒刑合并实行，使原本已很残酷的刑罚更加酷烈。

秦时的刑罚，不仅基本上包括了古代各种酷刑，而且还有不少创新。尤其是广泛使用"株连"，一人犯罪，父母、妻子、子女、全家、族亲、同事、上下级，乃至乡邻都受牵连。人在家中坐，祸自天上降。这样迫使父子、夫妻、亲友、乡邻、同事、上下级之间互相告发，造成人人自危、终日惶恐不安的气氛，极大地加重了人们的恐惧心理，最终不仅没有达到稳定社会的目的，反而使社会难以保持安定。

正是由于秦法太过严厉，所以陈胜、吴广等 900 个戍卒才会一致认为"失期"是死，举大义也是死，何不举行起义，跟秦王朝拼个鱼死网破可能还有一线生机。实际上，这 900 个人不会全部被处死，但人们不知道谁将会被处死。由于每一个人都面临着死亡的威胁，所以干脆全反了。而这一反，竟将强大无比的秦王朝掀翻了。

秦汉文化这种踌躇满志、不可一世的文化性格在汉武帝身上也有强烈体现。他的种种好大喜功的活动竟将西汉前期七八十年的积累全部消耗尽。他在位 54 年，亲政 50 年，打了 50 年的仗，将国库都打空了。国家没钱了，就找商人要钱，商人不肯给，于是就制定政策打击、压榨商人，最后中等家产以上的商人全都破产了，搞得国家、个人全都贫穷了。西汉在汉武帝统治时期最强大，但他死以后，甚至他还没死的时候，西汉就开始走向下坡路了，以至其后继者汉昭帝、汉宣帝费劲劳神，但也无回天之力，只好眼睁睁地看着强大无比的汉王朝一天天衰落下去。

二、勇于开拓　敢于历难

秦汉时期，新兴地主阶级的勇于开拓精神非常突出。这一时期完全是一个创新、创造的时代，其皇帝制度的创制、中央集权的定型、统一政策的实行、国土疆域的广拓，等等，无

---

① 城旦舂为男子修筑城墙，女子为官府舂米的刑罚。

不体现着这一文化性格。而敢于历难的体现，最突出的有张骞勇通西域、苏武牧羊北海、班超独定西域等。

（一）张骞勇通西域

张骞通西域发生在公元前139年到公元前126年，正当汉武帝统治时期。

汉武帝在对匈奴发动反击之前，对自己能否打败匈奴心里没底，这时他听到了有关大月氏的传言——大月氏有人口40多万，曾游牧在敦煌和祁连山之间，与匈奴是"世敌"，后被匈奴打败，月氏王也被杀，其头颅被匈奴人割下做成"饮器"，部众不得不向西迁到伊犁河流域。于是，汉武帝想与大月氏建立联盟关系，共同对付匈奴。但西行的必经之地——河西走廊正处在匈奴的控制之下，十分危险，于是汉武帝下令公开征募能担当出使重任的人才。这样，张骞走上了历史舞台，他"以郎应募"，成为出使大月氏的志愿者。

公元前139年，张骞奉命出使，但刚一出汉境就被匈奴人抓住，成了俘虏，这一晃就是11年。被扣押期间，张骞不仅被迫娶了匈奴妻子，而且还生了儿子，但他没有动摇初衷。后来，他与部属终于乘机逃出，继续西行去完成自己的使命。但此时大月氏早已不在伊犁河流域，又向西迁徙走了。张骞等只好越过葱岭，一直向西寻找，历尽千辛万苦，终于在阿姆河流域找到大月氏。谁知，大月氏在这里已经放弃了游牧生活，改为农业定居生活。因新居之处肥饶安全，又与西汉距离遥远，所以他们不肯东返再向匈奴复仇了。张骞在大月氏逗留1年，得不到结果，只好回国，途中再次被匈奴抓住，又被拘禁了1年多，最后乘匈奴内乱才得以逃脱，回到长安。出去时张骞带了100多人，前后13年，回来时只有他自己和一个叫堂邑父的奴隶两个人。

张骞此行虽未能完成政治任务，但他在西行途中，不仅传播了西汉的国威，而且获得了大量前所未有的西域资料，使西汉政府增加了对西域的了解，也沟通了西汉与西域各族之间的联系。公元前119年，西汉军队击败匈奴，征服西域诸国，打通河西走廊后，张骞第二次出使西域。他派出副使，访问了大宛（今乌兹别克斯坦境内）、康居（今哈萨克斯坦东南）、大月氏、大夏（今阿姆河流域）等国，最远到达安息（今伊朗境内），这些国家也都派使者入汉答谢。从此，西汉同西域的交流频繁起来，丝绸、茶叶、铁器、瓷器等商品源源不断输往西域，西域诸国也经常遣使入汉。司马迁赞誉张骞的功绩，称他的壮举为"凿空"。

一个人的一生没有几个11年，张骞却能在被扣押的11年中不忘使命，始终保留汉节，表现出强烈的忠诚之心。这种坚定的信念、执著的精神、刚毅的性格及不达目的决不罢休的劲头是与那个有为时代的整体精神相一致的。

（二）苏武牧羊北海

苏武牧羊北海发生在公元前100年至公元前81年，时值汉武帝统治末期、汉昭帝初期。

汉武帝晚年，西汉与匈奴经历多年战争后酝酿重归于好。在这种背景下，公元前100年苏武奉命率百余人出使匈奴。待任务完成后，苏武一行准备回国时，意外发生了。他手下的一名副使卷入了匈奴内部的叛乱活动，结果匈奴将苏武一行全部扣押。苏武不愿受辱，拔刀自刺，被救活。匈奴想尽办法让苏武投降，威胁利诱等手段使尽后，又将他关在一个阴冷的地窖里，断绝饮食，苏武靠吞毡饮雪才免于饿死。最后，匈奴将苏武流放到北海（今俄罗斯贝加尔湖），交给他一群公羊，声称等公羊下羊羔就放他回汉朝。

北海人迹罕至，荒原千里，食物不足，苏武经常从野鼠穴中掘取"草实"充饥，但他坚贞不屈。甚至投降匈奴的汉将李陵来告诉苏武，其母及兄弟均已死去，妻子改嫁，两个妹妹和三个孩子失踪，劝他投降，但苏武仍不为所动，严词拒绝。就这样苏武在匈奴被扣押整整19年，须发尽白，直到汉昭帝初年汉朝与匈奴和亲，他才与其他被扣汉使一道回到汉朝。

应该说，苏武独自一人在北海忍饥受冻，要比张骞的处境还艰苦。但他与张骞一样始终保持汉节，不忘自己的身份，不愿做对不起汉朝的事情，忠诚不贰，威武不屈，困苦不移，也同样充分体现出那个时代的精神风貌。

（三）班超独定西域

班超独定西域发生在公元73年至102年，时值东汉明帝、章帝、和帝时期。

东汉初年，匈奴势力有所恢复，征服和统治了曾是西汉统属的西域大部分地区，著名的"丝绸之路"也被遮断。公元73年，东汉派大将窦固击败匈奴，一度扭转了局势。班超在这次战争中初露头角，并在战后被派去通使西域。班超用了两年左右的时间，使西域大部分地区与东汉重新建立了相互信赖的友好关系，和汉朝断绝60多年的西域通路又打通了。

但公元75年，东汉政府鉴于国力尚未完全恢复，决定放弃西域，下诏命班超返回。班超在回朝途中，各国争相挽留，甚至抱住班超马腿不放。班超见此，毅然决定留下。从这一年一直到102年，班超在遥远的西域几乎独力支撑，其间东汉政府只在公元80年和84年各派来1000和800士兵增援班超。班超发挥其优秀的政治才能和军事才能，依靠友好国家，团结弱小，打击为匈奴效力的国家，多次经历生死之战，但始终控制着局势，直到最后西域50余国全部归附东汉。东汉政府为表彰班超的功勋，封他为定远侯。永元十四年（公元102年），汉和帝批准班超回朝。同年，班超死于洛阳，终年71岁。

班超在西域活动30年，"转侧西域"，"不避死亡"，以坚忍不拔的精神帮助西域各国摆脱匈奴的压迫，恢复了西域与汉朝长期的政治经济关系，确保了丝绸之路的畅通，沟通了中西经济文化交流关系，其功业值得在历史上大书一笔。

像张骞、苏武、班超这样的历史人物，在其他时代或许也有，但他们如此集中地出现在秦汉时期绝非偶然。他们的所作所为，他们的精神意念，他们的品格斗志，无不鲜明地体现着这一时期的文化性格和时代风貌。

第七章 中国文化古典精神的"复兴"
——魏晋南北朝时期

魏晋南北朝时期古典文化精神的"复兴"指的是"复兴"春秋战国时期的文化精神，主要体现是文化发展呈现多元性特征及生动活泼的文化氛围。但需要指出的是，这种复兴不是原汁原味的复兴。魏晋南北朝文化虽然有多元化之形，却无春秋战国文化多元化之实，所以"复兴"二字必须加上引号。

第一节 魏晋南北朝文化多元性特征形成的背景

魏晋南北朝时期文化的多元首先得益于政治的动荡，尤其中原地区战乱不断，政权更替频繁，使原有的大一统的文化格局被突破。其次得益于北方、西北少数民族的大规模内迁和入主中原，使活泼好动的游牧文化与先进发达的汉族农耕文化得以在北方广阔的领域交相辉映，相互竞争，相互融合。第三得益于儒学独尊地位的动摇，使思想文化领域的专制统治出现松动，从而为其他学说的传播和发展提供了空间。

一、政治形势长期动荡不安

魏晋南北朝时期政治的混乱、动荡起自东汉后期。东汉后期，宦官、外戚交替执政，政局混乱不堪，政治十分黑暗。汉灵帝中平元年（公元184年），张角领导的大规模的农民起义——黄巾大起义终于爆发。黄巾大起义爆发后，腐朽的东汉政府无力镇压，只好允许各地豪强地主组织武装参与镇压。结果待黄巾大起义的烈火被扑灭后，各地军阀势力也已养成。此时，东汉中央朝廷仍继续"上演"着外戚与宦官争斗的丑剧，直至中平六年（公元189年）宦官与外戚同归于尽为止。[1] 之后，各地军阀拥兵自重，相互征伐，国家进入分裂状态，东汉政府名存实亡。

---

[1] 其时，外戚大将军何进秘密调动地方军阀董卓进京消灭宦官，被宦官得知消息。宦官抢先下手，杀死何进，引起官僚不满。士族袁绍率兵杀入宫中，杀死数千宦官，几乎将宦官屠杀殆尽。不久，董卓进京，赶走袁绍，废黜少帝，拥立献帝，独揽大权。

经过数年兼并混战，"一代奸雄"曹操统一北方地区，成为最大的政治势力，其与占据江东的孙权和占据蜀地、汉中的刘备形成三足鼎立局面。黄初元年（公元220年），曹操的儿子曹丕废汉献帝自立，改国号为魏。随后刘备、孙权相继称汉帝和吴大帝，三国时代正式开始。40多年以后，三国鼎立的平衡被打破。魏元帝景元四年（公元263年）曹魏灭刘蜀，晋武帝泰始元年（公元265年）司马氏篡魏建立西晋。

晋武帝太康元年（公元280年），西晋灭孙吴，重新统一中国。西晋的统一本是继秦汉统一之后的第二次统一，但仅过了10年，由于西晋统治集团内部爆发争夺最高领导权的斗争，统一局面顿然丧失，所以这次统一被忽略不计了。晋愍帝建兴四年（公元316年），西晋被匈奴所灭，部分贵族南迁，于晋元帝建武元年（公元317年）在江南建立东晋。

西晋灭亡后，北方进入五胡十六国时期，黄河中下游地区一片混乱。北魏太武帝太延五年（公元439年），鲜卑族建立的北魏统一了黄河流域，北方进入北朝时期。北魏后来又分裂为东魏、西魏两个王朝，不久东魏、西魏又分别被北齐、北周所替代。最后，北周灭北齐，统一北方。在南方，晋恭帝元熙二年（公元420年）东晋灭亡后进入南朝时期，分别经历了宋、齐、梁、陈4朝。隋文帝开皇元年（公元581年），北周外戚丞相隋王杨坚篡位，建立隋朝。开皇九年（公元589年）隋兵大举南下，灭亡南朝陈，重新统一中国。

这样，从公元190年东汉献帝即位到公元589年隋文帝杨坚灭亡南朝陈重新统一中国止，整整400年的时间。其间，除西晋曾短暂统一外，中国南北方，尤其北方地区一直处在分裂割据、战乱不休的状态。这种政治形势有些类似于春秋战国时期，因此其文化格局呈多元化发展也就成了顺理成章的事情了。

二、北方游牧民族大规模内迁和入主中原

北方、西北游牧民族被汉族统称为"胡人"，他们受汉族地区经济、文化的影响，从东汉开始逐渐向内地迁徙。到西晋时，匈奴族已进入到今山西省临汾、离石、太原、忻州等地，羯族分布于今山西省北部和东南部等地，乌桓族居住在今河北省及辽宁省西部等地，鲜卑族散居在今辽宁省西南、河北省东北和内蒙古南部等地，羌族居住在今山西省大荔、耀县、彬县等地，氐族居住在今陕西省扶风、凤翔、兴平、周至、西安等地，巴氐賨人居住在今甘肃省天水、清水一带。

晋惠帝元康元年到永兴三年（公元291—306年），西晋爆发"八王之乱"。伴随着这场历时16年之久的统治集团内部的纷争，战争、旱灾、虫灾和饥荒接连不断，造成北方大批灾民背井离乡，从而进一步促使少数民族的内迁。据不完全统计，在晋惠帝元康八年（公元298年）以后的10年间，汉族、羌族、氐族等民族的流徙人口多达百万以上。流民到了新的地方，生活没有着落，多数靠给人做佣工过活，但当地豪强地主、官府不仅不进行任何抚恤，反而肆意欺压流民，抢夺他们的财物，激起流民起义。在流徙及起义过程中，汉族与少数民族的文化交融也向更深的层次发展。

正当西晋政府忙于镇压这些流民起义的时候，匈奴贵族刘渊乘机于晋惠帝永安元年（公元 304 年）建立汉国。晋怀帝永嘉五年（公元 311 年），汉军攻破西晋首都洛阳，俘虏晋怀帝，西晋政府名存实亡，史称"永嘉之乱"。又过了 5 年，汉军攻下长安，杀晋愍帝，西晋灭亡。"永嘉之乱"后，北方地区战争更加频繁。从公元 304 年到 439 年的 136 年间，6 个少数民族和汉族先后在北方和巴蜀地区共建立了 23 个割据政权，它们是：匈奴族建立的汉国、前赵、北凉、夏；鲜卑族建立的辽西、代、北周、前燕、后燕、西秦、南燕、南凉；羯族建立的后赵；氐族建立的仇池、前秦、后凉；羌族建立的后秦；巴氐族建立的成汉；汉族建立的前凉、西凉、后蜀、北燕、冉魏。其中主要的政权是 16 个，即成汉、前赵、后赵、前秦、后秦、西秦、前燕、后燕、南燕、北燕、前凉、后凉、南凉、北凉、西凉和夏，史称"十六国"。

十六国统治时期，北方地区的屠杀、天灾、疾疫、饥荒等更加严重，黄河流域汉族民众被迫大量南迁，流徙到汉水流域、淮水流域及长江以南地区。据统计，从"永嘉之乱"到南朝宋之间，至少有 90 万人口迁到南方。与此同时，十六国的统治者为了保证自己拥有足够的兵员和劳动力，也纷纷强迫民户迁移到各自的统辖区内。于是，黄河流域的汉族民众和各少数民族民众一起，时而从关东（函谷关以东）被迁到关中（函谷关以西），时而又从关中被迁到关东。每次迁徙动辄几万户、十几万户，甚至几十万户，人口最多时达到数百万。这个时期的民族大迁徙，无论是在人数上，还是在次数上，都是历史上所罕见的。

魏晋南北朝时期的民族大迁徙，对于贫苦的民众来说，当然是十分痛苦的事情，他们所遭受的无穷苦难是难以想象的。但是，各民族在共同的苦难中，彼此之间也加深了了解，增强了团结，因而促进了民族融合的发展和农牧文化的交流，从这一点上说，民族大迁徙对中国文化的进步与发展有着莫大的好处。而十六国在中原地区的建立，各少数民族政权为站稳脚跟而不得不倾向于汉化，更加速了农牧文化的交融。

游牧文化的特点是缺礼少仪、粗犷豪放、野性十足，同时又活泼好动和虚心好学；农耕文化的特点则是先进、发达、稳重，富裕，但缺少灵气。这样，北方、西北少数民族大量地进入中原，既给汉族的农业文化注入新鲜血液，使得日渐僵化的农耕文化又重新具有了活力，同时也促使这一时期的文化呈现出多元化的特征。

三、儒学独尊地位的动摇

魏晋南北朝时期，儒学独尊地位的动摇既有客观原因，也有儒学自己的主观原因。其客观原因首先是战乱频仍，政权更替频繁，使统治者无心也无力维护儒学独尊的地位。儒学独尊地位的取得需要国家统一这个前提条件。前面已提到，儒家学说只适合于和平建设时期，而不适合于战乱时代。魏晋南北朝时期的政治形势显然不适合儒学的生存与发展，因此维护其独尊地位根本就是勉为其难的事情。其次是皇权的衰落使得依靠皇权强大而确定自己特殊地位的儒学失去了继续维持尊崇的条件。儒家学说被确立为封建正统思想，取得独尊地位，除了需要国家统一这个前提条件外，还需要皇权的强大。实际上，儒学就是在西汉中期皇权强大、中央集权制政权稳固的时候才取得独尊地位的。而魏晋南北朝时期，皇权大为衰落，这个时期可以称得上是自秦始皇建立皇帝制度以来作为人之至尊的皇帝所遭遇的最痛苦的时代。这一时期的皇帝，竟然常常没有自主选择即位或退位的权利，一切都掌握在权臣手中，而且最终都是死路一条。很多皇帝被害时还是十几岁的孩子。既然皇权沦落到这个份上，谁还会讲"君人者，国之元也"呢？因此，维护专制统治的儒学地位的下降也只能是自然而然的事情了。第三是统治集团内部相互倾轧、相互杀戮的野蛮行径致使儒家提倡的伦理道德落空，也促使儒学地位下降。魏晋南北朝时期，统治集团内部的野蛮杀戮是非常残酷的。例如，曹魏后期以司马懿为首的司马氏集团与以曹爽为首的曹氏集团为争夺最高领导权曾进行激烈的斗争，最终心无城府的曹爽不是老奸巨猾的司马懿的对手，致使曹氏集团落败。曹爽连同其兄弟及该集团的所有主要人物一律被诛灭三族。一时间天下名士几乎被杀一半。再如，在西晋历时16年之久的"八王之乱"中，晋惠帝司马衷、皇后贾南风、太后杨芷（晋武帝司马炎皇后）、外戚杨骏（杨芷之父）、太子司马遹，以及楚王司马玮、汝南王司马亮、赵王司马伦、齐王司马冏、长沙王司马乂、成都王司马颖、河间王司马颙等7个司马氏王或被杀，或被逼自杀，或被毒死，同时外戚杨氏集团、皇后贾氏集团共数千人也全部被杀。统治集团内部腥风血雨的残酷政治斗争，使儒家宣扬的"孝顺"、"爱人"、"仁义"等伦理道德无人肯再相信。

除了上述客观原因以外，儒学自己的发展则进入到死胡同里，因此从主观上也难以继续维持其自身的独尊地位。儒学自身的问题来自两个方面：一方面，东汉时期风行一时"谶纬之学"经过王充等人的批判已经失去了迷惑作用；另一方面，兴盛自西汉中期的经学也因过于脱离社会现实而难以适应魏晋南北朝时期的动荡形势，导致衰落。

"谶纬之学"是一种以神学来解释儒学的迷信学说，起源于古代"河图洛书"的神话传说。河图洛书的原意是指作为古代地理书籍的黄河、洛水之图，后来演变成儒家经典《周易》和《尚书·洪范》起源的神话传说。汉代儒者认为：伏羲时有龙马从黄河出现，身有图文，伏羲以此画成八卦，即《周易》的起源；夏禹时有神龟从洛水出现，背有文字，禹取法作书，即《洪范》的起源。

"谶纬之学"的"谶"指的是预知吉凶的神学预言，又称为"符"或者"符命"。具体而言，就是所谓"上天"通过降下的灾祥而表达出的预言、启示什么的。比如说秦朝时流行的"亡秦者胡也"的说法即为谶语，汉代谶纬学家称这句话是儒家的老祖宗——孔子的预言，这显然是一派胡言。"谶纬之学"的"纬"是与"经"相对而言的，它是"经"的支流，指用"天人感应"的神学迷信解释的经典。纬书计有：《易》纬六，《书》纬五，《诗》、《礼》、《乐》各纬三，《孝经》纬二，《春秋》纬十三，共35种。其作者全部隐姓埋名，自称为神之启示，然后假托神意，篡改儒家经典。纬书发源于古代阴阳家，起于秦，出于西汉末哀帝、平帝时，而大兴于东汉时期。

"谶纬之学"产生于秦汉间方士与儒生的糅合，秦始皇、汉武帝好方士、神仙，使之得以发展起来。西汉后期及王莽、东汉光武帝刘秀等都从政治角度加以提倡利用。他们通过制造各种"祥瑞"，提高自己的身价，为改朝换代制造根据。东汉章帝刘炟时，曾召集白虎观会议①，写成《白虎通义》，以大量"谶纬"迷信改铸孔子的形象，赋予他学者和教主的双重身份，进一步把儒学与"谶纬"结合，使儒学神学化泛滥起来。在东汉，无论官私学校、书馆都讲授以"谶纬"为主要内容的今文经学。凡是赞成搞"谶纬"的才能做大官，反对搞"谶纬"的则受排挤。东汉初年的唯物主义思想家桓谭就因明确表示反对"谶纬"，被刘秀大骂为"非圣无法"，险些被杀头，最后死在贬官出京的路上。

大兴"谶纬"使东汉时期的思想界笼罩在一片昏暗之中，后来王充（公元 27 — 约 97 年）挺身而出，他继承了桓谭等人的进步思想，广泛吸收了当时自然科学成果，以毕生精力，针对嚣张一时的"谶纬之学"体系进行了系统的清算，其代表作是《论衡》。王充认为，自然界的变异只是"元气"②运动的结果，和人世间的变化根本不存在什么感应关系。对于所谓帝王是天的儿子，代表"上天"进行统治，天降灾异惩罚统治的偏误等"谶纬"说教，他都斥之为虚妄无稽之谈。王充讥讽地说，如果"上天"圣明的话，就应该降圣王于人间，而不会生失道废德的庸庸之君统治当今。对于俗儒将孔子吹捧为大圣人，把他说成"前知千岁，后知万世"、"不学自知，不问自晓"的先知，王充极为反感。在《论衡》中他一连举出了 14 个例子，证明孔子根本不是先知。例如，颜回煮饭，把落上灰尘的饭粒扒出来自己吃掉，孔子却误认为颜回在偷饭吃；孔子怕见阳货，但又必须回访，便趁阳货不在家时才去，谁知偏偏在路上碰上了；孔子周游列国，人家都不用他，如果有先知先觉，又何必白跑呢。王充的观点在当时产生了极大的反响。

与"谶纬之学"泛滥同步，经学也进入极盛时代。所谓"经学"，即训解、阐述儒家经典之学，其起源常被追溯到孔子的弟子子夏身上。汉武帝独尊儒术，立五经博士，从此经学成为中国封建文化的正统学说。经学分今文经学和古文经学。今文经学兴起于西汉，所传五经由战国以来儒者师徒相传，以汉代通行文字——隶书写成。自汉武帝立五经博士至东汉光武帝的十四博士，均为今文经学。今文经学以孔子为政治家，以经书为孔子政治思想所托，着重阐发经书中的"微言大义"，讲求五行谶纬。自董仲舒开始，把阴阳五行说与《春秋公羊传》相结合，为巩固皇权服务，从而成为正统的正统。但自王莽立古文经于学官后，今文经学逐渐衰落，虽然白虎观会议曾重整今文经学，反对古文经学，但终究没能挽救其命运，竟至淹没，直到清代考据学派兴起才渐渐地由古文经学的研究而推及于今文经学。清末的康有为就是今文经学家。

---

① 白虎观为宫殿名。其时章帝召集官员、经师、儒生数十人，集会数月，"讲议五经异同"（《后汉书·章帝纪》）。这次会议旨在重整今文经学，反对古文经学，以皇帝之权威，用法典形式制定有关经学的标准疏释。会上群臣论经之《白虎议奏》由班固整理撰写成通论五经的《白虎通义》。

② 王充认为："元气"是天地万物的物质基础，天不过是"含气之自然也"，人也是禀受天地元气而成的，和万物是一样的。

古文经学以孔子为史学家，以经书为孔子整理的古代史料之书，偏重"名物训诂"①。西汉末年，自王莽利用古文经《周礼》作为改制的依据后，古文经学逐渐勃兴。东汉末，融合今、古文经学，偏向于古文经学的郑玄之学盛行。自东汉末到隋唐时期，古文经学始终为经学的正统。但到了宋代，随着程朱理学的兴起，古文经学逐渐衰落。不过，从明朝末年顾炎武大力提倡开始，古文经学又渐次复兴，至清朝乾隆、嘉庆时代再呈大盛之势。

古文经学的特点是，释经不事微言大义，而注重文字的辩解训诂，稍远于"谶纬"。从历史考证角度看，这样的工作是很有意义的。但问题是，东汉时期的古文经学过于沉溺于训诂章句②，考据典章制度，结果发展为僵化的章句之学。有时甚至仅仅5个字的文句，竟然注说出5万个字，所以出现"幼童而守一艺，白首而后能言"的现象就毫不奇怪了。这种烦琐的经学自然难以适应魏晋南北朝时期的动荡形势。

儒学独尊地位的动摇给其他学说的兴起及传播提供了思想空间，促使魏晋南北朝时期文化多元特征的形成。

第二节　魏晋南北朝文化多元性特征的主要体现

魏晋南北朝时期文化多元性的特征主要体现在胡汉文化的交相辉映，以及"二学二教"的争衡融合两个方面。

一、胡汉文化交相辉映

魏晋南北朝时期的北方胡人与战国秦汉时期已大不一样，他们早已摆脱不知中原礼仪的状态，许多人甚至成为谙熟汉族典章的饱学之士。如汉国建立者匈奴人刘渊就非常喜好《春秋左氏传》、《孙子兵法》、《吴起兵法》等，甚至能熟读成诵。他曾以非凡的仪容机鉴折服了晋武帝司马炎等汉族士族。后赵的建立者羯族人石勒自比汉族开国君主，自谓能与汉光武并驱中原。他在建立政权的过程中曾在军中专设"君子营"以处士大夫，将不少失意的士人和下层世族吸收到自己身边。他十分信任汉族失意士人张宾，对他言听计从，用为主谋，即位后曾明令不得侮辱"衣冠华族"。为了维护统治，他还十分注意"核定户口，劝课农桑"，并大力提倡经学，设立太学，用考试和保荐的方法选拔官员，实行一套汉族封建统治的办法。

实际上，十六国前期诸胡族政权的统治者大多数都具有较强的汉化倾向，其中尤以汉国、前燕、前秦为最。这一时期的少数民族英雄人物由于还没有沾染上中原士族的"膏粱

---

① 训诂：解释古书中词句的意义。训，用通俗的话来解释词义；诂，用当代的话来解释古代词语，或用普遍通行的话来解释方言。
② 章句：汉代注家以分整析句来解说古书意义的一种著作体。

綦养之气"，尚保持着本民族雄爽劲悍、能骑善射的本色，因而处在汉化过程中最有生气和最具进取精神的阶段。也正因为如此，他们能够认识胡汉文化各自的长处和弱点，能以进取者的眼光对汉族文化进行有选择的吸收。不仅如此，他们在入主中原后，在汉族地主的导引下，还迅即接过了汉族传统文化的旗帜，通过实行"弃毡裘，袭冠带，释介胄，开庠序"等文化举措，广泛致力于中华文化的再造工程，从而使中原文化并未因汉族政权的失势而有任何的间断。如石勒称赵王时袭用的是西晋天子的礼乐，其他胡族政权更是仿效汉族王朝的典章礼乐来构筑自己的政治结构。在戎马倥偬中，广修学宫，复兴学校，留心儒教，祭祀孔子，努力恢复汉族文化，几乎成了这些少数民族政权奉行不变的基本国策。

在这场胡族汉化交流的大洪流中，鲜卑族皇帝北魏孝文帝拓跋宏（公元 467—499 年）在公元 5 世纪末进行的汉化改革是不得不提的一件大事。孝文帝拓跋宏是北魏第六位皇帝，5 岁即位，先由太皇太后冯氏秉政，到他 19 岁时冯氏死才得以亲政。亲政后，他所做的第一件大事就是迁都洛阳。

北魏以前的首都在平城（今山西大同），位置偏北，远离中原，不利于统治。为了加强对中原地区的统治，更重要的是使鲜卑族广泛地接受先进汉文化，消除鲜卑族和汉族之间的隔阂，同时也为了进一步拉拢汉族地主士大夫，巩固北魏统治，孝文帝决定迁都。迁都问题一经提出，立刻在北魏朝廷中引起巨大震动，遭到许多贵族、官员的强烈反对。不得已，孝文帝宣布大举南伐，远征江南的南朝齐。太和十七年（公元 493 年），孝文帝率领 20 万大军，号称 30 万，开始"南伐"。大军开到洛阳时，天连降大雨，道路泥泞，但孝文帝仍"戎服执鞭，御马而出"，表示要继续南进。群臣跪在马前叩头，请求他不要再南进，否则必败无疑。孝文帝乘机说："若不南进，即当移都于此。"于是孝文帝下令，愿意迁都的统统站在右边，不愿意的站在左边。结果随军贵族、官吏都纷纷站在右边，山呼万岁，孝文帝迁都洛阳的计划顺利完成。洛阳是当时中原地区的政治、经济、文化的中心，迁都于此对北魏的发展是显而易见的。

孝文帝在迁都前后，还颁行了一系列汉化措施。一是改鲜卑姓为汉姓，如把皇族拓跋氏改为元氏，所以孝文帝拓跋宏又叫元宏；把丘穆陵氏改为穆氏；把步六孤氏改为陆氏；把达溪氏改为奚氏；把乙旃氏改为叔孙氏等。二是禁止鲜卑人穿本民族的服装，一律改穿汉装。孝文帝模仿南朝汉族官服制定北魏官服，并亲自向群臣颁赐。一次，他在街上看见有鲜卑族妇女仍穿自己的民族服装，大为恼火，把群臣责备一番，以后汉服逐渐推广开来。三是禁止鲜卑族同姓通婚，鼓励鲜卑人和汉族人结婚。孝文帝把汉族的高门世族列为甲、乙、丙、丁4 等，并亲自制定条例，规定鲜卑族的"八大姓"——穆、陆、贺、刘、楼、于、嵇、尉与汉族头等贵族崔、卢、李、郑 4 姓门第相当。他自己亲娶汉族大姓女为妃，以示提倡，又为他的弟弟们娶汉族大姓女为正妃，而把原来鲜卑族的正妃降为侧室。四是禁止说胡话，改说汉话。具体规定是，30 岁以上的人可以慢慢改，30 岁以下的人立即就改，在朝廷为官的再说胡语要降职。另外，孝文帝还参照南朝的汉族典章制度，重订了官制朝仪等。

孝文帝改革的决心是极大的。他的改革一直遭到一些鲜卑贵族的阻挠和反对，甚至他的太子拓跋恂也反对改革，阴谋发动叛乱，结果被孝文帝废为庶人，后用药酒毒死；一些反对迁都和改革的贵族在平城多次阴谋起兵，打算另立一国，也都被孝文帝坚决地镇压下去了。改革最终获得成功。孝文帝改革的成功既是十六国以来民族融合的总结，也是民族融合的结晶，同时极大地推动了北方各民族的融合，为中国文化的进一步成长做出了巨大贡献。

魏晋南北朝时期，胡族文化在吸收汉族文化的同时，也将自己的精华带入中原地区，如桌、椅、板凳等。桌、椅、板凳传入后，改变了汉族人席地而坐的传统习俗。另外，今天汉语中带"胡"字的东西，如胡笳、胡瓜、胡饼、胡床等，也基本上都是从这一时期开始由胡族带入中原的。还有，对后世影响巨大的均田制、府兵制等都是由这一时期的少数民族领袖确立和建立起来的。均田制是北魏孝文帝下令开始实行的，府兵制则是西魏权臣宇文泰创立的。宇文泰也是鲜卑人。均田制是将国有土地授给农民，由国家直接剥削农民，从而在一定程度上减轻了豪强地主对农民的盘剥，缓和了农民的反抗，并对加强中央政府的力量、开垦荒地、恢复和发展农业生产等都具有的积极作用。府兵制则是建立在均田制基础之上，将军户单立，军人平时务农，农隙练兵，征发时自带兵器资粮。该制度对于保障兵源、提高军队战斗力有积极作用。这两项制度为以后隋唐两代所继承，并对唐朝的繁盛做出了贡献。

二、"二学二教"争衡融合

"二学"即儒学与玄学，"二教"即佛教与道教。除儒学以外，玄学、佛教、道教都是这一时期新兴的学说，由于它们的兴起，使魏晋南北朝时期表现出类似春秋战国时期"百家争鸣"的文化格局。但由于自西汉中期儒家学说被确立为正统以来，300多年过去了，中国文化的儒家化倾向已成定局，中国文化的各个领域都受到它很深的影响，其他学术派别无论是批判讥讽，抑或与之抗衡；无论是取其精华，抑或敬而远之，都不能取而代之，所以不似春秋战国时没有主流与非主流、正统与非正统之别，各种派别可以无拘无束、随心所欲地发展那种样子了。

（一）玄学的兴起及其基本内容

玄学的创始人是曹魏正始年间（公元240—248年，齐王曹芳年号）的何晏、王弼；发展于西晋元康年间（公元291—299年，晋惠帝司马衷年号），代表人物是嵇康、阮籍；最后完成于西晋永嘉年间（公元307—312年，晋怀帝司马炽年号），代表人物是向秀、郭向。这些人生活在魏晋之间，因而"玄学"又往往称为"魏晋玄学"。

与世界上任何事情的发生、发展、灭亡都需要一定历史条件一样，玄学的兴起也是与当时的社会背景密切相关的。魏晋南北朝时期，玄学之所以兴起，根本原因是统治者的需要。魏晋时期，黄巾起义的风暴刚刚过去，曹氏和司马氏两个豪强地主集团的权力之争又激烈展开。这样，地主阶级一方面需要防范农民起义的再起，另一方面又要适应政治舞台上攘夺纷争的局面，所以极力要寻求出一种新的思想工具，于是坐谈玄理的"玄学"便应运而生了。

　　所谓"玄学",就是玄虚之学。它是从老庄哲学发展而来的,属于唯心主义哲学。其哲学宗旨是"贵无",即认为"无"是宇宙万物这些实际存在的"有"的本源,从"无"中产生万物,即"无中生有"。其思想特点是糅合儒道,儒道并蓄,如宣称"名教出于自然",并推崇《老子》、《庄子》、《周易》为"三玄"等,不过其最崇尚的还是老庄的"轻人事,任自然"之学。玄学的政治主张是"无为",对统治者强调"无为而治",对被统治者强调"无为而处"。不过,鉴于当时战乱不休、纷争不已的政治环境,士大夫们虽然对社会现状极端不满,但又不敢挺身抗争,也看不到和平、安宁的希望,因此玄学更多讲的其实是"处世之道",即如何逃避现实和明哲保身。

　　魏晋南北朝时期,文化知识主要掌握在世家大族手中,玄学也兴盛于他们中间。所以,玄学的产生及消亡与士族地主的兴盛、衰亡有密切联系。玄学家们认为,在乱世中保全自己的最佳办法就是避免接触社会现实,坐而论道,以玄谈为妙,谁谈得越玄虚谁就越有名望,表明他就越有学问,以此来明哲保身。因此,当时的谈玄之士,个个口锋犀利,说起话来,口若悬河,滔滔不绝,但内容都是玄而又玄,不着边际,极力不涉人事,从而形成"清谈"的特色。司马昭曾论及玄学家阮籍,说他是"天下之至慎","吾每与之言,言及玄远,而未尝评论时事,臧否人物。"

　　在这种追求全身之道的影响下,清谈之风弥漫于世家大族之间,愈演愈烈。玄学家们过着声色犬马的生活,高唱着"无为"曲调,以参与"俗务"为耻,以无所事事为荣,以不谈人事为高,随时随地标榜自己的"清高"。他们平时讲究漂亮的容貌,潇洒的风度,使人"望若神仙",整天装腔作势,挥麈谈玄①,从而形成这个时期特有的"魏晋风度"。

　　玄学的形成与风行充分体现了当时社会政治黑暗、政局动荡、杀戮迭起,以及人们内心沮丧、精神颓废、不思进取的特殊背景。不过,早期的玄学对于打破经学对文化思想的禁锢起过一定的作用。如嵇康就是一位"非汤、武而薄周、孔"的人,敢于怀疑已经处于一尊的儒家圣人。但是,玄学的"虚无"、"无为"之说毕竟是带有欺骗性的说教,尤其发展到后来,表现为更直接地为门阀地主的腐朽统治进行辩护,越来越走向反动,最终随着门阀地主的衰落而逐渐走下历史舞台。

　　尽管如此,魏晋玄学对古代知识分子的影响至深。从此以后,老庄之学"轻人事、任自然"的价值观念深深地植根在中国知识分子的心中,铸造了中国知识分子"玄"、"远"、"清"、"虚"等生活情趣。"玄",即深奥,深不可测;"远"(音愿),即乖离,不合群,不同俗;"清",即心态平和,与世无争;"虚",即无欲,许多知识分子清贫一生也无怨无悔。

（二）道教的兴起及其基本内容

　　道教是中国土生土长的本土宗教,渊源于古代的巫术、秦汉时的神仙方术和黄老道家思想,主张人经过修炼可以使精神、肉体两者长生永存,成为神仙。它以老子为教主,以

---

① 麈:音主,麈尾制成的拂子。

《老子五千文》（即《道德经》）为主要经典，基本追求是羽化成仙，长生不死，行为表现是禳灾求福，服丹修炼。其酝酿于东汉末年，发展于魏晋时期，南北朝时各个道派统一起来正式形成道教。

相传东汉顺帝刘保时（公元125—144年），一个叫宫崇的人把他老师于吉（一作干吉）传给他的所谓神书《太平清领书》献给皇帝。这部《太平清领书》即后世所谓的《太平经》，是道教最早的经典。于吉大概就是第一个总集道教经典、开始传播道教的人。《太平经》内容十分庞杂，作者自称著书的目的是要成为"帝王良辅，相与合策，共理致太平"，但实际上书中大量宣扬的是儒家的伦理纲常，同时也夹杂进一些曲折反映普通百姓不满剥削、要求均等的思想。即便如此，汉顺帝仍认为此书"妖妄不经"，收藏不用，对它并不欣赏。

道教初创阶段，有东西两支教派。西支是东汉顺帝时张陵创制的"五斗米道"，流行于汉中、巴郡一带。因受道者须出米5斗，故名。由于教徒们尊张陵为天师，故又称"天师道"。该道奉老子为教主，以《老子五千文》为主要经典，设"义舍"、"义米"等救助贫苦教徒，广受信奉。张陵，又叫张道陵，后来被尊为"掌师"和"正一天师"。从西晋以后，历代封建统治者多次授予张道陵子孙以"天师"、"真人"等封号。东支是东汉灵帝刘宏时（公元167—189年）张角创制的"太平道"，流行于山东、河南、河北一带。张角自称"大贤良师"，以"极大公平"相号召，故名。他在民间以符水咒语给人治病，并教人思过，以《太平清领书》为经典，信奉者甚众，达数十万之多。公元184年张角以"太平道"组织和发动了黄巾大起义，由于起义前事机泄露，导致仓促起义，加之起义军只知抢占城市，固守孤城，结果被各个击破，仅半年就遭致失败。"太平道"也因此成为"邪教"而遭到镇压。

魏晋以后，统治阶级为了防止农民反抗，一方面严禁民间的道教活动，另一方面从理论上和组织上逐步对原始道教加以改造和利用，使道教的主流发生变化，逐渐向上层化发展。在原始道教变化为道教的过程中，葛洪、寇谦之、陆修静和陶弘景等人发挥了重要作用。

葛洪为两晋间人，他的贡献是将神仙信仰与儒家思想结合起来，使道教走上儒家化的道路。他提出教徒必须以儒家的忠孝仁信为本，否则，虽然勤于修炼也不可能成仙。他所著的《抱朴子》一书成为道教的经典。晋元帝司马睿封他为"关内侯"。寇谦之是北朝嵩山道士，他摒除了民间道教要求平等的思想成分，劝导信徒"勿怨贫苦"，并引入佛教轮回转生思想。他最重要的贡献是制定出了一整套坛位礼拜和衣冠仪式，进一步把道教规范化。陆修静是南朝宋庐山道士，他依据宗法思想和制度，吸收佛教仪式，编制了新的道教斋戒仪式。陶弘景为南朝齐、梁间的著名道士，他宣扬金丹修炼，并提出"仙亦有等级千亿"的思想，让人们遵守世间的等级差别。梁武帝对他宠幸有加，国家每有吉凶征讨大事，都请他出主意，时人称为"山中宰相"。经过他们的努力，在南北朝时，道教的宗教仪式、斋醮程式和道德戒律等基本形成，道教作为一个完整意义的宗教终于定型。

道教最初是贫苦百姓为寻求相互帮助和解脱现实的痛苦而出现的，但在魏晋南北朝时得到统治者的大力提倡并正式形成，则是与当时社会腐败黑暗、门阀专制腐朽、阶级对立严重的现实分不开的。首先，在复杂多变、阶级对立严重的社会形势下，统治者无法继续沿用以前的统治方法，儒家所宣传的仁义道德在统治集团内部残酷的纷争面前已经荡然无存，他们迫切需要一种更具欺骗性的思想理论，一方面利用它来维护自己的统治，另一方面利用它来安抚百姓，缓解百姓反抗的情绪，稳固统治。而道教所宣扬的禳灾求福、服丹修炼引导人们忍受现实社会的痛苦，把希望寄托在虚幻的神仙境界，正好适应了统治者的需求，于是在他们的赞助和提倡下，道教正式形成并迅速地发展起来。

其次，道教兼采儒、老（道家）、释（佛教）3家之说，把它们杂糅融会在一起，以汉民族土生土长的传统形式出现，不仅十分有利于宣传推广，而且也便利了它的扩大和影响。所以，不仅是汉族统治者愿意利用道教作为掩护自己统治的手段，一些进入中原地区建立政权的少数民族统治者也乐意利用它作为统治汉族百姓的工具。例如，鲜卑族建立的北魏政权曾在中国历史上第一次将道教正式确定为"国教"。北魏太武帝拓跋焘在寇谦之平城献经后，欣然改元"太平真君"，并在平城设天师道场，亲往道坛接受符箓。以后的北魏皇帝每当即位时都沿用这个仪式，以表示自己的统治顺天合法。

再次，门阀地主利用宗教进行自我陶醉和追求腐朽的生活方式，也是道教在这个时期兴起的重要原因。司马氏集团建立晋朝以来，外患内乱交并，统治集团内部厮杀混战，政局多变，许多贵族感到生死无常，精神极度空虚。于是，他们便不顾一切地纵情放荡，生活极端腐化堕落。但世俗的享乐已经不能满足他们的欲望了，于是他们纷纷炼丹服药，幻想长生不死，得道升天，以寻求精神上的解脱。北魏道武帝拓跋珪曾专门设置"神仙博士"，建立"仙坛"，替他煮炼百药。结果，他自己因药物中毒，精神变态，闹到昏乱发狂的地步。不少士族名流服药之后，丑态百出，有的药性发作难捱，隆冬季节裸袒食冰；有的背上发疽，呕血不止，脊肉溃烂，舌缩入喉，痛苦不堪；有些人甚至因此家败人亡。

第四，对于普通民众来说，长期战乱使他们看不到安定的希望，精神极度空虚，加之战争、饥馑、瘟疫、凶杀使人的寿命短暂，人们寄希望于宗教，期盼生命的长久。同时，普通民众也需要借助宗教的麻痹作用陶醉自己，寻求心灵上的安宁。另外，战乱中的百姓是得不到政府有效保护的，他们不得不参加那些具有帮派性、互助性的民间组织，以求得到帮助，这些也造成了道教在魏晋南北朝时的兴起。

值得注意的是，与佛教、基督教、伊斯兰教等宗教将希望寄托于来世，期盼死后升天，进入天堂不同的是，作为汉民族土生土长的宗教，道教所关心的不是让人死后干什么，而是教给人们如何不死的方法，教给人们如何能够长生不老。这一点实际上反映的是中华民族对生命的渴求与尊重。中国古话"好死不如赖活着"恰如其分地反映出中国文化的生命追求。正因为道教追求长生不死的目标和钻研制作使人不死的炼丹之术的宗教目的迎合了中国文化的内在精神情趣，所以使它在中国文化中一直拥有着强大的生命力，成为与儒学、佛教齐名的一支宗教文化。

由于道教利用所谓仙丹妙药寻求不死之术，有些道家人物在长期的实践活动中研究出了一些药物治病的方法，成为药物学家。例如，葛洪、陶弘景都是著名的大医学家。他们的著作，如《金匮药方》（已佚）、《肘后百一方》、《神农百草经》等大量吸收民间医药知识，长期为古代医学家所应用，起过相当的积极作用。另外，道教徒搞的"炼丹术"，事虽荒诞，但由于采用矿物炼丹制药，也包含着原始化学实验的成分，扩大了古代化学科学知识。葛洪的《抱朴子》中就有不少科学史资料。

（三）佛教的传播与兴盛

佛教是公元前 6 世纪由佛祖释迦牟尼在古印度创立的。公元前 3 世纪，孔雀帝国的阿育王皈依佛教后大力支持佛教向外扩张。从此佛教冲出南亚次大陆，走向世界，并最终发展成为世界三大宗教之一。

佛教传入中国是在公元前后，即西汉末年的时候。据记载，西汉末年哀帝刘欣时，大月氏使者伊存到汉朝，向博士弟子景卢口授佛经，这是佛教开始传入中国的正式记录，但当时还没有宗教性活动。东汉明帝刘庄时，刘秀的儿子楚王刘英曾为"浮屠"斋戒祭祀，供养"伊蒲塞"（佛教信徒）和"桑门"（和尚），受到明帝的褒奖，这是封建政权正式承认佛教地位的明确记载。不久，明帝派使臣到大月氏，邀请天竺和尚摄摩腾和竺法兰 2 人，以白马驮载佛经及释迦牟尼像回到首都洛阳，东汉政府为此专门修建了一座白马寺。这些都说明东汉初期佛教已经正式传入中国。不过，东汉时人们对佛教没有多少认识，只是把它当作神仙方术家所宣传的一种道术来信奉，因此信奉的人不多，影响甚小。

到了魏晋时期，尤其到了南北朝时期，佛教不仅迅速摆脱了刚刚传入中国时的沉寂状态，而且突然兴旺发达起来。这个时期，不仅天竺的各种佛教流派大都传入中国，而且佛教的经典也大量地被翻译过来。如仅魏晋时期就先后翻译出佛经702 部，1493 卷。南北朝时期，广修佛寺，信徒大增。当今闻名遐迩的少林寺就创建于北魏孝文帝太和十九年（公元495 年），是孝文帝为安顿印度僧人跋陀而建的。北魏末年，全境所建寺庙竟达 3 万多所，僧尼在 200 万上下。南朝梁武帝时，仅首都建康（今江苏南京）一地就有佛寺500 多所，僧尼 10 多万。

佛教在南北朝时期的兴盛，与道教一样，也是适应了统治者需要的结果。佛教教义告诉人们：人生在世就是受苦的；在人世间行善，来世可以荣华富贵。这样使人们将希望寄托在来世，在现世再苦也不会起来反抗了，这正是统治者所需要的。不仅如此，佛教其实比道教更具欺骗性。这是因为，一方面到南北朝时儒家"死生有命，富贵在天"的说法已成陈腐谰言，受到普遍怀疑；另一方面道教所宣扬的"羽化成仙"和"长生不老"，由于谁也没有亲眼看见过，因此影响力受到限制。而佛教却以"神不灭论"为理论基础，广为宣扬"生死轮回"、"三世因果报应"[①] 等思想，让人们把眼光从痛苦的现实转移到来世，而来世的幸

---

① 三世因果报应，即现世的贫富贵贱是前世所做"善恶业"的结果，今生的善恶诸业亦必招致来生的祸福报应，简而言之就是现报、生报、后报。

福是无法验证的，这样其欺骗性和麻痹性作用更加突出，更加适合统治者的政治需求。南朝宋文帝刘隆曾一语中的地说："如果普天下的百姓都皈依佛法，我就可以安享太平，还会有什么事发生呢？"基于这种思想，北朝前秦的符坚、后秦的姚兴，北魏的文成帝，南朝的宋明帝、梁武帝、陈后主等，莫不崇敬佛法，尊礼高僧，不仅从政治上保护，而且在经济上支持。南朝齐的宰相竟陵王萧子良为众僧设斋，竟亲自为他们端水送饭。梁武帝不仅定佛教为国教，而且他本人几次到同泰寺舍身作"寺奴"，然后由群臣筹集一万万钱或两万万钱的巨款把他赎回来，前后共用钱达 4 亿。

在南北朝时期，由于统治者的扶持，佛教的影响甚巨，其政治势力和经济实力恶性膨胀。寺院不仅占有大量的良田沃土，而且享有免役、免税的特权，以至很多农民投靠到寺院充当佃户，从而形成特有的寺院经济。北齐时几乎所有的良田沃土均被寺院所占，南朝梁时近一半的户口为寺院所有，在社会中形成一支势力强大的寺院地主阶层，这是前所未有的。寺院地主力量的壮大既是佛教空前发展的结果，反过来又为佛教的进一步发展提供了雄厚的物质基础。

由于佛教寺院占田夺民，难免与封建国家和世俗地主发生矛盾，激化起来还会引发激烈的斗争。所以，南朝、北朝也曾发生过大规模的"灭佛"运动。如北魏太武帝、北周武帝等都曾亲自出马，拆毁寺庙和佛像，将寺院田产没收，勒令僧尼还俗。但随着以后"爱佛"皇帝的登基，又会开展"兴佛"运动。南北朝时期的佛教就在"灭佛"、"兴佛"运动的交替中不断得到扩张。这个时期，不少"爱佛"的统治者不惜花费大量人力、物力建筑佛寺。后秦在今甘肃天水麦积山距地面 80 米的悬崖绝壁上开凿石窟，工程浩大，竟"砍尽南山柴，堆起麦积崖"，及至今天麦积山对面的南山上仍未长出参天大树。北魏先在都城平城（今山西大同）开凿云冈石窟，迁都洛阳后又开凿龙门石窟。龙门石窟的开凿历时 23 年，费工 80 多万。而其在天宫寺铸造的佛像竟耗铜高达 10 万斤、黄金 600 斤。南方的许多寺庙，甚至比有些王侯的宫殿还要高大、宽敞。

（四）"二学二教"的冲突与融合

前面已述，魏晋南北朝时期儒学独尊的地位虽然有所动摇，但无论是在社会影响方面，还是思想文化领域，它仍是至尊，无人能与之比肩而立，因此其他学说只能以它作参照物，并在它腾出的空间里生存。

在"二学二教"中最为活跃的是玄学。玄学从某种意义上说是以反对儒学、否定儒学的面貌出现的，而且态度激进，举止出格，因此尽管它对儒学也有吸收的一面，但批判、否定的味道更浓。而反过来，儒学对之更是甚为不满，所以双方的冲突极为激烈。不过，玄学与佛教却能一拍即合，东晋时玄学几乎完全融入佛教中。

这一时期最文静的应该是道教。由于道教起自本土，来自民间，本身就有一定的生存基础，与儒学之间也早已达成默契，双方井水不犯河水，所以儒学能够默许它的存在，对之并无排斥之举。但道教毕竟是另外一种学说，所以儒学对它也无调和之意。而道教由于主要兼采儒家、道家和佛教之说，其理论的构建得益于其他学说，因此天生矮人一截，不过也因人而异：对儒学，道教鉴于其至尊的地位，对之只有调和而不敢排斥；而对于佛教，道教则敢于摆摆地头蛇的架子，对之排斥多于调和。

佛教是当时唯一能与儒学形成对手的学说，不过佛教因有"外夷"的身份，所以强龙不压地头蛇，除了核心教义和基本理念不能更改外，基本上还能让着儒学，对儒学调和多于排斥。而儒学对佛教则是排斥多于调和了，尤其佛教最初在中国流传时，曾遭到儒学的强烈排斥。原因是佛教讲出家修行，要求教徒剃发；宣扬脱离尘世，四大皆空，不再致礼王者，这些都与儒家所提倡的忠君孝父之道发生严重冲突。例如，儒家宣扬"身体发肤，受之父母，不敢毁伤"思想与佛教的剃发修行就有着强烈的抵触。另外，儒学以华夏大国自居，斥责佛教为夷狄之教，只适合于夷狄地区，不适合于中土华夏。在这一点上，道教与儒家一样，也攻击佛教为夷狄之教。而佛教则以孔子、老子也是佛，佛即孔老进行反击。再有，佛教所宣扬的三世因果报应和神不灭论与儒家重视现实世界的思想也发生严重冲突。于是在南北朝时期，儒、佛之间曾爆发一场"神灭"与"神不灭"，以及有无"三世因果报应"的大辩论。当时连梁武帝也站在佛教立场上参加论战，但最后还是以范缜的《神灭论》获得理论上的辉煌胜利而告终，从而打破了佛教笼罩下思想界万马齐喑的沉闷空气。

佛教在遭到儒学强烈排斥和反对的情况下，还能在魏晋南北朝时期得到兴盛的发展，可见当时儒学的地位已经降低到何种地步了。不过，佛教实际上也在悄悄吸收着以儒家思想为代表的中国本土思想来充实自己的教义。只是由于人们对佛教了解不足，所以此时的佛教信徒多用一些中国固有的思想牵强附会地解释佛教。例如，对佛教的"涅槃寂静"和"一切皆空"思想，用黄老学与玄学的"无为说"和"贵无说"加以解释；对佛教的"因果报应"，则用道教的"福善祸淫"思想来解释；对佛教的"神不灭论"，用儒家典籍中的鬼神说来解释；等等。儒家思想与佛教的全面融合是从隋唐时期开始的，那时的佛教在吸收了大量儒家思想，尤其是儒家伦理思想之后，走上了儒家化的道路，并进入全盛时期。

总之，魏晋南北朝时期，玄学、道教和佛教，再加上早已成为"显学"的儒学，"二学二教"之间既相互冲突、相互排斥，又相互吸收、相互融合，在思想文化领域开创了一个新的生动活泼、多元发展的文化格局。

第三节　魏晋南北朝文化叛逆性特征的主要体现

与魏晋南北朝文化多元性特征密切相连，其文化还表现出强烈的叛逆性特征。实际上，叛逆性是以多元性为基础的。魏晋南北朝文化叛逆性特征主要体现在轻视皇权、否定皇权和蔑视礼法、不守纲常两个方面。

一、轻视皇帝　否定皇权

魏晋南北朝时期，由于氏族门阀地主势力在经济、政治、文化等领域占据统治地位，因而常常使他们在皇权面前得以保持自己的个性与尊严。他们不再尊崇皇权，更不再以皇权为本，而是以自我为本，通过发现自我、重视自我、肯定自我而达到唯我独尊的目的，这种情况必然导致皇权受到轻视。另外，政局动荡、政权更替频繁造成这一时期被废黜、遭毒手的皇帝数目远远多于其他历史时期。

魏晋南北朝时期对皇权的轻视，实际上始于东汉后期。东汉自第四位皇帝汉和帝开始，几乎全部是小皇帝即位，登基时年龄最大的 15 岁，最小的汉殇帝即位时仅 100 天，死时才 2 岁，从而导致实际权力或者落在外戚手里，或者落入宦官手中，皇帝也由他们随意废立，像模像样执掌最高统治权的皇帝几乎没有。甚至皇帝自己都主动放弃了最高统治权，如汉灵帝多次不知羞耻地声称："张常侍是我的父亲，赵常侍是我的母亲。"①张常侍叫张让，赵常侍叫赵忠，都是当时有名的宦官。连主仆关系都被颠倒了，可见皇权已经跌落到何种地步。不仅如此，皇帝的生命也操持在权臣手中。例如，8 岁的汉质帝因当着群臣的面说掌权的外戚大将军梁冀是"跋扈将军"，就被骄横的梁冀毒死，临死前要口水喝，梁冀都不让给。少帝刘辨被董卓废黜后，也惨遭毒手。

到了魏晋南北朝时期，皇帝大权旁落、性命不保更是司空见惯的事情。这一时期，死于自己部下之手的皇帝主要有：白痴皇帝西晋惠帝司马衷被东海王司马越毒死，南朝宋后废帝为军阀萧道成杀害，南朝齐皇帝萧宝卷为部将杀死，南朝梁武帝萧衍被叛将侯景捕获后活活饿死，南朝梁文帝萧纲作傀儡皇帝没几天被侯景杀死，汉国皇帝刘粲被部将靳準杀害，前秦建立者符洪为其军师将军麻秋毒死，前秦皇帝符坚被曾为其龙骧将军的羌人首领姚苌擒杀，北魏末帝孝武帝被宇文泰毒死，北周建立者宇文觉被其堂兄宇文护杀死，等等。另外，东晋、南朝的末帝，除陈后主受到隋朝的优待最终病死外，其余均在"禅位"后不久即被篡位军阀杀害——东晋恭帝司马德文被南朝宋开国皇帝武帝刘裕杀害，死时 36 岁；南朝宋顺帝刘准被南朝齐开国皇帝高帝萧道成杀害，年仅 15 岁；南朝齐和帝萧宝融被南朝梁开国皇帝武帝萧衍杀害，年仅 15 岁；南朝梁敬帝萧方智被南朝陈开国皇帝武帝陈霸先杀害，年仅 16 岁。

这一时期，皇帝被逼禅让也形成一次小高潮，如汉献帝刘协"禅位"于魏文帝曹丕，曹魏元帝曹奂"禅位"于晋武帝司马炎，东晋恭帝司马德文"禅位"于南朝宋武帝刘裕，南朝宋末顺帝刘准"禅位"于齐高帝萧道成，南朝齐末和帝萧宝融"禅位"于梁武帝萧衍，南朝梁末敬帝萧方智"禅位"于陈武帝陈霸先，北朝东魏末孝静帝元善见"禅位"于北齐文宣帝高洋，北周末静帝宇文阐"禅位"于隋文帝杨坚，等等。

---

① 《后汉书·宦者列传·张让传》。

对皇权的轻视和否定，到东晋时达到顶峰。东晋元帝司马睿即位前于公元前317年以西晋安东将军、都督扬州江南诸军事之职到建康（今江苏南京）时，南方大族顾、贺、陆、朱、张等几家根本看不起他，甚至有意冷落他。司马睿上任1个多月，竟没有一个有名望的当地世族来拜访他。最后，还是跟随司马睿南渡的琅邪大族王导，利用三月初三当地人过"禊节"（到水边求福去灾）的机会，让司马睿以观看官民欢度节日为名，乘坐华丽的轿子，排出威严的仪仗，王导等北方大族、名士簇拥在前后左右，以此抬高司马睿的地位。果然，江南的名门望族顾荣等人看到这个阵容后，大为震动，赶忙跑到路旁去拜见司马睿。司马睿也派王导拜访顾荣、贺循两家江南最大的世族，邀请他们出来做官。在他们俩的带动下，其他江南世族这才纷纷出来，拥护司马睿，终于使司马睿顺利建立起东晋政权。尽管如此，东晋一朝，皇帝实际上根本就没秉过大权，朝纲一直由交替执政的王（王导、王敦）、谢（谢安）、庾（庾亮）、桓（桓温、桓玄）四大家族掌握。开朝皇帝元帝司马睿就因士族王敦弄权而忧愤死去，其他皇帝的命运可想而知。后来，东晋政权又落在了军阀刘裕手中，直到末帝被逼"禅让"而灭亡。

轻视皇权、否定皇权的现象在思想领域更有体现。曹魏时期的阮籍、嵇康首先提出"无君"思想。阮籍、嵇康二人都对司马氏专权极为不满，他们一方面提出国君要无为而治，另一方面则提出"无君"、"无臣"主张。阮籍曾说："无君而庶物定，无臣而万事理。"① 这二人也因此遭受迫害，而嵇康最终被人构陷，惨遭杀害。后来，东晋人鲍敬言继承和发展了阮籍、嵇康的"无君"思想，著有《无君论》，系统提出了"无君"的主张。鲍敬言"无君论"的中心思想是"古者无君，胜于今世"。他反对儒家的"天生烝民而树之君"的君权神授理论，认为君权并非天授，而是"强者凌弱"、"智者诈愚"的工具。不仅如此，他还把人间的一切丑恶和灾难都是归结为有君之故。在此基础上，鲍敬言幻想实现"无君无臣"、"顺天分地"的理想社会。② 显然，他的思想成分中包含有浓郁的老庄学说。鲍敬言的"无君论"可以称得上是这一时期最闪耀的思想，而东晋王朝皇权的大为衰落，无疑对其思想的完善起到了推动作用。

二、蔑视礼法　不守纲常

魏晋南北朝时期，随着儒学独尊地位的动摇，封建纲常礼法对人们的束缚也大为减弱。人们不仅不再按照传统儒学的要求行事，甚至处处表现出与传统儒学相乖戾的举动。据说这股风气开始于曹操、曹丕父子：前者曾大权在握，位在皇帝之上；后者更贵为皇帝，掌有最高统治权。作为领袖人物，他们不仅不崇儒业，相反还处处突破礼法限制，自然会导致天下礼教的式微。所以，西晋人傅玄曾说："（曹操、曹丕）其后纲维不摄，而虚无放诞之论盈

---

①　阮籍《大人先生传》。
②　以上所引均见葛洪《抱朴子·外篇·诘鲍》。

于朝野。"

身为丞相的曹操不治威仪、不拘小节的举止常常令人忍俊不禁。如《阿瞒传》① 记：（曹操）"为人佻易无威重，好音乐，倡优在侧，常以日达夕。被服轻绡，身自佩小鞶囊②，以盛手中细物。时或冠帢帽 ③ 以见宾客。每与人论说，戏弄言诵，尽无所隐，及欢悦大笑，以至头没杯案中，肴膳皆沾汗巾帻"。一副活生生的豪放无忌、充满人情味的形象跃然纸上。

曹操为招徕人才曾多次颁布"求贤令"、"举贤令"，在这些命令中礼法纲常更被公然否定。如《举贤勿拘品行令》规定："今天下得无有……负污辱之名，见笑之行，或不仁不孝，而有治国用兵之术，其各举所知，勿有所遗。"不仅"负污辱之名，见笑之行"的可以举荐，甚至"不仁不孝"的被儒家视为败类应当处以极刑的人也可以被举荐。儒家最基本的教义都不再谨守，违背礼法已经到了何种地步可见一斑。

曹操的儿子曹丕在这方面也是有过之而无不及的。作为高级贵族，他不仅与一帮文人打成一片，甚至无视自己的地位，经常有滑稽之举。及至他当上皇帝后，文人放浪无忌、多情善感的情结仍然浓郁如初。《世说新语》记："建安七子"之一的诗人王粲（字仲宣）死了，曹丕参加他的葬礼，突然对众人说："王好驴鸣，可各作一声以送之。"于是"赴客皆一作驴鸣"，致使肃穆庄严的葬礼之上驴叫之声不绝于耳。④ 上梁如此，下梁自然扭曲得更厉害。一次，身为五官中郎将的曹丕在宴会上酒酣耳热之际，竟违反礼法，把自己绝代美色的夫人甄氏请出来拜见诸客。在座的都是饱读诗书的文学之士，见此赶紧伏首而拜，眼帘下垂，唯独"建安七子"之一的诗人刘桢仍然平视，一眼不眨，把甄氏上下看了个够。对此曹丕倒没什么表示，但甄氏的公公曹操听说后不干了，立即将刘桢抓起来，要判死刑，可刘桢并不认罪。后来曹丕问他为什么不尊礼法时，他的回答竟是："臣诚庸短，亦由陛下纲目不疏。"反而指责曹丕不守礼法。

曹操、曹丕父子的所作所为对君君、臣臣、父父、子子的儒家伦理道德造成了严重的冲击，形成了一股不尊礼教、蔑视礼法的风气，甚至同时期的孔子的二十世孙孔融也表现出强烈的叛离名教的倾向。孔融曾说："父之于子当有何亲？实为情欲发耳。"⑤ 关于母子关系，孔融更是大放厥词。他说：子与母就像东西装在瓶子里一样，东西出来了，与瓶子就没有关系了，公开否认孝道的基础。其平时的举止也同样不遵守礼法，放任无仪检。玄学家荀粲（字奉倩）对儒家思想也公开蔑视，如他认为圣人思想的细微之理，非语言、文字所能尽表，《六经》虽存，不过是圣人思想的外壳，类似糠秕，等等。

---

① 《阿瞒传》，见《三国志·魏志·武帝纪》注引。
② 鞶：音盘，小囊。鞶囊：革制的囊。
③ 帢帽：古代士人戴的一种帽子。帢：音恰。《三国志·魏志·武帝纪》注引《傅子》："魏太祖以天下凶荒，资财乏匮，拟以皮弁，裁缣帛以为帢，合于简易随时之义，以色别其贵贱。"
④ 见《世说新语·伤逝》。
⑤ 《后汉书·孔融传》。孔融，字文举，"建安七子"之一，性宽容少忌，曾多次嘲讽曹操，以致被杀。

前面提到的阮籍，蔑视礼法也是出了名的。比如居母丧期间，他居然饮酒不辍；别人来吊丧他却喝得滥醉，"散发坐床，箕踞不哭"①；来吊丧的人中凡是他不喜欢的便以白眼对之。而且，阮籍非但自己不守礼法，对于那些庸俗的礼教中人，他还极尽嘲弄笑骂之能事。他在《大人先生传》中将礼法之士比喻为裤裆里的虱子，一遇到炎流热火即死于裤裆而不能出。

稽康也以反对礼法名教而出名。他不仅如前所述，"非汤、武而薄周、孔"，敢于怀疑已经处于至尊的儒家圣人，而且公开提倡及时行乐。魏晋南北朝时期的及时行乐之风始于东汉末，原起于当时的文人士大夫对生命短暂的忧虑，如《古诗十九首》中②"人生天地间，忽如远行客。斗酒相娱乐，聊厚不为薄"，以及"生年不满百，常怀千岁忧。昼短苦夜长，何不秉烛游。为乐当及时，何能待来兹"等唱词。另外，曹操的《短歌行》中的诗句"对酒当歌，人生几何？譬如朝露，去日苦多。慨当以慷，忧思难忘。何以解忧，唯有杜康"也表达出这样的思想倾向。而稽康则把这种思想表达得更加直截了当。他在《难自然好学论》中称："六经以抑引为主，人性以纵欲为欢，抑引则违其欲，纵欲则得自然。"在这种思想影响下，及时行乐、纵欲为达竟成为魏晋南北朝名人士大夫风范的体现之一。

魏晋南北朝时期还突破了汉代注重人的内在道德风范、以"德"取人的传统，往往把注意力放在人的外表上，注重人的外貌，盛行遗才取貌之风。如前面提到的诗人王粲，虽为"建安七子"之一，很有文学才能，小的时候就受到东汉大名士蔡邕的赏识，社会地位也挺高，但由于人长得矮小，举止又粗俗，所以本来荆州刺史刘表准备将女儿许配给他，就因为"嫌其形陋而用率"③，最后竟将女儿嫁给了王粲"有风貌"的族兄王凯。而公孙瓒则因"有姿仪，大音声"，于是"侯太守器之，以女妻焉"。④正因魏晋时期注重人的外貌，就连乱世英豪、才智盖世的曹操也不得不屈从于这种社会压力。《世说新语》载："魏武将见匈奴使，自以形陋，不足雄远国，使崔季圭（名琰）代，帝捉刀立于床头。既毕，令间谍问曰：'魏王如何？'匈奴使答曰：'魏王雅望非常，然床头捉刀人，此乃英雄也！'魏武闻之，追杀此使。"⑤这个故事后来发展成一句成语，叫做"曹操捉刀"。

重视人的外表还表现为公开追求美色、贪恋美色上。在这方面，曹操也是个典型人物。这位汉丞相既爱江山也爱美人，只要是貌美女子，不在乎出身，不在意婚否，一定要弄到手，娶回家。例如曹丕、曹植的生身母亲卞氏，是倡家之女，而曹操并不在乎她出身低贱，照样娶为夫人。至于前面提到的刘桢平视曹丕的夫人甄氏，曹丕没什么反应，而作为公公的曹操却大为震怒，不是因为别的，而是因为甄氏是他永远的痛。甄氏原来是袁绍之子袁熙的夫人，貌美可人，曹操早有所闻。袁绍死后，其余部继续与曹操对抗，后来被消灭。破袁之

---

① 《世说新语·任诞》。
② 《古诗十九首》均为东汉末无名氏所作，其作者应该是一群生长于中下层的知识分子。
③ 《三国志·魏志·钟会传》注引《博物志》。
④ 《三国志·公孙瓒传》。
⑤ 《世说新语·容止》。

后，曹操传令赶紧召见甄氏，但左右告之，已被曹丕收去。曹操十分懊恼，说出一句千古名言："今年破贼正为奴。"①

在曹操的夫人中至少有两个原是别人的美妇。如杜氏，本是秦宜禄之妻，生有一子，名秦朗，住下邳（今江苏徐州邳县）。秦宜禄原是吕布手下小官，作为使者被派到淮南袁术处，被袁术留下。袁术让他继娶一汉宗室之女刘氏为妻，从此秦宜禄与杜氏断绝往来。后来，关羽到下邳，见到杜氏，深深地爱上了这位年轻貌美的女子。在吕布被曹操围困在下邳时，关羽多次向曹操请求，攻下下邳后，把杜氏许给他为妻，结果引起曹操的好奇。吕布失败后，曹操见到杜氏，惊为天人，不肯给关羽，自己先娶了过来，惹得关羽非常不满。曹操还有一位夫人尹氏，原本也是他人之妻，即大将军何进的儿媳、何晏的母亲，甚有姿色。曹操为司空的时候把尹氏据为己有。

曹操不仅娶别人美妇为妻，而且爱屋及乌，对她们与前夫生的孩子也关怀备至。如杜氏嫁给曹操后，曹操成了其子秦朗的继父。曹操很喜欢这个孩子，接待宾客的时候，让秦朗坐在旁边，还对客人说："世上还有人爱假子像我这样吗？"何晏在曹家也受宠如公子，他经常模仿曹丕穿衣，把曹丕气得要死，常称他"假儿子"。

公开追求美色、贪恋美色的社会风气的盛行也使得人们敢于公开谈论美色。如荀粲就公开宣称："妇女德不足称，当以色为主。"②他听说骠骑将军曹洪的女儿长得漂亮，于是前往求婚。婚后，夫妻感情笃厚。后来，他妻子得了热病，正值严冬季节，荀粲到户外以身取冷，回到屋里为妻子去热。妻子去世后不久，荀粲也抑郁而卒。③这足以表现出魏晋名士突出的风流情怀。

魏晋南北朝时期人们不仅尊情重感，而且敢于外露情声。情在两汉时期是作为不善的私欲而被禁止的。如董仲舒从天人感应的神学目的出发，认为人之性情如天之阴阳一样，人禀阳为性，是善的方面；禀阴而为情，是不善的方面，且性是起主导作用的，情是从属于它的。因此，人必须按照天道以性限制情。东汉许慎作《说文解字》，也说性是人的阳气，性是善的；情是人的阴气，是欲望的表现。这样的观点在魏晋时期受到强烈冲击。如"竹林七贤"之一的王戎讲过一句很有名的话，他说："圣人忘情，最下不及情。情之所钟，正在我辈。"意思是：圣人可以忘掉情感，最下等的人尚不能体会感情，只有像我们这一类士人才是最钟于情的人。王戎如此，其妻更是激情四射，经常称他为"卿"。"卿"在当时是一种很随便的称呼，夫妻之间一般不用。所以王戎对妻子说："妇人卿婿（丈夫），于礼为不敬，后勿复尔。"用礼教来教训妻子。谁知其妻竟说："亲卿爱卿，是以卿卿；我不卿卿，谁当卿卿！"意思是：我因为亲你爱你，所以才称你为"卿"。我不称你为"卿"，谁还有资

---

① 《世说新语·惑溺》。

② 《世说新语·惑溺》。

③ 《世说新语·惑溺》。

格称你为"卿"呢？王戎无辞，只好听由她"卿"、"卿"地叫。①

魏晋名士还有其他一些仇视世俗的惊世骇俗之举。如"竹林七贤"之一的西晋人刘伶（字伯伦）喜欢"纵酒放达"，时常于家中脱衣裸形，客人来访，也不遮掩。别人讥笑他，他满不在乎地说："我以天地为宅舍，以屋室为裤子，诸君为何会钻到我的裤子里来?"②其时，裸体的不止刘伶一人，以王澄、胡毋辅之和谢鲲为首的一班名士也经常裸体为乐，追求所谓的任放为达。惊世骇俗的还有阮籍的侄子、"竹林七贤"之一的阮咸（字仲容）。阮咸曾与其姑母家的婢女私通，使其女有孕在身。居母丧期间，他听说姑母因事将携婢女远去，正守灵的他竟然向客人借了一头驴，身着孝服，前去追赶，并与该女同骑而返，嘴里还说："人种不可失!"后来，这个婢女为他生了一个儿子，就是东晋大名士阮遥集。阮咸还有一个放达的故事。一次他与阮氏一大家人一起喝酒，众人围坐相向，谁都不用杯子，用大瓮盛酒。"时有群猪来饮，直接去上，便共饮之"。③这些叛逆行为，实际上是魏晋时代残酷的人生环境造成的。这一时期的战争杀戮、政治争斗及天灾饥馑等使个体生命薄若脆纸，人的生命朝不保夕，从而刺激了名士们对个体自由的强烈追求。阮咸着孝服追回恋女和与猪共饮之举，实际上是要揭示出外在生命的荒谬，而刘伶赤身裸体的极端行为更是蔑视社会的最彻底的方法。

总之，魏晋南北朝时期文化的叛逆性特征的形成不是偶然的，它是当时残酷的社会现实促使人性觉醒和精神解放的必然结果，即所谓"极黑暗的政治，孕育极清白的人生"。当代美学家宗白华先生曾一语中的地说："汉末魏晋六朝是中国政治上最混乱、社会上最痛苦的时代，然而却是精神史上极自由、极解放，最富于智慧、最浓于热情的一个时代。"

第四节　魏晋南北朝文化残忍凶暴、荒淫腐朽性格的主要体现

魏晋南北朝时期，频仍的战争往往导致军事将领利用他们手中的兵权夺取政权，成为最高统治者。但是，这些在战场上嗜杀成性的军阀武夫常常不懂统治方略，不仅对平民百姓采取野蛮残忍的统治手段，根本不顾及百姓的死活，就是在统治集团内部他们也往往采用野蛮杀戮的手段解决矛盾纷争。另外，作为封建时代最腐朽、最昏暴、最荒淫的氏族地主集团，其成员不仅不理政事，不治俗务，而且极端凶残和腐朽。因此，这一时期的文化体现出鲜明的残忍凶暴、荒淫腐朽的性格特征。

一、残忍凶暴　草菅人命

魏晋南北朝残忍凶暴的文化性格首先表现为统治者视民如粪土的种种暴行上。如前赵皇

---

① 见《世说新语·惑溺》。"卿卿"：后"卿"字指王戎。以后将两"卿"字连用，为夫妻间的爱称。
② 见《世说新语·任诞》。
③ 见《世说新语·任诞》。

帝刘曜统治期间（公元 318—329 年）实行残酷的剥削和压迫，其治下的关中地区人民死亡竟达十之三四。后赵皇帝石虎在位期间（公元 334—349 年）穷兵黩武，连续发动战争，为弥补兵源不足，竟下令五丁取三。他还曾强选美女 3 万余人充斥后宫，其中有夫之妇 9 千人，结果杀人之夫或妇女自杀极多；同时，各级贵族官僚也乘机抢夺民女近万人，搞得天下鸡犬不宁。他的太子石宣谋逆，他竟下令将东宫卫士 10 余万人发配凉州，结果不少人在中途举行起义。魏国建立者冉闵 ① 先在后赵为将，石虎死后，他利用汉人对羯族统治者的仇恨，挑起民族仇杀，下令杀一羯人可封官晋爵，结果一日之间羯人被杀数万，前后被杀 20 余万，许多"高鼻多须"者亦被滥杀。

其次表现为统治集团内部父子间、手足间、亲属间为争夺最高统治权而展开的相互残杀。西晋的"八王之乱"不必再提。其他如汉国建国者刘渊死后，其子刘聪（公元 310—318 年在位）杀兄刘和夺取帝位。后赵石虎是石勒的侄子，石勒死，他杀石勒妻、石勒太子石弘及主要大臣夺取帝位。而石虎死后，其诸子为争夺帝位继续上演互相残杀的一幕。代国国君拓拔什翼犍（公元 320—376 年在位）为其子所杀。北魏的孝明帝与其母胡太后争权被太后毒杀。南齐明帝萧鸾是开国皇帝齐高帝萧道成的侄子，他于公元 494 年连杀两个新立的皇帝萧昭业、萧昭文，夺得帝位。他在位 5 年，几乎杀光高帝、武帝萧赜的全部子孙，政治黑暗史所罕见。还有前面提到过的，北周建立者宇文觉被其堂兄宇文护杀死，南朝宋文帝刘义隆（公元 424—453 年在位）为其太子刘劭所杀，等等。

再次表现为世族地主草菅人命的种种暴虐行径上。如西晋武帝的舅舅王恺请客吃饭，必使女伎吹笛伴酒，若吹笛女伎稍有忘韵之处，被王恺听到，就命人把女伎拉到台阶下打杀，而王恺脸色不变，照常饮酒，跟没事一样。还有一个叫石崇的大官僚，他在荆州当刺史时通过劫掠过往客商聚敛家财巨万，他每次宴请客人都规定要美女伴从劝酒，客人有饮酒不尽的，就把陪酒美女杀掉。有的客人故意要看他杀人取乐，几次劝酒不尽，石崇就真的连杀 3 人。别人责备这位客人，客人却说："自杀伊家人，何预卿事？"② 这样令人发指的暴行是世族地主贪婪、荒淫、残忍的阶级本性的真实暴露。

二、荒淫腐朽　奢侈无度

魏晋南北朝荒淫腐朽的文化性格主要体现在世族地主腐化糜烂的生活方式上。而这种情况在西晋时期最为突出，从皇帝往下个个淫奢异常，在历史上都是有名的。如作为开国皇帝的晋武帝司马炎就带头过着荒淫无度的生活，他曾在全国强征美女，蓄在后宫的姬妾宫女有近万人，他每日乘羊车到各宫住宿；他还公开卖官，收入尽入私囊。其子晋惠帝司马衷更是只知玩乐，不知民间疾苦。有一年闹饥荒，饿死不少人，他竟惊诧地问："为什么这些人不

吃肉粥?"皇帝如此,自然上行下效,整个世族地主阶层竞相效尤,无不以豪华奢侈为荣。丞相、太傅何曾每日食用万钱,竟称无处下箸(筷子)。其子司徒何劭更甚,"食必尽四方珍美,一日之供,以钱二万"。晋武帝司马炎的驸马王济,用人乳喂养小猪,蒸出来的小猪味道肥美,异于常味。他家每次宴会,都令婢女百余人身着绫罗持琉璃器侍餐。① 晋惠帝时的司徒王戎贪吝好货,广收八方园田,园田遍天下,积钱无数,但每天晚上还亲自和老婆在灯下拿着牙筹算账,锱铢必较,为时人所讥。

在西晋世族地主荒淫腐朽的糜烂生活中,晋武帝司马炎支持王恺与石崇斗富的丑剧更是古来仅见。王恺与石崇前面均已提到。王恺是司马昭的妻弟,性豪奢。石崇平时的生活则是"丝竹尽当时之选,庖膳穷水陆之珍",甚至他家厕所里都有衣着华丽的10余女婢端香扶持,为入厕的达官贵人擦洗更衣,搞得"客多羞不能如厕"②。二人都是当时数得着的豪富,为了炫耀自己家财,争豪比富,压倒对方。王恺家做完饭以后,用麦糖洗锅,于是石崇家做饭就用白蜡当柴烧;王恺用绿色的绫裹着紫色的丝布,做成步障40里,石崇就用织锦花缎,做成更华丽的步障50里长;王恺以赤石脂"泥壁",石崇则以花椒涂墙。王恺不服气,于是晋武帝司马炎站出来帮舅舅一把,他把一株珍贵的珊瑚树赐给王恺。这株瑚树,高2尺许,枝条扶疏多姿,是世所罕见的宝物。王恺得意地拿来向石崇炫耀,谁知石崇随手拿起一把铁如意就把珊瑚树砸碎了。王恺心疼万分,指责石崇比不过他而心生妒忌。石崇命仆人把家里的珊瑚树取来一大批,让王恺任选,其中高三四尺的有六七株,株株条干绝俗,光彩夺目,而2尺高的就更多了,王恺只好甘拜下风。③ 石崇后来卷入"八王之乱"中,被杀,有人查他的财产,发现他家奴仆至少有800人,水碓30余区④,其他更不必说。

魏晋南北朝世族地主这种纸醉金迷、奢侈无度的生活,再加上天灾人祸,给百姓带来莫大的灾难,造成哀鸿遍野,生灵涂炭。曹操的诗《蒿里行》称:"白骨露于野,千里无鸡鸣。生民百遗一,念之断人肠。"这就是当时社会悲惨情形的真实写照。

魏晋南北朝士族贵族的腐朽性还体现为,他们虽然把持着朝政,但他们不干具体事务,谁干就会被别人看不起。如东晋王徽之任骑兵参军,却"蓬首散带,不综府事"。车骑将军桓冲问他:"卿署何曹?"他回答:"似是马曹。"又问:"管几马?"回答:"不知马,何由知数?"又问:"马比死多少?"回答:"未知生,焉知死?"⑤于是,具体事务都由寒门官吏来干,甚至连领兵打仗世家子弟也不想干。南朝梁时,郊野之内,满朝士大夫竟"无乘马者",谁要骑马,还会被别人弹劾。以致有的士族从来没有见过马,一见到马嘶鸣踢跳,"莫不震慑",还惊恐地问:"正是虎,何故名为马乎?"真是腐朽到了可笑的程度。结果军权往往落在非士族出身的军事将领手中,而这些人一旦掌握军权就经常反叛,由于痛恨世家

---

① 见《世说新语·汰侈》。
② 见《世说新语·汰侈》。
③ 见《世说新语·汰侈》。
④ 水碓:古代利用水利旋动的春米设备。
⑤ 见《晋书·王羲之传》附《王徽之传》。

大族对自己的歧视，在反叛的过程中他们往往大量地杀死氏族贵族。比如南朝梁武帝时的侯景，曾求婚于士族地主被拒，深恨不已。他举兵反叛攻入建康后，大杀士族以报复。他把宫城台城包围了100多天，城中十几万人几乎全部被饿死，仅剩下二、三千人。这些被活活饿死者，大都是士族地主。在这次叛乱中，这些"从容出入，望若神仙"的士族地主，由于肤脆骨柔，不堪步行，体虚气弱，不耐寒暑，走路要人扶，出门要坐舆，骑马不敢骑，仓促之间，只好坐以待毙，所以导致大量死亡。

第五节　魏晋南北朝文化注重自我、张扬人性性格的主要体现

魏晋南北朝时期是中国古代历史上仅见的注重自我、张扬人性的时代，其最突出的体现就是令后世羡慕不已的"魏晋风度"。所谓"魏晋风度"，是指魏晋时期名士们所表现的独具魅力的行为举止、言谈话语等，它与玄学有着密切的关系，并风行于世家大族中间。从时间上说，它酝酿于东汉末年，产生自三国曹魏，到东晋时最终定型。魏晋风度的内涵大致包括如下几个方面。

一、珍惜生命　渴求永生

强烈的生命意识是魏晋知识分子所具有的最显著的特征之一。魏晋南北朝时期名士所依存的士族地主阶层往往要面对5种死亡。第一种是世家大族为争夺最高统治权而进行的互相残杀。第二种是庶族地主对氏族地主的仇视和无情杀戮。第三种是少数民族贵族对汉族世族地主的野蛮杀戮。例如，石勒曾做过汉族地主的佃客、耕奴，因此对西晋世族极端仇恨，在作战中将俘获的二千石以上的西晋官员几乎全部杀死。公元311年，他率兵包围了从洛阳逃出的西晋王公、贵族、大臣和军队，用骑兵围射屠杀，十几万人无一幸免。第四种是在被压迫各族百姓的起义斗争中对世族地主的无情杀戮；第五种是瘟疫、疾病、饥饿等自然因素造成的死亡。

这5种死亡使得这一时期人们的寿命是非常短暂的。例如，陆机在其《叹逝赋序》中感叹道："昔每闻长老追计平生同时亲故，或凋落已尽，或仅有存者。余年方四十，而懿亲戚属亡多存寡，昵交密友亦不半在。或所曾共游一涂（途），同宴一室，十年之内，索然已尽。以是思哀，哀可知矣。"正因如此，魏晋知识分子对生命的珍惜和留恋，对生命短暂的悲凉与感慨，以及对死亡的恐惧，都在这种长时期的多重死亡威胁下达到了前所未有的高峰。西晋石崇在《金谷诗序》发出的"感性命之不永，惧凋落之无期"的感叹，是这种悲凉心情的真实写照。

追求长生的思想和行为虽然在战国时代便已产生，到秦汉时达到一次小高潮，但都不如魏晋时期表现得这样普遍和深刻。在魏晋文人的作品中，感叹人生短促的主题一直贯穿于这一时代始终。例如，西晋以写哀辞著称的潘岳（字安仁）曾大规模地创作以哀悼为题材的

作品，他的《怀旧赋》、《悼亡赋》、《杨荆州诔》、《杨仲武诔》、《伤弱子辞》、《金鹿哀辞》、《阳城刘氏妹哀辞》、《哀永逝文》、《哭弟子》等作品，所哀对象都是自己的亲人，如岳父、内兄、妻子、妹妹、儿女等。除此之外，他还为朋友及朋友的妻子写下许多诔文[1]，著名的如《寡妇赋》、《夏侯常侍诔》、《为任子咸妻作孤女泽兰哀辞》等。这样大规模地以哀悼题材为主要内容的创作现象，在中国文学史上是不多见的。

魏晋士子对生命久长的追求与渴望表现最突出的是服用"五石散"。"五石散"是一种被认为可以养生和不死之药，而且对人的容颜和精神确有益处。据说服药之风的首倡者是何晏。他曾说："服五石散，非唯治病，亦觉神明开朗。"从他以后，此风流行于世。所谓"五石"，就是紫石英、白石英、赤石脂、钟乳石、石硫磺5味药剂。但这种药毒性非常强，服用不当，往往送命。服用五石散后，因毒性发作，必须吃冷饭才能将毒性散发掉，所以又被称为"寒食散"，但又必须饮热酒，同时还得外出散步，称"行散"。显然这种药不是平常百姓能服用得起的。

由于行散得当有益于健康，逐渐地，行散就成为名士风度的重要表现内容，并很快在社会上产生影响，成为社会风俗。北魏孝文帝时，诸王及贵臣都服石药，皆称"石发"，服药发热成为富贵人家的标志，以至有的平民百姓为了博取虚荣，也诈称发热，以冒充富贵，闹出笑话。曾有一人，躺在闹市口，翻转身体称发热，让世人观看。同行的伙伴问他怎么了？他说："我正石发呢！"同伴问："你何时喝了石药，现在得以石发？"那人说："我昨天买米，里面有石头，吃了以后现在开始发作了。"闻者哈哈大笑。

另外，服药后皮肤会变得脆嫩，容易划破，所以必须穿宽大、破旧的衣服，不能穿新衣服，而且衣服不能常洗，这样必然会生出很多虱子。嵇康曾说："头面一月十五日不洗，不大闷痒"，"性复多虫，把搔无已"。于是，手舞足蹈地在大街上来来往往、在大庭广众之下抓虱子在当时竟成为令人称叹的名士风度。《世说新语》记载这样一个故事：（东晋）顾和始为扬州从事，月旦，当朝，未入，顷停车州门外。周侯（即名士周顗）诣丞相，历和车边，和觅虱，夷然不动。周既过，反还，指顾心曰："此中何所有？"顾搏虱如故，徐应曰："此中最是难测地。"周侯既入，语丞相曰："卿州吏中有一（尚书）令仆（射）才。"[2] 顾和的这个行为，便是令后世着迷的"扪虱而谈"的名士风度。

二、情深意切 表里澄澈

魏晋名士出于对人生苦短的悲情，对于人间情怀不仅不羞言，反而大胆外露，并公开歌颂赞美。

例如，文人情结浓郁的曹丕虽贵为魏王太子，但并不吝祖露自己多情善感的心灵深处。

---

① 诔文：叙述死者生前事迹，表示哀悼的祭文，多用于上对下。
② 《世说新语·雅量》。

他与"建安七子"友善，而这七子多早亡，常令曹丕唏嘘不已。建安十七年（公元 212年），"建安七子"之一的阮瑀（字元瑜）首先病逝，曹丕满怀悲情地为其遗孀写了《寡妇赋》，在《序》中说："陈留阮元瑜，与余有旧，薄命早亡。每感存其遗孤，未尝不怆然伤心。始作斯赋，以叙其妻子悲苦之情。"使人难以想像身为高级贵族的曹丕竟能体会普通人的情感。建安二十年（公元 215 年），曹丕在《与吴质书》中说："每念昔日南皮之乐，诚不可忘……乐往哀来，凄然伤怀。余顾而言，斯乐难常。足下之徒，诚以为然。今果分别，各在一方。元瑜长逝，化为异物。每一念至，何时可言。"一面热烈地回顾当年与吴质等文人在南皮游乐的情景，一面又真切地表达出"斯乐难常"的感慨，尤其 3 年前阮瑀的病逝仍令曹丕扼腕痛心，悲伤不已。两年以后，建安二十二年（公元 217 年），一场更严重的灾疫袭来，同时夺去了"建安七子"另外 4 位成员王粲、徐干（字伟长）、应场（字德琏）、刘桢（字公干）的生命，令曹丕更加伤感。第二年，他在《再与吴质书》中又悲切地说："王、徐、应、刘，一时俱逝，痛可言邪！昔日游处，行则连舆，止则接席，何曾须臾相失？每至觞酌流行，丝竹并奏，酒酣耳热，仰而赋诗。当此之时，忽然不自知乐也。谓百年已分，可长共相保。何图数年之间，零落略尽，言之伤心。"真切地表达出人不得全寿的沉痛心情，使人直感埋藏在其心灵深处的丰富情感。

西晋的潘岳在《悼亡》诗三首中追念亡妻也同样催人泪下，感人至深。第一首："望庐思其人，入室想所历。帏屏无仿佛，翰墨有余迹。流芳未及歇，遗挂犹在壁。怅恍如或存，回遑忡惊惕。"其睹物思人的悲痛之情让人心恸欲绝。

至于东晋名士，在这方面更有特色。面对国破山河在，尤其沦落江南、寄寓他乡的痛苦与尴尬，使得南渡名士的感情十分敏感和脆弱。如刚刚南渡时，北方名士每遇风和日丽之日，便相邀聚集于新亭饮宴。一日，周顗于座中突然叹到："此处风景虽与洛下相同，然而举目之间，却是山河有异，已非神州一统之旧了！"众人顿时相视流泪，唏嘘不已。这就是著名的"新亭饮泣"的故事。

东晋名士重情不仅十分深挚，而且带有艺术的美感，这也是他们具有迷人风度的主要原因。即使是雄豪一生的桓温也极富深情。太和四年（公元 369 年），他率兵北伐，途经金城，见自己当年为琅琊内史时亲手栽种的柳树已长成十围粗壮的参天大树时，不禁攀枝执条，泫然流泪，说："木犹如此，人何以堪！"[①] 回想当年自己仅 23 岁，而今转眼已是 60 之翁，当年一腔的豪气，满怀的抱负，都随着岁月的流逝而渐付东流。穆帝永和十二年（公元 356 年），桓温曾率兵收复洛阳，当地父老乡亲持牛酒沿途迎接，并哭泣道："不图今日复见官军！"桓温上表请还都洛阳，但为江南世族所阻挠，没有成功，使其力图恢复中原、统一全国的豪情壮志未能实现，因而才有这样的叹息。桓温的这一叹息不仅流露出对生命无比留恋的深情，流露出英雄暮年壮志未酬的悲壮情怀，而且显现出强烈的艺术感染力，因此千百年来，风流不减。后来南朝庾信作《枯木赋》，将这种情怀进一步文学艺术化。其赋

---

① 《世说新语·言语》。

曰："此树婆娑，生意尽矣！……昔年移柳，依依汉南；今看摇落，凄怆江潭。树犹如此，人何以堪！"当代伟人毛泽东晚年曾多次让人诵读这篇《枯木赋》。

东晋名士还非常珍惜人世间的情谊，亲朋好友的每一次分离都给他们带来哀伤，经常要难过上好几天。如谢安曾说："人到中年以后，特别伤于哀乐。每次与亲友分别，总要难过好几天。"生离如此，死别更是凄厉感人，悲剧美感也更加强烈。如《世说新语·伤逝》记王徽之（字子猷）哭悼王献之（字子敬）："王子猷、子敬俱病笃，而子敬先亡。子猷问左右：'何以都不闻消息，此时已丧矣？'语时了不悲。便索舆来奔丧，都不哭。子敬素好琴，便径入坐灵床上，取子敬琴弹，弦既不调，掷地，云：'子敬！子敬！人琴俱亡。'因恸绝良久，月余亦卒。"其兄弟情深感人肺腑。另外，大名士刘惔（字真长）哭王濛也一样感人至深，《世说新语》记："（王长史）及亡，刘尹（惔）临殡，以犀柄麈尾著柩中，因恸绝。"[1] 这种临亡"恸绝"正是东晋名士独有的深情。

另外，国家的前途、个人的遭遇也都是东晋人重情、伤感的触发点。如袁宏（字彦伯）做安南将军谢奉的司马，朋友送他离京至濑乡，将别之时，倍感凄惘，袁宏不禁叹道："江山寥落，居然有万里之势。"[2] 这一感叹，既表达出对国家的担忧，又寓含着个人内心的辛酸，这是时代造就出的敏感心灵，是面对山河破碎而喷薄涌出的伤感情怀，同样令人心酸泣下。

三、凭心而动　任率自然

凭心而动、任率自然最能体现魏晋名士们注重自我的文化性格。如西晋人张翰（字季鹰），家在江东。他在洛阳做官时，一日因见秋风起，顿起家乡莼菜鲈鱼之思，幡然说："人生贵适志，安能羁宦数千里以要名爵？"即时挂印东归，传为美谈。到了东晋，名士们更视自己为天下第一流的人物，他们不拘小节，高蹈尘世，纯任个性，放纵自我，不愿受任何约束。如王徽之家住山阴（今浙江绍兴），有一夜天降大雪，他半夜醒来，一面命家人酌酒，一面欣赏四周皎洁一片的世界，突然涌动出思念好友戴逵（字道安）的情绪。当时戴逵在剡（今浙江嵊县），王徽之竟不惮路远，"即便夜乘小船就之。经宿方至，造门不前而返"。人问其故，他称："吾本乘兴而行，兴尽而返，何必见戴？"[3] 这种将自己置于一切社会生活之上，一切以自己的情绪为标准，是东晋名士的突出特点。

东晋名士不仅十分重视自己的情绪，格外尊重自己的情绪，畅快淋漓地表现、宣泄这种情绪，同时也体味这种情绪的畅快淋漓。如王献之路经吴地，听说当地名士顾辟疆有座名园，他与顾辟疆并不相识，却径直去顾家赏园。当时，正值顾家宴请朋友，王献之也全然不

① 《世说新语·伤势》。
② 《世说新语·言语》。
③ 《世说新语·任诞》。

顾，并不与主人打招呼，只管自己游览，之后还指手画脚地品评优劣，惹得顾辟疆勃然大怒，将王献之的仆从赶出门外。王献之坐在肩舆中等仆从来抬，许久不见人来，于是就让主人送他到门外，但仍是一副不屑搭理的样子。① 王献之这种只管满足自己的意愿，全然不顾主人家的感受，即使受到粗暴对待也毫不在乎，仍然怡然不屑的表现，正是当时名士的风度。另外，王徽之也有类似的故事。《世说新语·简傲》记："王子猷尝过吴中，见一士大夫家极有好竹，主已知子猷当往，乃洒扫施设，在听事坐相待。王肩舆径造竹下，讽啸良久，主已失望，犹冀还当通（通报）。遂直欲出门。主人大不堪，便令左右闭门，不听出。王更以此赏主人，乃留坐，尽欢而去。"《世说新语·简傲》还记载一更绝的故事："王平子出为荆州，王太尉及时贤送者倾路。时庭中有大树，上有鹊巢，平子脱衣巾，径上树取鹊子，凉衣拘阆树枝，便复脱去。得鹊子还，下弄，神色自若，旁若无人。"这种张扬的个性，不自矜持的本色，实际上表达的是名士对生命本身的深爱。

四、不邀世宠　轻待权贵

不邀世宠、轻待权贵这股风气始于东汉末年。如名士李充本受大将军外戚邓骘的赏识，一次到邓家赴宴，因谈论名士的话题与邓骘意见不合，邓骘便夹起一块肉欲堵其嘴，不让他继续说下去，谁知李充不给面子，弃肉于地，称："谈论名士比吃肉更有味道。"并愤而离去。当有人责怪李充这样做不仅"刺激面折，不由中和"，也不利于子孙时，他慨然答道："大丈夫居世贵行其意，何能远为子孙计哉！"显示出顶天立地的大丈夫气概。再如著名文人祢衡更是当时恃才傲物、目空王侯的响当当的人物。他除对孔融（字文举）、杨修（字德祖）的学问略有赞赏外，将其他名士一律视为出己之下，常称："大儿孔文举，小儿杨德祖，余子碌碌，莫足数也。"其时祢衡不到 20 岁，而孔融已 40 岁。不仅如此，就连身为丞相的曹操也不被祢衡放在眼里。曹操爱才，一心想见他，祢衡不仅不愿前往，还说了很多难听的话。曹操为了煞煞他的傲气，令他为鼓史当众击鼓，以示羞辱。谁知祢衡竟在大庭广众之下面不改色地褪光衣裤，赤身裸体地站在众人面前慢慢地换上鼓史之服，毫无羞怯之状。弄得曹操哭笑不得，无可奈何地说："我本来想借此羞辱祢衡，却不料受到祢衡的羞辱。"之后，祢衡又来到曹操大营前，手拿 3 尺大杖，捶地大骂。曹操碍于祢衡的名气，虽然气愤得不得了，但还是忍下了这口气。后人据此故事写成戏曲剧本《击鼓骂曹》，广为传唱。

到了东晋，由于士族势力与皇权平行，甚至超越皇权，在这种门阀政治的特殊背景下，名士更是追求人格上的平等，绝不以政治地位的高低论英雄。《世说新语》载：桓温问大名士刘惔对会稽王的看法，刘惔毫不犹豫地回答：属于第二流中人。桓温问他谁是第一流的人，刘惔骄傲地回答："正是我辈耳。"② 会稽王就是后来的简文帝司马昱，地位如此之高却

---

① 见《世说新语·简傲》。
② 见《世说新语·品藻》。

不被名士放在眼里。名士戴逵博学善属文，能鼓琴，工书画。武陵王司马晞派人召他去表演，他竟破琴说："戴道安不为王门伶人。"还有，名士殷浩少有美名，精通《老子》、《易经》，与权臣桓温齐名。桓温"常有竞心"，一次问殷浩："卿如我何？"殷浩回答："我与你周旋久，宁作我。"① 以第一流人物自居，毫无愧色。在玄学思潮的启迪下，东晋名士往往口出狂言，这在当时是常见的现象，所以并没有引起太多非议。可见这个时代对人的个性、价值都是十分重视的和尊重的，这一点在中国历史上的确不多见。

东晋名士王徽之与右军将军桓伊（字自野）的平等交往更令人称道。王徽之与桓伊二人并不相识。桓伊擅长吹笛，时称"江左第一"，王徽之听说，一直心向往之。一次二人相遇，当时王徽之在船上，桓伊在岸上乘车而行。王徽之让人传话给桓伊说："听说你笛子吹得很好，能否为我一奏？"桓伊素闻王徽之的名字，"即便回下车，踞胡床，为作三调。弄毕，便上车去，客主不交一言"。② 这件事的迷人之处首先在于二人始终不曾交谈一言，其次在于二人地位悬殊。桓伊是东晋名将，在淝水之战中立有大功，当时极为显贵，而王徽之不过一名士而已，但他敢于呼桓伊吹笛，而桓伊也没有觉得有什么不妥。东晋人旷达的品格与风度从中得到了鲜明的体现。

儿子如此，其父更加了不得。王徽之、王献之的父亲王羲之还有叫绝的故事呢！王羲之是帮助晋元帝司马睿建东晋的丞相王导的侄子。一次，太尉郗鉴派门生到王导家送信，希望从王氏子弟中寻觅一快婿，王导让门生去东厢房自己查看。门生回去报告说："王氏子弟都非常优秀，但一听说选婿之事，都未免过于矜持做作。只有一人躺在东床上袒露着肚子，如若不闻。"郗鉴说："这正是我的佳婿。"一打听，才知是王羲之，于是将女儿嫁给他。③这就是有名的"东床坦腹"的故事。同样，这件事的迷人之处也在于两个方面：一方面王羲之坦腹东床"如若不闻"，另一方面郗鉴却认定这便是自己的乘龙快婿，这种事情以后难得再见。而王羲之坦腹东床"如若不闻"，则充分体现出东晋名士不邀世宠、以本色为上的真性情。

五、处惊不乱　镇定自若

处惊不乱、镇定自若表明的是魏晋名士内心的坚定，以及不受外物所扰的雅量，也是他们注重自我的鲜明体现。在《世说新语》中被列为第一雅量之人的是东吴的顾雍。顾雍的儿子顾邵死在豫章太守任上，顾雍接信，见里面没有儿子的亲笔信，心已明白。此时，他正聚集一帮僚属下围棋。他表面上依旧神气不变，但亡子之痛，心如刀割，以至"以爪掐掌，

---

① 见《世说新语·品藻》。
② 见《世说新语·任诞》。
③ 见《世说新语·雅量》。

血流沾裤"。① 另一个与之相似的故事是关于东晋谢安的。谢安任宰相时，孝武帝太元八年（公元 383 年）北方前秦皇帝符坚率军来袭，双方在淝水交战，指挥晋军的是谢安的侄子谢玄。当时两军兵力对比悬殊，前秦军有 90 万，到达前线的也有二三十万，而晋军只有 8 万，虽是精兵，但毕竟人少。在指挥这场生死攸关的战争中，谢安始终镇定自若，持必胜信心。当前线捷报传来时，谢安也正在与客人下围棋，接到战报略读完毕后即搁置一边，不动声色地继续下棋。客人忍耐不住，询问战况，他才徐徐答道："小儿辈大破贼。""意色举止，不异于常"。② 待送走客人，谢安抑制不住兴奋的心情，大步往回走，脚下木屐的踏齿打在门槛上脱落以至走路高低不平，他都不知道。顾雍和谢安这种雅量显示出第一流名士的风采，被时人看作是了不起的风度。

稽康是正始年间第一等名士，其在生死之际所表现出的视死如归的风度，也令时人叹为观止。曹魏元帝景元三年（公元 262 年），稽康受司马氏冤诬，押赴刑场执行死刑。或许因名士身份，或许因中散大夫官职，稽康没有被绑缚，他从槛车中走出来后，便安详地盘腿而坐。四周士兵围成一个大圆圈，精神高度紧张地戒备着。一会儿，稽康抬头顾视日影，见太阳尚未及午，便向陪伴他的哥哥稽喜索琴而弹。一曲感动天地、惊泣鬼神的《广陵散》之后，稽康从容就义，闻者无不为之动容。面对死亡，南齐张融也有可圈可点的风度。他曾为夷贼捕获，夷贼想杀而食之，张融毫不惧怕，神色镇定，用洛阳方音高声吟咏，夷贼甚感惊奇，以为神人，遂将他放了。

西晋王衍（字夷甫）则有另外一种雅量。一次，他与王导一起参加族人的宴会，席间王衍问一个人："我以前托你办的事，怎么一直没办？"谁知那人竟然恼羞成怒，拿起食盒掷在王衍脸上。王衍丝毫不见怒容，他一言不发，擦洗完毕后，拉着王导一同离去。后人评论说："王夷甫盖自谓风神英俊，不至与人校。"正因为名士们自视清高，所以不滞外物，不会因外物干扰自己的内心，面对突如其来的变故，总能保持内心的平衡和潇洒的风度。魏晋名士这种气度雅量、风神洒脱不仅深受当时人的推崇，而且也为后世树立了楷模。

六、纵酒为达　挥麈如仙

纵酒为达、挥麈如仙既是魏晋名士们注重自我的体现，更是张扬人性的表现。酒与魏晋名士关系密切，关于酒他们有许多经典的论说，因为酒他们有更多的任达放诞之举，所以饮酒成了魏晋风度必不可少的主要内容之一。检点魏晋文人的文章，几乎没有能离开酒的。不论是悲是喜，是欢聚是离别，魏晋名士都要通过酒来发泄自己的情感。他们借酒浇愁，借酒放达，借酒抒情，借助酒来表达自己的真性情，同时又在酒中发现真趣味。所以，东晋大诗

---

① 见《世说新语·雅量》。
② 见《世说新语·雅量》。

人陶渊明曾说："酒中有深味。"另一名士王荟也说："酒正自引人著胜地。"① 而王恭（字孝伯）更是明确宣布："名士不必须奇才，但使常得无事，痛饮酒，熟读《离骚》，便可称名士。"②可见饮酒被当作做名士的一个重要标识。

刘伶曾作《酒德颂》，因而被后人奉为"酒仙"。他性颇通达，为人不妄交游，亦不治家产，常乘一鹿车，携带一壶酒，让人扛着铁锹跟在后面，说："如果我死了，就地埋掉算了。"他因饮酒太多，其妻子曾将家中酒具全部砸掉，将酒全部泼掉，并哭着劝他戒酒，但他无动于衷。③ 阮籍也好酒，他听说步兵厨中有好酒，便立即申请做步兵校尉，上任后先入厨中，与刘伶一同畅饮。④ 张翰也有关于酒的名言，因其纵任不拘，有人劝他说："卿乃可纵适一时，独不为身后名邪？"他说："使我有身后名，不如即时一杯酒。"⑤ 周顗任尚书仆射时，经常喝得大醉，一月中竟只有几日清醒，时人号为"三日仆射"。当然，名士们喝酒也给后代造成严重危害，体会"酒中有深味"的陶渊明嗜酒成性。有人说："渊明之诗，篇篇有酒。"正因他大量饮酒，导致他的 5 个儿子全部智力低下。

魏晋名士不仅与酒结下了不解之缘，而且以麈尾作为自己的标志。麈是鹿的一种，据说鹿之大者为麈，在群鹿中以尾调度指挥群鹿的行动，因此挥麈尾便有"领袖群伦"之意。魏晋名士清谈时总要手捉一柄麈尾，如《世说新语》说王衍"妙于玄谈，恒捉白玉柄麈尾，与手都无分别。"⑥麈尾既作为身份的标志，也显示名士的风流。正如南朝梁元帝萧绎《麈尾诗》中"匣上生光影，毫际起风流"的赞句，名士们追求的是在挥麈之际顿然生出的无限风流。不仅如此，名士们还往往把麈尾视为自己生命的一部分。东晋名士王濛临终前，"寝卧灯下，转麈尾视之，叹曰：'如此人，曾不得四十！'"其死后，他的好朋友、大名士刘惔亲手把麈尾放在棺内随葬。⑦

七、崇拜美色　风流自赏

崇拜美色、风流自赏也是魏晋南北朝文化注重自我、张扬人性的鲜明体现。魏晋时期人们对形体美的崇拜与追求超过历史上其他任何时代。在当时，一个人长得魁伟、漂亮，不仅能得到社会认可，而且还能顺利踏入仕途，因此这一时期的男子甚至比女子更加注重自己的容颜外貌。例如，何晏本已"美姿仪，面至白"，面色白得令曹丕怀疑他"傅粉"，但为了突出自己皮肤的白皙，他在大夏天猛食"热汤饼"（面条），搞得大汗淋漓，然后用红衣服

---

① 见《世说新语·任诞》。
② 见《世说新语·任诞》。
③ 见《世说新语·任诞》。
④ 见《世说新语·任诞》。
⑤ 见《世说新语·任诞》。
⑥ 见《世说新语·容止》。
⑦ 见《世说新语·伤逝》。

试汗，使面色显得越发皎洁。①潘岳是当时有名的美男子，皮肤煞白，另一名士夏侯湛皮肤也很白，与潘岳"并有美容"，为了取得更好的效果，二人"喜同行"，时人谓之"连璧"②。另外，名士卫玠长得也很美。据说他小的时候乘坐白羊车在洛阳市上走，看到的人都说："看！谁家的璧人？"卫玠的舅舅王济也是风姿俊爽之人，但每次见到卫玠，总是叹道："明珠在旁，朗然照人！"可见卫玠确实漂亮。《世说新语》中有这样一个故事，卫玠去建康，建康人观者如堵，人山人海，卫玠本来有弱症，结果不堪劳苦，一病而死，时人流传"看杀卫玠"的时髦语。

魏晋时期有着姣好容貌的男子常常使得羞涩的女性也情不自禁地公开表达自己的爱慕之情。据说当美男子潘岳走在街上时，沿途少女少妇多被其翩翩风度所倾倒，她们丝毫也不掩饰自己的私心爱慕，纷纷向他投以瓜果。另有个故事称，诗人左思长得相貌丑陋，于是想仿效潘岳，结果遭到沿途少女少妇们的唾骂，搞得狼狈不堪。在又一个故事里，左思则换成了张载。张载也是西晋诗人，与左思、潘岳同时。上述故事不一定是真实的史实，但反映的背景却是真实的，它们准确地描绘出魏晋时人对形体美的崇拜与追求。正因为魏晋名士注重自己的形体美，所以使这个时期的文化沾染上浓烈的烟水之气，这实际上展示的是"人的自觉"的开始，是与魏晋南北朝时期正值中国文化由童年期向青年期转变这样的时代特征完全吻合的。

魏晋风度之所以令后世羡慕不已，是因为它是特定时期的文化现象。说它独特，是因为魏晋时期独有的历史条件造就了魏晋名士，这个条件就是门阀世族的形成及其在经济、政治、文化等领域中所占的统治地位、所发挥的主导作用，这是任何一个时期所不具备的，所以它既不可再现，也不可模仿。

总之，魏晋南北朝时期对中国历史和中国文化发展的作用是不容低估的，没有这个时期的文化多元局面的形成，没有这个时期的民族大融合，就不会有以后强大的隋唐王朝，也不会有隆盛无比的隋唐文化的发生。

---

① 见《世说新语·容止》。
② 见《世说新语·容止》。

第八章　中国文化的隆盛时代
——隋唐时期

隋唐时期是中国封建历史上第二次大统一时期。到这个时期，中国进入文明时代已有两千六七百年的时间，进入封建时代也有一千多年时间了。经过数千年的发展，中国文化终于发展成熟，进入到鼎盛时期，并呈现出气度恢弘、史诗般壮丽的隆盛景象。

第一节　隋唐文化隆盛的背景

隋唐文化的隆盛，首先得益于魏晋南北朝文化多元化发展的成就，以及民族大融合的丰富成果。文化多元化发展解放了思想，开拓的视野，使隋唐文化具有更加宽广的眼界和胸怀；民族大融合为汉族文化注入新鲜血液，改变了农耕文化的惰性，使隋唐文化比秦汉文化更加积极、健康、大气。其次得益于地主阶级内部的深刻变化。这种变化，改变了士族地主把持朝政的局面，使庶族地主成为政治的主导，促使隋唐文化走向欣欣向荣，蓬勃发展。第三得益于隋唐经济的发达和政治的清明。经济的发达、政治的清明既是隋唐文化隆盛的基础，也是文化隆盛的重要组成部分。

一、民族融合继续发展

隋唐时期，魏晋南北朝民族大融合的成果已突出显现出来，匈奴、鲜卑、羯、氐等北方少数民族已与汉族彻底融合，这些族名也都变成了历史名词，所以隋唐文化带有相当浓厚的"胡味"。实际上，隋唐两朝的皇族本身就是民族融合的结晶，具有少数民族血统。如隋文帝杨坚的母亲、妻子都是鲜卑人，李世民的母亲也为鲜卑人。因此，这一时期发生的隋炀帝杨广霸占兄嫂，唐高宗李治迎娶寡母，唐玄宗李隆基强抢儿媳，乃至武则天的女人称帝等，或多或少地都是受到胡文化影响的结果。

这一时期民族融合的规模虽不及魏晋南北朝时期，但仍有新的发生。如唐太宗李世民打败东突厥①后，将10万降众安置在东起幽州（今北京）、西至灵州（今甘肃灵武）一带，并封突厥贵族100多人为将军、中郎将等五品以上官职，入居长安的突厥人将近1万家。这些突厥人后来逐渐汉化，与汉族融合了。另外，当时活动今内外蒙古和新疆天山一带的回纥族与唐朝往来极为密切，来唐经商的常达千人，有的甚至远及长江和珠江流域。他们中有不少人在长安建造房屋，与汉族通婚，娶妻生子。

为了团结少数民族，唐朝曾将"李"姓大量赐予少数民族的上层贵族，如唐玄宗曾赐黑水靺鞨首领姓"李"。11世纪初建立西夏的党项族首领李元昊的"李"姓，也来自其祖上所得到的唐朝赐姓。唐朝这种大规模的赐姓，对促进少数民族与汉族的融合具有重大意义。"李"姓在今天成为中国数一数二的大姓，其渊源就在唐朝。

胡汉文化的融合，使隋唐文化显得格外有生气，并充满了尚武的精神。如韦应物的诗《寄畅当》："丈夫当为国，破敌如摧山。何必事州府，坐使鬓毛斑。"男子汉大丈夫的英勇气概直冲云霄，令人回肠荡气，格外振奋。这种文化精神，加上经济、政治上的积极因素，使唐朝得以广拓疆土，不仅先后灭亡东、西突厥和薛延陀，并且降服吐谷浑、回纥、吐蕃、南昭、靺鞨等强悍部族。更重要的是，这种积极进取、英姿勃发的气质推动了隋唐文化隆盛的实现。

二、地主阶级结构发生深刻变化

隋唐时期地主阶级结构发生深刻变化体现在两个方面：一方面世族制遭到破坏，门阀地主势力衰落；另一方面庶族地主成为历史舞台上的主人翁。

（一）世族门阀地主势力的衰落

自秦汉以来，地主阶级分成两个阶层：士族地主、庶族地主。士族地主的前身是秦汉时期的"豪强地主"，来源有两个：一是战国六国旧贵族之后；另一是秦汉当朝的宗室贵族和大官僚，尤其是西汉初年起自布衣的新贵。

战国六国旧贵族虽然随着秦朝的统一而亡了国，在政治上暂时失去了权力，但在经济上还有很大的势力。秦及汉初的统治者出于稳固统治的需要曾对他们进行打击，如实行"迁豪"政策，将他们迁离势力盘根错节的旧地，减少他们对中央集权制的威胁。但是，由于他们与秦汉当朝者同属统治阶级，根本利益是一致的，所以秦汉统治者对他们既有打击的一面，又有安抚的一面，使他们的势力始终存在。在汉初的休养生息中，他们的经济实力得到很大的增强，西汉中期以后这部分人的政治势力也随之迅速发展起来。至于秦汉当朝的宗室贵族和大官僚，更是依仗特权地位，在政治上大权在握，在经济上占有大量土地，掠夺大量

---

① 东突厥：突厥的一支，曾控制东起兴安岭、西到阿尔泰山的广大地区，贞观四年（公元630年）为唐所灭。另一支西突厥，在高宗显庆四年（公元659年）亦为唐所灭。

财富，在地方上形成大大小小的势力，横行乡里，违法逾制。

西汉中期以后，豪强地主的势力膨胀发展起来，甚至与官府分庭抗礼，决定封建政府的命运，如东汉政府就是在豪强地主的支持下建立起来的。东汉王朝建立以后刘秀曾大封功臣365人，这些人都是支持刘秀建立东汉的各地豪强地主。这些功臣，加上外戚45人，一共是410人，他们与宗室皇族合在一起，形成势力极大的政治集团，构成了东汉豪强地主的核心。东汉皇室的嫁娶大体不出这个集团的范围，重要的官职也基本上从中选取。如刘秀的功臣邓禹家族在东汉一朝有29人封侯、2人称公，大将军以下13人，中二千石14人，列校22人，州牧、郡守48人，任其他一般官职（侍中、将、大夫、郎、谒者）更是数不胜数。豪强地主势力一直左右着东汉政府。例如，光武帝刘秀为加强中央集权曾实行"度田"，以清查全国土地、人口，结果由于遭到豪强地主的强烈反对，最终只得不了了之。而从和帝以后，宦官、外戚交替执政、互相倾轧的背后，实际上都有地方豪强地主的支持。

到魏晋南北朝时期，豪强地主势力更加迅猛地发展起来。三国曹魏政权为了保证世家大族能够长期操纵政权，实行了一种特殊的选官制度——"九品中正制"。其主要内容是，在各州、郡、县等地方政府设置"中正官"，由他们负责察访本地的士人，分别评定为上上、上中、上下、中上、中中、中下、下上、下中、下下三等九级，叫做"九品"。中正官在评定人物等级的时候，主要考虑他们祖先做过什么大官，有几代人做官，谓之"家世"，也称"品"，然后再看本人的才德，谓之"状"。中正官根据被评者的"品状"划分出品级，向主管选吏的吏部推荐。吏部根据中正官的报告，依品授官，名列高品的做大官，名列下品只能做小官。已经授官的，定期由中正官负责向吏部推荐升降。九品中正制实行之初，中正官还比较注意社会舆论，因此曾选出一批比较有才干的人。但是，由于担任中正官的都是世家大族的代表，他们在品评人才的时候有意偏向世族，压制寒门，这样逐渐造成品评中"上品无寒门，下品无势族"的现象，最终在地主阶级中形成了一个特殊的士族阶层。

在当时，只有祖辈都做大官的人才被承认世族身份，高级官吏的选拔都局限在他们中间，于是很快形成"公门有公，卿门有卿"世代相传、等级森严的门阀制度[①]。士族地主与下层庶族地主（亦称"寒门地主"）之间界限分明，庶族地主不仅政治上受歧视，只能担任小官、小吏，而且在社会生活中被严格禁止与士族交往、通婚等。

士族地主的特征是：政治上享有特权，经济上占有大量土地和私人隐匿人口，军事上拥有私人武装，并建立堡垒自保，在地方上鱼肉乡里，称王称霸。由于他们世代为高官，所以也称为"世族地主"，如弘农（在今陕西）的杨氏，自杨震、杨秉、杨赐到杨彪，四代作太尉；汝南（今河南商水西南）的袁氏，从袁安到袁隗，四世中有5人作三公。再由于他们从中央到地方都拥有很大的势力，所以也称"势族地主"。又由于他们是当时的文化阶层，所以又称为"士族地主"。还由于他们组成了一个又一个以血缘为核心的家族团体，所以亦称"氏族地主"。士族地主往往聚族而居，有的大族十几代不分离，上百年都居住在同一个

---

① 门阀地主：亦称阀阅地主。阀阅，即古代仕宦人家大门外的两个柱子，左为阀，右为阅，常用来榜贴功状。

地区，死后就埋葬在家族的墓地。这样的墓地今天有出土，有的绵延达 200 多年之久。

魏晋南北朝时期，士族地主是地主阶级中具有特殊身份的豪族大姓。这个时期各个王朝的建立必须得到他们的支持，否则根本没法立足。甚至北方少数民族建立政权时也必须顺应魏晋以来的政治潮流，尽可能地获取汉族士族的支持。当时，士族地主不仅是各个王朝立国的政治基础，而且还在一定程度上保证了王朝的延续。如东晋时经常有士家大族起来造反，但是由于各个大族之间势力相对平衡，相互牵制，所以东晋得以度过一次又一次统治危机，维持了 104 年。

前一章已讲，士族地主是中国古代地主阶级中最为腐朽荒淫的一个阶层。到魏晋南北朝末期，士族地主已经走向下坡路，隋唐时期士族地主的挽歌越奏越响。首先是隋末农民起义给予士族地主致命的一击。据记载，起义军"得隋官及士族子弟，皆杀之"①。因而到唐朝初年，许多门阀大族都衰落了，在经济上"身未免于贫贱"②，在政治上"官爵陵替"③，威风大不如从前了。其次，隋唐政府采取一系列政策，进一步打击士族地主势力。如在经济上推行均田制，限制士族地主的土地兼并，抑制其势力的发展；在政治上实行"崇重今朝冠冕"政策，只看今朝政治地位，不再看家世。如武则天下令，一律以官职高下为标准，分成九等，官至五品者，皆升列士族。于是，从士兵出身立军功至五品者，也可以跟过去的士家大族并列在一个等级中间，严重破坏了士族地主的内部结构。另外，通过重修《氏族志》，再从根子上破坏士族地主的体系。如唐太宗李世民重编《氏族志》时，将皇族李氏提为第一等，而将山东老牌士族崔氏抑为第三等。山东士族是汉魏以来的传统势力，社会地位最高，李氏来自关陇士族，地位较低。唐太宗李世民此举打破了几百年来士族制的传统，动摇了士族制度的命根子。唐高宗李治时，武则天重修《氏族志》，改称《姓氏录》。武则天的父亲原是木材商人，唐初曾任工部尚书，后死在荆州都督任上，根本不属士族地主阶层，但她下令武家位列士族榜第一等，并将以前的旧士族压得更低，这样士族阶层的"纯洁性"遭到更为严重的破坏。

唐末农民大起义是对士族地主进行的最后一击，在这次起义中大量士族地主死于非命。诗人韦庄在《秦妇吟》里曾描写，黄巢进入长安后，没有逃跑的贵族几乎全部被杀，"天街踏尽公卿骨"，官僚、贵族所受的打击之重可见一斑。黄巢大起义之后，在中国历史上活跃了 1000 年左右的士族地主终于退出了历史舞台。郑樵在《通志》中说，自五代以后，"取士不问家世，婚姻不问阀阅"④，足见士族地主势力及门第制度和观念都已从历史上消失了。

（二）庶族地主成为历史舞台上的主人翁

与士族地主衰落的同时，庶族地主逐渐成为历史舞台上的主人翁，占据显赫职位。隋唐

---

① 《资治通鉴》卷 183。
② 《唐会要》卷 83。
③ 《资治通鉴》卷 195。
④ 《通志·氏族志》。

时期，庶族地主进入高层管理机构主要有两个途径：一个是非常规的，由皇帝直接从寒门中提拔；另一个是常规的，通过参加科举考试脱颖而出。

唐太宗李世民曾极力选拔寒门精英出任中央要职，贞观名臣中不少都是出身低微者。如魏徵少孤贫，曾为道士，官至秘书监，参与朝政；戴胄出身录事①，官至户部尚书，参与朝政；马周起自布衣，官至中书令；尉迟恭出身铁匠，官至襄州都督；秦琼出身小军官，官至左武卫大将军；而张亮则干脆出身于农民之家，最后官至刑部尚书。

科举制由隋朝开始创设。隋文帝杨坚废除曹魏以来的九品中正制，于开皇七年（公元587 年）设立志行修谨、清平干济 2 科，此为科举制之雏形。以后，隋炀帝杨广设置进士科，科举制正式诞生。唐朝时，于进士科之外，复置秀才、明经、明法、明书、明算诸科，又有一史、三史、开元礼、童子、道举等科。考试及第（亦称"登科"）后，还要参加吏部复试——释褐试；复试通过后，经尚书省、门下省审核方可授职做官。武则天创行殿试，规定考取者还要由她亲自口试。武则天还增设武举，给习武之人开辟了一条出路。另外，由皇帝特诏举行的考试科目称"制科"，如贤良方正直言极谏科、才识兼茂明于体用等，录取者优予官职。科举制的施行，使大批地主阶级的中下层士子被选拔进统治集团。有一次，唐太宗到端门看到新进士排着队出来，高兴地说："天下英雄都到我这来了。"据记载，在贞观23 年时间中，共录进士 205 人，而在高宗和武则天统治的 55 年中，据不完全记录，进士就有 1000 多人。

隋唐时期庶族寒士的参政具有如战国秦汉时期新兴地主阶级刚刚夺取政权、统一中国一般的心气——在被压抑了数百年后，终于可以在历史舞台上一展自己的才华了。他们以饱满的激情、高昂的兴致，走到政治舞台的中心位置。在当时国力蒸蒸日上的大背景下，他们对自己的前途和未来充满了自信，心中涌动着一泻千里的热情和兴奋，因此赋予隋唐文化一种明朗、高亢、奔放、充满激情的时代气质。

三、社会经济高度发展

隋唐时期是中国古代经济发展的第二个高峰期。这一时期，生产力发展水平又达到了一个新的高度，其标志是曲辕犁和筒车在农业生产中的使用。曲辕犁亦称"江东犁"，由 11个部件构成，较之以前的犁有三大改进：一是将直辕改成曲辕；二是增装了犁评；三是增装了犁壁。直辕改成曲辕，缩短了犁的长度，减轻了重量，便于灵活操作，而且更能大大节省气力；增装犁评，可以控制犁地的深浅，适应深耕或浅耕的不同需要；增装犁壁，可以将犁镵（犁头）翻起的土推到一旁，减少犁地时所受的阻力，提高耕地的速度。这种犁在今天一些农村地区还能见到它的影子。筒车是灌溉器具，实际上就是式样各异的水车。水车轮四周绑缚着竹筒、木筒，利用水力带动水车轮转动将水连续不断地浇灌到农田里，其功效较之

---

① 录事：掌管文书的低级官吏。

人力灌溉大为提高。

生产力的提高必然促进农业经济的发展，这从隋唐丰富的粮食储备即可看出。隋朝著名的大粮仓有：大兴（隋京城，即今西安）的太仓，东都（洛阳）的洛口仓、回洛仓、含嘉仓，华州（今陕西华县）的永丰仓，陕州（今河南三门峡市）的常平仓等。储粮多的 2400 多万石，少的也有几百万石。唐太宗李世民曾说：到隋文帝末年，天下储备足够国家五六十年的支出。① 而唐朝鼎盛时的玄宗天宝八载（公元 749 年），政府粮仓中储存的粮食竟达 9600 万石，当时的人口也不过近 5300 万人。唐朝诗人杜甫曾在《忆昔》诗中描绘盛唐的繁荣："忆昔开元全盛日，小邑犹藏万家室。稻米流脂粟米白，公私仓廪俱丰实。九州道路无豺虎，远行不劳吉日出。齐纨鲁缟车班班，男耕女织不相失。"诗中虽有过溢之辞，但还是从一个侧面反映出当时农业生产发展、粮食产量丰富、物价便宜、交通发达的情况。

1971 年，考古工作者对位于今河南洛阳市北的含嘉仓进行了发掘。这个隋唐时期著名的粮仓，占地面积十分广大，东西长 600 余米，南北长 700 余米，共有粮窖 400 多个；最大的粮窖可藏粮一万数千石（唐朝一石约等于今 60 公斤），小的可藏粮数千石，共储粮近 600 万石。

当时经济的富足还表现在隋炀帝杨广无比好大喜功的种种行径上。隋炀帝营建东都洛阳时，皇宫用的柱梁远从今江西运去。一根大柱要用两千人拉，运到洛阳需要数十万工。他在洛阳西郊修建了一座大花园，名"西苑"，周围 200 里。西苑里的奇花异草、珍禽怪兽，多从南方各地收罗，耗费了大量财力和人力。他曾三游江都（今江苏扬州），随行的王公贵族、官员、宫妃和僧尼道士一二十万人，乘坐数千条豪华富丽的大船，船头船尾衔接，有 200 多里长，光拉纤的壮丁就有 8 万多人，两岸还有大队骑兵护送，沿途 500 里内的百姓都要贡献珍贵食品，吃不完的，出发前统统埋掉。隋炀帝还连续 3 次发动侵略高丽的战争。第一次出兵 100 多万，结果全军覆没，逃回国内的残兵只剩下 2700 人。三次出兵，负责运送军粮的民伕最多时达 130 万，途中被折磨死的不计其数，尸体遗弃路旁，满路臭秽。为了夸耀自己的国力富强，隋炀帝还有一些可笑之举。如西域商人来隋朝做生意，他下令装饰洛阳市场，用缯帛把树缠上。西域人看了，惊愕地问："中国也有许多贫穷的衣不蔽体的人，为什么不把这些缯帛发给他们做衣裳，把它们缠在树上做什么？"中国官员无言以对。隋炀帝的这些行径对隋朝统治造成严重危害，也给他自己带来灭顶之灾，但从另一方面体现出当时中国的富庶。

隋唐时期的手工业、商业经济也取得了很多成就。如唐朝最发达的手工业部门之一的丝织业，生产出的绢，一匹长 4 丈，却只有半两重。在甘肃敦煌千佛洞中曾发现一种唐代的幡，用绢制成，几乎是透明的，挂在门前不阻碍光线，而且幡的两面都有彩线绣的图画，工艺之精，令人惊叹。当时还有一种比绢还轻的薄纱，是最轻的纺织品，拿在手里轻若无物。再如"唐三彩"，既是唐代陶瓷工艺的新成果，也是我国古代工艺美术品的典型品种之一。

---

① 见《贞观政要·论贡赋》。

随着农业、手工业的发展，唐代的商业经济也得到很快发展，如出现了专供客商存货、交易和居住的邸店，专供客商寄存钱财的柜坊，还有类似今天汇票的飞钱（亦称"便换"）等。

四、政治统治经验丰富

隋唐时期的统治者，尤其唐朝前期的统治者，实行了较之历史上任何时期都要"开明"的政治统治。如实行均田制，把国家掌握的官田、无主地、荒地分配给无地或少地的一部分农民，让他们既有土地耕种，还有土地留传给子孙，同时对豪强地主过多占有土地进行限制。另外，通过实行租庸调税法，减轻农民的赋税、徭役负担，改善百姓的处境，等等。这一时期，有着比较清醒的政治头脑、竭力想取得理想政绩的皇帝一个接着一个，如隋文帝杨坚（公元541—604年）、唐太宗李世民（公元598—649年）、则天大圣周皇帝武则天（公元624—705年）、唐玄宗李隆基（公元685—762年）等。他们的"开明"统治，也促成了隋唐文化向隆盛发展。

隋文帝杨坚于公元581年到604年在位，在历史上属于"一代雄主"。他在位期间不仅结束了南北分裂的局面，重新统一了中国，而且狠狠打击了豪强地主势力。他曾进行多方面的改革，如确立三省六部制，简化地方行政机构，加强中央集权制度，以及扩大垦田面积，免除盐酒商税，等等。这些举措不仅促进了隋朝政权的稳固发展，而且为文化的隆盛奠定了政治基础。他对子女要求非常严格，其子秦王杨浚生活奢侈，违制发放高利贷，杨坚立刻将其罢免。丞相杨素求情，隋文帝说不能因自己的儿子废法。隋文帝还提倡节俭，他的车马用具坏了，只许修补，不许更换新的；平时吃饭只许上一个荤菜；后宫宫女的衣服脏了、破了，想办法缝补好再穿，禁止随意做新衣裳。

唐太宗李世民于公元626年到649年在位，更是历史上少有的"明君"。他28岁当皇帝，51岁去世，在位24年。由于他曾亲自参加过推翻隋朝的战争，亲眼见过、亲身体会过农民起义的巨大威力，深知"水能载舟、亦能覆舟"的道理，所以经常以隋亡为戒，能够比较清醒地接受臣下的进谏。由于李世民比较好地借鉴了以前统治者失败的教训，在位期间实行休养生息政策，所以在他统治期间不仅封建政治比较清明，而且社会经济的恢复和发展也比较快，社会秩序也比较安定，从而为唐朝的强盛奠定了坚实的基础。后世史家将他统治的时期誉为"贞观之治"，成为被后世羡慕的"治世"。李世民也因此成为中国封建帝王中最杰出的人物之一。

则天大圣周皇帝武则天于公元690年到705年在位，是中国历史上唯一正式登基的女皇帝。实际上，从唐高宗永徽六年（公元655年）被立为皇后起，她就开始参与朝政，并很快就与唐高宗李治并称为"二圣"，掌握最高权力。在武则天实际掌权的40年间，其所做出的成绩，不仅不比那些男性统治者差，而且还超过绝大多数男性皇帝。如她所任用的宰相狄仁杰、姚崇、宋璟、张柬之等人，不仅在唐朝，即使在整个中国古代社会都可称得上是"贤相"。正是在这些人的辅佐下，武则天才取得了让后世史家和政治家都无可奈何的骄人成绩。武则天基本上继承了唐太宗李世民所确立的对农民让步的政策，并巩固了唐朝的政治统治，使唐朝的国力继续增强。

唐玄宗李隆基于公元 712 年到 756 年在位，即位时 27 岁，也是一位少年天子。在其统治的前半程，他能够励精图治，锐意改革，先后任用名相姚崇、宋璟等人，整顿武周后期以来的弊政，推动了社会经济快速发展，取得了前所未有的繁荣局面，被后世史家赞誉为"开元之治"。在他统治期间，唐朝发展到极盛。

当然，光有"明君"显然还不够，伴随在他们左右的还有许多名臣贤相。隋唐时期名臣贤相人数众多，他们当中很多人在历史上都是数得着的人才。正是在这些名臣贤相的辅佐下，隋唐的"明君"们才会取得较好的政绩。隋唐的名臣贤相，著名的有以下一些。

高颎（？—公元 607 年），隋文帝名臣，任尚书仆射，执掌朝政。先后推荐苏威、杨素、贺若弼、韩擒虎等人为将相。灭南朝陈时，杨广任元帅，他任元帅长史，主持军事。

魏徵（公元 580—643 年），贞观名臣，以秘书监之职参与朝政，校定秘府图籍。后一度任侍中，封郑国公。他曾陈谏二百余事，提醒太宗"兼听则明，偏听则谄"、"居安思危，戒奢以俭"等。

长孙无忌（？—公元 659 年），贞观名臣，唐太宗长孙皇后兄。他参与决策发动玄武门之变，帮助唐太宗杀死哥哥太子李建成和弟弟齐王李元吉，夺取帝位。他以皇亲及元勋地位历任尚书右仆射、司空、司徒等职，封赵国公。他博涉经史，常以天命安危自任，悉心奉国。

房玄龄（公元 579—648 年），贞观名臣，参与玄武门之变，帮助唐太宗夺取帝位，而后历任中书令、尚书左仆射，长期执政。他善谋划，在职夙夜勤政，不以己长望人，闻人善若己有之，是唐太宗的重要助手，封梁国公。

杜如晦（公元 585—630 年），贞观名臣，累官至尚书左仆射。他临机善断，与房玄龄共掌朝政，订定各种典章制度，时人合称"房杜"。

李靖（公元 571—649 年），贞观名将，军事家，历任兵部尚书、尚书右仆射等职，先后击败东突厥、吐谷浑，封卫国公。

狄仁杰（公元 630—700 年），武后名相。他擅断冤狱，时称"平恕"，还以不畏权势著称，曾劝止武则天建造大佛像。他推荐的张柬之、姚崇等数十人，后来都成为名臣。

张柬之（公元 625—706 年），武周后期宰相。神龙元年（公元 705 年），他领导发动政变，恢复李唐江山。

姚崇（公元 650—721 年），历任武后、睿宗、玄宗宰相。玄宗时纠正当时不敢捕杀蝗虫的陋俗，推行焚埋之法，减轻了灾情。后引宋璟自代，史称"姚宋"。

宋璟（公元 663—737 年），武后重臣，玄宗时继姚崇居相位。他能革除前弊，选拔人才，还主张宽赋役，省刑罚，禁销恶钱，选择人才，使百官称职。

张九龄（公元 678—740 年），开元名相，主张不循赏格选拔人才。玄宗怠于政治，他常评论得失。

如此众多的明君贤相，几乎可以说是史所仅见。

第二节　隋唐文化隆盛的主要特征

隋唐文化隆盛特征的体现是多方面的：一是雄阔壮丽，气势磅礴；二是雍容大气，胸襟坦荡；三是热情奔放，色调明快。

一、雄阔壮丽　气势磅礴

隋唐文化比起秦汉文化来说更加辉煌，甚至可以用史诗般壮丽来形容。隋唐帝国的综合国力比秦汉帝国更加强大，疆域更加广阔，尤其是唐朝疆域空前辽阔。唐朝的实际控制区域，东到大海，南及南海诸岛，西越巴尔喀什湖，东北到黑龙江以北外兴安岭一带。其西部、北部疆界在今天中华人民共和国之外。而唐朝极盛时期，势力所及的范围，东北至朝鲜半岛，西北至葱岭以西的中亚，北至蒙古大沙漠以北，南至南洋群岛，是当时世界上最强大的封建帝国，超过汉朝极盛时期。

强盛无比的隋唐帝国，利用雄厚的经济势力，制作出比秦汉帝国更加雄伟的文化产品，其中特别值得一提的是隋大运河、唐长安城和大明宫。

隋大运河长达四五千里，是世界最长的人工开凿的河道，当然也是世界上伟大的工程之一，而开凿时间仅用了不到 6 年的时间。它以洛阳为中心，西通关中平原，北抵华北平原，南达太湖流域，沟通了海河、黄河、淮河、长江、钱塘江 5 大河流，通航范围大大超过以往。

唐长安城周长 70 多里，南北宽 15 里，东西宽 18 里，近似一个正方形，是当时世界第一大都市，也是世界历史上第一个达到百万人口的大城市。它比明清的北京城大 1.4 倍，是古代罗马城的 7 倍。城内建筑群，分为宫城、皇城、外郭城 3 个部分。宫城在全城北部正中，是皇帝和皇族居住、办公的地方。宫城南面是皇城，面积比宫城略大，是中央百官办公的地方。宫城、皇城之外是外郭城，为居民住宅区，还包括两个商业区——东市和西市。外郭城四面各有 3 个城门，贯通 12 个城门的 6 条大街是全城的交通干线。其中承天门大街和朱雀门大街相互衔接，纵贯南北，成为一条中轴线，把长安城分为东西对称的两部分。街西是长安县，街东是万年县，各有 57 坊和一个市。坊市排列整齐，东西对称，很像围棋的棋盘。城内有 11 条南北大街，14 条东西大街。街道笔直而宽阔，尤其是 6 条主要街道更宽。如朱雀门大街宽 147 米，而位于宫城和皇城之间承天门外的横街竟然宽达 441 米，气势雄伟，令人瞠目。由于街道宽阔，以至经常有人在街边开垦耕地，或在街边建造房屋，引得官府一再明令禁止。这些街道两旁大都种植着整齐的槐树，宫城、皇城里则多种梧桐树、柳树。在树阴的掩映之下，整个都市显得壮观而幽美。我们今天看到的西安城垣，是在明清西安城基础上修复的，它只包括唐长安宫城和皇城的范围，规模小多了，比唐长安城至少小 8

倍（一说为 9.7 倍）。

大明宫位于长安城外东北角，建在俯瞰长安城的龙首岗上。它最初是唐太宗李世民为太上皇李渊避暑而建的，后来唐高宗李治大力经营，改名蓬莱宫，由自己居住。从此，大明宫代替太极宫，成为唐朝皇帝处理朝政之处。大明宫中一共有 24 座宫殿，面积比明清紫禁城大 5 倍。其中的含元殿①面阔 67.33 米，进深 29.2 米，面积为 1966.04 平方米，和现存最大的明朝长陵棱恩殿及故宫太和殿的面积相等。含元殿的殿基高 15.6 米，从殿门到地面有一条长 70 米迤逦而下的龙尾道。整个含元殿建筑群面对着一个南北宽 615 米、东西长 750 米的大广场，总面积 461,250 平方米。这个广场比今天北京的天安门广场还大②，可以容纳 60 几个现代标准足球场③，气魄分外壮观。

二、雍容大气　胸襟坦荡

隋唐是当时世界上最强大的国家，对于来中国的外国人及传入中国的异域文化，它显示出了大国应有的风范，雍容大气，胸襟坦荡。

（一）热情接待外国来客

隋唐时期，尤其是唐朝，与亚洲各国之间经济文化的交往出现了前所未有的盛况。当时波斯、大食、日本、朝鲜、印度、缅甸等国与唐朝往来十分频繁。唐朝首都长安是当时世界上最大的国际性大都市，是亚洲各国经济文化交流的中心，西方和东方的商业、文化都在这里汇集、交流。各国的使者、商人、学者、僧侣、艺术家、歌姬等纷纷云集于此。为接待来自四面八方的政府外宾，唐朝专设鸿胪寺机构。鸿胪寺的主管官员往往就是当时朝廷中的国际政治专家和外国地理专家。在国立最高学府国子学和太学中，都有专门接待外国留学生的安排。长安城中还有专供外国人居住的番坊。据《唐六典》记载，当时西域各国"入居长安者近万家"。长安的那些著名佛寺中，如兴善寺、慈恩寺、青龙寺、香积寺等，都居住着外国高僧。

当时，无论是各国的首领、使者，还是学者、僧侣和商人，隋唐政府都给予周到的接待，甚至有过之而无不及。如隋炀帝于每年正月都要在东都洛阳宴请西域诸国的首领观看百戏。演出时，在洛阳端门外设置戏场，周围有 5000 步，乐队 18,000 人，乐曲声传出几十里，而参加表演的演员更达 30,000 人之众，且个个身穿锦绣缯彩，头戴花帽，手戴玉环，西域人看了惊奇不已。隋炀帝还下令，市中的酒食店全部免费招待西域客商，告诉他们我国

---

① 含元殿是大明宫中轴线上的第一座宫殿，是唐朝皇帝每年元旦、冬至举行大朝会，以及阅兵、献俘等重要仪式的殿宇，性质相当于明清紫禁城的太和殿。

② 天安门广场东西长 500 米，南北宽 880 米，总面积 440,000 平方米。

③ 现代足球标准场地为长 105 米，宽 68 米，面积为 7140 平方米。

富饶，吃饭喝酒向来不要钱。当然，这些情况也表现了隋炀帝的虚伪、浮华和浪费。

唐朝时，西亚有两个重要国家，一个是波斯，一个是大食。波斯即今伊朗，古称安息①，后改称波斯②；大食即阿拉伯帝国。魏晋南北朝时，波斯曾11次遣使来中国，均受到北魏、西魏的隆重接待，为隋唐时期双方交往并向深入发展奠定了基础。波斯被大食灭亡后，末代国君伊嗣俟之子卑路斯携其子泥捏斯于唐高宗咸亨三年（公元672年）率领数千部属来到唐朝。唐朝政府以礼相待，给处在困境中的这对异域父子以最大的安慰。卑路斯到长安后不久去世，其子泥捏斯历经高宗、武后，一直活到中宗时，在长达40多年的时间里始终受到唐朝的关怀与支持。大食建立后，与唐朝的经济文化关系十分密切。阿拉伯帝国的奠基人、伊斯兰教的创始人穆罕默德很羡慕中国文化，他曾说："学问虽远在中国，也要去求取。"他的第三任继承人哈里发在唐高宗永徽二年（公元651年）派遣使者到唐朝访问，唐高宗接见了大食使者。

唐朝时，中国和日本的交往出现高潮。日本同唐朝交往的重要方式是派"遣唐使"③。唐太宗贞观四年（公元630年），日本首次遣使赴唐，此后一直到唐昭宗乾宁元年（公元894年），260多年间日本共派"遣唐使"13次，派船迎送唐朝赴日使者6次，合计19次④。其使团人数少则一二百人，多则五六百人。成员除大使、副使等官员外，还有留学生、学问僧、医生、翻译、警卫及占半数以上的船匠、舵师、水手等。随同"遣唐使"而来的留学生先后共有132人。他们十几年、几十年长期生活在中国，一直受到唐朝政府很好的接待。

唐朝初年，朝鲜半岛上有高丽、百济、新罗3国⑤。3国都相继选派贵族子弟到长安读书，有的还在唐朝为官。新罗统一朝鲜半岛后，中朝双方交往更加密切。尤其唐朝后期，到长安读书的新罗留学生更多。有的新罗学生还在唐朝考中进士，当时称为"宾贡进士"⑥。唐宪宗元和十一年（公元816年）冬，新罗王子金士信到唐朝来，所乘船只被恶浪刮到楚州（今江苏淮安）盐城县，当地官府妥善地安置了他，并及时报告朝廷。同一年，新罗发生饥荒，170名灾民渡海到浙东，也得到唐朝周到的接待。

唐朝时称缅甸为骠国。唐德宗贞元十八年（公元802年），骠国王雍羌派其子舒难陀亲王率领一个35人组成的舞蹈团访问唐朝。骠国舞蹈团先来到成都，受到剑南四川节度使韦皋的接待。韦皋喜爱乐舞，他对舞蹈团美妙的舞姿、悦耳的乐曲及出色的乐器都极为赞赏，逐一做了详细的记录，随后派人护送骠国舞蹈团来到长安。唐德宗李适和许多朝廷官员都观看了骠国舞蹈团在长安的精彩演出。动人心弦的"骠国乐"轰动了整个长安，一时间成为大街小巷谈论的话题。

---

① 安息：因伊朗帕提亚王朝的创建者是安息一世，所以汉时称其国为安息。
② 公元224年，萨珊王朝取代帕提亚王朝，自称波斯，公元651年为大食所灭。
③ 遣唐使是日本对赴唐朝使者的称呼。
④ 日本遣唐使实际到达长安的是18次。
⑤ 高丽在朝鲜半岛北部，百济在西南部，新罗在东南部。
⑥ 宾贡进士：来自邻邦的进士。

唐朝时，客居中国的外国人有不少在朝为官。如在波斯人当中著名的有：波斯大酋长阿罗喊，唐高宗显庆三年（公元658年）出使中国后即留在唐朝，曾代表唐朝出使东罗马等国，立下了功勋，被赐予将军和公爵称号，95岁时死在唐朝。唐肃宗至唐德宗时期（公元756—805年）的名将骆元光，也是波斯人。在朝鲜人中著名的有：黑齿常之，唐高宗时将领，百济人，曾击败突厥；高仙芝，唐玄宗时大将，高丽人，曾击败吐蕃，后死于安史之乱。在日本人中著名的是阿倍仲麻吕（公元698—770年），汉名晁衡。他于唐玄宗开元五年（公元717年）刚满19岁时来到长安，在太学读书，学业完成后留在唐朝任职，没有回国，后来担任了秘书监。

对于各国商人，唐朝政府不仅允许他们来华开展正当贸易活动，而且还给他们创造许多便利条件，允许他们在中国开设店铺。胡姬是当时旅居长安的西域胡人开设的酒店中的侍酒女，在李白的诗中常常可以见到她们的身影，如"胡姬招素手，延客醉金樽"等。当时，几乎所有的大城市，如长安、洛阳、广州、扬州、泉州等，都留下了外商的足迹。波斯等西亚商人垄断了长安城的珠宝生意。广州是当时中国及世界最大的贸易海港，唐末黄巢起义军攻入广州时，死于战乱的外商达12万到20万之多。当时，到唐朝经商的新罗商人也非常多，他们主要活动于北起登州（今山东蓬莱）、莱州（今山东掖县），南达楚州（今江苏淮安）、泗州（今江苏泗洪东南）一带的地区。唐朝曾在楚州等地设置"新罗馆"，专门接待来自新罗的客人。此外，在扬州、涟水、诸城、牟平、文登等许多城市，还住有不少新罗人，他们聚居的街巷，就叫"新罗坊"。

外国人在唐朝经商、旅游或学习还得到普通中国人友好热情的接待，甚至与中国人成为好朋友。唐玄宗时，官员李勉在河南商丘遇到一个因得了重病而行动困难的波斯老人，李勉热心地照料他的生活。波斯老人很感动，告诉李勉自己是波斯贵族，并以一价值百万的宝珠相送。李勉收下宝珠，继续精心照顾老人，并请名医诊治。后来老人死了，李勉在当地埋葬了他，并将宝珠秘密放在老人的嘴里。不久，李勉到扬州，在街上看见有一群波斯人走过，其中有一个年轻人的模样同死去的波斯老人长相极为相像，经过询问，他竟是死者的儿子。李勉非常高兴，告诉他波斯老人的情况。年轻人大哭不止，后来按照李勉的指点，找到父亲的葬地，取走宝珠回国了。

晁衡更是与诗人李白、王维等人友善，结下深厚友谊。唐玄宗天宝十二载（公元753年），已在中国生活35年的晁衡请求随日本"遣唐使"回国，得到朝廷批准，并被任命为代表唐朝回访日本的使者。行前，王维写《送秘书晁监还日本国》一诗："积水不可极，安知沧海东。九州何处远，万里若乘空。向国唯看日，归帆但信风。鳌身映天黑，鱼眼射波红。乡树扶桑外，主人孤岛中。别离方异域，音信若为通。"表达出与晁衡别离的怀念及对他一帆风顺的祝愿。后来，晁衡所乘坐的船在海上遇险，消息传到长安，朋友们以为他死了，十分悲痛。李白写了《哭晁卿衡》："日本晁卿辞帝都，征帆一片绕蓬壶。明月不归沉碧海，白云愁色满苍梧。"流露出深切的哀思。谁知晁卿遇难呈祥，没有死，他随破船漂到越南，又辗转返回长安，一直到逝世。他在中国前后生活了54年。

（二）大胆吸收异域文化

隋唐文化雍容大气、胸襟坦荡的特征在大胆吸收异域文化方面表现得淋漓尽致。在中国历史上，从来没有一个朝代能像隋唐这样，以如此博大的胸襟，在如此广泛的领域，对域外文化进行无所顾忌的吸收。

隋唐时期，南亚的佛学、医学、历算、语言学、音韵学、音乐、舞蹈、美术，东亚的音乐、舞蹈，西亚和西方世界的袄教①、景教②、摩尼教、伊斯兰教，阿拉伯的外科医术、天文、历法、数学和建筑术，乃至马球运动，等等，如八面来风纷纷传入中国，对中国文化产生深远的影响。

比如，唐太宗听说印度制的糖好，就派人到中天竺学习蔗糖制造法，学习回来后，命他们到扬州仿制，制出的糖，色味比印度制造的还好。孙思邈的《千金药方》中列有天竺的药方。玄宗时，僧一行撰写《大衍历法》也参考过天竺历法。唐末僧人守温仿拟天竺梵文字母体系建立起汉语声母系统，奠定了汉语音韵学的基础。

朝鲜人喜好歌舞，他们的音乐舞蹈艺术在南北朝初期就已经传入中国。隋朝时，隋文帝和隋炀帝分别选定"七部乐"③ 和"九部乐"④ 作为宫廷演奏的乐舞，其中都有"高丽乐"。唐朝初年，唐太宗选定"十部乐"⑤，"高丽乐"仍是其中的一部。据记载，在武则天时期，"高丽乐"仍有25套曲谱保存着，但以后逐渐散失了。

摩尼教，又称明教，流行于波斯，因创始人叫摩尼，故名。该教主张世界上有明暗两种势力斗争，最后明胜暗；主张教徒们生活应艰苦朴素，困难互助。武则天时，摩尼教开始在中国流传，后在长安建立摩尼教大云光明寺，并在荆州、扬州、越州等地也建立了寺院。不过，由于摩尼教教义接近农民生活要求，贫苦农民常利用它作为反抗工具，因而受到统治者的排斥。9世纪中叶后，摩尼教转为秘密宗教，在农民中流传。

波斯传入中国的还有"波斯锦"，它以庄重华丽而闻名于世，并对唐朝织锦的风格产生一定的影响。另外，起源于波斯的波罗球艺（即马球）在6世纪时传入中国，后经唐太宗提倡，整个唐朝上层社会都盛行马球戏。以后，历经宋、元及明朝，马球作为一种有益的体育运动，一直盛行不衰。唐末诗人李珣是波斯人后裔，其家世代贩卖香药，所以他又有丰富的药物知识，曾写《海药本草》一书，多记波斯药材，为后世李时珍著《本草纲目》所引用，为中药学发展做出了贡献。

伊斯兰教的传入是在唐高宗时。唐高宗永徽二年（公元651年）唐高宗接见大食使者

---

① 袄教：又名拜火教，流行于波斯，唐以前传入中国。
② 景教：基督教的一支，由叙利亚传来。
③ 七部乐：隋朝的宫廷燕乐舞，包括西凉伎、清商乐、龟兹乐、安国乐、天竺乐、高丽乐、文康乐等。
④ 九部乐：隋炀帝时在原七部乐的基础上增加疏勒乐和康国乐而成。唐高祖时去天竺乐、文康乐，改设宴乐、扶南乐两部，仍称九部乐。
⑤ 十部乐：唐太宗时在唐高祖九部乐基础上增高昌乐一部而成。

时，大食使者向他介绍了阿拉伯帝国的情况和伊斯兰教义，这是伊斯兰教传入中国的开始。从此以后，阿拉伯来中国的伊斯兰教徒——穆斯林不断增多。他们在中国经商，分布在长安、洛阳、扬州、广州、泉州一带，其中不少人定居在中国。在他们的影响下，中国有 10 个少数民族信仰了伊斯兰教。在这期间，各地兴建了不少伊斯兰教清真寺，著名的有广州光塔寺、长安化觉寺、泉州清净寺等。世界上第一部由国家编定颁布的药典——《唐新本草》就收录了大食、波斯及天竺的不少药物，如安息香、龙脑、胡椒、郁金、茴香、阿魏等。流行于西亚和中亚的"抓饭"在唐代非常盛行，原产于这个地区的葡萄酒等果汁酒的制作工艺也经唐太宗李世民的亲自"损益"而推行中原。

在传入中国的异域文化中，最值得一提的是原发于今印度和希腊的裸体艺术。莫高窟、龙门石窟中的那些优美轻盈的裸女飞天群像，至今仍动人心弦。当时许多名噪一时的大画家，如张萱、周昉等人，在他们的笔下频频涌出袒胸露乳的仕女图。他们的绘画题材也由宣扬伦理纲常的后妃、烈女、孝妇，转向踏春、烹茶、娱乐等社会风情。在佛教传入的门户地带，如安西四镇的龟兹、于阗的寺院石壁上，裸体艺术更是肆无忌惮，恣意横溢。龟兹克孜尔寺院的 236 个洞窟里，凡入画者皆赤裸。于阗丹丹地区的一个寺院中有一幅《仙女沐浴图》，以勃勃的生机和圣洁的裸体美充分表现出青春女子特有的煽情力，是不可多得的作品。

另外，与裸体艺术一道东渐的是舒展、奔放的西域乐舞，它使久习传统"雅乐"及初唐"秦王破阵乐"歌舞的中国人耳目为之一振，以至于唐玄宗开元、天宝时期，洛阳家家学胡乐，长安女子人人学圆转舞。杨贵妃和安禄山就是跳胡旋舞的专家。不仅如此，在唐朝墓室壁画上，我们还看到了西服领和高跟鞋……

可以说，隋唐文化真正做到了兼容包并，有容乃大，这也是其文化隆盛的基础之一。

（三）紧密团结少数民族

在与异域文化广泛交流的同时，隋唐时期与周边少数民族的关系也达到历史上最好的时期。

在今天陕西唐高宗、武则天合葬陵墓——乾陵的朱雀门外，神道两旁有 60 余尊石像，虽然已经没有了头部，但依据史料记录，其中 35 人的姓氏、族别还可以辨认。他们都是少数民族来唐朝的使节，有回纥人、突厥人、龟兹人、吐谷浑人、吐蕃人、于阗人、高昌人、焉耆人等。他们伫立在中原皇帝的陵墓中，表明隋唐王朝与少数民族关系的新发展。

隋唐时期边疆的少数民族主要有吐蕃、回纥、突厥、吐谷浑、薛延陀、南诏、靺鞨等。由于突厥、薛延陀等严重威胁边境安宁，最终唐朝政府对他们实施战争消灭手段。突厥分两部，东突厥占有漠北及漠南一带，西突厥占有西域地区。其中，东突厥对唐朝威胁最大。唐高祖李渊不仅曾向它称臣，奉送金帛子女，甚至差点迁都逃避。唐太宗时国力增强，乘东突厥内乱之机，派大将李靖将其灭亡。然后，唐太宗又派兵灭亡了继东突厥之后雄踞漠北的薛延陀汗国，这样北方边境问题得以解决。对西域方面，唐太宗先派李靖降服占据青海的吐谷浑，后来唐高宗派大将苏定方灭亡了西突厥。

除此之外，唐朝与其他周边少数民族政权基本上都能友好相处，虽然有的时候也有战争，但主流是友好的，其中与唐朝关系最好的是回纥。回纥是在薛延陀灭亡之后在漠北崛起的。回纥人吸取了自匈奴以来到突厥、薛延陀失败的教训，认为与中原王朝为敌不会有好结果，因此他们采取了不同于任何漠北强国的态度来与唐朝建立关系。如其首领吐迷度在配合唐朝灭亡薛延陀后，即要求归附唐朝，接受唐朝的管辖。唐太宗非常重视，亲自到灵州（今甘肃灵武县）接受其请求。以后回纥可汗都接受唐朝的册封。贞观四年（公元630年）回纥等族首领拥戴唐太宗为最高首领，尊称为"天可汗"。由于双方友好，所以唐玄宗设立防边节度使，并没有把回纥列为敌人。回纥时常派军队帮助唐朝作战，平定安史之乱就有回纥军队的功劳。从唐肃宗始，唐朝曾将宁国公主、咸安公主和太和公主远嫁回纥可汗。唐宪宗元和四年（公元809年），回纥首领遣使请求唐朝允许将族名改为回鹘①，得到批准。唐朝与回纥的这种友好关系在中国历史上是极为突出的。

唐朝与吐蕃交往的高潮是两公主——文成公主②和金城公主③先后入藏通婚。迎娶文成公主的赞普④松赞干布说："我父祖没有和上国通婚的，我能娶大唐公主，深感荣幸，当为公主筑一城以夸示后代。"他为文成公主专门修建的宫殿，就是今天西藏拉萨的大昭寺。迎娶金城公主的赞普尺带珠丹曾上表唐玄宗说："外甥是舅皇帝宿亲，又蒙降金城公主，遂和同为一家，天下百姓，普及安乐。"从松赞干布以后，吐蕃与唐朝确立了臣属关系，新赞普继位都要经过唐朝的册封才算合法。唐穆宗时，唐朝和吐蕃缔结友好盟约，并于长庆三年（公元823年）建立"唐蕃会盟碑"，也叫"舅甥和盟碑"。该碑至今还屹立在拉萨大昭寺门前。

南诏建在云南。唐玄宗开元二十六年（公元738年），唐朝支持皮逻阁建国，并封其为云南王。以后南诏国王继位，都受唐朝册封。皮逻阁曾派他的孙子凤迦异到长安，唐玄宗把一个宗室女嫁给凤迦异，同时还送给他很多文物和胡部、龟兹两大乐队。但唐玄宗统治末期，双方发生几次大的战争。皮逻阁的儿子阁巡凤多次打败唐军，但他内心仍归向唐朝，所以在其都城太和城（今云南大理市南太和村附近）立南诏德化碑，说明南诏与唐朝的友好关系，同时备述腐败的唐朝对南诏的压迫，表示反唐出于不得已。阁巡凤对属臣说："我世世事唐，受其封赏。以后可能归唐，要把碑给唐使者看，说明我叛唐不是本心。"后来，唐德宗时，阁巡凤的孙子异牟寻终于在贞元十年（公元794年）与唐朝恢复了和好关系。唐朝后期，南诏不断选送子弟到成都学习，50年中总计不下千人。

唐朝还非常注意吸收少数民族杰出人物参加政权。唐太宗年间，在中央政府任职的少数民族官员多达几十位。唐朝政府对他们都很信任，充分发挥他们的才能。如大将阿史那社尔

---

① 回鹘：取"回旋轻捷如鹘"之意。
② 文成公主：唐太宗时入藏嫁松赞干布。
③ 金城公主：唐中宗时入藏嫁尺带珠丹。
④ 赞普：吐蕃国君的尊称。赞，是吐蕃语"强大雄伟"的意思；普，是吐蕃语"丈夫"的意思。

是突厥人，曾率军击败西域的高昌、龟兹。唐玄宗时的大将哥舒翰也是突厥人，后死于安史之乱。曾在唐肃宗时任天下兵马副元帅的李光弼是契丹人，他在平定安史之乱中立有大功。为了安定边疆，唐朝政府先后在西北、北方、东北和南方设置了安西①、北庭②、安东③、安南等都护府，以及渤海、黑水州、瀚海、云中、顺州等都督府，册封各少数民族首领为都督、刺史等世袭官职，使他们成为统一的封建国家地方政权的统治者。如唐太宗册封回纥首领吐迷度为怀化大将军兼瀚海都督，以后唐玄宗册封骨力裴罗为怀仁可汗；唐高宗授吐蕃首领松赞干布驸马都尉之职，并册封为西海郡王；唐玄宗册封粟末靺鞨首领大祚荣为左骁卫大将军、渤海郡王，册封黑水靺鞨首领为黑水州都督；唐玄宗册封南诏首领皮逻阁为云南王等。唐朝在少数民族地区设立的府、州、县共有 856 个。由于唐朝政府采取了尊重少数民族、与它们友好相处的政策，所以唐朝成为当时世界上最稳定、最强大的统一的多民族封建国家。

三、热情奔放　色调明快

隋唐时期，经济富足，国力强盛，于是在其社会生活方面便有许多令我们今人吃惊不已的表现。如唐朝妇女衣着暴露，袒胸露背。这一点从流传下来的唐时绘画、雕塑作品中都能看到，其"开放"程度令人瞠目。不仅如此，唐时妇女还以胖为美，这同样可以从流传下来的绘画、雕塑作品中看到。据说杨贵妃长得就很胖。

而最能表现隋唐文化热情奔放、色调明快特征的是唐诗。唐诗是我国古代文学史上独领风骚的一个文学现象。鲁迅先生曾说："我以为一切好诗，到唐已被做完。"唐诗不仅具有优美的艺术形式，而且反映了社会生活的丰富内容。更重要的是，它的兴盛、发达反映了唐文化光芒四射的耀人成就。唐诗的成就：在不到 300 年的时间里遗留下来将近 5 万首，比自周到南北朝一千六七百年中遗留下的诗篇数目多出两三倍以上；在清代编辑的《全唐诗》一书中有名有姓的诗人就有 2300 多位，而且这肯定不是全部，其中独具风格的著名诗人约五六十个，如王勃、杨炯、卢照邻、骆宾王、王维、李白、高适、杜甫、岑参、李贺、元稹、白居易、杜牧、温庭筠、李商隐等，可谓诗人辈出，群星璀璨，大大超过战国到南北朝著名诗人的总和。其中李白、杜甫的成就更达到古代诗歌创作的高峰，成为典范。唐朝时，不仅写诗的人多，懂诗、爱诗、喜欢唱诗的人更多，上至达观贵人，包括皇帝、公卿，下至歌女、普通百姓，到处都能找到吟唱诗歌的"知音"。此时的诗人，甚至可以过着"千金散尽还复来"的生活。李白游历梁、宋时，曾得数万金，一挥而尽，毫不吝惜。唐朝社会诗歌风行，诗情郁勃，"行人南北尽歌谣"，"人来人去唱歌行"，体现出的是一种难以抑制的

---

① 安西都护府：唐太宗时始设，治所在龟兹（今新疆车库），管辖天山以南地区。
② 北庭都护府：武则天时始设，治所在庭州（今新疆吉木萨尔），管辖天山以北地区。
③ 安东都护府：唐高宗时始设，初治所在朝鲜平壤，后迁于辽东，再迁于新城（今辽宁抚顺），管辖辽东地区。

激情涌动。在唐诗中，"诗仙"李白极赋浪漫主义情怀的诗篇最能体现隋唐文化明朗、高亢、奔放、热烈、充满激情的时代气质。李白是盛唐诗坛的代表作家，也是继战国屈原之后的又一位伟大的浪漫主义诗人。

李白（公元701—762年），字太白，出生于唐朝北庭都护府所辖的碎叶（今巴尔喀什湖以南）。5岁的时候，随父入川，在绵州彰明县青莲乡（今四川绵阳县北20多里）定居。20多岁的时候，他离开四川到各处漫游。40多岁的时候，经朋友举荐，被唐玄宗征召到长安。这件事使他兴奋得不能自制，"仰天大笑出门去，我辈岂是蓬蒿人"，是他当时心情的真实写照。但经常自比诸葛亮、姜子牙，嘲笑孔子的他，不习官场风情，过不惯宫廷诗人的生活，尤其是他鄙视"摧眉折腰事权贵"的生活，所以遭到很多谗言和诽谤。尤其他恃才得罪了唐玄宗最宠信的太监高力士，在宫中更难以存身。3年后，他愤然离去，继续过自己自由自在的游历生活。

李白的诗自然、豪放、雄俊、壮美，具有真挚的感情和强烈的艺术魅力，是唐诗飘逸、豪放风格的典型代表。李白最好的诗歌，也是最能体现他浪漫主义风格的作品，是描写祖国壮丽山河的诗篇。在这些诗篇中，他以豪迈奔放的热情，宏阔磅礴的气势，运用丰富的想像，大胆的夸张，生动轻快的语言，描绘祖国的山山水水，给人以极大的震撼力。他写长江的浩渺无际："孤帆远影碧空尽，唯见长江天际流。"他写黄河的奔腾咆哮、一泻千里的景色："黄河之水天上来，奔流到海不复回"、"黄河西来决昆仑，咆哮万里触龙门"、"西岳峥嵘何壮哉！黄河如丝天际来"、"黄河落天走东海，万里写入胸怀间"。他写庐山瀑布的飞湍喷泻："日照香炉生紫烟，遥看瀑布挂前川。飞流直下三千尺，疑是银河落九天。"他写西北高原的塞外风光："明月出天山，苍茫云海间。长风几万里，吹渡玉门关。"他写蜀道的奇险壮丽："蜀道之难，难于上青天"、"黄鹤之飞尚不得过，猿猱欲度愁攀援"。他写峨眉山月夜的瑰丽："峨眉山月半轮秋，影入平羌江水流"、"月出峨眉照沧海，于人万里长相随"。李白的这些诗歌不仅催人振奋，而且篇篇都是千古绝唱。李白的其他诗篇有些也给后人留下深刻的印象，如"床前明月光，疑是地上霜。举头望明月，低头思故乡。"这首诗，美丽如画，深刻易懂，给人一种美的享受，激发了人们热爱乡土的感情，深受人们喜爱。

李白的诗，对唐代和后代的诗歌都产生过巨大的影响。他的诗流传下来的有900多首，其中不少成为流传千古的绝唱，有的还流传到朝鲜、日本等国。唐代著名文人贺知章惊叹李白的诗，把他比作天上下凡的"仙人"，因此后人便把李白称为"诗仙"。

实际上，李白是只为盛唐而生的诗人，如果他早生十几年，或晚生十几年，他都有可能写不出那些极赋浪漫主义情怀的诗篇来。如与他同样伟大但晚生11年被誉为"诗圣"的杜甫（公元712—770年），由于主要生活在安史之乱前后，盛唐已经过去，成为了历史，他无法浪漫得起来，所以只能表现出悲壮、现实的风格了。其实，即使是李白本人，在遭安史之乱以后，也同样写不出浪漫主义诗篇了。唐代宗宝应元年（公元762年），62岁的李白在穷困和漂泊中病死在安徽当涂。此时，安史之乱还没有被完全镇压下去。

第三节　隋唐隆盛文化的性格体现

与隋唐文化隆盛特征相适应，其文化性格一方面体现为宽容大度、开明开放；另一方面体现为无畏无惧、敢于历险。

一、宽容大度　开明开放

隋唐文化宽容大度的性格在接待异邦宾客，吸收异域文化，以及尊重少数民族，与少数民族建立密切、友好关系方面都有鲜明体现。另外，还体现在以下几个方面。

（一）史所罕见的君臣关系

隋唐时期，最著名的君臣关系是唐太宗与魏徵。唐太宗曾问魏徵："人主何为而明，何为而暗？"魏徵答以"兼听则明，偏听则暗"①，并称："人君兼听纳下则贵臣不得雍蔽，而下情必得上通也。"② 唐太宗很赞成魏徵的见解，鼓励群臣犯颜直谏，并且常能接受直谏，以改正自己的过失。如有一次唐太宗要修建洛阳宫殿，准备做巡游时的休息住所。给事中张玄素上书进谏，言辞尖锐，甚至认为唐太宗连隋炀帝也不如。唐太宗问他："卿以为不如炀帝，何如桀、纣？"张玄素回答："若此殿卒兴，所谓同归于乱。"③ 唐太宗最终停止了这项工程，并重赏张玄素。

魏徵在进谏方面尤为突出，是当时著名的谏臣，经常据理力争。有一次，唐太宗到显仁宫，见供应的物品少些，很生气，把负责的大臣斥责一番。一旁的魏徵以隋炀帝巡游江都让沿途郡县官吏献食结果激起百姓造反为例，批评唐太宗是在效法隋炀帝。唐太宗很吃惊地表示："不是你，我听不到这样的意见。"魏徵性格耿直，进谏时经常不给唐太宗留面子，即使唐太宗已然大怒，他也依然神色不变，继续谏诤。一次把唐太宗搞急了，扬言要杀掉魏徵，他的皇后长孙氏听了不言不语，回去穿上皇后的大礼服出来向唐太宗施礼。唐太宗吓了一大跳，忙问为什么。皇后说："我特来向你祝贺，我听说国君圣明，大臣才敢直言。现在魏徵能够直谏，正说明陛下圣明，我怎么能不向陛下祝贺呢？"唐太宗这才醒悟。唐太宗对魏徵始终是又敬重又敬畏。有一次，唐太宗正在赏玩一只心爱的鸽子，正好魏徵来见。他怕魏徵说他，赶紧把鸽子揣在怀里，用手捂着。魏徵早已远远看见，也不言声，故意把说话时间拖长。好容易等魏徵走了，唐太宗把鸽子掏出来一看，已经被捂死了。魏徵逝世后，唐太宗悲伤地说："以铜为镜可以正衣冠，以史为镜可以知兴替，以人为镜可以明得失。失去魏

---

① 《资治通鉴》卷 193。
② 《贞观政要》卷 1。
③ 《贞观政要》卷 2。

徵如失去镜子，我失去了一面能够照见自己缺点的镜子。"唐太宗与魏徵这样的君臣关系，在整个封建社会都很难再找到第二例——它只出现在隋唐时期。

隋唐君主中，即使是为人严厉的武则天在与臣下关系方面也有不少亮点。如她听说王及善有才干，想用他做滑州刺史以防卫契丹。但与王及善谈话时，武则天发现他很有政治眼光，立刻改变了主意，留他在朝中做内史。王及善向武则天提了不少建议，大都为她采纳。比较突出的例子是狄仁杰。狄仁杰是小官僚的儿子，在地方做官很有政绩，武则天提拔他做宰相。一次，武则天问他："你做地方官，很有才能，但也有人说你坏话。你想知道说你坏话的人是谁吗？"狄仁杰回答："陛下如果认为臣有错，请明说，臣一定改正。现在陛下既然知道臣没有错，臣不想知道说坏话的人，臣愿意和他们以善交友。"武则天很赞赏他的度量，也非常信任他。狄仁杰上表谏止征召徭役、远戍西域、兴建佛像等，武则天都接受了。狄仁杰推荐的姚崇、张柬之等数十位贤能人才，武则天全部任用。狄仁杰病死，武则天大哭。以后每当朝廷大事找不到好的对策时，她就思念起狄仁杰，并叹息说："老天爷过早地夺去我的台柱子呀！"著名诗人、"初唐四杰"之一的骆宾王曾参与反对武则天的军事行动，并写了一篇檄文，对武则天进行了激烈的人身攻击，把她气得要死。但当看到"一抔之土未干，六尺之孤何托！"、"试观今日之域中，竟是谁家天下！"几句后，武则天很赞赏骆宾王的才学，并说："有这样的人才，让他流落，这是宰相的过错！"

唐玄宗在统治前期由于有姚崇等人辅助而取得了骄人的成就。姚崇在接受宰相职位前向唐玄宗提出：以仁义为先，不求边功，宦官不干预政事，不因亲戚任高官，不因宠臣废法度，不收租税以外的献礼，不浪费财力建造佛寺，接待大臣有礼，虚心听取谏言，接受历史上外戚乱世的教训。唐玄宗都认可之后，姚崇才做了宰相。唐玄宗对姚崇非常信任，凡事都依照他的意见办。另外，唐玄宗与其大哥李宪的故事不能不提。武则天死后，唐中宗李显复位，其皇后韦后及其女安乐公主弄权，政治腐败。唐中宗景龙四年（公元710年），韦皇后毒死中宗，立殇帝，自己临朝称制。同一年，时为临淄王的李隆基发动宫廷政变，杀死韦皇后和安乐公主，拥其父相王李旦为帝。李旦即唐睿宗。延和元年（公元712年），唐睿宗禅位于李隆基。李隆基是三子，大哥是李宪，按照封建嫡长子继承制，应该是李宪即位，但李宪认为，三弟李隆基在平定韦皇后之乱中立有大功，于是谦让出皇帝位。李隆基深受感动，即位后仍称李宪为大哥。李宪死后，他以皇帝之礼将其安葬于惠陵。惠陵是中国历史上唯一一个不是皇帝的皇帝陵。不仅如此，李隆基还非常珍惜手足之情，他特意在自己原来的王府——兴庆宫里建造花萼相辉楼，经常与同胞兄弟4人在这里饮宴作乐。他还特意制作了长枕头和大被子，兄弟4人睡在一起。这种温情脉脉的宫廷情谊，即使不是千古绝响，也是世所罕见的。

（二）女子在政治舞台上发挥作用

隋唐时期女子参政或在政治舞台上发挥作用的很多，有积极的，也有消极的。按照时间顺序，主要有以下一些。

　　洗夫人，高凉（今广东阳江西）人，南朝、隋初岭南少数民族女首领，多智谋，善用兵。其家世为首领，有部落十余万家。她曾嫁给南朝梁高凉太守冯宝。冯宝死后，她积极帮助南朝陈统一岭南。陈武帝永定二年（公元558年），她遣其子率领少数民族首领去觐见过武帝。她还曾帮助南朝陈击败反陈的广州刺史欧阳纥，因而受封为石龙太夫人。隋朝建立后，她于隋文帝开皇九年（公元589年）迎接隋将韦洸入广州，后来又帮助隋朝击平王仲宣叛乱，因功被隋文帝封为谯国夫人。

　　平阳公主，（？—623年），唐高祖李渊之女，嫁柴绍为妻。隋炀帝大业十三年（公元617年），柴绍前往太原随李渊起兵反隋，她在鄠县（今陕西户县）散尽家财招募军队响应，后发展到7万余众，时称娘子军。不久她亲自率领军队与李世民会师于渭北，对唐朝的建立立有功勋。

　　长孙皇后，前面已提到，唐太宗李世民之后。她是历史上著名的贤皇后，贞观之治的取得，有她很大的功劳。不过，与武则天不同，长孙皇后总是隐在幕后，没有像武则天那样冲到前台，占据主角的位置。长孙皇后劝哥哥长孙无忌辞去相职的事情很值得一提。当时，唐太宗欲任命长孙无忌为宰相。长孙皇后给哥哥写信，称自己主持后宫，长孙无忌再主政前朝，十分不妥，劝他不要接受任命。长孙无忌接受了长孙皇后的建议。长孙皇后死在唐太宗之前。实际上，唐太宗晚年的昏庸，与长孙皇后的过早去世不无关系。当然，也与魏徵的早逝有关。

　　弘化公主（公元623—698年），唐太宗时宗室女，贞观十四年（公元640年）嫁吐谷浑王诺曷钵。唐高宗龙塑三年（公元663年），吐谷浑被吐蕃击败，她和诺曷钵率领部落数千帐奔凉州（今甘肃武威），归附于唐。武则天时，赐她姓武，改封西平大长公主。

　　武则天无疑是隋唐时期光芒四射的女子。她是并州文水（今山西文水东）人，14岁的时候被唐太宗看中，选入宫中，立为才人。但又被太子李治看中，两人互相爱慕。李治苦等了十几年，直到唐太宗死后自己当上皇帝，才敢梦想成真。此时武则天刚26岁，作为前皇帝的遗孀被送到长安感业寺当尼姑，唐高宗想办法将她接回宫中。从这时开始武则天的政治野心膨胀发展起来。武则天的第一步计划是要当上皇后。她生育了一个女儿，皇后王氏来看她们，等皇后一走，武则天便狠着心肠把亲生的女儿活活掐死，然后诬称是王皇后害死的。唐高宗偏听偏信将王皇后废掉，立武则天为皇后。这是永徽五年（公元654年）的事情，此时武则天已31岁。武则天的第一个目标实现后，开始实施第二步计划，即将政权抓到手里。唐高宗犯有头晕的病，经常让有政治头脑的武则天帮助处理政务，久而久之便让武则天轻易将权力抓在了手里，与其并称为"二圣"。武则天争夺政治最高统治权几乎是不顾一切的。她是个多产的皇后，一共生了4个儿子，还有几个女儿，但她几乎没有什么母爱。长子李弘被立为太子后，武则天用毒酒将他杀死。二儿子李贤被立为太子，武则天又将其流放，后来也给杀死。三儿子李显再被立为太子，并终于在公元683年即位，即唐中宗，但第二年就被武则天废掉。武则天再立自己的四儿子李旦为傀儡皇帝，即唐睿宗，但命他不得干预政事。后来，天授元年（公元690年）武则天干脆废睿宗，自己当上了皇帝，改国号为周。

此时，她已经是66岁的老妇。武则天虽然对唐朝的发展起了不小的积极作用，但消极作用也不少。如她为了加强统治，镇压李氏贵族集团的反抗，采取奖励告密的政策，并任用酷吏来俊臣、周兴、索元礼等人，纵容他们用酷刑逼供审讯。狄仁杰就曾被来俊臣诬陷下狱，差点被处死。来俊臣、周兴、索元礼3人杀人各数千。武则天甚至令他们相互之间也用酷刑相威逼。来俊臣就曾对周兴"请君入瓮"，把周兴吓得半死不活。不过武则天不是个糊涂的人，后来鉴于天下人的反感情绪，她下令将这些酷吏全部处死。另外，武则天崇信佛教，兴建了不少佛寺、佛像，耗费了大量财富，给百姓增加了沉重的负担。据说洛阳龙门石窟中最大的雕像就是武则天的模样。再有，武则天的两个男宠张昌宗、张易之，在她的纵容下做了不少坏事。武则天在81岁高龄时去世，她也是中国古代少有的长命皇帝。在她死前，李氏家族发动政变，恢复了李唐江山。

从唐朝建立到武则天病死，近90年的时间，唐朝还没有发展到鼎盛，而西汉建立后，只用了70年左右就达到了鼎盛，从中可以看出武则天统治中消极因素的作用。而且还不止如此，武则天死后，唐朝又经历了十几年动荡。直到开元元年（公元713年），她的孙子唐玄宗李隆基杀死她的女儿太平公主，政局才稳定下来，并逐渐走向鼎盛。实际上，唐朝从建立到鼎盛用时100年以上，这与过渡时期的武则天未能很好地完成历史使命不无关系。

武则天死后，唐朝进入后武则天时代。上面提到的韦皇后、安乐公主和太平公主也想学武则天弄权。如韦皇后专擅朝政，任用从兄韦温等掌握大权，纵容女儿安乐公主卖官鬻爵，还大肆建筑寺院、道观，甚至不惜将唐中宗杀害。安乐公主（公元684—710年）是韦皇后所生，中宗复位后，她开府设官，干预朝政，贿卖官爵，当时宰相以下，多出其门。她甚至曾自请为"皇太女"。另外，她还强占民田、民房，大兴工役，生活奢侈等，一时间搞得唐朝政局一团糟。与她二人一同被临淄王李隆基杀死的还有上官婉儿（公元664—710年）。上官婉儿属当时少有的才女，14岁时即为武则天掌诏命，后被封为昭容。因她会写诗，水平还可以，所以朝廷让她代为品评天下诗文，一时间词臣多集其门。上官婉儿也曾有好的建议，如扩大书馆，增设学士等。太平公主（？—公元713年）是唐高宗李治之女，武则天所生。景云元年（公元710年），她参与临淄王李隆基发动的宫廷政变，杀韦皇后和安乐公主，拥立睿宗。后来，她也开府设置官署，把持朝政，宰相多出其门下。唐玄宗即位后，她阴谋政变，被玄宗杀死。至此后武则天时代结束，唐朝政局稳定下来。

有如此多的女子在政治舞台上露相，是与隋唐文化宽容大度、开明开放的性格分不开的。

（三）允许儒、释、道并行发展

与政治上实行"开明专制"相适应，隋唐时期在思想文化领域也没有搞偏袒主义，不仅允许儒、释、道三教并行，甚至儒学也可以被嘲讽。

1. 佛教的盛行

隋唐时期，从隋文帝杨坚开始大兴佛教，出家人越来越多。唐太宗李世民曾打算禁佛，实行尊道抑佛、先道后佛的政策。这个政策遭到佛徒法琳的反对，唐太宗将他流放而死。但是，李世民毕竟是头脑清醒的封建政治家，他敏锐地感觉到，宣扬"因果报应"，提倡"与世无争"的佛教，也不失为可利用的工具。于是，他在自己过去的战场建造佛寺，为被自己打败、杀害的对手立寺，帮助他们脱离"苦海"。他还亲自为玄奘的译经写序文，并公开提倡佛教，于是佛教逐渐进入鼎盛期。唐太宗时，最流行的佛教宗派是净土宗。净土宗认为人要成佛很容易，只要念一声"阿弥陀佛"，长则7天，短则1天，灵魂就可以升入"净土"，即西方极乐世界，成为共分10级的8级以上的菩萨。由于方法简捷，信奉的人极多，有些信徒竟至1天念佛1万声，甚至10万声，到了痴狂的程度。

唐朝曾出现3次崇佛高潮。第一次是在武则天时期。武则天崇佛有着强烈的政治目的，即夺取李唐江山。在武则天正式称帝前两个月（公元690年七月），有个叫明法的和尚献上了自己编纂的《大云经》4卷，其中称：武则天是西天弥勒佛下世，应取代李唐做天下主。为武则天称帝提供宗教依据。武则天大喜过望，当即下令将该经颁行天下，并在长安、洛阳及诸州各建大云寺一所。她还耗费巨资，在洛阳龙门雕造高10多米的大佛像，用以崇佛。武则天时，盛行的佛教宗派是禅宗。"禅"是静坐的意思，即提倡安心静虚的修行方式。禅宗改造了传统佛教，废弃其违背儒家孝悌观念的戒律，强调"孝"是成佛的根本，也提倡为父母守丧3年等，从而使外来佛教更适合中国封建统治者的口味。

唐朝第二次崇佛高潮出现在唐肃宗李亨（公元756—762年在位）、唐代宗李豫（公元762—779年在位）时期，盛行的宗派是密宗，亦称密教。密宗称其他宗派为"显教"，声称显教信奉的是佛对一般俗人说的法，而密教信奉的则是佛对自己的眷属说的法，是"秘密真言"，所以密宗又叫"真言宗"。密宗修法的特点是，筑坛行巫术。巫术登场，表明佛教的进一步堕落。唐肃宗、唐代宗崇佛，是在盛唐之后，其目的已经不是为了加强统治，而是利用佛教来保佑日渐衰落的李唐江山。如镇压安史之乱时，唐肃宗请了100名和尚在宫中念经。胜利平叛后，他并不认为是前方将士的功劳，而认定是和尚念经的结果。唐代宗也同样如此，每遇战事，就请和尚来念经，战事结束，首先受奖赏的是这些和尚。

唐朝第三次崇佛是在唐懿宗李漼时（公元859—873年）。此时已经是唐末农民大起义的前夜，李唐江山岌岌可危，懿宗为了挽救自己的统治，搞了一次"迎佛骨"的活动。当时凤翔法门寺珍藏一块相传是佛祖释迦牟尼的手指骨，懿宗决定把它请到长安来，为朝廷求福。面对许多大臣的反对，他说："我能活着见到佛骨，死而无憾。"这次"迎佛骨"的活动搞得规模恢弘，在长安到凤翔法门寺的300里道路上，旌旗招展，车马不绝。佛骨将到长安时，懿宗特意派出禁军和乐队为前导，绵延数十里。他还亲自出迎，向佛骨顶礼膜拜，涕泪交流。具有讽刺意义的是，第二年，即唐僖宗乾符元年（公元874年），王仙芝、黄巢领导的唐末农民大起义就爆发了。

唐朝皇帝也有人废佛。废佛的原因是佛教寺院大量侵占土地，荫蔽人口，使国家赋税收入减少，兵源困难。唐武宗李炎（公元840—846年在位）时曾开展一次唐朝最大规模的废佛运动，全国一共拆毁佛寺4 600多所，拆毁僧舍4万多所，强迫僧尼还俗者26万人，释放寺院奴婢 15 万人，没收寺院土地数百万亩，可见当时佛教势力之大。但由于佛教已经成为统治者手中一个良好的统治工具，所以唐武宗死后，佛教又兴盛起来。

2. 道教的沉浮

道教在唐朝，尤其是在唐朝初年得宠，主要有三个原因。第一个原因是道教徒曾积极参与李氏集团灭隋建唐的政治活动。在唐高祖李渊起兵反隋时，道士王远知就预言李渊将来能做皇帝，得到信任。第二个原因是道教徒在太子李建成与秦王李世民争权时，站在李世民一边。王远知曾当面告诉李世民，他将做太平天子。而以法琳为首的佛教徒则支持李建成，所以当李世民发动"玄武门之变"杀死哥哥李建成、弟弟齐王李元吉，最后当上皇帝后，他明确宣布道教在佛教之上。第三个原因是李渊、李世民为了抬高李氏家族的地位，把自己的李姓与老子的李姓相挂钩。李渊称帝后，有人对他说在一座山上见到一骑马的老者，自称是唐朝天子的祖宗，说李家子孙将做 1000 年皇帝。李渊高兴异常，认为这个老者就是道教教主太上老君李耳，不仅立即在那座山上立老君庙，而且第二年亲往终南山拜谒老君庙，确定同李耳的亲属关系。这样，道教在唐朝的特殊地位也得到确立。武德八年（公元 625 年），李渊到国子监正式宣布了三教的地位：道教第一，儒学第二，佛教第三。唐太宗进一步尊道抑佛，贞观十一年（公元 637 年）他宣布：李耳是我的祖宗，太上老君的名位应当在释迦牟尼佛之上，道士、女冠的地位在僧、尼之上。这样，在佛、道两教的长期斗争中，第一次出现了道胜于佛的优势。

武则天时代，道教势力一度衰落。天授二年（公元 691 年），她改变唐太宗的规定，宣布：佛教在道教之上，僧、尼在道士、女冠之前。佛、道两教的地位来了一个颠倒。但是，到了唐睿宗和唐玄宗时，父子二人迷信道教，道教的优势又逐渐恢复，甚至超过了唐太宗时。景云元年（公元 710 年），唐睿宗的两个女儿出家入道，他下令为她们兴建了两座奢丽无比的道观。次年，唐睿宗又下令，凡有集会，僧、尼和道士、女冠不分先后，并进并退，表示二教地位平等，实际上是要恢复道教失去的地位。唐玄宗对道教更是狂热，他不仅给老子加上了"大圣祖玄元皇帝"、"大圣祖大道玄元皇帝"、"大圣高上大道尽阙玄元皇帝"等尊号，而且还把自己与李林甫的石像侍立在玄元皇帝庙老子的雕像两边，以示天子、宰相为教主侍从，抬高老子。他还下令，在长安、洛阳设玄学博士和助教，各招学生 100 人，专读《道德经》、《华南经》等，定期考试。有一个道士张果，自称已经活了几千岁，做过唐尧的大官，唐玄宗信以为真，把他请入宫来，甚至要把公主嫁给这个老头子。

唐肃宗、唐代宗崇佛，道教势力再次衰退。到唐武宗时，朝廷废禁佛教，独尊道教，第三次呈现出道胜于佛的优势。唐朝后期，随着统治的衰落，皇族中追求道教长生术的风气极盛。但胡乱服用长生不死药的结果是，唐宪宗李纯、唐穆宗李恒、唐敬宗李湛、唐武宗李炎、唐宣宗李忱等 5 位皇帝均死于中毒。

道教在唐朝的沉浮，一个重要的原因是道教具有佛教不可替代的作用。道教不仅宣扬清静无为、与世无争的思想，而且也提倡佛教所说的因果报应。另外，道教还讲求儒学的忠孝，并追求长生不死，得道成仙，与佛教反对忠孝观念和把希望寄托在来世完全不同，更加迎合统治者追求长命富贵的欲望。

如同魏晋南北朝时期的道教一样，唐代的道教依然在客观上促进了中药学和化学的发展。唐代医学家"药王"、曾作医学名著《千金药方》和《千金翼方》的孙思邈就是一位道教徒。他在其著作《丹经》中记载了硫磺、硝末、木炭配制火药的方法。这是世界上关于火药的最早记载。

3. 经学的统一

汉代以来，经学的发展一直受学出多门、师法各异、章句繁杂之累，难以有再大的发展。而隋唐产生的科举制度，又以考试经书为主要内容，这样就需要有统一的范本。为了解决这个问题，一方面唐朝政府在各地设置学校，发展儒学，并大量征用儒士做官，同时特地任命一些著名学者在内廷分班轮值，为皇帝讲论经义、评议政治时事；另一方面则命令一些儒家大师对各种经说进行整理、划一。唐太宗时的国子祭酒孔颖达等人编定的《五经正义》，以及贾公彦的《周礼疏》、《仪礼疏》，杨士勋的《谷梁疏》，徐彦的《公羊疏》，合为唐朝《九经正义》，是读书人学习经学、应付科举考试的标准读本。"正义"、"疏"都是对古代经史旧注所做的解释。唐代统一经说的工作虽然便利了读书人参加科举考试，但也带来一个问题，即读书人学习经书只为考试，因此往往墨守正义的定论，不敢有所突破，所以唐代的经学未能有较多的新发展。

隋唐虽然没有改变以儒家思想立国的传统，但在隆盛的文化氛围下，并不像以前那样绝对地独尊儒术。儒学受到嘲讽，在唐朝并不算是什么大不了的事情。以豪放不羁的李白为例，嘲讽儒生对他来说是家常便饭。如在《嘲鲁儒》一诗中，李白将腐儒行动迂阔，装腔作势，只会死读书，不懂治国之策的形象刻画得淋漓尽致。其诗曰："鲁叟谈五经，白发死章句。问以经济策，茫如坠烟雾。足著远游履，首戴方山巾。缓步从直道，未行先起尘。秦家丞相府，不重褒衣人。君非叔孙通，与我本殊伦。时事且未达，归耕汶水滨。"其他朝代很少有人用如此辛辣的笔调讥讽儒生的。正是因为文风开放，儒学也可以被嘲讽，所以诗人作诗少有忌讳，这是诗歌在唐朝进入高度成熟的黄金时期的主要原因之一。

除了儒、释、道三教外，在唐朝，其他宗教和学说均未受排斥。另外，道教经典也被列为科举考试的重要内容。

二、无畏无惧　勇于冒险

隋唐文化无畏无惧、勇于冒险的性格主要体现在玄奘西行取经和鉴真东渡传法两件事情上。

（一）玄奘西行取经

玄奘（公元600/602—664年），俗家名陈祎。他13岁出家，曾到洛阳、长安等地访求名师。他在学习佛经时发现翻译有错误，于是立志到佛教发源地天竺（印度）求取真经。唐太宗贞观三年（公元629年），年近30岁的他，随西域商人从长安出发，踏上了西行之路。

玄奘的漫漫西行路不仅路途遥远，行程数万里，而且充满了危险和无穷的困难。在西域，他与同行的西域商人分别后，独自一人一马走进了大沙漠，因所带饮用水不足，他有4天4夜滴水未进，直至昏倒在地。所幸，他与白马及时找到了水源，才绝处逢生，终于走出大沙漠。谁知到了西域高昌（今新疆吐鲁番）后，高昌王钦慕他的品德学识，一定要拜他为师，并要供养他终生。高昌王甚至以送回长安相威胁，欲令私自出境的玄奘屈服，但没有得逞。后来，高昌王又想通过每日进餐亲自捧盘，提供优厚的供奉，来感化玄奘，也没有成功。玄奘以绝食来表示自己的决心，最后高昌王只好送他继续西行。玄奘到达天竺的波罗奢大森林时，曾遇到强盗，衣服用具被抢劫一空，还差点被杀掉，幸好一群农夫经过，强盗逃走，他才免于一死。

玄奘在天竺游学17年，亲历110国，获得很高声望，但他依旧没有忘记自己订立的使命，于贞观十九年（公元645年）回到长安。他带回650多部佛经，其中有不少在今天的印度已经失传了。

另外，唐高宗时，高僧义净从广州乘船到天竺，在天竺历时25年，到过30多国，后带回佛经400多部，其事迹也与玄奘同辉。

（二）鉴真东渡传法

鉴真（公元688—763年），俗姓淳于，扬州人，14岁出家，是扬州大明寺（今扬州法净寺）的和尚。唐玄宗天宝元年（公元742年），他应日本圣武天皇和佛教界朋友的邀请，决定东渡日本讲法传经。从公元743年到753年11年间，他6次东渡，历尽艰险，九死一生。尤其天宝七载（公元748年）第五次东渡时，由于遇到狂风巨浪，船被打坏，随波逐流，向南漂去，途中淡水耗尽，直到第14天才漂到海南岛南部才获救。就在这次，他的双目因着急、受暑热和被海水冲打而失明，但他并不气馁。在前五次东渡中，共有36名中国人和日本人死亡。终于，在天宝十二载（公元753年），已年届65岁的鉴真，第六次东渡成功，到达日本九州岛。

玄奘和鉴真坚忍不拔、不屈不挠、视死如归的精神，虽然都具有一定的宗教情结，但与隋唐文化隆盛的大背景显然是密不可分的。

唐玄宗天宝十四载（公元755年）冬，安史之乱爆发。这场变乱虽然只有7年时间，但当战乱结束时，不仅唐朝的经济遭到严重的破坏，而且政治上出现藩镇割据的分裂局面，中央集权制削弱。从此，唐王朝由盛而衰，一蹶不振，直至907年彻底灭亡。随之，中国文化积极进取、外向张扬的精神也逐渐萎缩了。

第九章 中国传统文化的继续开放
——宋元时期

宋元文化差异很大，不可同日而语，但是至少在两方面表现出共性：一是都具有开放性的特征，二是都具有宽容大度的性格。所以，本章使用宋文化与元文化共有的特征——"开放性"作为标题。当然，无论是开放性文化特征，还是宽宏大度的文化性格，其形成背景及具体内涵等，宋文化与元文化仍是完全不同的。

第一节 宋元文化开放性特征形成的背景

宋文化与元文化开放性特征的形成，各有各的背景。宋文化由于科技文明发达，在当时世界居绝对领先地位，加之商业经济繁荣，因而对外开放呈一种自然的态势。元文化则由于横跨欧亚的蒙古大帝国的建立，周边没有强敌，对外交通尤其是中西交通几乎畅通无阻，加之游牧民族奔放外向的性格，所以更加积极主动地对外开放。

一、两宋科技文明的发达及商业的繁荣

两宋时期科技文明相当发达，世界第一。如中国古代最杰出的"四大发明"——指南针、造纸术、火药和活字印刷术中，有两项是在这个时期发扬光大的，有一项是这个时期发明的——先秦时发明的指南针在这一时期开始被用于航海，后来称"罗盘"；唐朝时发明的火药在此时得到更加广泛的应用；活字印刷术则是北宋的毕昇发明的。

目前已知的指南针用于航海的最早记载是北宋末徽宗时（1101—1125 年，即 12 世纪初）。当时的罗盘还是一种"水罗盘"，即用磁针横贯几段灯草，浮在盛水的圆盘中，盘边四周刻有 23 个方向的方位。在阿拉伯和欧洲各地，一般要到 12 世纪末或 13 世纪初（时值南宋中期）通过来中国经商或乘坐过中国海船的阿拉伯人或波斯人的传播才懂得罗盘针的知识。据记载，波斯和阿拉伯商人先坐小船南行，到达印度半岛后，再换乘中国的大舶东来。在中国的大舶上，他们有机会见识到罗盘这种先进的导航技术。因此，罗盘先传入阿拉伯、波斯，进而传至欧洲。

火药在唐末五代时已经应用到军事方面，宋朝时则更加广泛地使用。如北宋在京都汴梁

（今河南开封）曾专门设置"火药作"和"火作"两大作坊，生产火药和火器，产量极大。北宋末年，宋军曾用火器抵御金兵入侵，一度击退金兵。但后来金兵也学会了制造火箭、火炮，北宋终于抵敌不住，遭致亡国。中国的火药也是通过阿拉伯人间接传入欧洲的。大约13世纪中叶（南宋后期），火药经海上传至阿拉伯。在当时阿拉伯人的兵书中记载火药的成分时，特别提到要用"中国雪"或"契丹花"，把火枪的枪头叫作"契丹火箭"，还提到一种叫作"契丹火轮"的火器。[①] 13世纪后期，欧洲人从阿拉伯人那里知道了火药。蒙古军西征的时候，火器又从陆路传到西方各国。但欧洲人制造火药、火器的时间则要推迟到14世纪。据各国文献记载，德国在1331年首次使用火药，法国是1338年，英国是1345年，俄国则是在1382年。

活字印刷起源于唐朝的雕版印刷。我国的雕版印刷自晚唐、五代流行后，逐渐代替了传统的手工抄写，对文化的传播起到积极的推动作用。但是，雕版印刷存在着不少缺点。如每印一页书，就得刻一块木版，每部书需要上百块木版才能完成，费时、费工、费力、费料不说，一部大部头的书不仅要花费几年甚至几十年的时间才能刻完，而且还要占用大量的房屋来存放书版。北宋时印刷业更加发达，于是不少人动脑筋想使这项工作简单化，终于在宋仁宗赵祯时（1023—1063年），毕昇发明了先进的活字印刷术。毕昇使用的是胶泥活字，后来人们又发明的陶活字、木活字、锡活字，直至明朝时发明了铅活字。毕昇发明的活字印刷术，向东先传入朝鲜。朝鲜人在12世纪时铸成铜活字，15世纪初又铸成铁活字。随后，日本从朝鲜间接传入活字印刷术，时间大约是在14世纪。活字印刷术向西则经由今新疆地区，先传入波斯、埃及，再传到欧洲。[②] 欧洲的活字印刷术出现于15世纪中叶（时值明朝中期）[③]，比毕昇整整晚400年。印刷术的传入对欧洲文艺复兴运动和资产阶级革命都起了推动作用。

宋朝科学技术的发展必然造就出许多优秀的古代科学家，北宋的沈括就是其中最著名的一个。沈括是一位百科全书式的杰出的科学家，他不仅是中国历史上著名的科学家，而且也是世界历史上著名的自然科学家，其科学著作《梦溪笔谈》是科学史上不朽的名著。该书内容广泛，涉及政治、军事、历史、文学、艺术、自然科学、工程技术等各个领域，其中有关天文、历法、数学、物理、地质、化学、药物等内容，显示的是当时最先进的科学成就。日本数学家三上义夫认为："日本的数学家没有一个比得上沈括"，"沈括这样的人物，在全世界数学史上也找不到，唯有中国出了这样的人。"以研究中国科技史而著称于世的英国学者李约瑟也认为：沈括"是中国整个科学史中最卓越的人物"。他称《梦溪笔谈》是"中国科学史的里程碑"。

苏颂是北宋另外一位著名的科学家。他是天文学家，但在医学上也有很大贡献。苏颂的

---

① 契丹，是当时阿拉伯人对于中国的一种称呼。
② 中国的印刷术如何传到欧洲，说法不一。一说是经埃及商人传到欧洲，一说经蒙古西征军传到欧洲，还有一说是由马可·波罗先传到意大利，再辗转到其他欧洲国家。
③ 雕版印刷于14世纪末出现在欧洲，比中国晚七八百年。

科学名著《新仪象法要》反映了我国 11 世纪天文学和机械制造技术的先进水平。他于宋哲宗赵煦元祐三年（1088 年）制作的"水运仪象台"是世界上最早的水动天文钟。这部水动天文钟高约 12 米，它利用水轮为原动力带动仪器自动运转，并通过机械构造把机械运动保持在一定速度上，与天体的运动相一致，表达天体时空的运动，设计十分巧妙。李约瑟认为，中国的天文钟很可能是欧洲中世纪所制造的天文钟的直接祖先。1958 年，我国科学家重新复制了这台水动天文钟，从而揭开了世界最早天文钟的秘密。

北宋时，中国数学的发展也达到了新的高峰，成为中世纪世界数学史上最丰富多彩的一页，一批著名的数学家在许多重要方面居于遥遥领先的地位。如在代数方面有杰出成就的数学家贾宪，他著有《黄帝九章细草》。贾宪在宋仁宗皇祐二年（1050 年）前后最早创立了开任意高次幂①的"增乘开方法"，比西方相似的"鲁非尼－霍纳方法"要早 770 年。他还提出二项式高次幂（指数为正整数的）展开式各项系数的规律，制成一幅二项定理系数表，称为"开方作法本源图"。1654 年，法国的科学家巴斯加提出类似的方法，称"巴斯加三角"，比贾宪晚了 700 多年。

至于从海上对外开放、对外交往最为至关重要的造船技术和航海技术，宋朝在当时世界上也居于遥遥领先的地位。北宋时，官府设有很多造船场所，分布在江西、浙江、湖南、陕西等地，造船数量甚大。宋太宗赵炅②时（976—997 年）各地每年造船 3 300 余艘；宋真宗赵恒时（998—1022 年）各地每年造船 2 900 余艘。北宋后期，温州（今浙江温州）和明州（今浙江宁波）的官营船场每年能各造漕运船 600 艘，居全国第一。北宋的造船技术很高，船只很大。当时在内河航行中已经出现"万石船"，其大如三间大屋，可以载钱 20 万贯，载米 12 000 石，载重量约为 660 吨。至于海船更是高大坚固。当时福建和广东所造的海船，底尖，吃水深，抗风浪能力强，载重量大，安全系数高，尤其是泉州制造的"泉舶"更受中外客商的欢迎。宋神宗赵顼时（1068—1085 年）曾造两艘万斛船出使高丽。宋徽宗赵佶时（1101—1125 年）又造两艘更大的"神舟"出使高丽，引得高丽举国出观，惊叹不已。据估计，"神舟"可装载 20 000 万石，载重量约为 1 100 吨。

南宋立国江南，交通运输多用船只，因而造船业更加发达。1974 年在泉州湾后渚港发掘出一艘南宋海船，复原后，船身总长 34.55 米，最大船宽为 9.9 米，排水量约为 374.4 吨，水手当有 50 人以上。该船具有底尖、多隔舱（13 个舱）和多重板的特点，使船的吃水深，稳定性高，便于破浪，阻力减少，增加航速，并且安全可靠。宋朝海船都是隔离舱，即使一两个船舱破损，船也不致沉没。另外，宋朝的船上设置有可以起伏的桅杆，称"转轴"，行船时依据风力和航向，转动桅杆上的帆，可以顺利航行。遇到急风大浪的天气，可以将桅杆放倒，避免险情。南宋人周去非在《岭外代答》中说，当时过南洋的大船，舵长数丈，每船可载数百人，积存一年粮食。这种巨型海船在当时世界其他国家是见不到的。

---

① 幂：数学名词。表示一个数自乘若干次的形式。
② 宋太宗本名匡义，又名光义。

　　另外，两宋时期商业经济的发达程度也超过了以往。以城市为例，唐朝时 10 万户以上的城市只有 10 多个，而北宋有四五十个。北宋的首都开封人口亦超过 100 万。而且，宋代时城市中市与坊的界限被突破。在以前的城市中，不仅商业活动必须在专门的商业区——市中进行，在居住区——坊里严禁从事商业活动，而且市门的开闭时间是固定的，日中开市，日没闭市，晚上不许做生意，也不许人们在大街上走动。因此，可以想见，唐朝的首都长安城到了晚上，宽大的街道上除了巡逻的军人之外，完全是空旷寂寞、死气沉沉的。而在宋朝的城市里，不仅各个角落里都可以开设店铺做买卖，而且也没有了营业时间的限制。同时，北宋政府还取消了"夜禁"。在京师汴梁城中就出现了兴旺的夜市，晚上大街上仍是热闹非凡。流传至今的著名宋画——张择端的《清明上河图》长卷，在全长 5 米多的画卷里，真实地描绘了当时汴京城商业贸易繁华的景象。当时洛阳、扬州和南宋的杭州、成都等大城市，情况也相类似。两宋商业的发达，还体现在"交子"、"会子"等纸币的出现与流通上。没有发达的商业经济，是不可能产生纸币的。

　　科技的发达，尤其航海技术和造船技术的高超，以及商业的繁荣，为宋文化开放性特征的形成奠定了基础。

二、蒙古大帝国的建立

　　元文化开放性特征的形成最主要得益于蒙古大帝国的建立。蒙古国是成吉思汗铁木真于 1206 年建立的。建国后的第二年，它就开始对周边国家发动了一系列的征服战争。一时间，蒙古铁骑东征西讨，所向披靡，最终建立起广阔无垠的蒙古大帝国。

　　向南，早在 1205 年铁木真就一度攻入西夏，劫掠大批牲畜、财物而还。蒙古建国后，成吉思汗又于 1207 年和 1209 年两次对西夏发动战争，迫使西夏首先屈服，纳女请和。1210年，畏兀儿人慑于蒙古军的威势，遣使归顺，使今新疆东部地区归属蒙古国。1218 年，蒙古军灭亡西辽，占据今新疆西部及中亚的广大地区。1227 年，经过一番腥风血雨的残酷战争，蒙古军队攻下西夏首都中兴府，灭亡西夏，全部占有其地。从 1211 年开始，蒙古国又对金国不断发动进攻，并于 1234 年灭亡了这个自己以前的"宗主国"，将势力伸张到黄河流域地区。1254 年，蒙古军队灭亡了云南的大理，同年迫降吐蕃，对南宋形成包围之势。1279 年，建立于 1271 年的元朝灭亡了南宋，统一了中国。

　　向西，从 1219 年到 1259 年蒙古军发动 3 次远征，进行军事扩张。第一次西征是成吉思汗本人发动的，时间是 1219—1225 年。这次西征，蒙古军首先灭亡了花剌子模[①]，占领今

　　[①]　花剌子模：中亚阿姆河下游古国，曾为西辽属国。1218 年，蒙古所遣商队为其边将所杀，财物尽被劫掠。成吉思汗派使臣前去交涉，又被其国王摩诃末杀死，于是决定兴兵复仇。1219 年蒙古军大举西征，至 1223 年战事结束。花剌子模军队虽数量占优，但采取分兵把守、消极防御的错误战略，以至局面被动，屡战屡败。蒙古军很快攻下花剌子模的大部分地区，摩诃末逃到里海一小岛上病死。

阿富汗、独联体的中亚国家及伊朗的大片领土，接着又大败斡罗思（俄罗斯）诸国王公与钦察（里海北）人的联军于今乌克兰境内的迦勒迦河。1227 年回军途中乘胜灭亡西夏时成吉思汗病死。第二次西征是第二代大汗成吉思汗的三子窝阔台发动的。这次远征由成吉思汗 4 个儿子的长子率领，他们是成吉思汗长子术赤的长子拔都，次子察合台的长子拜答儿，三子窝阔台的长子贵由，四子拖雷的长子蒙哥，所以称为"长子西征"。"长子西征"从 1235 年开始，至 1244 年结束，由拔都统一指挥。这一次，蒙古军征服了钦察，占领了俄罗斯、乌克兰平原，并进入孛烈儿（波兰）、马札儿（匈牙利）及奥地利等地，给欧洲各国造成极大震动。教皇英诺森四世和法国国王路易九世先后派遣使者出使蒙古，希望与蒙古达成和议并传教，但均不得要领而归。第三次西征从 1253 年到 1259 年，由第四代大汗蒙哥派自己的三弟旭烈兀领导。这次，蒙古军攻灭了木剌夷（里海南，今伊朗境内）和阿拉伯阿拔斯王朝（即黑衣大食，首都报达，即今伊拉克巴格达），还进入了叙利亚的大马士革等地。

通过历时六七十年的向南扩张和 3 次西征，使蒙古贵族建立了一个地跨欧亚的庞大的军事大帝国。不仅今天俄罗斯、匈牙利、波兰、奥地利等国都曾被蒙古军的铁蹄践踏过，而且整个中亚和西亚地区全部为蒙古国所有。在这片广大的土地上，蒙古贵族建立了 4 个大汗国：钦察汗国（在今俄罗斯等地）、伊儿汗国（在今西亚的伊朗等地）、窝阔台汗国（在今阿尔泰山地区，新疆、俄罗斯、蒙古交界处）、察合台汗国（在今哈撒克斯坦、吉尔吉斯斯坦、乌兹别克斯坦、塔吉克斯坦和新疆等地）。尽管这 4 大汗国基本上是独立发展的，只是在名义上归属元朝皇帝领导，但由于都是由蒙古族贵族所统治的区域，所以从中国到西方的交通有很长一段接近于内部交通，从而极大地便利了中国与西方的交往。

另外，元朝时，中国的航海技术又有了进一步提高。这样为通过海路与东亚、东南亚、南亚及非洲的交往奠定了基础。

第二节　宋元文化开放性特征的主要体现

宋元文化的开放性特征主要体现在对外贸易发达及中外交通空前发展等方面，但从方位上说，宋元不一。宋朝主要是从东部和东南沿海一带与外界交往，而元朝的对外开放不仅是全方位的——既走东部和东南沿海，也走西北传统的丝绸之路，而且从规模上讲也更加宏大。造成这种差异的原因主要是由于它们外部环境的不同，宋朝的西北和北部受到强大的少数民族政权的"封锁"，元朝周边则无强敌，几乎没有外患，因而对外交通几乎畅通无阻。

一、对外贸易发达

北宋时期，我国对外贸易较隋唐时期更为繁荣。如唐朝时仅在广州一地设置市舶使，而北宋政府则在广州、泉州、明州、杭州、扬州和密州（今山东胶县，一说诸县）和秀州（今浙江嘉兴）等地都设有提举市舶司。市舶司的任务主要是负责检查进出口船舶，征收商税，收购政府专卖品和管理外商等。北宋初年，从海舶中抽取的税款每年达50万贯，后来这一数字进一步上涨，成为北宋政府的一项重要收入。各市舶司所在港口都设有专供外商居住的番坊。来华外商都相对集中在某处，如阿拉伯商人和波斯商人大多集中在广州和泉州两地。这一时期由海路来中国通商的国家和地区除阿拉伯诸国外，还有日本、朝鲜、印度支那半岛、南洋群岛和印度各国。

南宋时海外贸易更加发达，前所未有，远远超过北宋。如市舶司又增加两处，即温州市舶司和江阴（今江苏江阴）市舶司，以加强对外贸易的管理。另外，据统计，与南宋通商的国家有50多个。广州、泉州和明州是南宋对外贸易的三大商港。宋高宗赵构统治末年，市舶司的收入每年达200万贯，超过北宋最高额的两倍以上，约占全国财政总收入的1/20，成为国家财政的重要来源之一。当时明州居住有许多番商，有一个番商病死，留下巨万资财，南宋政府命令他的仆人护丧、护资回国，一无所取，取得外国商人的极大信任。

宋朝对外贸易输出的商品主要有铜钱、瓷器、丝绸、铁器等。由于对外贸易发达，往来频繁，交往密切，以致东南亚许多国家自己不造钱币，而直接使用宋朝的钱币，由此造成宋朝钱币大量外流，金属钱币严重不足，这也是"交子"、"会子"等纸币出现的重要原因之一。宋朝对外贸易输入的商品主要是沉香、珍珠、药材等。宋朝的外贸船最远到达非洲南部。1954年，考古学家在非洲南部的罗得西亚赞比河流域，发掘出几艘中国宋朝的大海船，并发现许多宋朝的铜钱。

宋朝政府非常重视对外贸易。宋太宗曾派遣官员，携带皇帝的书信和金、帛等，到东南亚各国出使，欢迎他们来中国贸易。政府还规定：凡是本国商人能吸引外商前来贸易，使国家增加外贸商税5万贯以上的，可以补官；外国商船遇风险损坏的，中国可以帮助修理；外国商人卖完货物回国，市舶司须设酒宴欢送；等等。

元朝时，对外贸易继续发达。当时泉州、庆元、上海、澉浦、杭州、温州、广州等地都有大量的外商居住。元朝政府在上述城市都设有市舶司，管理外贸。泉州是当时东方最大的商港。元朝对外贸易的地区很广，西部到达中亚、俄罗斯、阿拉伯和非洲东海岸；东部到达高丽、日本；南部到达南洋群岛、印度、印度支那半岛等地。当时从东亚到西亚的陆路交通主要有两条道路：一为钦察道，经敦煌、哈密、别失八里（今新疆吉木萨尔）、土库曼，到克里木半岛；一为波斯道，经敦煌、罗布泊、天山南路、大不里士（今伊朗西北），到土耳其。元政府采取保护商道政策，使商道得以安全畅通。和宋朝一样，元朝也主要用丝绸、瓷器等换取外国的珍宝、香料、药材等。元朝还实行官府给船和本钱，招募商人到国外贸易的政策，得利官府取7/10，商人取3/10。

二、中欧往来空前频繁

在元朝统治时期，中国与欧洲往来之频繁是空前的，中西文化的交融异常广泛，前所未有。如罗马教皇和法国国王都曾派遣使者来华，许多欧洲传教士和商人也随之而来，使基督教（当时叫"也里可温教"）一度在中国迅速发展。法国人卢布鲁克来中国后，曾写了一本《卢布鲁克游记》。

这个时期，最著名的来华欧洲人非意大利威尼斯商人马可·波罗莫属。马可·波罗出身于一个旅游世家。在他来中国以前，他的父亲尼科罗和他的叔叔玛浮都到过中国，蒙古大汗在他们动身回国的时候曾要他们答应再来。于是，1272年，在元朝建立后的第二年，他们践约动身前往中国，并带上了年仅17岁的马可·波罗。从威尼斯到中国，他们在旅途上花费了3年的时间，先乘船到今土耳其的一个港口爱亚斯，然后徒步横贯整个亚洲大陆，从今阿富汗北部越过高高的帕米尔高原，沿着古老的丝绸之路，穿过大戈壁，到达蒙古。盗贼和战争曾迫使他们多次绕道和改变计划。在阿富汗，因马可·波罗生病，他们不得不滞留了1年时间。最后，在1275年5月，历经千难万险的马可·波罗一行人，终于在长城以北的一个地方见到了元世祖忽必烈。当年秋天，元世祖带他们来到首都大都城（今北京）。元世祖非常喜欢马可·波罗，不仅带他骑着大象去打猎，而且还准许他在富丽堂皇的皇宫和避暑离宫中自由出入，甚至还委任给他官职，让他到各地办事，出任地方官，并派他出使南洋。

马可·波罗在中国生活了17年，他去过中国很多地方，甚至去过西藏。1292年，马可·波罗与他的父亲、叔叔3人乘坐忽必烈下令特别装备的大船，从今福建泉州起航返回家乡。马可·波罗回到家乡后的第三个年头，威尼斯与热那亚之间的贸易竞争演变为战争。马可·波罗以一个船队的文职指挥官的身份参加战斗，不幸被俘，囚禁在热那亚的监狱里。在监狱中，他将自己在东方的见闻口述给"狱友"，由他人写成《东方见闻录》，俗称《马可·波罗行记》或《马可·波罗游记》。当他的见闻录发表时，因为内容太过离奇而被认为是一派谎言。如他记载了一种可以像木炭一样燃烧的黑色石头，这实际上就是煤，此时的欧洲人哪里见过这样的东西，完全超出他们的想像，因此拒不相信。再如，他记载说中国人可以纺织出一种投入火中也不会燃烧的物质，即石棉，欧洲人同样也接受不了。至于元朝皇宫中那些曾令马可·波罗目不暇接的镀金雕刻品、艺术珍藏和华贵的铺设，更让欧洲人觉得是天方夜谭。以至于1324年当马可·波罗病危时，一个牧师仍在劝说他收回这些荒唐离奇的故事。马可·波罗用最后一口气说："非常抱歉，我还没有说出我所见到的一半多呢！"《东方见闻录》在当时虽然没有人相信，但过了100多年以后，它成了西方人拼命想到东方来的动力之一。

在欧洲人到中国来的同时，中国人也有去欧洲的，其中最有名的是畏兀儿人列边骚马。他是也里可温教士，要去耶路撒冷朝拜圣地，后来接受伊儿汗国大汗阿鲁浑的命令出使欧洲。他去过罗马、巴黎，几乎走遍了欧洲各国的首都。

三、与亚非各国往来密切

元朝时中国与朝鲜、日本和东南亚各国的联系十分密切。元称朝鲜为高丽，当时有许多朝鲜人长期定居在中国，有的朝鲜人对汉文化有很深的造诣。中国的海船经常到朝鲜港口进行贸易。在今韩国海岸，曾发现沉没在海底的装载货物的元朝海船。

在亚欧大陆打遍天下无敌手的蒙古贵族，曾试图到大海中一展身手。元世祖建立元朝后，接连对日本发动了两次进攻。第一次出兵是1274年，结果无功而返。第二次是1281年，元兵分两路进攻日本，一路从朝鲜东渡对马海峡，另一路从今浙江宁波浮海北进。谁知在日本鹰岛遇到飓风，战船多毁坏，将卒溺死无数，剩余的又遭日军掩杀，几乎全军覆没。此后，中国和日本的友好关系有所发展。元成宗铁穆耳（1295—1307年在位）曾派使臣到日本通好。日本有许多僧人到中国来学习佛学和儒学、文学等，日本的商船也定期来中国贸易。

元朝对东南亚各邻国也曾以兵戎相见。元世祖多次对这里用兵——1282年出兵占城（今越南南部），1283年和1287年两次出兵缅国（今缅甸），1285年和1288年两次出兵安南（今越南北部），1292年出兵爪哇（今印尼爪哇岛）。元兵在这里作战有胜有负，其势已成强弩之末。随着元兵徒劳而返，双方归于和平，交往逐渐增多起来。元朝接连派使者出使占城和安南，许多中国商人也经常那里经商。元朝时，中国与真腊（今柬埔寨）的友好往来最为密切。1296年，使臣周观达奉命出使真腊，并对当地的风土、国情做考察。他与真腊人建立了深厚的友谊，得到真腊人的尊敬。在柬埔寨著名的吴哥窟中，还保存着周观达的塑像。周观达著有《真腊风土记》一书，对真腊的地理、历史、风俗习惯、社会制度等做了详细的介绍。此外，元朝还曾与今泰国、马来西亚、印度尼西亚等国互派使臣。

元朝与南亚各国也有频繁交往，如与印度、尼泊尔、斯里兰卡都有往来。尼泊尔人阿尼哥长期留居中国，是元朝著名的雕塑艺术家。

中亚和西亚的波斯、阿拉伯各国，当时都在伊儿汗国的统辖下，从中国到那里，沿途都设置有驿站。元世祖曾派宰相孛罗出使伊儿汗国，把中国的纸币、印刷术、驿站、针灸等传到阿拉伯、波斯等地。波斯人和阿拉伯人来中国的非常多，他们中的有些人也在元朝任职。1267年元朝设置的掌管天文的机构——回回司天监，其负责人就是波斯天文学家扎马剌丁，他把波斯的天文仪器和《万年历》，以及数学、天文书籍等带来中国。元朝著名科学家郭守敬制定出的古代历史上使用时间最长的《授时历》（365.2425天为一年）中，就吸收了不少阿拉伯的天文成果。阿拉伯建筑师亦黑迭儿丁曾参加过大都城的建设。当时，中亚、西亚的穆斯林大规模地迁居中国，于是一个独特的使用汉语、信仰伊斯兰教和浸润阿拉伯、波斯文化的回回民族逐渐在元朝形成。

中国与非洲的往来在元朝时也有新发展，经常有中国的商船行至非洲东海岸。今天在东非不少国家中都保留着元朝商船带去的瓷器等中国器物。元朝的使臣到过马达加斯加等地。非洲人到中国来的最著名的就是大旅行家、摩洛哥人伊本·拔图塔。他于1325年越过非洲北部，乘坐海船来到中国。伊本·拔图塔去过中国不少地方，如大都、杭州、广州等，并担任中国的官职。回国后，他写了一部《伊本·拔图塔游记》，记载了不少他所目睹的中国海上交通和对外贸易的情况。

宋元时期与亚、非、欧各国的频繁交往，不仅使中华文明的西传速度大大加快，也使世界文化的总体面貌变得更为辉煌灿烂。当然，与此同时，中国人自己也从中受益匪浅。宋元文化所取得的一系列成就与其开放性特征不无关系。

第三节　宋文化其他主要特征的体现

前面已述，宋元文化除了具有开放性这一共同特征以外，其他方面的特征差距甚大，甚至没有任何可比性。实际上，后世的人们喜欢将宋文化与唐文化相比较。与隋唐文化，尤其唐文化那种恢弘大气、热情奔放、色调明快的风格不一样，宋文化呈现出的是一种端庄秀丽、典雅高贵、完美精致、色调淡雅的风格。如果将唐文化比喻成色彩鲜艳的油画，那么宋文化就是一幅清丽脱俗的水墨画；如果将唐文化比喻成浓郁香甜的咖啡，那么宋文化更像是一杯清淡可口的绿茶，其味虽淡，意境却远，这也是不少人喜欢宋文化的重要原因。其实，宋朝人自己也是不喜欢唐文化的。宋文化的其他主要特征体现为以下几个方面。

一、内敛阴郁　悲凉雄壮

宋文化内敛阴郁、悲凉雄壮文化特征的形成，由外在和内在两方面因素造成：外在因素是两宋外部环境的"险恶"，内在因素则是宋朝"守内虚外"基本国策的实施。

宋朝的周边环境与前代王朝大不一样。前代王朝，像秦、汉、隋、唐，都是绝对强大，周边少数民族政权无法与它们抗衡，双方冲突的结果都是以中原政权取得最后胜利而告终。而两宋时，由于西北和北方少数民族政权的强大，使两宋在与它们的对抗中不仅不占任何优势，反而吃尽苦头。

早在北宋建立之前，公元916年契丹贵族耶律阿保机（即辽太祖）就已经在今东北地区和蒙古地区建立了一个强大的少数民族政权——契丹，公元947年改国号为辽。1038年，北宋第四位皇帝仁宗时，在今甘肃、宁夏，以及青海、陕西和内蒙古的部分地区又兴起了一个强大的党项族建立的少数民族政权——大夏，史称西夏，其第一任国君叫元昊。12世纪初女真族又崛起于东北地区。1115年其首领完颜阿骨打（即金太祖）建立金国后迅速扩张势力，10年后灭亡了辽国，随后又灭亡了北宋。1206年，更加强大的蒙古国在蒙古草原上建立。这些少数民族政权对两宋构成长期的军事压力，压得两宋始终喘不过气来。

实际上，依综合国力计算，两宋王朝，尤其北宋并不比汉、唐差，而之所以对周边的少数民族政权屡战屡败，一个主要原因是，这些少数民族政权与以前大不相同，它们本身的汉化程度非常高。如辽和西夏基本上已经发展到封建制阶段，同时又处在上升时期，国力强盛，再加上游牧部族活泼好动、剽悍勇猛、虚心好学、进取心强烈的特点，使得他们不仅能够与北宋王朝抗衡，而且还常常居于主动地位。以后的金和蒙古国，虽然刚建立时都处在原始社会末期向奴隶制过渡阶段，但在与封建化的辽和西夏的接触中，尤其是在与宋朝的交往中，促使他们迅速地封建化。如金在占据黄河流域地区后，很快就完成了封建化过程。文化差异上的缩小使得这些少数民族政权不仅能够与中原王朝抗衡，而且还能战而胜之。

另外，还有一个重要原因，就是宋朝北部缺少天险的屏护。在北宋建立前，公元936年，五代后晋的皇帝石敬瑭为了取得辽的支持，将幽云十六州（亦称燕云十六州），即今北京到大同一线，割送给了辽朝。幽云十六州地势险要，东到今河北遵化，西到今山西神池，北到长城，南到今天津及今河北河间、保定、繁峙、宁武一线，是防御中原地区的军事要地及重要屏障。这一地区割给辽后，使黄河以北的中原地区无险可守。辽和后来的金及蒙古都是从这里发动进攻南下中原的。北宋建立后，宋太祖赵匡胤、宋太宗赵炅都曾竭力想夺回这一地区，对辽发动了几次战争，但无奈实力不济，均以失败告终，以后的北宋皇帝更加无所作为。所以，北宋的北部疆界始终没有推至华北平原北部的山区。较之前代那些强大王朝来说，北宋的国土面积要小许多。而北宋灭亡后，金的势力直抵长江流域，更可以随时南下威胁南宋。宋高宗建炎二年（1128年），金兵渡过长江，宋高宗被金兵追得在海上飘荡了好几个月不敢上岸。这是历史上北方游牧民族军队第一次渡过长江天险，其明示的危险信号是不言而喻的。北部天险的丧失，也是宋朝在与北方少数民族政权的对抗中始终处于被动地位的重要原因。

当然，仅仅因为周边少数民族政权强大、北部天险丧失，就使得两宋王朝疲弱不堪、认打认罚，未免有些牵强。外因还是要通过内因才起作用。造成两宋文化上述特征的最重要因素是宋朝所奉行的"守内虚外"政策。

"守内虚外"政策源于宋太祖。应该说，宋太祖确定"守内虚外"政策还是具有一定政治眼光的。首先，他通过总结前代王朝灭亡的历史经验认为，对自己王朝威胁最大的不是周边的少数民族政权，而是国内农民的反抗斗争。这一论断的确实符合北宋建立后农民阶级和地主阶级矛盾十分尖锐的现实。宋朝以前的各王朝刚建朝时，为了缓和阶级矛盾，一般都要限制地主的土地兼并，尽量改善一下农民的生存条件，如隋唐均田制的实行等。而宋朝由于是赵匡胤通过发动兵变，依靠手中的军权夺取最高统治权而建立的，没有经受过农民起义的洗礼，主观上不具备缓和阶级矛盾的条件。所以，北宋建立后不仅没有尽量缓和阶级矛盾，反而不立田制，听任地主兼并土地，激化了阶级矛盾。于是北宋建立后不久，全国绝大部分土地很快就被地主，尤其是官僚大地主所占有，广大农民失去土地沦为佃农。为此，宋朝政府将全国户籍分成主户和客户两大类。主户是占有土地、承担赋税的纳税户，分五等，其中上户三等约占总人口的10%左右，却占有全国80%以上的土地。客户则是没有土地的民户，靠给人佃耕为生。同时，北宋政权实行优恤官员的政策，凡官员都给优厚官俸，有钱、有米、有职田、有办公田、有柴草钱、有年节赏钱等，还有随从、当差人的衣粮等，并且不用服徭役。加之宋朝的官极多，宋真宗时为1万人，60年后到英宗时已增加到24 000人，到徽宗时官员数目比宋初增加了10倍。因此，宋朝的贫富差距非常之大。结果，公元993年，北宋王朝建立仅仅30多个年头后，四川地区就爆发了有几十万人参加的大规模的农民起义——王小波、李顺起义。这次起义值得一提的是其"均贫富"口号的提出。这一口号的提出在历史上是第一次。它不仅表达了农民要求平均财富和土地的迫切愿望，而且标志着中国农民反抗地主阶级的斗争进入到一个新的阶段。正是由于农民阶级反对地主阶级剥削压迫的斗争进入到一个新的阶段，达到了一个新的高峰，所以地主阶级镇压农民阶级的手段也必定要进入一个新的阶段，达到了一个新的高峰。"守内虚外"基本国策的制定和实施，就是宋朝统治者镇压农民反抗斗争的手段进一步提高的体现。

为了防范农民反抗斗争，宋朝政府采取多种措施，处处提防。如每遇灾荒之年即招募大量饥民入伍。此举既扩大了兵力，加强了镇压力量，又削弱了农民的反抗力量，是比较有效的。两宋时期没有发生过一次全国规模的农民起义，与此不无关系。两宋时期著名的农民起义，除了前面提到的王小波、李顺起义以外，还有北宋末年徽帝宣和二年（1120年）爆发于今安徽、浙江一带的方腊起义，当时各地响应起义的有近百万之众。另外，南宋初年高宗建炎四年（1130年）洞庭湖区爆发的钟相、杨么起义也是规模比较大的一次，参加起义的人数曾达20万人。这次起义提出"等贵贱、均贫富"的口号，表明农民阶级已经从要求经济平等发展为要求政治上的平等，反抗水平进一步提高。钟相、杨么起义坚持数年，最后被以岳飞的"岳家军"为主的南宋军队镇压下去。

其次，宋太祖总结了唐朝以来藩镇割据、中央集权制衰弱的历史经验，对地方拥有过多军队心存芥蒂。于是，他把内外屯戍的士兵全都统属于禁军。禁军本来是皇帝的亲兵，但宋朝时凡中央直属部队都是禁军，由朝廷直接统辖，是宋朝军队的主力。宋朝的地方军队都是老弱不说，还不许进行军事训练，战斗力几乎为零。另外，宋太祖还确定了京师禁军能制外郡禁军的原则，即将禁军中的大部分驻守在京师及附近地区。如北宋初全国兵额37万多，其中禁军有近20万，近20万禁军中，一半守卫京师，一半守边区和内郡。由于在边疆只驻守了少量的边防军，所以一旦遭遇外敌入侵，这些边防军根本抵御不住。

宋太祖确立下的这种"守内虚外"政策，为以后北宋、南宋的皇帝所奉行不替，成为两宋的基本国策。它的实行使两宋政府始终把统治重点放在内部，对于周边的少数民族政权则采取消极防御态度，从而导致政治上一味妥协，军事上不求有功，经济上大量赔款，造成浓烈的内敛阴郁的文化特征。同时，由于这一政策的泛滥，使两宋最终都亡于少数民族政权——北宋亡于金，南宋亡于元。亡国的痛楚又给两宋的文化抹上了浓厚的悲凉色彩，其最集中体现在两宋亡国君主的凄惨结局上。北宋亡国君主宋徽宗赵佶、宋钦宗赵桓父子被金人俘后，拘禁在遥远的五国城（今黑龙江依兰）。宋徽宗还算幸运，七八年后就死了，享年53岁，少受了一些折磨。而宋钦宗过了近30年的拘禁生活才死，享年56岁，其所遭受的罪难以用语言表述。他们忍受的痛苦肯定包括日夜期盼赵构来救而最终却成为泡影的绝望。而南宋末帝赵昺的结局更加悲凉。年仅8岁的他，被元兵追至海里，无处可逃，最后由忠臣陆秀夫背负着投海而死。宋朝这样的结局，赵氏子孙这样的境遇，宋太祖肯定是料想不到的。

与此同时，面对少数民族政权咄咄逼人的攻势，一大批不甘被欺压和奴役的汉族民族英雄曾进行积极的抗争。但仍是由于"守内虚外"政策作祟，使他们全部以悲壮的结局告终，没有一个人实现还我河山、重整江山的抱负，使宋文化在具有内敛阴郁特征的同时，又具有沉重的悲凉雄壮之感。如北宋初年的杨业虽在对辽战争中屡建威名，但因文武不和，最终作战失败被俘，不屈绝食而死；南宋初年抗金名将岳飞虽让金兵闻风丧胆，但最终被一肚子私心杂念的宋高宗伙同奸臣秦桧以"莫须有"罪名害死；南宋末年的文天祥在南宋灭亡4年之后，仍不肯降元，最后慷慨就义于元大都。其他如北宋末南宋初的李纲，任宰相70多天即被宋高宗罢免，空有一腔热血却无处施展；北宋末南宋初名将宗泽，虽屡败金兵，但不被允许收复北方失地，最终忧愤成疾，临死时犹连呼"过河"者三；南宋初名将刘锜，虽连破金兵，但遭秦桧等人排挤，被剥夺兵权，最终忧愤而死；南宋末名将王坚在四川抵抗元军，致蒙古宪宗蒙哥重伤不治而亡，逼退蒙古军，但最后被奸臣贾似道排斥，郁郁而终；南宋末名将张珏，18岁从军，在首都临安（今浙江杭州）陷落后仍在四川坚持抵抗，最后粮尽力竭，为元军所俘，愤恨自缢而死；南宋末李庭芝固守扬州，被俘的谢太后曾两次下诏劝降，他都坚决拒绝，并射杀使者，后转战泰州（今江苏泰州），元兵破城时，他投池自尽，因水浅未死，被俘，押回扬州，宁死不屈，直至被害；南宋末爱国志士、白潞洲书院创始人江万里，晚年住在广信（今江西上饶市），元军攻入广信，他投池而死，以身殉国；南宋末张世杰，与陆秀夫奉末帝赵昺居崖山（今广东新会南），与元兵大战，元将派其外甥招降，他回答："愿学古代忠臣，死不移志。"继续忍着饥渴与元军决战，兵败后不得不漂流海上，得知皇帝已死，部下劝他上岸，被他拒绝，最后船坏溺水而死。陆秀夫则先拔剑逼迫妻子跳海，然后自己背负赵昺投海而亡。当时船上官兵、家属随之投海者甚多，7天后海面浮起上万的死尸，场面何其悲壮！

宋文化悲凉雄壮的特征还体现这些民族英雄的词作和诗作中。著名词作如岳飞的《满江红》：

怒发冲冠，凭阑处、潇潇雨歇。抬眼望、仰天长啸，壮怀激烈。三十功名尘与土，八千里路云和月。莫等闲、白了少年头，空悲切。

靖康耻，犹未雪；臣子恨，何时灭。驾长车踏破、贺兰山缺。壮志饥餐胡虏肉，笑谈渴饮匈奴血。待从头、收拾旧山河，朝天阙。

还有辛弃疾的《永遇乐·京口北固亭怀古》：

千古江山，英雄无觅、孙仲谋处。舞榭歌台，风流总被、雨打风吹去。斜阳草树，寻常巷陌，人道寄奴曾住。想当年，金戈铁马，气吞万里如虎。

元嘉草草，封狼居胥，赢得仓皇北顾。四十三年，望中犹记、烽火扬州路。可堪回首、佛狸祠下，一片神鸦社鼓。凭谁问，廉颇老矣，尚能饭否？

著名的诗作如陆游的《示儿》：

死去元知万事空，
但悲不见九州同。
王师北定中原日，
家祭无忘告乃翁。

还有文天祥的《过零丁洋》：

辛苦遭逢起一经，
干戈寥落四周星。
山河破碎风飘絮，
身世浮沉雨打萍。
惶恐滩头说惶恐，
零丁洋里叹零丁。
人生自古谁无死？
留取丹心照汗青！

这些诗词作品字里行间中所透露出的那种浓郁的悲凉雄壮感，令人既感到振奋，又觉得辛酸，心头总有一种挥之不去的难以名状的伤感和压抑感。尤其，当想到由于南宋的灭亡使陆游所企盼的"王师北定中原日"的"家祭"永远无法举行时，这样的心理感受就更加沉重了。

二、致密精细　完备成熟

宋文化致密精细、完备成熟的特征主要体现在两个方面：一在政治制度层面，二在思想学术层面。

在政治制度层面，无论是防范农民的反抗斗争，还是提防统治集团内部各种对加强专制主义中央集权制不利的潜在威胁，宋朝统治者都殚精竭虑，制定出一套设计致密、考虑周到的制度，几乎将一切不利于宋王朝长治久安的因素都考虑进去，显现出前所未有的完备与成熟。

针对农民的反抗斗争，除了上述遇灾荒之年即招募大量饥民入伍的防范措施以外，宋朝政府还格外加重了对"贼盗"的惩罚，力图压制农民的"不轨"行为。如规定持械杀人的"贼"，不分情节，不分首犯从犯，一律重杖处死。除了宋朝的根本大法《宋刑统》将严惩的锋芒主要指向贼盗犯罪外，宋朝政府还颁行一些特别法，进一步加强镇压，如北宋仁宗嘉祐年间（1056—1063年）颁行的《重法地法》。该法规定对于在开封府及附近州县的贼盗犯罪须加重处罚，以后"重法地"又扩大到全国许多其他州县。此外，还有北宋神宗熙宁四年（1071年）创立的《盗贼重法》。该法以"复杀官吏及累杀三人，焚舍屋百间，或群行州县之内，劫掠江海船栰之中"[①] 为重法对象，规定即使不在重法地之内，这些犯罪亦以重论，而且还要株连家属，没收财产，对于窝赃包庇和累犯惯犯等也要严惩。宋朝的这些立法明显重于唐律，显现出阶级矛盾趋于尖锐化的社会现实。但它们在一定程度上确实行之有效，前述两宋没有爆发过一次全国规模的农民起义，与这些法律的实施不无关系。

针对统治集团内部各种对加强专制主义中央集权制不利的潜在威胁，宋朝的统治者更是

---

① 见《宋史·刑法志》。

制定了一套"收权"与"分权"相结合的官僚体制，将官员反叛、背叛皇权的可能性压缩到最小限度。其中，"收权"主要针对地方，即尽量将地方权力收归中央，加强中央集权；"分权"则体现在从地方到中央的各级机构中，即不使任何官员可以专任其权，且令官员之间互相牵制，以加强专制皇权。所以，专制主义中央集权制在宋朝又得到进一步加强。

收权的实施首先体现在剥夺节度使的权力上。唐朝后期和五代时期，节度使大权在握，称霸地方，不服中央，造成严重的藩镇割据局面。宋朝建立后，先规定节度使只负责驻节所在州的政事，其藩镇境内其余各州不再由其领导，而直接隶属朝廷。此举使节度使的行政权力大为缩减，降低到与州长官相等，仅级别稍高些。稍后，又禁止节度使掌握实权，把这一职务变成元老重臣出守地方的虚衔，而将地方军政实权归于州长官，这样节度使问题被顺利解决。其次体现在严格控制州县长官上。宋朝的地方行政虽沿用唐朝的州、县两级制，但控制极严。各州长官称"权知军州事"，简称"知州"①，均由中央委任朝廷文官担任，3年一换，而且本地人还不能在本地做官。县长官——知县亦由中央选派京官出任。这些出任地方长官的官员，都带着原来的中央官衔，他们位高权重，威慑地方。北宋初年，符彦卿久镇大名府，专横一时，但当朝官周渭知永济县时，符彦卿郊迎，周渭只在马上拱揖答礼，他也无可奈何。再次体现在控制地方财权上。唐朝后期各地藩镇的财赋收入多自己留充军费，很少有人上交朝廷。五代时藩镇更加骄横，租赋根本不入朝廷。有鉴于此，宋太祖于乾德二年（公元964年）下令，从这一年起，各州郡的民租和专卖收入，除地方必要开支外，所有钱币绢帛之类，都要送到京师。第二年又重申，各州除留少数必要费用外，全部解送京师，不许扣留。中央政府还派出朝官18人分驻各地，收受民间租税。宋太宗时朝官驻各州监督收税成为定制。乾德三年（公元965年），北宋政府又开始设置转运使，总管各道财赋。宋太宗至道三年（公元997年），改道为路，全国分为15路（后增至26路）②。转运使是路一级的常设官员，主管某一路所属州郡的财政税收和水陆转运。宋太宗还规定各路转运使要轮流到京师报告当地财政情况。此举改变了过去节度使把持地方财政，以大量财物留使、留州的现象，消除了地方割据的财政基础。

分权的实施首先体现为中央的政事、军事和财政3项大权由3个互不统属的平行机构掌握，它们分别对皇帝负责，谁也无法专权。如宰相只负责政事，其以前所掌之军政由枢密院分割，宰相与枢密院号为"二府"；宰相以前所掌之财权由三司使分割。三司使地位仅次于宰相，称为"计相"。不仅如此，在这3项大权内部还要进一步分权。如担任宰相职务的不仅多人，而且并无定员。宋太祖用赵普为宰相，又用薛居正等3人为副相，称"参知政事"，牵制宰相，分割宰相在政治上的权力。再如枢密院虽负责全国军政，但它只掌军政令和调动部队，并不直接掌兵。直接掌兵的是"三衙"（或称"三司"）。三衙即殿前都指挥

---

① 宋朝州以外又有府、军、监等地方机构，大体与州平级。如府的长官称为权知某府事，简称"知府"。

② 路：宋朝地方行政机构，初称道，后改称路。其原本是征收和转运地方水陆两路财赋的区划，后来成为府州以上的一级行政机构。

使司、侍卫马军都指挥使司、侍卫步军都指挥使司。它们直接统辖禁军，负责禁军的管理、训练，但无权调遣军队。这样，三衙和枢密院互相牵制，禁军只有皇帝才能指挥。无论三衙将帅或枢密使，都无法利用军队发动政变。另外，日常统兵与战时统兵又有分别。三衙仅负责日常统兵，遇战事则由朝廷另行委派将帅统兵出征，战事结束兵归三衙，将还本职。这样，将不识兵，兵不识将，统兵将帅亦难以发动兵变。财政之权也一样，虽由三司总负责，但三司下又有盐铁、度支、户部3个部门。其中，盐铁掌管工商业收入和兵器制造，度支掌管财政收支和粮食漕运，户部管理全国户籍、赋税和专卖等事，各负其责，各司其职。其次，分权的实施还体现为官与职不一、名与实分开的制度上。宋朝中央的台、省、寺、监等机构，都是官无定员，也无专职。三省、六部、二十四司虽都各有长官，但如没有特别指令均不主管本司事务。因为宋朝的官员有官、职、差遣之不同。官，只是一种虚衔，作为叙级、定薪俸之用。宋初把尚书、侍郎等职称都列入这一类。职，亦称贴职，是一种清高的虚衔，只表示学识水平，也没有实权所掌，如秘阁修撰、龙图阁学士等属于这一类。宋朝的官员只有获得差遣，才能实际任职，执行具体职掌。朝官中的宰相、参知政事、枢密使、三司使，外官中的知州、知县、转运使等都属于这一类。如宋太祖时的枢密直学士、兵部侍郎、参知政事薛居正，其官为兵部侍郎，即领兵部侍郎的俸禄；其职是枢密直学士，表示他具有枢密直学士的才识水平；其差遣参知政事，是其实职。宋朝一般的官员都是高官低差遣，领丰厚的俸禄，因此大家只注重差遣，并不注重徒有虚名的官位。即使官至尚书，差遣也可能只是个知州。这一制度的实行，避免了官员长期握有某方面的权力而专权，威胁皇权。另外，分权不仅体现在硬件——制度方面，还体现在软件——用人方面。为了防止任何人专权，宋朝统治者还往往以观点、作风不同之人共谋朝政，让他们彼此"异论相搅"，以达到"各不敢为非"①的目的。这是两宋时期时常改革派与保守派共处一朝、主战派与主和派共居一堂的重要原因。如宋高宗初期主战派李纲、宗泽便不得不与投降派黄潜善、汪伯彦同朝。而宋朝的党争之风非常严重也与此不无关系。

分权的实施在地方上主要体现为两个方面。首先，在路级机构的设置上，由最初设置的诸路转运使司（简称"漕司"）负责监管地方财政，兼及行政监督，到后来又增设多种名目的路级监司。例如，提点刑狱司，简称"宪司"，主管司法；提举常平司，简称"仓司"，主管仓储；安抚使司，简称"帅司"，主管军务、治安。漕司、宪司、仓司、帅司合称"四监司"，它们互不统属不说，路之辖境的划分也不尽相同，或者虽相同而治所未必在一地。而且，它们既各有主管范围，又互有重叠，往往使之兼理它务。这样，四监司中哪个也不能在地方专权，老老实实听从中央的指挥。其次，在州一级机构的设置上，宋朝有一绝妙安排，即在长官知州之外另设"通判"一职。通判亦由朝廷直接派遣，但它既非知州的副职，又非其属官，地位微妙。通判不仅有权与知州共同处理州事，而且还负责监督知州的行动，并直接向朝廷报告地方情况，因此通判又称"监州"。各州公文均须知州和通判并署，方能

---

① 《续资治通鉴长编》卷213，神宗熙宁三年七月。

生效。知州和通判互相牵制，既防止他们擅权跋扈，又加强了中央对地方的控制，防止他们专权和培植私人势力。

通过以上各种措施，宋朝真正做到了"收乡长镇将之权悉归于县，收县之权悉归于州，收州之权悉归于监司，收监司之权悉归于朝廷"①，"以大系小，丝牵绳联，总合于上"②，最终集政权、财权、军权于皇帝一人，使专制主义又得到空前发展。

不仅如此，宋朝统治者对于历代均不能避免的宗室谋篡、外戚干政、宦官专权等问题也在制度上设计了种种预防措施。如规定除远亲外，宗室成员不得参加科举考试，担任官职也有诸多限制。尤其与前代不同的是，宋朝的皇子都不直接封王，而是先授予防御使之类的头衔，然后经由国公、郡王等级别，逐渐升至亲王，但亲王的子孙并不许袭爵。朝会班序亲王居于宰相之下，官属亦从简，等等。由于这一系列的防范措施，使得宋朝成为历代王朝中"家天下"色彩最为淡薄的，皇帝的家人、亲属、家奴等各种非理性政治因素对政治、社会的影响都被控制到最低的程度。

宋朝统治者所制定的上述制度，可谓用心良苦、思虑深远，几乎算无遗策，它确实加强了专制主义中央集权制，但弊病也是极大的。宋朝官僚制度最大的弊病在于防弊过当，矫枉过正，以至造成上下约束过紧，牵制过密，机构重叠，官员繁多，权力不专，权限不明，以及"人才衰乏，外削中弱，以天下之大而畏人"③的严重后果。宋朝成为积贫积弱、苟且偷安的一个朝代，其深刻原因就在于此。

在思想学术层面，宋文化密致精细、完备成熟的特征体现为理学的构建。

理学，亦称道学，是以儒学为核心，经过儒、道、佛互相渗透而形成的一种比较完整的唯心主义思想体系。它在宋朝形成，以后影响到元、明、清3朝，成为中国封建社会没落时期的正统思想理论。

理学的形成有着深刻的时代背景。宋初，仍继续保持着文化多元的格局，儒学、佛教、道教均受到推崇，三教并立。中国第一部官刻的大藏经《开宝藏》就是宋太祖开宝四年（公元971年）开始起刻的。道教经典也在宋初被编为《宝文统录》和《大宋开宫宝藏》。不过，在宋太祖、宋太宗时代，由于统治者正致力于统一全国，恢复残破的封建经济，还没有来得及大力宣扬儒学。直到王小波、李顺起义后，北宋统治者感觉到威胁，才开始逐步加强思想统治，兴起复兴儒家文化的运动。如宋朝政府设立了专为皇帝讲儒家经传的讲席——经筵，自太学生、翰林侍讲学士至崇政殿说书，皆充任讲官。咸平元年（公元998年），宋真宗一即位，就封孔子的第四十五代孙孔延世为"文宣王"。大中祥符元年（1008年），他又亲自到曲阜孔庙行礼，加谥孔子为"玄圣文宣王"，表示最高统治者对儒学的推崇。

宋初统治者推崇儒学，以"明纲纪"为目的。出于加强统治的需要，宋王朝统治集团

---

① 范仲淹《范太史集》卷22《转对条上四事状》。
② 《嘉祐集》卷1《审势》。
③ 叶适《水心别集》卷10《始议二》。"畏人"，即指畏惧辽、金、夏等北方少数民族政权。

清楚地认识到，明纲纪必须修礼乐，修礼乐必须重儒术，否则就避免不了重蹈前代藩镇割据、君权旁落的覆辙。但尽管社会需要儒学的复兴与发展，需要它重新成为占统治地位的思想，以适应专制主义中央集权制在思想领域进行一统化统治的需要，并作为对全社会进行道德控制的工具，但多元化的文化格局却抑制并阻碍着儒学的复兴和独尊。所以，从宋初到宋仁宗统治的末期，振兴儒学运动历时 80 余年，并没有收到预期的社会效果。虽然，儒学的兴盛成为潮流，但佛教、道教的影响并未明显减弱。当时，不仅大多数普通百姓求仙拜佛，文人学士专心于佛老的也不在少数。

佛教、道教之所以有这样的影响，不仅仅因为它们在中国生根已有千年的历史，它们的基本思想观念已渗透到民族文化的心理深层，更重要的原因在于，佛教、道教都有比较完备的思辨哲学体系和比较深厚的理论思维。它们对于宇宙本质、万物变迁、人心人性、善恶报应等问题的论说，都在高度抽象的概念中展开，使人感到高深莫测、神秘无比，因而不自觉地在主观意识上夸大了它们的作用。相形之下，儒学则显得浅显、粗疏，无论是对天道变化、宇宙生成的解释，还是君臣父子、尊卑上下的论证，都比较直观、通俗，缺乏系统的理论和高深的思辨。

有鉴于此，一些精通儒学的大师们，如周敦颐、张载、程颢、程颐、邵雍、司马光等，放弃了以往恪守先儒之说的传统，以传统儒学为基本框架，以是否益于纲常名教作为价值尺度和取舍标准，对佛教、道教的思辨哲学进行研究，大量吸取其理论思维的成果，将佛教、道教的本体论、认识论与儒学的伦理思想和政治哲学结合起来，用新的思辨哲学论证封建道德纲常、等级秩序和专制集权的合理性、神圣性，并且力求解决道德起源与道德修养等重大理论问题，从而创立了新的儒学思想体系——理学。

理学分为两派：一派属客观唯心主义，以二程和朱熹为代表；一派属主观唯心主义，以陆九渊为代表。两宋的理学，表面上不谈鬼神和神仙，也不像西汉董仲舒那样鼓吹"天人感应"，而是提出一些新的命题，如"理"、"天理"、"心"、"性"、"人欲"等，对儒学重新做一番修补与阐释工夫，使之更加哲理化，因而也更加适应封建社会趋向没落时期统治者的需要。

二程就是程颢、程颐兄弟。他们是北宋洛阳（今河南洛阳）人，一同受业于周敦颐。因二人居住洛阳，所以其学世称"洛学"。他们提出一个"理"的哲学范畴，认为"理"是宇宙的本源，先事物而存在，它不仅创造天地万物，而且凌驾于物质之上。还认为，"理"是永恒不变的，这就是"天理"。进而，他们把封建伦理道德统统说成是符合"天理"的东西。如程颐说："父子君臣，天下之定理，无所逃于天地之间。"[①] 他极力宣扬封建礼教，提出"饿死事极小，失节事极大"[②] 的思想，坚决反对寡妇再嫁。

陆九渊是南宋抚州（今江西临州）人，出身豪族地主家庭。其主观唯心主义是随着阶

---

① 《二程遗书》卷 2 上。
② 《二程遗书》卷 22 下。

级斗争和民族矛盾的深化变化而出现的。他的哲学称为"心学"，就是把"心"当作世界的本体，认为"宇宙便是吾心，吾心即是宇宙"[1]。他不承认人心之外有物质世界，认为客观世界只是人心的产物。他说："心即理。"还说，心就是仁义。他把封建伦理道德和哲学联系在一起，提出要用"仁义"来破除百姓的物质欲望，反映出豪族地主对农民起义的极大恐惧。

两宋时期，朱熹对理学所做的贡献最大，因其思想体系渊源于二程，故后人称为"程朱学派"。朱熹祖籍南宋徽州（今属江西），出生在今福建。他学问广博，在经学、史学、文学及考释古籍等方面均有成就。他不仅确立起了完整的理学体系，并且成为理学的集大成者。朱熹继承二程的观点，认为"理"或"天理"为天地万物的根源。他还提出"气"的范畴，认为"天地之间，有理有气"，"理"是"生物之本"，"气"是"生物之具（材料）"。他认为"理"是"超然于万物之上，广大无边"的，其充塞于宇宙，无处不在。最终他把"理"和封建伦理道德联系起来，提出"理"就是"仁、义、礼、智"，并称："未有君臣，已先有君臣之理。"也就是说，三纲五常先天就产生了。由于"理"是永恒不变的，所以"纲常万年，磨灭不得"。朱熹认为人性中有"天理"和"人欲"的对立。"天理"是至善的，"人欲"是万恶的，因此要"存天理，灭人欲"。他说："天理人欲，相为消长分数。其为人也寡欲，则人欲分数少，故虽有不存者寡矣。不存者寡，则天理分数多矣。其为人也多欲，则人欲多分数，故虽有存焉者寡矣。存焉者寡，则是天理分数少也。"实际上，他的"存天理，灭人欲"就是要求百姓甘受封建统治，不要起来反抗。

理学的影响至深至远。比如，朱熹用"天理"遏制"人欲"，束缚带有自我色彩、个人色彩的情感欲求发展的主张，在统治者的支持下得到全面推行，其结果是使得中华民族的文化性格逐渐向感情内向转化。今日中国人性格内向的特征就是肇始于宋文化。再如，中华民族"重义轻利"观念的形成也是肇始于理学。传统儒学并不排斥"利"，在谈到"义"与"利"时，讲的是"先义后利"，并无轻重之别，但理学把它发展为片面的"重义轻利"观念，其结果是严重影响中国商品经济的进一步发展，最终阻碍资本主义生产关系的生成。

理学是中国封建社会后期最为精致、最为完备的理论体系，其特点是着意于知性反省、造微于心性之际，强调自省、自律。它更多地把注意力集中到了个人内心世界，强调古已有之的"修身、齐家、治国、平天下"思想。正因如此，使得宋文化在思想学术方面表现出十足的密致精细、完备成熟的特征。

宋文化密致精细、完备成熟的特征还体现为科学技术的发达。详见本章第一节。

三、精巧内趋　文气十足

宋文化独有的特征还有精巧内趋、文气十足。这一特征的形成，首先得益于宋朝"重

---

[1]　《象山集》卷22。

文轻武"基本国策的长期实行。

"重文轻武"政策原则的确立也肇始于宋太祖,是他有鉴于五代时期军事将领拥兵夺权的教训而制定的基本国策。五代时期,政权的更替都是随着军权的得失而转移的。在短短50多年的时间里,朝代换了5个,皇帝换了8个,连宋太祖自己也是利用手中的兵权篡位夺权当上皇帝的。因此,建隆二年(公元961年),刚刚当上皇帝不久,宋太祖便利用举行宴会之机,"杯酒释兵权",以高官厚禄为条件,解除了宿将石守信(侍卫亲军马步军都指挥使)、王审琦(殿前都指挥使)、高怀德(殿前副都点检)等统领禁军的权力,同时顺势取消了殿前都点检、侍卫亲军都指挥使、侍卫马军都指挥使3个禁军高级将领职位,改以资浅才庸的低级军官统领禁军,并由此确定下"重文轻武"的基本国策。从宋太祖以后,宋朝统治者都有意识地压抑武将,抬高文官、士人的地位,提倡文治。如中央掌管军政的枢密使及地方军事长官皆用文官。宋太祖曾十分得意地对亲信大臣赵普说:"我现在派100多个文人担任地方的藩镇,就算都去贪污,为害也不及武将的十分之一。"不仅如此,作战时也多以文臣担任统兵主帅。

其次,与两宋教育的发达和科举制的完备有关。两宋时期由于摆脱了士族地主政治的束缚,等级差别缩小,低级官僚子弟和寒素子弟都可以就学,从而便利了他们的成才。同时,宋朝政府还十分重视发展地方学校,如北宋末年曾"学校之设遍天下"①,从而使知书达理的文人在整个社会中所占比例升高。与此同时,科举制也日臻完备。宋朝不仅形成了严格的3级考试和3年一考制度,而且考试手段更加完善,采取如搜身、弥封②、誊录③、锁院④、别试⑤等多种前所未有的防弊措施,力求做到公平竞争。两宋时,科举考试向读书人广泛开放,不问家世,一旦录取,即刻授官,且升迁前景远较其他仕途优越。科举的规模也明显扩大,录取人数数倍于唐朝。据资料显示,唐朝登科总数为6 603人,两宋则达到45 640人。两宋宰相90%系科举出身。与唐朝相比,进士科已成为宋朝科举的主要名目,其他科目无足轻重。由于进士科主要考诗赋、经义,因此促使人们专心致志地埋头读儒家的书,读书人的群体规模也比以前增大了许多。

再次,与宋朝统治者重视文化基础设施建设和文化遗产整理有关。宋朝建立后,在戎马倥偬中收集书籍,又于民间广求亡书,校勘整理经史子集,编纂类书、史书和文献目录,大力进行图书建设。经济稍好,又重新建立被毁的"三馆"——昭文馆、史馆、集贤院,另外还增设秘阁、龙图阁、天章阁,⑥不仅发挥了藏书和整理古籍的巨大功能,而且还培育出一批又一批的文人贤哲。

---

① 《宋史·选举志一》。
② 弥封:亦称"糊名",即将考卷上考生姓名、籍贯封贴。
③ 誊录:即将原试卷封存,另找人抄出副卷交考官批阅。
④ 锁院:即将考官集中于考场——贡院之中,非至阅卷完毕,不得外出。
⑤ 别试:即与考官有私人关系的考生应试时,由朝廷另遣考官,单设考场考试。
⑥ 昭文馆、史馆、集贤院、秘阁、龙图阁、天章阁通称"馆阁",分掌图书经籍和编修国史等事务。

由于"重文轻武",以及教育发达、科举制完备,所以宋朝社会的整体文化素养超过汉唐时期,不仅文气十足,而且人才济济。如唐宋古文八大家中,宋朝就据有 6 位,即欧阳修、曾巩、王安石、苏洵、苏轼、苏辙。明人徐有贞曾说:"宋有天下三百载,视汉唐疆域之广不及,而人才之盛过之。"① 此话并非虚言。

宋文化精巧内趋、文气十足特征的突出体现是词的创作。词是曲子词的简称,亦称长短句,是唐朝时兴起的一种新的文体。它最初流行于民间,后来才出现文人作品。唐末、五代时,词在文人手里有了发展,到宋朝时达于空前繁荣阶段。词是宋朝文学成就的一个重要标志,流传至今的宋词超过两万首,词人 1 000 余家。宋词虽然与唐诗并称,分别为中国文学史上两个难以逾越的高峰,但是与唐诗含义阔大、形象众生、长于抒发远大志向相比,宋词就显得小而狭、巧而新、精而细了许多。词的特点是更加侧重音律与语言的契合,其造境摇曳空灵,其取径幽约怨悱,其寄托要眇怅惘。正因如此,它也更加便于文人骚客抒发内心的惆怅、哀怨、思念、追忆、悲切、失意及爱恋等情感,比诗更能称得上是文人的作品。在宋词中,尽管也有颇为阳刚的豪迈慷慨之作,如苏轼的《念奴娇·赤壁怀古》、岳飞的《满江红》、辛弃疾的《永遇乐·京口北固亭怀古》等,但其感人至深、引人入胜的还是那些婉约阴柔、情深意长之词。如柳永的《雨霖铃》:

> 寒蝉凄切,对长亭晚,骤雨初歇。都门帐饮无绪,留恋处、兰舟催发。执手相看泪眼,竟无语凝噎。念去去、千里烟波,暮霭沉沉楚天阔。
> 多情自古伤离别,更那堪、冷落清秋节! 今宵酒醒何处? 杨柳岸、晓风残月。此去经年,应是良辰好景虚设。便纵有千种风情,更与何人说?

词中那难以割舍的恋情与离别之恨,以及终身失意的感慨,催人泪下。

再如,秦观的《鹊桥仙》:

> 纤云弄巧,飞星传恨,银汉迢迢暗渡。金风玉露一相逢,便胜却人间无数。
> 柔情似水,佳期如梦,忍顾鹊桥归路。两情若是久长时,又岂在朝朝暮暮?

爱情的真挚与纯洁,在词中得到充满激情的歌唱,令人心中顿涌无尽之爱。

又如,李清照的《醉花阴》:

> 薄雾浓云愁永昼,瑞脑消金兽。佳节又重阳,玉枕纱厨,半夜凉初透。
> 东篱把酒黄昏后,有暗香盈袖。莫道不消魂,卷帘西风,人比黄花瘦。

其词将因悲秋伤别而引起的无尽寂寞与相思情怀真挚地抒写出来,读来使人对其境遇充满了同情之心。

即使是岳飞这样背负"精忠报国"20 年、金戈铁马、烈火狂飙、南征北战、屡建大功的铮铮铁汉,也有逸致闲情、温柔旖旎、近于婉约的词作《小重山》:

---

① 《范文正公集》补编《重建文正书院记》。

昨夜寒蛩不住鸣，惊回千里梦，已三更。起来独自绕阶行，人悄悄，帘外月胧明。

白首为功名，旧山松竹老，阻归程。欲将心事付瑶琴，知音少，弦断有谁听？

词作中的淡淡伤情犹如万山磅礴中呜咽的流水，较之其壮怀激烈的《满江红》来说显得沉郁苍凉许多，也更能引人心动，令人含泪欲流。

由于词具有婉约阴柔、阳刚之气不足的文人特质，因此也更加适合女性表达细腻的情感。这就是为什么唐朝没有一流的女诗人，而宋朝却有一流的女词人——李清照的重要原因。

除此之外，宋文化精巧内趋、文气十足的特征还体现在以下一些方面。一如绘画。宋朝的绘画强调融诗歌、书法于作品之中，富于潇洒高迈之气与优雅细密、温柔恬静之美。而且宋朝十分盛行山水、花鸟画。与人物画相比较，山水画和花鸟画更适合文人的欣赏与爱好。再如古文。宋人的文章以舒徐和缓、阴柔澄定、明白晓畅、平易近人为特色。著名的作品有范仲淹的《岳阳楼记》、欧阳修的《醉翁亭记》和《秋声赋》。还有如宋诗，其如纱如葛、思虑深沉，给人以别样的享受。王安石后期登山临水、咏物抒怀写景的小诗《钟山即事》、《金山三首》是宋诗的典型代表，后人评价它们是"雅丽精绝，脱去流俗"[1]，被称为"王荆公体"。在生活方面，如饮茶、穿着等，也同样充满了浓郁的文人特质。宋人饮茶"品第之胜，烹点之妙，莫不咸造其极"；在服饰穿着上，宋人也是惟务洁净，以简朴清秀为雅。宋朝的瓷器制作更体现着这样的文化特征，其脱略繁丽丰腴，尚朴澹，重意态，努力迎合着文人的鉴赏品位。宋朝的名窑中，定窑（今河北曲阳）产胎质洁白如粉的白瓷，汝窑（今河南汝州）产温润敦厚的青瓷，钧窑（今河南禹州）产光彩夺目的绿色或紫色的窑变瓷器。官窑（今河南开封东南）产专供皇室使用的瓷器，颜色为粉青或淡青。哥窑（今浙江龙泉）产百圾碎。另外，江西景德镇窑、浙江龙泉弟窑都生产晶莹如玉的瓷器。像唐三彩、唐五彩这样的花花绿绿作品，在宋朝是不多见的。

宋文化精巧内趋、文气十足的特征集中体现在宋徽宗身上。这个北宋亡国之君，在政治上没有什么建树，相反还有着一堆的毛病，但是在艺术方面却有着很高的造诣，甚至可以称得上是名垂青史、举足轻重的人物。宋徽宗在诗词、音乐、戏曲等方面都有广泛的爱好，尤其在书画方面，才艺最高。他自创的"瘦金体"，于书法史上独树一帜，成为后代楷模。在绘画上，他擅长山水、人物，尤其擅长花鸟，在花鸟画上的成就受到历代品评者极高的赞誉，在中国绘画史上成为花鸟画承上启下的重要画家。让这样的人当皇帝，真是历史的错误选择。

在宋文化这种精巧内趋、文气十足的氛围之下，隋唐文化尚武的精神气质早已飘散。宋军对外作战屡战屡败，它是重要原因之一。

---

① 黄庭坚《后山诗话》。

第四节 宋文化胆小怕事、柔弱怯懦性格的主要体现

胆小怕事、柔弱怯懦是宋文化最突出的性格。其体现主要为，面对辽、夏、金、元等少数民族政权咄咄逼人的攻势，宋朝不仅谁也不敢惹，而且为了追求内部的稳定，宁愿选择一味妥协退让的策略，即使牺牲巨大的经济利益，遭受难以启齿的屈辱，也在所不惜。而这种文化性格的形成，乃是宋朝"守内虚外"、"重文轻武"、"以文制武"等矫枉过正国策长期实行的必然结果。

一、屈从外敌 不敢抗争

宋文化这种胆小怕事、柔弱怯懦性格的充分展现是从北宋第三位皇帝宋真宗开始的。在宋太祖、宋太宗时代，北宋曾有过几次向辽主动进攻的军事行动，如太宗太平兴国四年（公元979年）的围幽之战——宋军几乎攻下幽州城，还有太宗雍熙三年（公元986年）的"雍熙北伐"。这两次军事行动，虽然都以宋军的惨败而告终，但毕竟是主动出击，尚属英雄壮举。但从宋真宗以后，宋文化的阳刚之气顿消，经常被动挨打不说，甚至大敌当前，最高统治者也不敢谋求积极抗争。

如宋真宗景德元年（1004年），辽军20万大举南下，进抵澶州①（今河南濮阳），正面威胁北宋首都汴京（今河南开封）。北宋朝廷上下除新任宰相寇准等少数几个官员力主抵抗外，竟然一片求和之声，不敢对战，甚至还有人主张迁都。后来虽然在寇准等人的坚持下，尤其在大敌压境和广大军民坚决要求抗战的强大压力下，宋真宗不得不亲征澶州，但一路上始终犹犹豫豫、勉勉强强。

宋真宗的到来极大地鼓舞了前线宋军的士气，加之此时集中在澶州附近的军民也越来越多，有几十万之众，人数占优，宋军处于有利态势。辽军方面则由于先锋大将肖挞凛在两军尚未交战时，便被宋军用床子弩②射死，士气大受挫折，加之其孤军深入，给养困难，处境十分不利，于是主动提出议和。面对这种十分有利的战局，本不愿意作战的宋真宗却以正求之不得的心态立刻接受了辽军的议和之请。他再也不管寇准如何反对，径派曹利用多次使辽和谈，并且心里暗定了宁可赔款也不再开战的决心。因此，当曹利用请问到底允许给辽多少银绢时，宋真宗竟然表示："必不得已，虽百万亦可。"③ 其怯战之心可见一斑。后来还是寇准威胁曹利用："虽然皇帝许诺给银绢百万，如果你超出三十万之数，我就杀你的头。"才使曹利用以每年送给辽国岁币银10万两、绢20万匹之数完成和谈。但30万之数的代价，

---

① 澶州又称澶渊郡。
② 床子弩是用简单机械发箭的大弓，根据大小，需用数人至数十人拉弓，射程远、力量大。
③ 《续资治通鉴长编》卷58。

不过换来辽军撤兵回境而已。

　　置敌于危如累卵的险境，竟然心甘情愿地与之订立赔款盟约，本已令人恼恨不已，而更"叫绝"的是，当和议刚达成时，内侍误传输辽银绢三百万。宋真宗闻讯大吃一惊，说："这太多了！"转而又说："如果能结束战争，这个数字也就算了。"其柔弱怯懦已经到了极点。后来当他听说只有30万银绢时，立刻大喜过望，认为是宋朝谈判的"胜利"。欣喜之下，宋真宗不仅重赏曹利用，而且还激动地填词叫大臣们唱和，表示庆祝。这样的举动已让人无话可说。"澶渊之盟"还规定：宋辽约为兄弟之国，宋真宗称辽圣宗母萧太后为叔母。宋真宗时正值北宋王朝的上升时期，竟签订下如此屈辱的盟约，这样的事情、这样的心态，在秦、汉、隋、唐的同一时期是不可想像的。

　　北宋不仅对待强大的辽表现得怯懦不堪，就是对待相对弱小的西夏也一样表现得软弱好欺。1038年（北宋第四代皇帝仁宗宝元元年），元昊称帝后，立即展开了对北宋的军事进攻。北宋在陕西地区的驻军大大多于西夏攻宋的军队，但由于实行消极防御策略，兵力分散，互不应援，结果连战连败，统兵大将或被俘，或战死，丢尽了脸面。后来，还是西夏方面由于连年战争阻断了来自中原地区的粮食供应，严重影响了普通百姓的生活，再加上自然灾害的袭击，民众的生活日益贫困，国内反战的呼声越来越高，才迫使统治者不得不于1043年（仁宗庆历三年）主动向北宋王朝提出和好的要求。正不知所措的北宋政府立刻应允，并于第二年与西夏达成和议。北宋以实对虚，以每年"岁赐"西夏白银7万2千两、绢15万3千匹、茶叶3万斤的代价，换取元昊取消帝号，由北宋封为夏国主。这样，继"澶渊之盟"之后，北宋又背上了一个沉重的经济包袱。[①]

二、甘心受辱　苟且偷生

　　如果说北宋中前期用经济上的损失还能换取政治上、军事上的些许安宁的话，那么北宋末南宋初的时候，宋王朝花再多的钱也买不来和平了，而且花钱越多，受辱越大。

　　北宋末年，金人强大，北宋想联金南北夹击辽。此时金人对北宋的虚弱本质尚认识不清，所以同意了北宋的建议。1120年，宋徽宗派人泛海使金，与其约定：双方夹击辽，宋军取燕云，金军攻中京（大定府，即今内蒙古宁城县大明城）。灭辽后，燕云地区还宋，宋将输辽岁币转送金。这在历史上称为"海上之盟"。宋金未曾交手，北宋已经示软。哪里有自己打下的地盘，还要付钱给别人的道理？不过，宋军的无能一上战场就立刻显露出来。当金兵连连获胜时，宋军却未能完成军事任务，燕京（辽改幽州城为燕京，亦称南京）反为金军攻克，这样金人自然不愿践约。无奈，北宋政府厚着脸皮多次派人交涉，在金人的恫吓之下，一味委曲求全，最终于1123年与金人达成协议：燕京城及该地区6个州（涿、易、

---

　　① 宋神宗时，宋军曾两次主动出击西夏，均以失败告终，连军士带民夫损失约60万，物资不计其数。为此神宗恸哭不已，精神受到重创，以至数年后抑郁而死。宋哲宗、宋徽宗时，双方战事频繁，互有胜负，宋军稍占上风。

檀、顺、景、蓟）归宋，宋向金贡献岁币银20万两、绢30万匹，另外增加燕京赎城费100万贯。这样通过牺牲极大的经济利益，北宋总算换回了宋太祖、宋太宗朝思暮想的幽州城，但当金人撤走时，却将"金帛、子女、职官、民户"①全部席卷而去。北宋献出大批岁币，受尽刁难侮辱，只不过得到一座空城而已。尽管如此，宋徽宗仍认为是打了个大胜仗，取得重大成功，大事宣扬，弹冠相庆。然而宋徽宗这种不知廉耻的兴奋之情持续还不到两年，燕京就重被金兵攻占，这一大笔钱全都打了水漂。

1125年底，金兵第一次南下侵宋，燕京沦丧，北宋前功尽弃。宋徽宗见势不妙，禅位给自己的儿子宋钦宗，以避风头。但宋钦宗的柔弱怯懦比其父有过之而无不及，大敌当前不思全力抵抗，而是不惜一切代价地积极谋求议和。当金人提出贡金500万两、银5 000万两、牛马万头、帛缎百万匹，以及尊金帝为伯父，归还燕云逃人，割让中山、太原、河间3镇，以宰相、亲王为质的苛刻条件时，惊恐万状的宋钦宗竟然一一答应。而且，为了投降的方便，宋钦宗还将坚决主战的宰相李纲罢免。最后还是金兵因孤军深入，惧怕被合围，才不等索取财物数足便匆匆北返而去了。宋钦宗虽暂时度过了难关，但也苟且不了几天了。

宋文化胆小怕事、柔弱怯懦的性格到了南宋时发展得更为变本加厉，其中又以南宋第一位皇帝高宗赵构为最甚。由于宋高宗内心怀揣着一些其极端卑劣的个人动机，因此面对步步紧逼的金人，他始终采取妥协退让、苟安求和的态度，并不惜卑躬屈膝，认贼作父。

宋高宗有两怕：一是害怕抗金胜利使军事将领得势，尾大不掉，难以控制，威胁自己的最高统治权，而且一旦其兄宋钦宗南返，不好措置；二是害怕抗金失败，自己的小朝廷必定灭亡，一切既得利益将荡然无存。所以，他总是千方百计地求和。只有在金兵逼近眼前，不抵抗就不能保全自己的小朝廷的情况下，他才要求四方"勤王"保卫自己。这也是宋高宗起用秦桧等投降派，并听凭秦桧等人排挤、迫害抗金将领的主要原因。正是出于这样的心理，宋高宗对金人极端卑躬屈膝。1129年他在金兵穷追不舍之下，致书金人，苦苦哀求道："古之有国家而迫于危亡者，不过守与奔而已。今以守则无人，以奔则无地，此所以愚愚然惟冀阁下之见哀而赦已。前者连奉书，愿削去旧号，是天地之间皆大金之国，而尊无二上，亦何必劳师以远涉而后为快哉！"②堂堂一国之君，居还算富强之地，处不到灭亡之时，竟然如此卑怯，这是岳飞等主战派真正的悲哀所在——战不能战，守不能守，走不能走，降敌更不可能，只能眼看着国家毁在这帮人手里。其实岳飞的死何尝不是一种解脱呢？

不仅如此，在既惧怕大胜又惧怕大败这种矛盾心态的支配下，宋高宗与秦桧经常在宋军大胜的有利形势下，积极谋求与金朝和议，断送胜利果实。如绍兴九年（1139年），抗金名将吴玠、岳飞、韩世忠等在前方取得了一系列胜利，而宋高宗竟然派秦桧接受了金朝苛刻的和议条件：南宋皇帝向金朝皇帝称臣，金朝把陕西、河南"赐给"南宋；南宋每年向金朝贡银25万两、绢25万匹。少数民族政权将中原土地"赐给"汉族政权，并让汉族皇帝向

---

① 《大金国志》卷2《本纪》。
② 《建炎以来系年要录》卷26建炎八年三月丁卯记事。愚愚然：恐惧貌。

自己称臣，秦、汉、隋、唐闻所未闻。尽管如此，金人仍不满足，仅过 1 年，金兵又大举南下。面对金兵的入侵，南宋军民奋起抵抗，捷报频传。但宋高宗、秦桧之流苟且偷安、卖国降敌的行动已达到疯狂的地步，竟然在一天之中连下 12 次紧急命令，毫无道理地勒令在前线抗金获胜的岳飞火速退兵，并将他与韩世忠的兵权解除。绍兴十一年（1141 年），宋、金双方再次订立和约：南宋皇帝依旧向金称臣，赵高宗向金人发誓：愿"世世子孙，谨守臣节"；南宋向金每年奉送 25 万两白银和 25 万匹绢帛，并把东自淮水中流、西到大散关（今陕西宝鸡西南）以北的土地，统统划归金人所有。这个屈辱的和约，史称"绍兴和议"。和议达成之后，秦桧立即遵照金人意旨，将抗金最积极的岳飞杀害。

秦桧敢于以"莫须有"的罪名杀害抗金名将岳飞，且几乎没有在朝中引起任何动荡，一是他摸透了宋高宗不愿获胜的心理，二是得益于朝中求和派势力的强大。同时，也反映出在"重文轻武"政策的长期影响下，武将在宋朝地位之低下。实际上，岳飞等抗金名将的悲壮结局是宋代武将们长期受歧视、受压制的集中反映。

南宋后来还与金朝签订过两个屈辱和议。一个是"隆兴和议"，订立于宋孝宗赵昚隆兴二年（1164 年）。在这个和议中，金朝虽做出若干让步，宋朝皇帝对金不再称臣而称侄，岁币亦酌减为银 20 万两、绢 20 万匹，但依旧是宋人沉重的心理和经济负担。另一个是"嘉定和议"，订立于南宋第四代皇帝宋宁宗赵扩嘉定元年（1208 年）。当时外戚韩侂胄秉政，欲立功名以自巩，发动北伐。此时金人军力虽已衰落，但对付南宋仍绰绰有余，加之宋军准备不足，最终失败。宋廷内部主和派发动政变，刺杀韩侂胄，函其首送金讲和。该和议规定：两国叔侄关系改为伯侄，南宋皇帝称金帝为伯父；岁币银增至银、绢各 30 万；南宋另付"犒军银" 300 万两。

南宋不仅通过上述和议向金人贡献了大量的银绢，受尽了欺辱，而且在双方交往的礼仪上也一直处于屈辱的地位。当金人使者至南宋递交国书时，南宋皇帝须起立降榻，亲自受书，然后交大臣宣读，而南宋国书到金时，则由专职官员阁门使接受国书。金人压制、欺辱南宋一直到其灭亡之前。在整整 100 年的时间里，南宋始终就没在金人面前直起过腰。

第五节　元文化粗俗野蛮、缺少修养特征的形成背景及主要体现

元文化的气势在某些方面超过唐文化，如其疆域之广大即超过唐王朝。元朝疆域北达北冰洋，东包库页岛、澎湖、台湾，西及西藏，南至南海。一些以前从未划入中原王朝版图的地区，如西藏，都在元王朝的统一领导之下。但由于建立元朝的蒙古族贵族长期保持着游牧民族的固有习俗，所以使元文化在具有开放性特征的同时，又具有浓郁的粗俗野蛮、缺少修养的文化特征。

一、形成背景

元文化粗俗野蛮、缺少修养特征的形成，主要原因是建立元朝的蒙古族汉化不足造成的。蒙古族是历史上进入中原地区建立统治政权的少数民族中汉化程度最低的，造成这种情况的因素主要是以下几点。

首先，蒙古族在进入中原以前，尚处在奴隶制阶段，甚至还保留了大量的氏族公社的遗存，社会文明的发展程度不高。加之，其经济一直以单纯的游牧、狩猎为主体，对汉族的农业文明几乎全无接触和了解。因此，认识农业经济的重要性，接受相关的一套上层建筑、意识形态等，缺乏思想感情基础。

其次，蒙古建国后，除受汉文化的影响外，还受到吐蕃喇嘛教文化、中亚伊斯兰教文化，乃至欧洲基督教文化的影响。对于本土文化贫瘠的蒙古族统治者来说，汉化不是独一无二的发展方向，他们可以有多元选择，尤其吐蕃喇嘛教文化由于更适合于蒙古族，所以历代元朝皇帝都信奉喇嘛教也就不足为奇了，而喇嘛教的盛行在很大程度上压制了儒学思想的发展。

再次，尽管横跨欧亚的蒙古大帝国在建立不久就实际分裂了，但元朝在相当长的时间里一直是蒙古帝国的一部分，它与其他四大汉国之间有着千丝万缕的联系。加之，漠北草原在元朝的国家政治生活中始终占有重要地位，强大而守旧的草原游牧贵族集团一直存在。这样就使得元朝统治集团一直未能摆脱"草原本位主义"的束缚，既难以做到完全从中原地区的角度出发来考虑问题，也难以全面接受汉族先进的封建文化。

在元朝皇帝中，世祖忽必烈的汉化程度最高，在他身边聚集着一大批汉族儒生为他出谋划策。元世祖是蒙古贵族中第一个提出改变祖宗之法，改用汉制、汉法的。为此，他与以其弟阿里不哥为首的守旧派进行了四五年的战争。双方从1260年一直打到1264年，最后忽必烈取得了胜利，从而为蒙古族向封建制过渡创造了条件。于是，元世祖取《易经》"大哉乾元"之义，定国号为"大元"，并将首都迁入汉地，设在大都（今北京）。另外，他还建立起汉式的官僚机构。如在中央设中书省掌政事，为宰相机构，下辖吏、户、礼、工、刑、兵六部，处理具体事务，又设枢密院掌军事，御史台掌监察，地方设置行省制等。此外，元世祖还推行了一系列保护和发展农业生产、尊崇儒学、提倡程朱理学的政策。这些"汉法"的推行，奠定了元朝汉式王朝的基本框架。但是，元世祖对汉法的推行并不彻底。随着政权设置的大体完备和仪文礼制的基本告成，元初推行、贯彻汉法的政策革新工作逐渐趋于停顿，若干事关政权进一步汉化的重大举措，如开科举、颁法典等，屡议屡置，悬而未决，而大量阻碍社会进步的蒙古旧制、旧俗，因为涉及贵族特权利益，被大量保存下来。在元世祖以后，蒙古族的汉化愈发迟滞，最终没能彻底地完成封建化过程。

由于汉化迟滞，使几乎没有外患的大一统的元王朝，不仅享国不足百年（1271—1368年），寿命比北宋、南宋还短暂，而且与其他大一统的王朝相比，元朝统一后并未出现一个呈上升趋势的"盛世",相反却显露出早衰的迹象,其统治几乎一路走向下坡,一年不如一年。不过,汉化迟滞却使蒙古族保持住了自己的本民族特色。蒙古族是中国历史上唯一进入中原地区建立大一统政权,后来又几乎原样不变地退出汉族农业垦区,放弃城市生活,回到其祖先曾生活过的草原上,重新过起游牧生活的民族。元亡以后,蒙古族得以继续发展下来,成为现代中华民族大家庭中的重要一员。

二、主要体现

元文化粗俗野蛮、缺少修养的特征主要体现在以下几个方面。首先,政治统治腐朽、黑暗,官吏贪污严重。由于汉化不足,蒙古族落后陈旧的传统习俗始终对元朝政治产生巨大的影响。如蒙古族传统的幼子继承制与汉族嫡长子继承制相冲突,造成内讧频繁,宫廷政变不断。元朝一共统治98年,传11帝,其中世祖在位25年(1271—1294年),第二代皇帝成宗铁穆耳在位13年(1295—1307年),末帝元顺帝妥懽帖睦尔在位36年(1333—1368年),他们三人就占去了74年。在其余的24年间,一共换了8个皇帝。而在1328年到1333年的6年中,竟然一连换了5位皇帝。帝位争夺激烈,还与蒙古族的"忽里台"(蒙古语"聚会")传统有关。忽里台是蒙古族在草原时代盛行的贵族选君制度,即由高级贵族召开忽里台会议,经过众人合辞拥戴的新君主才是合法的。它使得被推举者在身份上缺乏具体限制,不仅导致继承人的不确定,而且也为有野心的大臣进行政治投机提供了可能性。另外,由于蒙古族习俗以抢劫为美,因此法律纵容官吏犯罪,处罚非常宽松。如官吏贪赃枉法,唐、宋法律都规定最重处以死刑,而元朝最重仅处杖刑107。不仅如此,官吏犯法定罪后还可以通过金钱赎罪来减免刑罚。所以,元朝的吏制败坏达到了空前严重的地步,各级官吏贪污成风,早在元成宗的时候,被发觉的贪官污吏已达两万人[①],到了后来,"居官者习于贪,无异盗贼,已不以为耻,人亦不以为怪。其间颇能自守者,千百不一二焉"[②]。元朝官吏要钱名目无奇不有:部属参见要"拜见钱",逢年过节要"追节钱",生辰庆寿要"生日钱",客往迎送要"人情钱",无事白要称"撒花钱",等等。元顺帝时,官吏贪污、贪赃枉法更为突出。地方监察官至州县巡视,"各带库子检钞称银,殆同市道"[③]。到了元朝后期,军队的腐化也极为严重,几乎丧失了战斗力。元朝最精锐的怯薛军[④]竟然发展到白天在宫门宿卫,晚上到郊外抢劫,形同盗匪一样。

其次,奴隶制残余恶性膨胀,农业生产遭到严重破坏。蒙古军在攻灭金和南宋的时候,曾大量抢掠百姓做"驱口",即奴隶,谁抢的归谁。还有一些驱口是从战俘、罪犯、穷人卖

---

① 《元史·成宗纪四》。
② 吴澄《吴文正公文集》卷14《赠史敏中侍亲还家序》。
③ 叶子奇《草木子》卷4下《杂俎篇》。
④ 怯薛军:蒙古国大汗和元朝皇帝的护卫军。怯薛,蒙古语番直宿卫之意。

身转化来的。这样在元朝统治时期，汉族地区奴隶制成分迅速上升。如元朝北方的劳动者主要是驱口，他们没有人身自由，附属在主人的户籍中，世代相承，在主人的奴役鞭打下劳动，过着半奴隶半农奴的悲惨生活。南方的生产者虽然主要是佃客，但他们也并不是完全的自由之身。他们不仅要向地主缴纳 50%～80% 的生产品作为地租，还要替地主服劳役，家庭婚姻要听从地主支配，地主卖地，佃客也要随地卖出。南方的佃客不仅实际上形同农奴，而且他们时时处于被彻底沦为奴隶的境地，蒙古贵族经常随意将他们变为奴隶。据至元三十一年（1294 年）派往江西的监察御史估计，不需一二年，良人有一半将成为他人的奴婢。由于奴隶制发达，元朝的奴隶交易非常频繁，元大都就有奴隶市场，可以买到来自许多国家或地区的奴隶。中原的奴隶被卖到海外的也大有人在，甚至蒙古族平民被贩卖到异乡和海外做奴隶的也屡见不鲜。元成宗大德七年（1303 年），元朝政府明文规定，对不畏公法将蒙古族人口贩入番邦以牟取暴利的要严加治罪。元朝的工匠，地位也近似奴隶。蒙古族贵族对手工业者比较重视，攻城略地之后，一般不杀有手艺的人，为其另立户籍，称"匠户"。元朝有匠户 70 多万人，他们为官府制造毛纺织品、武器等，但受到官府严密的监视，没有人身自由，世代继承做工匠，不许改业。这一制度不仅严重阻碍了各族特别是汉族地区手工业的发展，而且使得元朝的商品生产发展非常缓慢。

由于蒙古族习惯大草原的游牧生活，不懂得农业生产的重要性，所以在其征服期间北方、南方的农业生产迭受打击。甚至蒙古国建国初期曾有人提出杀尽所有的汉族人，将农田改为牧场的主张。如别迭等蒙古官员就曾对成吉思汗说："我们征服得到的汉人和农田，没什么用处，不如把汉人杀光，把农田养牧草、放牲口好。"幸好汉化的契丹族官员耶律楚材将此事阻止。[①] 但是，这种观念依旧扎根在许多蒙古贵族的头脑中。在蒙古军南侵征服的过程中，破坏农田的事情是司空见惯的。如元灭南宋时，南征的元将曾霸占民田 10 万多亩，不耕不种，让它们长草，专放牲畜。此事虽然后来为元世祖所阻止，但破坏已经造成。而正是由于破坏严重，加之政治统治腐败，所以尽管元朝政府也曾大力恢复农业生产，但起色有限。这是元朝地大物博，但经济发展始终落后的重要原因。

第三，儒家思想的熏陶严重不足，官员文化修养、文化素质偏低。由于文化背景的差异，蒙古统治者对儒家学说的概念、体系等都感到难以理解。如忽必烈早年虽曾对儒学产生过一些兴趣，但体会粗浅，后来在理财问题上与儒臣产生分歧，认为后者不识事机，便与其渐渐疏远。成宗时"天变屡见"，大臣按照儒家传统的天人感应论请求"引咎辞位"。成宗却轻蔑地说："此汉人所说耳，岂可一一听从邪？"[②] 元朝最后一位皇太子爱猷识里达腊[③]的师傅虽然是汉人李好文，但他说："李先生教我儒书许多年，我不省书中何义。西番僧教我

① 见《元史·耶律楚材传》。
② 《元史·成宗纪三》。
③ 爱猷识里达腊，后为北元昭宗皇帝。

佛经，我一夕便晓。"① 此时已到元朝末年，可蒙古族统治者对中原正统思想文化仍十分隔膜，至于其他时期就可想而知了。元朝诸帝中只有第四位皇帝仁宗爱育黎拔力八达、第五位皇帝英宗硕德八剌儒化较深，但同时他们也是"国教"喇嘛教的虔诚信徒，加之政治环境的制约，他们都未能有太大作为。至于大多数蒙古、色目贵族，他们对儒学的态度基本上都与皇帝近似。因此，就整个元朝而言，尽管程朱理学登上大雅之堂，成为官学，但儒家思想的正统独尊地位始终没有得到明确的承认，而与儒学格格不入的非封建文明的保守势力直到元朝灭亡都相当强大。正因为元朝缺乏正统儒家思想的熏陶，所以其官吏既缺少巩固统治的长远目光，又普遍文化素质低下，社会责任感、道义感薄弱，只知道一味盘剥百姓，营私聚敛，贪赃枉法，其结果必然是政治腐败严重，国运早衰。

第六节　元文化野蛮凶悍、粗暴鲁莽性格的主要体现

元文化野蛮凶悍、粗暴鲁莽的性格主要体现为野蛮杀戮被征服地区人民及民族压迫和民族歧视严重。

一、野蛮杀戮被征服地区人民

在蒙古贵族军事扩张和征服期间，始终伴随着大规模的屠杀与毁灭。如蒙古军在灭亡金朝时，"凡破九十余郡，所过无不残灭，两河山东数千里，人民杀戮几尽，金帛子女牛羊马畜皆席卷而去，屋庐焚毁，城郭丘墟"②。由于害怕被占领地区的人民反抗，每攻下一处，蒙古贵族都实行残酷的屠杀。如在攻占保州（今河北保定）、密州（今山东诸城）、卫州（今河南汲县）时，除工匠留下不杀外，其他人都一律杀死。金朝鼎盛时有户 768 万，而 1234 年蒙古灭金前后两次在中原括户，仅得 110 余万户，人口损失之严重可见一斑。

至于 1219—1259 年的三次西征，蒙古军更将巨大的恐怖与灾难带给了被征服地区的各国人民。蒙古贵族对于坚决抵抗、拒不投降的城市，待破城之后不仅实行屠城，而且必将城市夷为平川，由此毁坏无数历史名城。在蒙古军身后往往留下一大片一大片的废墟，每个废墟都曾是一个巨大的杀人场。人们恐惧地形容呼啸而来征服一切的蒙古骑兵是"他们到来，他们破坏，他们焚烧，他们杀戮，他们抢劫，然后他们离去"。蒙古军第一次西征时，1220年攻陷中亚阿姆河下游古国花剌子模（今属乌兹别克斯坦）的中心城市乌尔坚奇（旧译玉龙杰赤，也有直称花剌子模城），攻城主帅窝阔台下令，除将 10 万工匠押送东方外，其余居民全部分配给蒙古军人进行屠杀。于是，每个蒙古兵都分到 24 个俘虏。他们采取刀砍、枪刺、锹铲、箭射等手段，不分男女老幼，将他们统统杀死，一共屠杀了 120 万人，其场景

---

① 权衡《庚申外史》卷下。
② 李心传《建炎以来朝野杂记》卷 19 "鞑靼款塞"条。

惨不忍睹。1221 年花剌子模另一重要城市他沙不儿被拖雷攻下。由于该城居民此前杀死了成吉思汗的女婿、拖雷的姐夫脱忽察儿，拖雷下令屠城。这场大屠杀整整进行了 15 天，最后连一只猫狗都没有留下来。1258 年，蒙古军第三次西征时攻陷报达（今伊拉克巴格达），杀阿拔斯王朝（中国史籍称黑衣大食）末代哈里发谟死塔辛，并纵火屠城，据载居民死者达 80 万之多。

二、民族压迫和民族歧视严重

元朝作为我国历史上第一个以少数民族占统治地位而建立的统一的多民族国家，其统治带有强烈的民族歧视与民族压迫色彩。这种民族歧视和民族压迫伴随元朝始终，其突出体现是国民 4 等级的划分。

元朝建立以后，蒙古族贵族按照征服的先后顺序，将全国百姓分为蒙古人、色目人、汉人、南人 4 个等级，地位依次由高降低。其中，蒙古人作为元朝的"国族"，也称"自家骨肉"，是统治者依赖的基本力量。蒙古族以外的西北、西域各族人，包括西夏人、回回人、畏兀儿、吐蕃人等，统称色目人，系取"各色名目"之义，他们是蒙古统治者的主要助手。汉人主要指淮河以北原金朝统治区内及较早为蒙古人征服的四川、云南地区的汉族人，还有居住在北中国的契丹人、女真人等。南人则指最后被征服的原南宋统治区内的各族居民，元朝建立后在这里设置了江浙、江西和湖广 3 个行省。4 个等级在政治、法律地位上极不平等。在政治上，高级官职基本上为蒙古人、色目人所垄断，汉人、南人机会极少；原则上无论中央还是地方，其长官均由蒙古人担任，汉人、南人只能担任副职；汉人不得参与军政；等等。如掌握全国兵权的枢密院长官（知院），除少数色目人外，皆为蒙古族大臣，无一汉人充任。而掌纠察百官善恶的御史台长官（御史大夫），也按元廷传统，"非国姓不以授"。在法律上，规定蒙古人因争执殴打汉人，汉人不得还手，只能向官府申诉；蒙古人因争执或乘醉殴死汉人，只须缴纳一笔烧埋银并断罚出征则已。但是，如果是汉人、南人杀死蒙古人，则不仅要付 50 两丧葬费，而且还要处死刑。另外，同样犯盗窃罪，汉人、南人初犯在左臂刺字，再犯在右臂刺字，三犯在脖颈上刺字，但蒙古人、色目人则免受刺字之苦。如果司法官将蒙古人刺字，将被杖 77，并革职，还要将所刺之字除去。不仅如此，元朝统治者还极力限制汉人的人身自由。如禁止汉人、南人私造、私有兵器，禁止私自备有马匹，规定"私藏甲全副者，处死"[①]，等等。而对于反元斗争激烈的江南地区更是实行宵禁政策。宵禁期间街上不准人行，室内不得点灯。另外，还不准该地区人民"集众祠祷"[②]，等等。

元朝中后期，社会上始终孕育着动荡不安的因素，下层人民起事绵延不断，愈演愈烈。到顺帝即位前期，由于地方动乱频繁，加深了蒙古族保守贵族对汉人的仇视情绪。据称时掌

---

① 《元史·刑法志四》。
② 《元典章·刑部》。

大权的右丞相伯颜竟然向顺帝建议尽杀张、王、刘、李、赵5大姓汉族人。这种论调与蒙古国建立之初的杀尽汉人之议几乎毫无二致。历经一个半世纪以后居然蒙古贵族还能有这样的提议，其封建演化、进步之缓慢，其文化性格之野蛮凶悍、粗暴鲁莽，可见一斑。

第七节　宋元文化宽容大度性格的主要体现

前面已述，宽容大度性格虽然也是宋文化和元文化所共同具备的，但与开放性文化特征形成背景的不同一样，宋元文化宽容大度性格的形成也各有自己的背景，主要体现也各不一样。

一、宋文化宽容大度性格的主要体现

宋文化宽容大度性格主要体现在容忍士大夫集团对皇权的制衡，以及实行开明的思想文化政策两方面。

宋朝时，士大夫集团的势力非常强大，形成中国古代历史上少有的士大夫政治，或称文官政治。这种政治氛围的形成，前面已提到，是宋朝"重文轻武"、"以文制武"政策长期实行的结果。宋朝历代统治者在压制武人的同时，都着意于文教事业，执行"佑文"政策，大力抬高文人的地位。如给予文人以优厚的政治、经济待遇，尊重士大夫的基本人格和尊严等。同时，作为最高统治者的皇帝，虽然实行高度集权的专制主义政策，但他们在大多数时候都能做到从大局出发，节制自己的私欲，尽量做到"与士大夫共治天下"。如宋仁宗就曾"措置天下事，不欲从中出"。因此，宋朝的最高统治者能够容忍士大夫集团对自己皇权的限制。

宋朝皇权受到限制的典型表现是经筵制度的形成。前面已述，经筵是专门为皇帝学习经书、史书而开设的课程。汉朝以来，经筵即有零散事例，但未成制度。宋朝经筵则完全制度化，除了寒暑期外均隔日一讲。大儒程颐论述经筵的重要性说："臣窃以为人主居崇高之位，持威服之柄，百官威慑，莫敢仰视，万方承奉，所欲随得，苟非知道畏义，所养如此，其惑可知。"[①] 他在经筵讲书时，以师道自居，表情严肃，多所规谏，使得皇帝畏惧，以致有"僭横"之称。另外，宋朝台（御史台）谏（谏院）合一[②]，共任言责，不仅起到制衡宰相的作用，也对皇帝形成约束，常言人所不能堪，有时还与宰相联合起来对抗皇帝。这样，不仅宋朝的士大夫集团与皇权之间就形成了一种历代少有的相对合理的制衡关系，而且也使宋朝成为封建时代"公天下"政治色彩最为浓厚的一个朝代。

---

① 程颐《河南程氏文集》卷6《论经筵第三札子》。
② 御史台：宋朝中央监察机关，主管弹劾官吏，明清改为都察院。谏院：宋朝掌规谏朝政得失的机构，有权对文武百官的任用、政府各部门的措施提出意见。

　　宋朝统治者在容忍自己的最高权力受到一定限制的同时，还实行比较开明的思想文化政策。如不以言语罪人，不杀士大夫及放言国事者等。这些政策也都是在宋初时便确定下来的赵氏"家法"。在两宋时期，尽管也曾出现过苏轼"乌台诗案"[1] 和秦桧杀害岳飞的惨剧，但从总体上讲，与秦朝"焚书坑儒"及明清"文字狱"的专制主义文化政策相比，宋朝的统治者在大多数时间里能够恪守祖宗"家法"的。正因为宋朝具有思想言论相对自由的氛围，所以士大夫们敢于说话，敢于指陈时弊，敢于思维，敢于创造。这也是宋朝科技文明位居当时世界第一的主要原因。不仅如此，宋朝的统治者还实行不强行扶植某一学派，也不压制另一学派的政策。如允许佛教、道教与儒学共存，允许它们相互争鸣讨论等。正是这种政策的实行，使儒、佛、道相互兼容，并推动了糅合儒、佛、道思想的新儒学——理学的产生和发展，使中国传统哲学在宋朝时进入到更高的思辨境地。而理学虽然在宋朝形成，但并未成为官学，甚至理学大师还曾被罢斥。如朱熹在大肆鼓吹"革尽人欲，复尽天理"时，被人劾奏言行不一，说他曾引诱两个尼姑作妾，出去做官的时候都带着她们；他的大儿媳在丈夫死后却怀了孕；等等。一下子使理学的名声变得很坏，气得宋宁宗赵扩降旨要贬朱熹的官。朱熹赶紧上表认罪，承认了纳尼姑作妾等事。宋朝的这种比较开明的思想文化政策，使得思想界非常活跃，学术派别众多。除了前述理学的诸学派外，还有王安石的朴素唯物主义的"新学"，张载的"关学"[2]，以及南宋吕祖谦、陈亮、叶适的"浙东学派"[3] 等。

　　宋文化宽容大度性格还表现为，对后周皇帝之后及"十国"投降国君[4]基本上都能给予优待。如后周世宗柴荣的后人，在宋朝时世为官宦，基本上与宋朝相始终。其他如荆南（南平）末代国君高继冲于公元963年（太祖乾德元年）降宋，官拜武宁军节度使；后蜀末代国君孟昶于公元965年（乾德三年）降宋，被封为秦国公，死后追封楚王；南汉末代国君刘鋹于公元971年（太祖开宝四年）降宋，被封为恩赦侯，后进封为卫国公；北汉末代国君刘继元于公元979年（太宗太平兴国四年）降宋，封彭城郡公，死后追封彭城郡王；吴越末代国君钱俶于公元987年（太宗雍熙四年）降宋，先后被封为淮海国王、汉南国王、南阳国王、许王、邓王，死后追封秦国王。只有南唐后主李煜于公元975年（开宝八年）降宋，封违命侯，后来公元978年（太平兴国三年）被宋太宗毒杀，但死后赠太师，追封吴王。另外，各国降将、官员也都加以任用。如杨业，本为北汉将领，北汉亡后降宋，继续带兵，曾领数百骑大败10万辽兵，号"杨无敌"。尽管宋朝统治者此举主要是出于扩大支

---

①　宋神宗元丰二年（1079年），苏轼因在湖州（今浙江吴兴）看到地方豪强官吏横行霸道，十分不满，写了一些讽刺诗，被人构陷，下狱，几死。

②　关学：理学的一派，因北宋张载创立于陕西关中地区，故名。这一学派比较重视天文学等自然科学知识，张载的哲学思想既带有朴素唯物主义因素，又具有唯心主义因素。

③　浙东学派：南宋浙东各学派的通称，与理学相鼎峙，包括吕祖谦代表的金华学派、叶适代表的永嘉学派和陈亮代表的永康学派。金华学派尤尚史学，提倡经史以致用；永嘉学派和永康学派主张人欲和天理、义和利是并存的，社会上有功利的事，就是有道德的事，反对理学家空谈心、性、命、理。

④　10国中6国为宋所灭，它们是荆南、后蜀、南汉、南唐、北汉、吴越。

持面的考虑，但比起南北朝、五代政权交替时前朝末代君主往往遭杀戮来说，确实"仁慈"多了。

二、元文化宽容大度性格的主要体现

元文化宽容大度的性格首先体现在对异域文化的兼容并蓄方面。前面已述，13 世纪时尚处在奴隶制时代早期的蒙古族文化远远落后于周边其他地区的文化。蒙古贵族虽然能利用强大的军事力量征服广大的亚欧地区，但蒙古族文化上的贫瘠，加之蒙古大帝国地跨欧亚，民族众多，成员复杂，宗教信仰各异，为了维护自己的统治，使得他们不得不对被征服地区的文化持容忍和接受的态度。元朝建立后，这种对异域文化宽宏大度的性格保留下来。其突出体现在，元朝统治者允许各种宗教——佛教、道教、伊斯兰教、基督教等在境内传播，并且均加以提倡，使得它们在中国都有了很大发展。

佛教的地位在元朝位居第一，其中的喇嘛教派更受尊崇。元世祖尊吐蕃喇嘛僧八思巴为国师，命他统领佛教。在元朝政府的支持下，八思巴还成为掌握吐蕃政教事务的首领。他死后，得赐号"大宝法王"、"西天佛子"、"大元帝师"，其后继者也都称"帝师"。元朝"百年之间，朝廷所以敬礼而尊信之者，无所不用其极。虽帝后妃主，皆因受戒而为之膜拜。正衙朝会，百官班列，而帝师亦或专席于坐隅"①。元朝在修寺院、作佛事方面，每年都要花费大量钱财。据至元二十八年（1291 年）统计，全国有佛教寺院 4 万余处，僧尼 20 余万人。僧侣们不仅在政治、经济上享有各种特权，还经常得到元朝政府的赐予。元文宗、顺帝时，大承天护圣寺两次得到赐田 3 250 万亩。道教在元朝的地位仅次于佛教。在金朝时，道教新兴起全真教、大道教和太一教 3 个新的派别。其中全真教派在元朝影响最大，在北方地区广为流传。成吉思汗在波斯时曾召见全真教首领"长春真人"丘处机，称其为"丘神仙"，十分尊崇。道教旧派正一教（天师道）流行于江南地区，1276 年元军攻入南方后，对它也注意加以利用，曾召其天师到大都。伊斯兰教教徒在元朝称"木速蛮"或"答失蛮"，多从事官商贸易事业。元朝在中央设有回回哈的司，掌管伊斯兰宗教事务。基督教在元朝称"也里可温"（意为"信奉基督教的人"），属罗马教派，即天主教，在蒙古西征后来中国，曾发展到 3 万多人。元世祖曾让马可·波罗的父亲、叔叔带一封书信给罗马教皇，要求派遣 100 名基督教士来华。至元二十六年（1289 年），意大利人孟特·戈维诺奉罗马教皇尼古拉四世之命，涉海来华传教。他于至元三十一年抵达大都，向新即位的元成宗呈递了教皇的书信，并被允许进行传教。他建立了 4 所教堂，把《新约全文》翻译成蒙文，还收养了 150 名中国儿童，教他们学习希腊文、拉丁文，把他们培养成传教士。他还为大约 6 000 人进行了洗礼。元朝贵族、驸马高唐王阔里吉思即跟从孟特·戈维诺改奉了天主教。1307 年，教皇克利门特五世正式任命孟特·戈维诺为大都大主教，并遣教士 7 人东来相助，其中 3 人到

---

① 《元史·八思巴传》。

达中国,在福建泉州设立了分教区。另外,犹太教在元朝也比较活跃,其教徒当时被称为"术忽"。

其次,元文化宽宏大度的性格还体现在对于杂剧中揭露社会黑暗现实、歌颂反抗精神等题材的容忍上。元杂剧,亦称元曲①,是与唐诗、宋词并称的文学形式,它是在宋金以来民间讲唱文学的基础上,吸收宋词的成就,以金之诸宫调为曲调发展起来的一种戏剧形式。

元杂剧对社会现实的揭露不仅是无情的,甚至是非常深刻的。著名的如关汉卿的《窦娥冤》。作者通过窦娥的悲剧,对造成这一悲剧的元朝社会的政治、伦理、高利贷剥削、社会风气等进行了尖锐深刻的解剖和批判。通过窦娥的嘴,作者既揭露了黑暗的社会现实,"为善的受贫穷更命短,造恶的享福贵又寿延",又对天与地提出尖锐的指责,"地也,你不分好歹何为地;天也,你错勘贤愚枉做天"。另外,在《鲁斋郎》中,关汉卿更是将元朝社会压迫者与被压迫者的尖锐矛盾展示在世人面前。他不仅深刻揭露了豪强恶霸荒淫无耻的生活和凶恶残暴的行径,而且对于豪强恶霸恣意妄为,不仅迫害普通百姓,也迫害下级官吏,搞得他们家破人亡的种种暴行进行了露骨的批判。再有如陆仲良的《陈州粜粮》②。该剧不仅揭露了贪官污吏徇私枉法、官官相护的种种罪行,而且深刻地揭示出这一切是造成人民苦难的根源。该剧是元杂剧保留至今的公案戏中成就最高的一部。元杂剧还大胆地抒发出反对民族压迫的情感。如关汉卿的《拜月亭》。该剧揭露的是蒙古军侵金给人民带来的种种灾祸。再如马致远的《汉宫秋》。作者借古讽今,借批判西汉元帝及汉室朝廷官宦惧怕北敌——匈奴,不敢抵抗的昏庸与怯懦,影射蒙古族征服中原的社会现实。另外,元杂剧中还有许多公开讴歌男女爱情、宣扬追求爱情自由的作品。如王实甫的《西厢记》、白朴的《墙头马上》等。

元杂剧在元朝达到鼎盛,既是这种艺术形式自身发展的必然结果,也是由于仕途受阻,不少文人投身元杂剧的创作,从而提高它的艺术品位和文学地位的结果。但是,如果没有元朝政府的宽容态度,使文人创造具有较大的自由度,很少受到限制的话,元杂剧是不会取得如此高的艺术成就的。

宋元时期,可以说是中国传统文化最后的辉煌。这个时期之后,中国传统文化的发展逐渐进入枯萎期,对世界的影响也越来越小不说,领先世界千年以上的优势逐渐丧失,直至陷于落后挨打的境地。

---

① 元曲包括杂剧和散曲,但通常以指杂剧时为多。
② 《陈州粜粮》在《元曲选》中题无名氏作。

第十章 中国传统文化的沉暮
——明清时期（1840 年前）

明清时期（1840 年以前），虽然在政治、经济、军事、科技等各领域继续取得辉煌的成就，但封建制度的腐朽性已越发明显地暴露出来，中华文明前进的速度明显降低，中国传统文化的发展不可逆转地走向下坡。与此同时，西方文明却开始加速发展，跃跃欲试地要赶上中国。1640 年英国爆发资产阶级革命，预示着世界将进入一个崭新的发展时期，而 4 年之后在中国建立的大清王朝却仍然继续着封建专制主义的衣钵。两千多年来不断得到强化的君主专制制度，在明清时期终于发展到登峰造极的地步。因此，这一时期的文化显现出强烈的腐朽、愚昧的封建社会末期的特征。

第一节 明清文化腐朽、愚昧特征的主要体现

明清文化腐朽、愚昧的特征主要体现在两个方面：一为君主专制的极端强化，二为闭关锁国政策的全面实施。前者使中国社会的发展越发扭曲，腐朽不堪，最终止步不前，落后挨打；后者与前者关系密切，它不仅将中华文明领先世界的地位拱手让出，而且将中国人彻底变成井底之蛙，愚昧无知到极点。

一、君主专制的极端强化

明清时期，君主专制制度得到空前的加强。皇帝不仅将一切军政大权全都揽入怀中，并且将天下完全当成是自家的"私产"，"家天下"味道极为浓厚。明清皇帝的威严程度，如果让创立这一制度的秦始皇看到，简直如小巫见大巫一般，必定会自叹不如的。

（一）取消宰相之制

明清时期君主专制制度得到空前加强的表现之一是，延续两千多年的宰相制度被彻底取消。

中国最后一位宰相是明太祖朱元璋时代的胡惟庸。明朝的宰相是中书省左、右丞相，其

中以左丞相为长。胡惟庸于洪武四年（1371 年）任中书省左丞①，当时左丞相因李善长告老引退而空缺，汪广洋为右丞相，但汪广洋为人懦弱怕事，又喜欢喝酒，凡事都让着胡惟庸，所以胡惟庸已实际执掌宰相之权。洪武六年（1373 年），汪广洋被贬往广东，胡惟庸成了事实上的宰相，不久他升为右丞相，成为真正的宰相。洪武十年（1377 年），胡惟庸由右丞相升为左丞相，完成了"一人之下万人之上"的仕途旅程。从洪武六年七月到洪武十三年（1380 年）正月，胡惟庸当了不到 7 年的宰相。在此期间，尤其后 4 年任左丞相期间，他利用朱元璋的信任，大权独揽，目无同僚，专权树党、贪污受贿严重。他常常遇事不奏而行，对各衙门递送上来的奏章，必先自看一遍，有不利于自己的便搁置一边，不让朱元璋知道，一直到后来，竟发展到欲取朱元璋而代之，自己当皇帝，最终被朱元璋以谋逆罪处死。

朱元璋在杀掉胡惟庸之后，顺势于洪武十三年（1380 年）将宰相制度废除了。废除宰相以后，以前由宰相领导的吏、户、礼、工、刑、兵六部全部升格，由皇帝亲自领导，六部长官——尚书直接对皇帝负责。这样，朱元璋实际上兼任了宰相的职务。皇权和相权合二为一，使皇权得到空前的加强。但是，所有政务都集于朱元璋一身，他也难于应付。忙了 9 个月，朱元璋终于吃不消了。无奈，他只好找来一些大学士②作为自己的顾问，让他们帮助看奏章，处理文书，起草诏谕等。到明成祖朱棣时，这些人逐渐形成一个稳定的机构，为了避开宰相之名，遂称为"内阁"③。以后，由于内阁大学士经常参与机务，所以权位渐高，又超过了六部长官。内阁中的首席阁员称"首辅"，实际掌握宰相之权。但内阁不是最高的权力机构，不设官署，也不管辖六部，所以还是有别于宰相的。清朝时，内阁权力下降，让位给军机处。

清朝雍正年间，因为对西北用兵，往返军情通报频繁，而内阁在太和门外，距离内廷过远，雍正皇帝觉得很不方便，同时也容易泄密，于是命令一些亲近大臣到内廷来办公，地点在后宫内朝门外西侧、隆宗门内的小厢房里，以便他能够随时面授机宜。该机构刚开始叫"军需房"，后改称"军机房"，雍正十年（1732 年）始正式定名为"办理军机处"，简称"军机处"。军机处的人员不定，少则二三人，最多时六七人，都由皇帝亲自指定亲王、大学士、尚书、侍郎或京堂④充任，称"军机大臣"。军机大臣地位虽高，但仅是"内廷差使"，且都是兼职，非为专官。另外，他们只有值庐，没有衙署，下面也没有属吏，所以军机处不是正式的衙门。不过，由于它接近皇帝，以后遂成为凌驾于内阁之上的一级机构。

军机处的设置是封建专制制度达到顶点的一个标志。它表明封建官吏已经彻底沦为皇帝的奴仆。他们为皇帝办事，却龟缩在皇宫一隅，既没有自己的官署，也没有可供调遣的下

---

① 中书省左丞：中书省丞相的佐官。
② 明初以大学士为皇帝身边的顾问官，明朝中叶以后成为内阁长官，实际掌握宰相之权，但官品较低。清朝提高大学士品级，使之成为文臣中最高的官位，但任职已不重要。
③ 内阁：因办公地点文渊阁在宫城午门以内，故称。
④ 明清时称各衙门长官为堂官，意为堂上之官。清朝对都察院、通政司、詹事府、大理寺、太常寺、太仆寺、光禄寺、鸿胪寺及国子监的堂官概称京堂。

属，被皇帝呼来唤去，毫无尊严可讲，君与臣的差距已拉至最大。不仅如此，秦汉时期大臣上朝可以坐着，唐宋之时大臣站着见皇帝，而明清的时候大臣则是跪着与皇帝说话，并且口称"奴才"，君主已不再把臣下当人看待。仅从这一点而言，这样的社会也不会有怎样的好前景了。

（二）纵容宦官干政专权

君权高度强化的结果是，为宦官干政专权提供了便利。明清都是宦官干政专权比较严重的朝代，其中尤以明朝为甚。明朝在中国历史上是继东汉和唐朝之后第三个宦官干政专权严重的朝代，而且严重程度超过东汉和唐朝。

明朝宦官干政是从第三代皇帝成祖朱棣开始的。本来明朝开国皇帝太祖朱元璋有鉴于历史教训，曾明令不许宦官识字，禁止宦官干政，外臣不得和内臣有公文往来等，并留有遗训，在南京皇宫门口还立了一个铁牌①，上铸11个字："内臣不得干预政事，犯者斩。"② 但朱棣发动"靖难之役"，从自己的侄子、明朝第二代皇帝建文帝朱允炆手中夺取最高统治权时，南京宫城以内及派遣在外的宦官由于受不了建文帝的严管，不少都拥护朱棣，向他递送情报，从而使他最终篡位成功。这样，就使得朱棣对宦官产生了偏好。于是，朱棣当上皇帝以后，开始重用宦官。永乐时期最著名的宦官恐怕就是大名鼎鼎的"三保太监"郑和了。由于郑和等宦官忠于皇权，踏踏实实地为朱棣做了一些事情，结果又进一步促使朱棣加深了对太监的信任。另外，朱棣靠发动政变夺权，猜忌成性，对统兵在外的将领总放心不下，而太监时常伴随他左右，相比之下与其更贴心些，于是他便常派宦官外出做监军，让他们给他当耳目。③ 后来，朱棣的儿子明仁宗朱高炽又命宦官为"镇守中官"，使他们担当起地方大员来。④ 从此以后，明朝重用宦官之风一发不可收拾。如明英宗朱祁镇时，中央政府的用人行政权、军权、司法权和特务机构等全都交付给宦官掌握，在各省各镇都普遍设立镇守太监，控制地方政府。明宪宗朱见深时宦官揽权更达到炙手可热的程度，全国各省差不多皆是宦官当"镇守中官"。这些宦官颐指气使，位居总督和总兵之上，军队将领中极少有人不低首下心于监军太监的。

由于太监具有生理上的缺陷，所以在心理上也异乎常人，一旦他们掌握大权，绝大多数都表现出异乎寻常的贪婪与残暴，危害国家，祸害臣民，当然最终他们自己也大都不得好死。明朝臭名昭著的宦官有这样几位：英宗朱祁镇时的王振、宪宗朱见深时的汪直、武宗朱厚照时的刘瑾、熹宗朱由校时的魏忠贤。

王振是明英宗自小在其身边伺候的太监，他首开明朝宦官专权的局面。英宗不仅格外信

① 一说为3尺高的石碑。
② 明太祖尽管严禁宦官干政，但他立法而又自己犯法，曾令太监聂庆童去甘肃河州"敕谕茶马"。
③ 成祖曾令太监王安监军，令马靖"巡视"甘肃。
④ 仁宗曾令郑和守备南京，令王安镇守甘肃。

任王振，甚至可以称得上是对王振崇拜有加。英宗 9 岁即位，当了十几年的皇帝，还一直称呼王振为"先生"，王振说什么，他都百分之百地听从。王振在英宗的专宠下，实际掌握着明朝的朝纲。他虽然只是宫内的司礼监太监①，但朝廷中的大员没有几个敢不对他下跪的。王振跋扈专横，以周公自比，事事不经英宗，出语就称为"圣旨"，公侯勋戚都低眉下眼地称他为"翁父"。他在朝中作威作福尚嫌不够，还对外刺激瓦剌，结果引来瓦剌大举入侵。瓦剌是蒙古族的一支，15 世纪 40 年代其首领也先统一了蒙古诸部，势力日益强盛。王振毫无政治头脑，处理瓦剌政策严重失误，导致正统十四年（1449 年）也先纠集蒙古各部，兵分 4 路前来进攻。也先自率主力近逼大同，明朝守将或战死，或逃回，大同吃紧。王振的家乡在距离大同不远的蔚州（今河北蔚县），他担心自己在家乡的财产会遭掳掠，便极力怂恿英宗御驾亲征。这一年，英宗 23 岁，不仅毫无作战经验，甚至京城还没有出去过一次，王振对军事一样茫然无知。于是，50 万大军在粮草尚未征调齐全的情况下，便由这两个糊涂蛋率领着仓促上路出征。一路上风雨交加不说，粮食还很快接济不上了，军士们叫苦不迭。当大军抵达大同时，前方传来原大同驻防部队全军覆没的消息，王振终于害怕了，急忙下令撤退回京。但回军途中，他又忽发奇想，要英宗"临幸"自己的家乡，摆摆威风。谁知大军刚走出 40 里，他又突然想到大军过境会踏坏自己田里的麦子，于是又下令原路折回。由于行军路线屡变，加之王振执意要等待他的 1 000 多辆私人辎重车，令大军在土木堡（今河北怀来东）停留过夜，耽误了行程，被瓦剌军追上。奔波 20 多天、已两天没有水喝的明军将士饥渴疲劳，仓促应战，突围途中，被瓦剌军合围，几乎全军覆没。跟随英宗出征的一大批文武官员阵亡，英宗被俘，王振也死于乱军之中。这就是明朝历史上有名的"土木之变"。

汪直是瑶族人，在宫中官居御马监太监，是明宪宗及比宪宗长 17 岁但最得宠的万贵妃一向最信任的人。他屡次外出监军，后来成为特务机构"西厂"的头。汪直经常带领西厂特务外出侦察，将大小政事，以至街谈巷语，都秘密报告宪宗，深得宪宗宠信，以至他可以任意进退文武大臣，势震天下。当时的人"只知有汪太监，不知有天子"。汪直外出，随从众多，公卿大臣见了都得赶快回避。地方官听说汪直要来，都赶到百里之外，跪在马前迎接。汪直擅权期间，屡兴大狱，劾罢公卿大臣数十人，民间琐事亦多置重法，苛暴无比。后来，另一特务机构"东厂"的宦官揭发其不法事，汪直遭贬逐而死。

刘瑾是司礼监太监，同时还提督十二团营②，且于特务机构东厂、西厂之外加设内行厂，由他亲自掌握。他专权期间，宦官权势更盛，达到高峰。刘瑾与内阁中他的亲信、首辅焦芳内外联手，狼狈为奸，为所欲为。武宗几乎等于把皇帝让给他做，焦芳等内阁成员都到他家去处理政事。大臣的奏章得写成两份，先用红本送刘瑾，然后再送给武宗，称白本。其

---

① 司礼监：明朝宦官机构，为宦官二十四衙门的首席。中期以后，因其掌有硃批（代替皇帝批阅奏章）特权，故权力在内阁之上。
② 十二团营：明朝的京军部队。

声势煊赫，以至京城内外都说有两个皇帝：一个坐皇帝，一个立皇帝；一个朱皇帝，一个刘皇帝。刘瑾在朝中大肆镇压异己，斥逐大臣，引进私党，无恶不作。后来，他私藏玉玺、衮衣、弓弩和500件穿宫牌，以及常用的两把扇子里都夹带着小匕首的事被人以图谋反叛之罪揭发。武宗大怒，于正德五年（1510年）下令将他凌迟处死。

魏忠贤本是河间府肃宁县（今属河北）的一个无赖，赌输了钱，被债主逼得走投无路，自己动了手术，于万历年间入宫。进宫不久，他荣任熹宗生母王才人的厨子，逐渐地与熹宗的乳母客氏发生暧昧关系，可见他并非是一个完全的残废人。王才人死后，熹宗由客氏抚养长大，他爱屋及乌，对魏忠贤也宠信有加。泰昌元年（1620年）[1]，熹宗即位，魏忠贤被任为司礼秉笔太监，后又兼掌东厂。魏忠贤与客氏相勾结，秉政七八年，专断国政，广树私党，滥兴大狱，他甚至在宫中组织了一支1万多人的宦官武装。当时以顾秉谦为首的内阁，对魏忠贤卑躬屈膝，如同奴仆。朝臣在路上见到魏忠贤，必须跪地叩头，高呼"九千岁"。全国各府州县，到处为魏忠贤建立生祠。入祠者必须跪拜，否则就有被杀头的危险。崇祯帝即位后，先将其黜职，令其赴凤阳安置，旋即下令逮治。魏忠贤闻讯，于途中自缢身亡，后被戮尸。

崇祯帝是明朝最后一代皇帝，他虽然杀了魏忠贤，但对宦官专权的危害并无清醒的认识，仍一味重用宦官，压制朝臣，直至明亡。具有讽刺意味的是，明朝的专制君主是与宦官一起走向死亡的。当崇祯帝吊死在皇宫北面的煤山（今北京景山）时，陪同他一起死难的就是一位宦官。

清朝建立以后吸取了明朝的教训，对太监管束比较严格。如顺治曾在司礼监、尚衣监等13个太监衙门前立了一块铁碑，规定严禁太监干政，犯者凌迟处死。因此，有很长时间清朝没有出现明朝这样糟糕的情况。但是到了后期，慈禧统治的时候，太监干政又有所抬头，像大太监安德海、李莲英等，也都是中国宦官史上大名鼎鼎的人物。

宦官的干政专权进一步加重了明清两王朝的腐败统治。

（三）建立特务组织迫害臣民

随着封建社会步入没落时期，各种矛盾都呈尖锐化发展，专制君主的统治越发难以为继，于是明清皇帝都建立了恣意横行的特务组织，企图依靠它们加强对臣民的监视。

明清的特务组织是明太祖朱元璋首创的。作为赤贫出身的开国皇帝，朱元璋的"家天下"思想十分浓厚。他要求臣僚必须对自己绝对忠诚，生怕他们存有私心，威胁朱家天下，因而他时常采取特务手段侦察臣下的言行。洪武初年，他置"检校"之职，主管"察听在京大小衙门官吏不公不法，及风闻之事"。检校利用特权，横行霸道，百官多畏惧。朱元璋却得意地说："有此数人，譬如恶犬，则人怕。"[2] 但检校并非专门化机构，朱元璋感觉使用

---

[1] 明光宗在位仅1个月即驾崩，年号泰昌。
[2] 刘辰《国初事迹》。

起来尚不得心应手，于是在洪武十五年（1382 年）特令护卫皇宫、掌管皇帝出入仪仗的亲军——锦衣亲军都指挥使司，即锦衣卫，兼掌刑狱，赋予其巡察、缉捕、审判、处刑之权。锦衣卫下属机构有南、北两镇抚司，其中南镇抚司掌管卫中刑名和军匠事务，北镇抚司则专理诏狱①，直接取旨行事，又称"锦衣卫狱"。成化十四年（1478 年），明宪宗给北镇抚司颁发印信，规定其所理诏狱必须立即向皇帝报告，一切直接向皇帝负责，锦衣卫最高长官指挥使不得插手，更提高了北镇抚司的特权。明世宗时，陆炳掌管锦衣卫，大肆扩充势力，使人员增到十五六万，比明初扩大了 100 倍。

明成祖迁都北京后，为了镇压官员中的反对派及人民的反抗，于当年，即永乐十八年（1420 年）在京师东安门北（今东厂胡同）设立了一个专门刺探臣民"谋逆妖言、大奸大恶"之事的特务机构——东厂。由于担心外臣徇情，不能及时把真实情况直接报告上来，成祖特命亲信太监提督东厂。从此，由宦官执掌特务机构成为定制。东厂提督常以司礼秉笔太监②之第二、第三人充任，称督主，人员从锦衣卫拨给，有 1 000 多人，诸事可以直接报告皇帝。东厂的权力不仅在锦衣卫之上，而且锦衣卫也在其监视之内。这样锦衣卫与东厂互相倚赖，彼此制约，谁也不敢有违皇帝的意旨。

明宪宗时，为加强特务统治又于成化十三年（1477 年）另设西厂，以汪直为提督。西厂权力又超过东厂。它有权刺探不法，也有权逮捕人、审问人，人数比东厂还多 1 倍。当时从京城到各州府县、从王府到平民百姓家，西厂特务密布。汪直正是因为有了这个机构才如虎添翼，更加胡作非为的。一时间，西厂所辖缇骑③到处寻衅生事，就是亲王府也难幸免。大凡民间斗鸡骂狗一类琐事，也在他们缉拿拷索之列，弄得人心惶惶，不可终日。后来在一些大臣的反对下，宪宗勉强把西厂废掉，但不久又再立，仍以汪直为提督，直到成化十八年（1482 年）才终于废掉。但在这 6 年时间里，它已冤死残害了无数臣民。刘瑾专权时，西厂又一度恢复，以其亲信谷大用提督西厂，刘瑾被杀后西厂彻底废除。

明武宗时，刘瑾除恢复西厂外，还特在京师荣府旧仓地设"内办事厂"，即内行厂，亦称内厂，由他亲自指挥，从事镇压人民及反对他的官员的特务活动。内行厂的权力不仅在东厂、西厂之上，而且东、西两厂也在其监视之列，成为特务中的特务。内行厂用刑极重，进去者难有活身而出的。刘瑾规定，凡罪犯进厂，不论罪名大小，一概都要受杖责，先打得皮开肉绽再说。他还发明重达 150 斤的大枷，罪犯戴上不出几天就被活活压死。被刘瑾迫害致死的官吏军民多达数千人。他死后，内行厂废除。

以上这些特务机构合称"厂卫"，它们依仗皇权恣意妄为，任意缉捕、刑讯臣民，"杀人而不丽于法"，朝野臣民只要"一入狱门，十九便无生理"，冤狱累累，被人们称为"冤

---

① 诏狱：奉皇帝之命查办的各种案件。
② 明朝皇帝的诏谕，常命司礼秉笔太监先写事目，然后交付内阁撰写诏谕。由于明朝后期诸帝多不理政，所以司礼秉笔太监常由此弄权，阁臣往往俯首听命。
③ 缇骑：身着赤黄色衣服的军役。

窨"。

　　明朝厂卫的特务网之密、特务活动之猖獗令时人心惊肉跳。洪武年间，一次国子监祭酒宋讷因监生打坏了茶碗而不快，结果被锦衣卫特务偷偷画下"有怒色"的容貌上报。第二天宋讷上朝，朱元璋问他昨天为什么发怒？宋讷大惊，赶紧直言相告。朱元璋将画像拿出来给他看，宋讷这才恍然大悟。宋讷是个风烛残年的老臣，朱元璋尚放心不下，对于那些手握重权的大臣，朱元璋的防备之心可想而知。有一次，大学士宋濂在家请客喝酒。第二天，宋濂上朝，朱元璋问他，昨请了些什么人？做了些什么菜？喝的什么酒？宋濂一一如实回答。朱元璋高兴地说，全对，没有骗我。说毕，拿出一张锦衣卫特务绘制的宴席座次图样给宋濂看，宋濂吓得出了一身冷汗。还有一位叫钱宰的官员，被征调南京，编辑《孟子节文》，罢朝回家，闲而吟诗："四鼓咚咚起着衣，午门朝见尚嫌迟，何时得遂田园乐，睡到人间饭熟时。"第二天，朱元璋见到他便说：昨天作得好诗！不过我并没有"嫌"啊，改作"忧"字如何？钱宰急忙叩头请罪。[①]

　　武宗正德时代，东厂、西厂、内行厂并立，特务到处作恶，边远州县的人一见到身着好衣、骑着骏马、口操北京话的人，就如同见到猛虎一般，唯恐躲之不及，生怕遭受无辜牵连。有的人干脆每天晚起早睡，在街上与熟人见面也不敢说话。州县官员无法躲藏，只好赶快奉献贿赂。即使这样，仍有人不免飞来横祸。

　　明朝特务机构中，锦衣卫和东厂为祸最久，其中又以东厂为甚。东厂的特务都是专门挑选的锦衣卫中最狡诈、阴险之徒，他们又收集地方流氓、亡命做爪牙，无恶不作。每月初一日，东厂特务用抽签的办法分派差使。分到刑部、都察院、大理寺、北镇抚司去监视审案的叫做"听记"，分到各官府、城门访缉的叫做"坐记"。某官做某事，某城门获某奸，都报告到厂，叫做"打事件"，督主连夜转报皇帝。东厂特务搜集情报事无巨细，甚至民间米盐琐事、夫妻口角，也都连夜报告进宫去，为皇帝和太监们提供笑料。因此，朝野内外没有不怕"打事件"的。[②] 熹宗时，京师有人在密室夜饮，一人喝醉，大骂魏忠贤，另外3人吓得不敢出声。骂声还未停，就有特务闯进来，把4人捉去见魏忠贤。魏忠贤磔割了骂他的人，赏其余3人。

　　清朝的特务机构、特务活动虽然没有明朝这样出名，但其维护专制制度的功能一点不逊色于明朝。在这种极端黑暗、腐朽的统治下，整个社会被笼罩在一片恐怖的氛围里。

二、闭关锁国的严密实施

　　由于受小农经济支配，中国封建专制主义文化的骨子里是具有封闭性的。不过，因历史发展阶段的不同，各个时期的封闭程度亦有所不同。明清时期，随着封建制度走向没落，其

---

① 见叶盛《水东日记摘抄》。
② 见《明史·刑法志二》。

封闭性亦发展到最高峰，这就是闭关锁国政策的全面实施。这一政策的实施，几乎将明清两朝与外界完全隔离开来，并最终导致灾难性的后果。

（一） 明清闭关锁国的历史背景

明清实行闭关锁国政策主要有两方面原因：根本原因和时代原因。根本原因，即小农经济的本能要求所致。因此，明清实行闭关锁国，实际上是中国传统文化发展的必然结果。其表现为：一方面，随着封建统治危机的加深，专制君主为了维护统治必须通过越来越严厉的闭关锁国政策来阻止外来因素的闯入，以免它们，尤其是外来商业经济因素冲击小农经济，使自己的统治根基发生动摇；另一方面，经过以小农经济为特色的农业文化的长期熏染，到明清时专制君主的眼光已越发内视，他们既看不到外界，也不想看到外界。如明太祖朱元璋登基后，鉴于国内统治形势严峻，曾宣布周边的15国为"不征之国"，即这15个国家明朝永远都不会去征伐，以集中精力治理好内部。此举本身虽没有什么好指责的，但其显示出的问题却是相当严重的。这位农民出身的最高统治者极端的内倾化和保守化的治国指导原则恰恰奠定了明清闭关锁国政策的思想基础。再如清朝的康熙皇帝和乾隆皇帝，虽然都具有较高的文化素养，统治手段也很有一套，并取得许多成就，把他们列为中国历史上的杰出皇帝恐怕也并不过分，但是在农业文化熏陶下，他们不仅厉行"海禁"，而且把闭关锁国推向新的高峰。

明清闭关锁国的时代原因主要是出于维护两朝自身安全的需要。明清的闭关锁国是从明太祖朱元璋时开始的。而朱元璋之所以这样做，除了前述为了集中精力治理好内部事务外，还有一个重要原因，即元末明初时与朱元璋争势的东南各地其他起义军和割据势力，如占据山东、安徽、江苏、浙江等地的张士诚和占据浙江部分地区的方国珍等，失败以后，他们的余部有不少下海躲避，盘踞在岛屿上，成为刚刚建立的明朝的心患。为了防止内外勾结，朱元璋下令封闭东南沿海。明成祖朱棣是明朝第二个厉行"海禁"的皇帝。他在从自己的侄子建文帝手里夺得皇位以后，因无法确定建文帝的下落，便一方面派郑和下西洋寻找其踪迹，另一方面下令实行"海禁"，以免比他正统、更具号召力的建文帝再回来，威胁他的皇位。然而郑和并没有完成这一任务，至今建文帝的下落还是一个谜。

除了出于国内政治斗争的需要而实行海禁外，明朝前期由于倭患严重，也促使明朝政府实行闭关锁国的政策。倭患起自元末明初。原因是，从14世纪开始日本进入南北朝分裂时期，军阀混战不断。在混战中失败的武士，以及一部分浪人和商人，沦为海盗，跑到中国东南沿海进行走私、抢劫，为此明朝不得不加强海防。永乐年间，明朝军队在今辽宁打败了倭寇，使倭寇势力一度衰落下去。但从15世纪后期开始，随着日本进入封建诸侯国林立的战国时代，中国东南沿海地区的倭患又严重起来，当地百姓的生活和明朝的海防安全受到严重威胁。于是，明朝政府下令停止与日本进行贸易，实行"海禁"。此举实际上更加刺激了倭患泛滥。直到 16 世纪 60 年代，经过谭纶、戚继光、俞大猷等多年血战，倭患才基本解决。①

明朝刚刚解决了倭患，西方殖民主义者又来了。16 世纪初，随着梦寐以求的到东方的航路被开辟出来，西方殖民主义者到东方牟取暴利的野心也被极大地刺激起来。地大物博的中国成为他们掠夺的重要目标。随着西方殖民主义者的东来，明朝后期东南海防形势又严峻起来。最先来到中国沿海的是葡萄牙人②，随后而来的是西班牙人和荷兰人。这些欧洲殖民主义者的商船队都是亦商亦海盗的，能抢就抢，不能抢就做生意。而且，他们都抱着抢占殖民地的野心，对任何一块他人领土都垂涎三尺。面对西方殖民主义者的入侵、骚扰，明朝政府一开始还有些作为。如明世宗嘉靖二年（1523 年），明朝水军曾打败葡萄牙人的船队。但一时的胜利并不能从根本上改变明朝的对外政策，更不能改变明朝统治者日趋僵化的封建头脑。在这次胜利后，明朝所能采取的措施，仍然只是厉行海禁。而葡萄牙人虽然战败，但并没有远离中国，一直盘踞在中国沿海，伺机而动。嘉靖三十二年（1553 年），他们通过欺骗手段在澳门（时称濠镜）居住下来。此后葡萄牙人汹涌而至，很快达到万人，最终他们竟将明朝的官吏全部赶出，彻底霸占了澳门。对此，明朝政府竟无所作为，稀里糊涂地认可了这件事，莫名其妙地把自己的领土丢掉了。西班牙人和荷兰人来到中国沿海后，先是分别占领了台湾，后来明熹宗天启四年（1624 年）荷兰人把西班牙人赶走，独占了台湾。此时明朝政府由于内部统治危机严重，无暇顾及外部，只好听任台湾被西人霸占。

清朝建立后，为了防犯东南沿海地区的反清武装，尤其是台湾岛上的郑成功势力，实行了比明朝还严厉的海禁政策。郑成功在明末清初的时候，先在东南沿海坚持抗清，但由于没有根据地，作战越来越困难，加之荷兰人经常阻断他的运输线路，危害他的经济利益。于是，1661 年（顺治十八年）郑成功率军渡海作战，从荷兰人手中夺回台湾。郑氏家族在台湾经营 20 几年，气势一天比一天弱。康熙二十二年（1683 年），清军进攻台湾得手，终于解决了东南沿海的心腹大患。但封建腐朽性和愚昧性一方面使得清朝的最高统治者不肯再开放国门，另一方面随着西方殖民主义者越来越频繁地到来，使清朝政府越发紧张不安，于是采取了越来越严格的闭关锁国政策，企图通过关闭国门来维护自己的统治。

（二）明清时期的闭关锁国

明清的闭关锁国首先体现为实行海禁政策及朝贡贸易制度。海禁前面已经提到，这一政策在明清总共实行了 500 年。明清时期最为严厉的海禁，是从顺治十二年（1655 年）一直到康熙二十三年（1684 年）的"禁海令"及"迁海令"。这次厉行 30 年的海禁甚至一度将

---

① 明朝的倭患中大多数人实际上是中国人，他们由于"海禁"而不能从事正常海外贸易，为了生计只好铤而走险，身穿倭衣，参与烧杀劫掠，形成所谓的"倭患"。

② 明朝沿袭阿拉伯人对葡萄牙的译名，称之为"佛朗机"。由于无知，看到欧洲人相貌相似，明朝把继葡萄牙人之后而来西班牙人也称为"佛朗机"。

沿海居民内迁 30 ～ 50 里，规定寸板不得下海。如此严厉的海禁，在政治上确实对消除台湾岛上郑氏集团的反清势力发挥了作用。但在实行海禁的几十年时间里，沿海经济，包括农业、渔业和对外贸易等，损失是十分惨重的，人民生活痛苦不堪。此举充分暴露出封建社会没落时期君主专制制度的残暴与愚昧。

康熙时，台湾被攻克后，清朝政府虽放宽了海禁，但规定只允许广州、漳州、宁波、云台山 4 处为通商口岸。其实是弛中有禁，不过是以有限开禁来缓和矛盾而已，指导思想仍是闭关锁国。后来，因发现民间造船很多，且康熙皇帝怀疑商民盗卖铁犁，于是又颁禁令限制通商国家，规定除日本以外，其余皆不得前往。雍正时，由于国内经济恢复迫切需要发展海外贸易，才再度开放对南洋的贸易。但到乾隆时，由于外商连年不断的掠夺和违法行为，清政府又取消了 3 个口岸，只许广州一地继续通商。此后，一直至鸦片战争前夕，中国对外通商口岸都只限于广州一地。

朝贡贸易，即明清政府以"天朝大国"自居，对于外商到中国来从事商业贸易的行为，均当成是来"进贡"的，所以不是与他们进行公平、平等的正常买卖交易，而往往通过赏赐来回报他们的"贡献"，这一传统自古就有。但在"天朝大国"思想影响下，封建统治者为了体现大国风范，往往回赐东西的价值远远超过了外商输入货物的价值，结果引得外商蜂拥而至，中国政府又承受不了，只好进行限制。如唐朝就曾多次拒绝日本动辄五六百人的"遣唐使"，规定只能一次来 60 ～ 80 人。为了减轻负担，唐朝政府还多次拒绝外国政府、外国商人的馈赠。明朝时，这股"朝贡贸易"风气更盛。如明成祖即位后，曾派出多位使者到东南亚各国宣谕自己已成为中国皇帝，同时向各国表示，希望它们派使臣来中国上表进贡，郑和下西洋也带有这样的任务。于是大量外国使臣和商人来中国，永乐二十一年（1423 年）竟一次有 1 200 人来到南京。明朝政府不仅以更多的赏赐（如绸缎、纱罗、茶叶、瓷器、漆器、印花布、樟脑、麝香等）回报外国的贡品，而且规定对外商输进货物不抽关税，并对贡使、外商免费供给食、住和车船。由于来中国经商有大利可图，外商纷纷前来，成为明朝政府的负担，于是便加以限制。如规定：日本十年一贡，一次只能来两条船，而且必须持有明朝政府颁发的贸易凭证——"勘合"才行，否则不准交易。明世宗嘉靖初年，两批日本使船为了争夺对华贸易，竟然在中国土地上厮杀起来，发生所谓"争贡之役"。于是嘉靖二年（1523 年），明朝采取闭关政策，禁止与日本通商。

清朝统治者继续了明朝的朝贡贸易制度，对于"贡"期和随"贡"贸易的监视等都做了严格的规定。如在中俄陆路贸易中规定：俄国商队每 4 年才能来北京通商一次，每次人数不得超过 200，在北京停留至多 80 天，不许超过。而对西方殖民国家来华商船的限制就更严。如规定只允许他们停泊在澳门，与澳门商人进行贸易；每年来华贸易的船只不得超过 25 只；等等。另外，只准外商与中国政府指定的商人进行贸易。如在广州只准与"十三行""各自照货，分别投行"，进行交易。

其次，体现为以官方贸易代替民间外贸活动和严格限制出口商品。其实，在中国历史上，尽管有些王朝的对外贸易非常活跃，如两汉、隋唐、两宋、元朝等，尤其宋元最为发达，但是对外贸易活动基本上都控制在官方手中。像元朝政府只允许经过官方特许的回回人经商。另外，对外贸易交换回的商品也主要是供王公大臣、贵族官僚享受的奢侈品，投放市场供平民百姓日常生活所用的商品极少。这种情况到明清时期更甚，其最突出体现是郑和的七下西洋①。郑和下西洋虽然表面上看是开放之举，但实际上仍是闭关锁国政策的一部分。因为，明成祖在派出郑和庞大船队下西洋的同时，并未放松其海禁，仍然严格实行不许民间私造海船，不许百姓到海外经商等政策。

郑和七下西洋确实是当时世界的一个壮举。从明成祖永乐三年（1405 年）到明宣宗宣德八年（1433 年）的 20 多年的时间里，郑和不仅 7 次下西洋，到过亚、非 30 多个国家，最远到达非洲东海岸、红海的海口，而且郑和的船队，无论是单个船体、整个船队，还是人数，都是当时世界独一无二的，其规模远远超过了后来在西方大名鼎鼎的哥伦布、麦哲伦所率领的探险船队。郑和的船队最多一次有 62 艘船②，士卒 29 000 多人。最大的船长近 150 米，宽近 60 米，有 9 根桅杆、12 帆，载重约 1 000 吨，可以乘坐四五百人及承载大量物资，仅船的大铁锚就需要二三百人才能抬起。而哥伦布 1492 年率领的发现"新大陆"的船队是 3 艘，水手约 90 名；麦哲伦于 1519 年到 1521 年率领的环绕地球航行的船队是 5 艘，水手 265 人，同时他们并分别比郑和晚 87 年和 116 年。

明成祖派郑和下西洋的目的有政治和经济双重性。政治目的，一是寻找建文帝下落，二是压服逃居在沿海岛屿和海外的不服臣民，三是炫耀国威，提高自己在国外的声望，扩大其非正统而为中国皇帝的政治影响。经济目的，即从事官方海外贸易。郑和船队用精湛的瓷器、绫罗绸缎等中国手工业品换回大量国外的香料（丁香、豆蔻、胡椒、苏木、沉香、金银香、檀香等）、宝货（珊瑚、玛瑙、珍珠、宝石等）和奇禽异兽（长颈鹿、鸵鸟、狮子等），等等。据《明史》载，郑和船队曾"所取无名宝物，不可胜计"。所以，郑和统率的船队被称为"宝船"或者"西洋取宝船"。然而，这样的经济目的不仅丝毫没有着眼于发展国内生产，而且也丝毫不利于国计民生。郑和七下西洋耗费尽了东南数省的贡赋，最终因明朝政府不堪重负，不得不终止。而随着明朝终止下西洋的活动，不仅中国与海外进行大规模官方贸易的活动随之停止，而且中国人自己开辟出的海上航路也全部弃之不用，领先世界的航海技术和海外贸易的优势拱手让给了西方殖民者。

明清时不仅官方海外贸易逐渐萎缩，而且对民间海外贸易也控制极严。如康熙皇帝规定禁止载重较多并能远航的大船出海，只准 500 石以下的小船出海。清朝时，东南沿海地区有大量的商人出海，到东南亚一带经商，但清朝政府不但严格限制中国人出海贸易，而且禁止以前已经出海的华人回国，下令凡回国者将处以极刑，将他们与自己祖国的关系斩断，严重削弱了华商在东南亚的竞争能力。另外，明清政府还严格禁止或限制出口商品的品种，如禁止牛马、军需、金、银、铜、铁、铅、锡、铜钱、硫磺、书籍、粮食等出口，限制丝绸、茶

---

① 还有一说，称郑和曾八下西洋。西洋指婆罗洲以西的一切海洋。

② 一说应是 200 多艘船，其中大船 62 艘。

叶、大黄等出口。这些规定也严重限制了民间私商在海外贸易的竞争能力。

第三，体现为禁止国人与外国人接触和拒绝与外国人正常交往。清政府曾对外商做出一些稀奇古怪的、小家子气十足的限制，如禁止外商雇佣中国人役使，禁止他们雇人传递信息，禁止外商坐轿，禁止外国妇女进城等。这些限制与其说是清政府对西方殖民主义者亦商亦海盗的严加防范，不如说是封建统治者腐朽、愚昧心理的真实反映。明清两朝不仅自己不开放，甚至当西方人来中国，希望与中国通商时，也都被统治者一口拒绝了。乾隆二十四年（1759年），英国商人洪任辉来到浙江，要求开放宁波，结果被地方官驱逐。后来，他又来到天津，直接向乾隆皇帝投递文书，要求开放宁波。谁知乾隆告诉他：中国的东西，你们需要得很多；你们的货物，中国可有可无。宁波不准再去，去必驱逐。乾隆五十七年（1792年），中国与俄罗斯签订《恰克图市约》，开头就说："恰克图互市于中国初无利益。"乾隆五十八年（1793年），英国国王派遣马戛尔尼率领135人的庞大外交使团来华，一方面为乾隆祝寿，一方面要求与中国通商，也被清朝政府拒绝。乾隆在回答英国国王的请求时说："我天朝大国，无所不产，根本不需要与你们互通有无。"并警告英国人，如果把商船开到浙江、天津上岸交易，将遭到当地官兵的驱逐。嘉庆二十一年（1816年），清朝政府再次驱逐抱有同样目的的英使阿姆斯特[①]。直到鸦片战争前夕，道光皇帝仍然说："天朝天丰财阜，国课充盈，本不藉各国夷船区区货物资赋税。"于是，英国人终于决定使用大炮来轰开清朝政府紧锁的大门。1840年，给中国人带来第一个外侮的鸦片战争爆发了，中国的国门终于被强行打开了。

第二节　明清文化凶残暴虐性格的主要体现

明清时期，随着君主专制制度的强化，皇帝越发视臣民的生命为粪土，随意杀害功臣勋戚、文武官员成风。对于皇帝身边的朝臣来说，明清时期是真正的"伴君如伴虎"的时代。专制君主的暴虐行径，使这一时期的文化性格表现出前所未有的凶残暴虐。

一、滥杀功臣、朝臣

明清皇帝中滥杀功臣勋戚的，以明太祖朱元璋为最甚。

在中国历史上，以滥杀功臣而闻名的开国皇帝有两个。前一个是西汉的高祖刘邦。刘邦与朱元璋两人身上有许多共性。比如，俩人都出身农民，后来都成为开国皇帝，并且都滥杀功臣，等等。不过，刘邦虽出身农民，但老刘家的日子比老朱家好过一些。刘邦家耕种着几亩地，本人还担任着秦朝的亭长，虽不拿工资，但在地方上也是小有头脸的人物。而朱元璋家穷得就没法回忆了。家无一分地不说，有一年闹灾荒，连带瘟疫，他的父亲、母亲、大哥

---

① 一译阿美士德。

全死了，可他家连下葬的坟地都没有，苦不堪言。幸亏邻居刘家心肠好，让他与二哥把家人尸首用旧衣服裹了，埋在了刘家坟地的一个角落里。也许正是因为早年生活的差异，使得二人性格迥然不同。刘邦当皇帝后，虽然杀了韩信、英布、彭越等几个功臣，但那是迫不得已，是因为他们威胁刚刚建立的、尚处在上升时期的专制主义中央集权制度，而且刘邦在许多方面还是很有人情味的。但朱元璋可难以让人亲近了。为了朱家天下的长治久安，他对功臣勋戚、文武官员大开杀戒，死者数万，把专制君主的凶残暴虐发展到了一个新的高度。

朱元璋的功臣中，除了征虏副将军常遇春①早死以外，只有卫国公邓愈②、曹国公李文忠③、魏国公徐达④、镇守云南最高长官沐英⑤、信国公汤和⑥等几个人是善终的。邓愈死于洪武十年（1377 年），此时朱元璋尚未大开杀戒。李文忠是朱元璋的亲外甥，虽然曾经因劝说朱元璋少杀戮而忤旨被责，但仍是朱元璋一生中最亲信的人。李文忠病逝后，朱元璋把负责料理医药的淮安侯华中贬爵，把其家属流放，并将诊视过李文忠的医生和他们的妻子、儿子统统杀掉。徐达是朱元璋第一武将、诸帅之首，不仅朱元璋十分器重他，诸将也敬若神明。尤其，徐达一生持重，对朱元璋忠心耿耿，极受信任。徐达病重期间，朱元璋从各省找了许多名医去北平诊治，最后还把他接回南京。徐达死时，朱元璋缀朝，到他家吊唁，痛哭。朱元璋亲自写了一篇《御制中山徐武宁王神道碑》，还追封徐达父亲、祖父、曾祖为王。沐英是朱元璋前后收养的 20 几个养子中最有出息的一个。他既有攻城拔寨之勇，又有守成立业之才。他奉命镇守云南，颇有成就，令朱元璋极为放心。沐英死后，其子孙世守云南，与明朝相始终。汤和则与朱元璋同州同县同里，早年甚为豪放，晚年却极懂韬光养晦。他颇知比自己小 3 岁的这位同乡皇帝的心，于洪武十八年（1385 年）自请解除兵权，深得朱元璋的欢心。汤和晚年住在中都（今河南开封），每年上朝一次，直到善终。上述 6 个人，也是开国功臣中仅有的死后追封为王的。

至于其他功臣则没有什么好下场了。著名的如功劳相当于西汉萧何的韩国公李善长，追随朱元璋几十年，参与机密，主持粮饷，协调人事，直至干到中书省左丞相，为朱元璋的"第一大当家的"，位在徐达之上，但是洪武二十三年（1390 年）因受胡惟庸案牵连，被赐死。此时他已退休在家赋闲十几年了，年纪也已 77 岁，同时被杀的还有他的妻女弟侄家口 70 余人。再如颍国公傅友德，一生帮朱元璋打天下，"喑哑跳荡，身冒百死，自偏裨至大将，每战必先士卒，虽被创，战益力"，但在洪武二十七年（1394 年）却被无辜牵扯进

---

① 常遇春于洪武二年（1369 年）攻克开平（今内蒙古正蓝旗东闪电河北岸）后，还师途中暴病而死，年仅 40 岁，死后追封开平王。

② 邓愈于洪武十年（1377 年）病逝，享年 41 岁，死后追封宁河王。

③ 李文忠于洪武十七年（1384 年）病逝，享年 46 岁，死后追封岐阳王。

④ 徐达曾任征虏大将军、中书省右丞相等职，死于洪武十八年（1385 年），享年 54 岁，死后追封中山王，谥"武宁"。

⑤ 沐英因听到皇太子朱标去世的消息，哀恸不已，于洪武二十五年（1392 年）病死，享年 48 岁，死后追封黔宁王。

⑥ 汤和死于洪武二十八年（1395 年），享年 70 岁，死后追封东鸥王。

"蓝玉案"遭朱元璋冤杀。而死的更冤的是朱元璋的第二位征虏大将军冯胜，他于洪武二十八年（1395 年）无缘无故地被朱元璋赐死。傅友德和冯胜的死成了朱元璋滥杀功臣的典型例子。还有如朱元璋的侄子、也是其养子的朱文正，原比李文忠还受亲信，曾在洪都（今江西南昌）力拒陈友谅的围攻 85 日，积功至大都督，但后来被朱元璋以"亲近儒生，胸怀怨望"之罪鞭死。另外，永嘉侯朱亮祖也是战功卓著的有功之臣，最后以"所为多不法"之罪名被活活鞭死，同时被打死的还有他的儿子。

朱元璋对功臣大开杀戒是从洪武十九年（1386 年）开始的，主要通过了两个大案："胡惟庸案"和"蓝玉案"。经过这两个案子，朝中未早死的功臣几乎都被杀光了。胡惟庸是洪武十三年（1380 年）被处死的，而到了洪武十九年朱元璋突然借题发挥，以通倭（日本）、通元（北元）的罪名，穷究党羽，连杀数年，久久不能结案，一直杀到洪武二十五年（1392 年），牵连致死者前后达 3 万多人，许多家被灭门，称为"胡狱"。蓝玉是继徐达、冯胜之后荣拜朱元璋时代大将军的 3 个人之一，也是最后一位。他于洪武二十年（1387 年）任征虏大将军，曾多次领兵进攻北元，勇敢善战，被封为凉国公。由于朱元璋利用"胡狱"滥杀功臣，搞得朝中人人自危，甚至朱元璋自己也日夜不得安生，加之蓝玉确实有一些不法之事，如恃功骄横、夺占民田等，所以最终导致他铤而走险，打算先下手为强，谋害朱元璋。由于消息走漏，被锦衣卫特务侦知，政变未成。洪武二十六年（1393 年）蓝玉被以谋反罪处死，连带被杀的有 1 万 5 千多人，称"蓝狱"。这次屠杀使将军中的骁勇之士几乎全部杀光。后来，燕王朱棣之所以能够"造反"成功，夺取最高统治权，中央朝廷缺乏统兵大将是直接的原因。

明成祖朱棣的凶残不在其父太祖朱元璋之下。朱元璋一共有 26 个亲儿子，其中大部分被他分封到各地为王。各王有护卫甲士 3 千人至 1 万人不等，而分封在北边的各王，还有权节制地方军队，势力更大。洪武二十五年（1392 年），朱元璋的长子、皇太子朱标病故，先其父而去。朱元璋在痛苦抉择之后，立朱标的长子朱允炆为太孙，作为自己的继承人。洪武三十一年（1398 年）朱元璋驾崩，朱允炆当皇帝，年号建文。而此时，在朱元璋的诸子中尚健在的只有他的四儿子燕王朱棣最为年长。朱棣身有战功，颇有帝王之气，深受朱元璋喜爱，曾险些被立为后嗣，他对建文皇帝极不甘心服从。而建文帝也觉得这些叔叔们手握重兵，对他的统治不利，于是在兵部尚书齐泰和太常寺卿黄子澄的建议和支持下决定削藩。谁知他刚一动手，朱棣就反了。建文元年（1399 年），朱棣以讨齐黄、清君侧为名，号称"靖难"，起兵于北平（今北京）。4 年之后，建文四年（1403 年），燕军获得最后胜利。

朱棣进入南京城后，立即对建文诸臣大开杀戒。他不仅将齐泰、黄子澄灭族，而且将拒绝为自己起草即皇帝位诏书的大学者方孝孺灭十族——即方孝孺本家九族加上其学生，一共有 870 多人，全部杀害。建文旧臣景清欲为故主报仇，身藏利刃准备行刺，被捕，朱棣将其磔杀，并实行"瓜蔓抄"，将其族亲、乡亲等凡沾亲带故者，以及门生之门生，"转相攀染"，全部杀光，"村为之墟"，惨不忍睹。① 另外，御史大夫练子宁被断舌磔杀；兵部尚书铁铉曾在济南屡破燕军，也被酷刑杀死。朱棣还将这些建文旧臣的妻女全部赶入官妓院为妓，并且至死不放，其冷酷之心，残暴之举，令人发指。建文帝的儿子朱文圭当时才 2 岁，也被禁锢起来，虽然未被杀死，但一关就是 50 多年，历经永乐、洪熙、宣德、正统，直到英宗通过"夺门之变"第二次当上皇帝后（取年号为"天顺"），或许是有着几年当囚徒的经历，知道滋味不好受，才下令将朱文圭释放，此时他已 57 岁了，什么都没见过，什么也不知道，而且出来没过几天就死了。不仅如此，为人刻薄的朱棣，对自己的亲信朝臣也照开杀戒。被朱棣杀害的永乐朝臣中最有名的是解缙。解缙是极有才气的大学者，曾主持纂修《永乐大典》，一度很受朱棣重用。但永乐五年（1407 年），他突然被以"泄禁中语"、"廷试读卷不公"的罪名，贬到广西为官。永乐八年（1410 年），解缙到南京述职，恰逢朱棣赴北方打仗，于是谒见监国的太子而还，结果却被以"无人臣礼"的罪名下了狱，关在锦衣卫。这一关就是五六年，在狱中解缙虽受种种酷刑折磨，但侥幸未死。谁知永乐十三年（1415 年）朱棣听说解缙未死，便说了一句："解缙还活着吗？"锦衣卫指挥使、宦官纪刚听了，回去便把解缙灌醉，然后活埋在雪里。解缙死后，家产被抄，妻子宗族被流放到辽东。

明朝从第五代皇帝英宗开始，几乎个个都庸碌无为，有的甚至几十年不见朝臣，但是发起怒来，却一个赛一个地凶狠，经常对触犯自己的官员实行"廷杖"。廷杖，即皇帝在朝廷上敕令杖打大臣之刑，是专门惩罚触犯皇权的官员的特殊刑罚。明清以前，廷杖就有，隋文帝就干过这种事，但明清时期不仅成为常刑，而且泛滥成灾。"廷杖之刑，亦自太祖（朱元璋）始矣"②。洪武年间，工部尚书薛祥即毙于杖下。英宗正统年间，王振擅权，"殿陛行杖，习为故事"③。明朝有两次大规模的廷杖：一次是明武宗朱厚照正德十四年（1519 年），因群臣谏止武宗南巡游玩，结果激怒了他。武宗下令将朝臣 146 人施以廷杖，最后有 11 人被活活打死。而武宗在南巡回京途中，因贪玩落水受寒，最后咯血而死，年仅 31 岁。第二次是明世宗朱厚熜嘉靖三年（1524 年），为"大礼议"④，将朝臣 134 人施以廷杖，致死者16 人。

清朝皇帝对臣僚一样残暴，这种残暴在权力交替时更加突出，其中以第三代皇帝雍正最为突出。雍正的残暴主要体现在两方面。一是对待与自己争位的兄弟心狠手辣。雍正之父康熙一共有 35 个儿子，除了夭亡、年幼及庸碌无为的之外，有政治居心的是皇长子胤禔、皇二子胤礽（太子）、皇三子胤祉、皇四子胤禛（雍正）、皇八子胤禩、皇九子胤禟、皇十子

---

① 见《明史·景清传》。
② 《明史·刑法志》。
③ 《明史·刑法志》。
④ 大礼议，即明朝宫廷争议世宗本生父亲尊号的事件。世宗是武宗的堂弟，以藩王身份即帝位。即位后，世宗想尊自己的本生父亲为皇考，受到朝臣反对。他们认为应以孝宗，即武宗的父亲为皇考，世宗的父亲应被尊为皇叔父。世宗不干，群臣哭阙力争，结果遭致惨祸。

胤祴、皇十三子胤祥、皇十四子胤禵、皇十七子胤礼等 10 人。其中支持雍正的是皇十三子胤祥、皇十七子胤礼。雍正当上皇帝后，封胤祥为怡亲王，封胤礼为果郡王，二人均得善终。而对于其他诸兄弟，雍正丝毫不讲兄弟情面，痛下杀手。如对于已被其父康熙禁锢起来的皇长子胤禔和前太子、皇二子胤礽仍继续关押，不予释放。将拥护胤礽的皇三子胤祉先派到遵化，禁锢在景陵（康熙陵墓），后投入狱中折磨致死。而对于与自己争位的皇八子胤禩，雍正不仅将其改名为"阿其那"（猪）①，而且将其圈禁在宗人府②中，数月后关死；支持胤禩的皇九子胤禟则被改名为"塞思黑"（狗）③，暴卒于从外地押解回京的路上。至于皇十子胤祴和皇十四子胤禵，一个被关在牢里，一个被禁锢在寿皇殿。这二人还算命大，没有死掉，直到乾隆时终获释放，算是善终了。

对于那些曾支持过其他皇子的朝臣，雍正更不会放过。雍正待人不仅十分刻薄，而且非常能记仇，任何人得罪于他都逃不出他的报复。如正蓝旗汉军都统鄂伦岱由于支持过皇八子胤禩而遭旧账清算，被杀。为了发泄怨恨，雍正甚至不惜与鬼作对。如左都御史揆叙、领侍卫内大臣阿灵阿曾支持皇八子胤禩争位，但都已去世。雍正仍不依不饶，竟下旨，分别在二人墓前立起两块石碑，上书："不忠不孝阴险柔佞揆叙之墓"、"不臣不弟暴悍贪庸阿灵阿之墓"，心眼小得令人不可思议。而阿灵阿的儿子、领侍卫内大臣阿尔松阿先被圈禁在阿灵阿墓地，后来也被杀掉。

雍正的残暴还体现在对其亲信大臣上"该出手时就出手"，丝毫不念旧情。雍正之所以能当上皇帝，所倚靠的，在皇子中是皇十三子胤祥和皇十七子胤礼，在大臣中是隆科多和年羹尧。隆科多是国舅，其姐姐是康熙的孝懿皇后。康熙绝命时只有隆科多一人在御榻前，而且他时任步军统领，手握京畿卫戍部队，有军权。如果没有隆科多"宣布遗诏"，并以兵权压制诸皇子，作为没有得到康熙特殊荣宠的雍正来说，是绝对不会如此轻易地获得皇位的。年羹尧也是国舅，他的妹妹是雍正的妃子，而且他原是雍正藩邸旧臣，很会用兵打仗。他在雍正当上皇帝以后迅速平定青海蒙古叛乱的功勋，提高了雍正的威信，使其得以巩固自己的皇位。对于这两个拥立自己的有功之臣，雍正即位之初曾对他们恩宠备至。如雍正赞誉隆科多是"圣祖（康熙）皇考忠臣，朕之功臣，国家良臣，真正当代第一超群拔类之希有大臣"，而对年羹尧则表示要和他"做个千古君臣知遇榜样，令天下后世钦慕流涎"。但话音犹在耳际，雍正就翻脸了。雍正三年（1725 年）年羹尧被赐死，雍正五年（1727 年）隆科多被永远禁锢。次年，隆科多死于禁所。

总之，随着皇权的膨胀，君臣关系的冷酷性在明清时期已暴露无遗。作为这一时期的皇帝来说，恩威莫测，喜怒无常，说翻脸就翻脸；对于臣僚来说，一旦失宠，即遭横祸，"脱

---

① 雍正编写的《大义觉迷录》称，当康熙遗诏宣布后胤禩"于院外倚柱，独立凝思，派办事务全然不理，亦不回答"。

② 宗人府：明清两朝管理皇室宗族事务的机构。

③ 雍正编写的《大义觉迷录》称，当康熙遗诏宣布后胤禟"突至朕前，箕踞对坐，傲慢无礼，其意大不可测"。

冠裳，就桎梏。朝列班清，暮幽犴狱。刚心壮气，销折殆尽"①。这样的君臣关系，早已把"君使臣以礼，臣事君以忠"的传统政治道德抛掷到九霄云外。明清社会活力的逐渐丧失，与此不无关系。

二、擅兴文字狱

所谓"文字狱"，就是封建统治者从字里行间挑剔过错，网罗罪名，残害文人。文字狱以前也有，但都不很正宗。明清时期的文字狱不仅最为正宗，而且最为频繁，有数十起之多，同时用刑也最为酷烈。其中，以明太祖朱元璋洪武年间及清朝康熙、雍正、乾隆3朝为最甚。

洪武年间的文字狱，由于朱元璋典型的小农狭隘思想和极端专制思想作祟，所以基本上都是冤案。朱元璋年轻的时候当过和尚，做过"贼"——参加过农民起义，所以他特别忌讳别人说"秃"、"亮"、"光"、"僧"、"贼"等字眼，到以后，又发展到与这些字的字形相近或发音相近的也不行了，生怕别人是在骂他。比如，他把"作则垂宪"、"垂子孙而作则"中的"作则"读成"做贼"；把"睿性生知"的"生"读成"僧"；把"遥瞻帝扉"中的"帝扉"读成"帝非"；把"取法象魏"中的"取法"读成"去发"；把"式君父以颁爵禄"的"式君父"读成"弑君父"；把"体乾法坤，藻饰太平"中的"法坤"读成"发髡"，"藻饰太平"读成"早失太平"；把"天下有道，拜望青门"中的"天下有道"读成"天下有盗"，"青门"理解成"庙门"；等等。为此，他兴起了一个又一个的冤案。如浙江府学教授②林元亮案、北平府学训导③赵伯宁案、常州府学训导蒋镇案、怀庆府学训导吕睿案、祥符县学教谕④贾翥案、亳州训导林云案、尉氏县教谕许元案、德州府学训导吴宪案，等等。上述这些文人实际上是替地方长官撰写对皇帝歌功颂德的上奏贺表时，因不了解朱元璋的心思，招致了祸患，全都被杀。心胸狭隘的朱元璋不仅将这些"犯忌"的文人全部处死，而且有的时候即使没"犯忌"，比如陈州训导替人写《贺万寿表》，上有"寿域千秋"一句，朱元璋想不出有哪个地方得罪了他，但是为了防止被别人嘲弄而自己尚蒙在鼓里，竟也将其杀害。

朱元璋兴文字狱，从洪武十七年到洪武二十九年（1384—1396 年），历时 13 年。由于杀人太多，又不知祸从何来，所以弄得地方长官和大臣们都不敢上奏表。没办法，礼部只好请求朱元璋降一道庆贺、谢恩奏表的标准格式，颁发天下。以后，凡遇到庆贺、谢恩之类的事情，各地依照格式抄录下来，然后填上自己的官衔、姓名就行了。这样一来，文人的性命

①　《明史·刑法志三》。
②　教授：明清府学的学官，掌学校课试等事。
③　训导：明清府、州、县学均置，掌协助同级学官教育所属生员。
④　教谕：明清县学学官，掌文庙祭祀、教育所属生员。

总算有了一定的保障，以后，再没有人被杀了。

朱元璋之所以借文字狱对文人大开杀戒，除了上述自卑心理作怪，生怕文人看不起他以外，还有一个原因，就是镇压不肯与新王朝合作的文人，打掉他们对旧王朝——元朝的幻想，使之诚心顺意地归附明王朝的统治。另外，滥兴文字狱实际上也是朱元璋加强专制统治的重要措施之一。朱元璋时代的文字狱，不仅造成大量文人含冤而死，尤为严重的是，极大地禁锢了学术思想的发展。

清朝统治时期，文字狱发展到顶峰。清朝的文字狱，一方面是为了维护和加强封建专制统治，另一方面则是为了镇压对满族统治不满的汉族文人。所以，清朝文字狱的产生，比起前朝来说，多了一层原因。当然，也有借题发挥、打击异己的因素。

清朝文字狱最严重的是康熙、雍正、乾隆 3 朝，见诸于史载的文字狱约有七八十起之多，远远多于以前各代，而且处刑严酷。一旦获罪，不仅涉案本人受重刑审问，家产被抄，而且亲属也多受牵连，即便目不识丁也一样"从坐"。涉案人员大多被处死，且往往是凌迟处死，最轻的也是终身监禁，或流放到边远地区，充军为奴，已死的人则遭开棺戮尸之辱。不仅如此，还有许多其他人受牵连，像写序、题跋、刻印、买卖、赠送等都有罪。所以，一个案件总要牵连数百人。而揭发检举的人则官运亨通，扶摇直上。结果，造成社会上形成以揭发检举他人作为猎官的"敲门砖"，有仇隙的则利用文字狱陷害他人于死地的恶劣风气。

清朝康熙时著名的文字狱有："庄廷鑨《明史》案"和"戴名世《南山集》案"。庄廷鑨是浙江乌程县一个富户，是个盲人，欲学春秋左丘明，想留给后代一部传世史籍。于是，他从明朝大学士朱国桢的后人手里买来一部朱国桢的《明史》遗稿，然后将该书连同他请人所补的崇祯朝历史，用自己的名字刊刻出来，其中有一些对满人的攻击之辞，结果康熙二年（1663 年）被人告发。此时庄廷鑨已死，被刨棺戮尸。涉及此案的官吏、书商，以及作序、校补、审稿、出资助刊、刻印、买书、藏书之人皆被株连，死者 70 余人，充军流放数百人。戴名世是翰林院编修，著《南山集》，其中引用方孝标《滇黔纪闻》一书的材料，议论南明史事，并用南明诸帝年号，对南明诸王朝颇发感慨，寄以同情。康熙五十年（1711 年）被人告发。结果戴名世被斩首，方孝标已死，被戮尸。此案牵连两家家属及刊印、作序者 300 多人，本应处死，但因康熙这时正对汉人实行怀柔政策，为笼络人心，下令将他们全部充军，以示宽大。

雍正时著名的文字狱有："汪景祺《西征随笔》案"、"查嗣庭案"等。与康熙朝的文字狱相比，雍正朝的文字狱带有明显的借题发挥、铲除异己的味道。汪景祺是年羹尧的纪室（文书），曾随年氏西征青海等地平叛。他在《西征随笔》中对年羹尧颇有歌颂之意，惹得雍正十分不快。雍正给他扣上"讥讪圣祖，大逆不道"的罪名，将其斩首。查嗣庭是隆科多之党，隆科多倒台后，他被人告发，称其在雍正四年（1726 年）当江西主考时，所出试题"显露心怀怨望，讥刺时事之意"，而在查抄寓所时，又发现其日记中也有"悖乱荒唐，怨诽捏造"的内容。结果查嗣庭和他的 5 个儿子全都被抓，查和他一个儿子死于狱中，一个儿子被杀，其余 3 个儿子和查嗣庭的一兄一弟，以及几个侄子，全都了充军。查嗣庭还被戮尸。

另外，发生于雍正六年（1728年）的"曾静、张熙谋反案"本为政治案件，但雍正却将其当作文字狱进行处理。曾静是湖南人，读明末清初思想家吕留良的书，深为其中反清思想所感动，跑到浙江去找吕留良的儿子吕毅中、吕留良的学生严鸿逵和严鸿逵的学生沈在宽，与3人结为好友。他们把吕留良的书都送给了曾静。后来，曾静派自己的学生张熙去策动川陕总督岳钟琪①反清，被岳告发，几个人全都被捕入狱。最终，严鸿逵死于狱中，被戮尸枭示，吕毅中、沈在宽被斩首，吕、严、沈3人的子孙全数充军，吕氏一门的女子全部"入宫"，而已去世多年的吕留良及其儿子吕葆中则被剖棺剉尸。另外，吕氏门生及刻藏吕氏著作的人也全部被治罪。至于为首者曾静，由于诚心悔过，与张熙被特免一死。雍正让他们携自己编的《大义觉迷录》到江浙一带去宣讲，一方面批驳当地的反满思想，一方面让人们接受他即位的合法性。② 这样，这个案子也带有了一些文字狱的味道。

清朝的文字狱到乾隆的时达到登峰造极的地步。此时，不仅文字狱的次数频繁，超过康熙、雍正年间许多倍，而且与明洪武年间的文字狱极为相似，基本上都是以一字一句兴案。著名的有："胡中藻案"、"徐述夔案"等。胡中藻是鄂尔泰的门生。鄂尔泰是雍正遗命辅政大臣，乾隆十年（1745年）去世。鄂尔泰生前与另一军机大臣张廷玉在朝中对立，各结党营私，招致乾隆的嫉恨。于是，乾隆兴起胡中藻案，借题发挥，打击鄂尔泰的势力。胡中藻案，亦称"胡中藻诗狱"，发生于乾隆二十年（1755年）。胡中藻著有《坚磨生诗钞》，其中有"一把心肠论浊清"句，乾隆指摘说："加'浊'字于国号之上，是何肺腑？"诗中的"与一世争在仇夷"的"仇夷"被指责为诋骂满人。而"虽然北风好，南用可如何？"、"南斗送我南，北斗送我北。南北斗中间，不能一黍宽"等句则被扣上南北分提、别有用心之罪。另外，诗中"老佛如今无病病，朝门闻说不开开"之句则被认为是讽刺乾隆的朝门不开。结果胡中藻被杀，鄂尔泰被撤出贤良祠。鄂尔泰的侄子鄂昌因与胡中藻交往，以比昵标榜问罪。后来，又因为他的《塞上吟》一诗中称蒙古人为"胡儿"，乾隆说他"忘本自诋"（鄂是蒙古人），迫令其自杀。徐述夔案发生于乾隆四十三年（1778年）。徐述夔著有《一柱楼诗》，其中有"大明天子重相见，且把壶儿搁半边"、"明朝期振翮，一举去清都"等句，乾隆认为是反清复明，将已去世的徐述夔及其子徐怀祖剖棺戮尸，两个孙子砍头，两个校对及疏于防察的两个地方官也都被斩首。

由于乾隆兴起的文字狱大多是牵强附会，无中生有的，结果闹得当时全国上下人人自危，各地官吏也神经紧张，生怕因自己的失察而丢官，甚至掉脑袋，以致发生一些荒唐的事情。如有人在墓志上写有"皇考"（亡父）一词，地方官见有"皇"字，吓坏了，急忙上报朝廷。这次连乾隆都觉得太过分了，将地方官招来，训斥一顿。还有一地主，为自己的先父歌功颂德，说其父"于佃之贫者，赦不加息"。他叔叔见有"赦"字，认为当是皇帝专用

---

① 岳钟琪自称是南宋抗金名将岳飞的后代。
② 曾静、张熙未能活得太久，乾隆一即位，就将2人杀死。

的，为避免受牵连，先去自首，地方官也急忙上报朝廷。这下把乾隆惹火了，下令把受理此事的巡抚治了罪。上述这两个案件虽然最终没有搞成文字狱，但文字狱把社会搞得不得安宁是显而易见的。

清朝迭兴的文字狱严重压制了学术思想的发展，人们既不敢讲话，更不敢写东西。乾隆年间，一个告老还乡的协办大学士梁诗正在总结自己的处世经验时说："从不以字迹与人交往，即偶有无用稿纸，亦必焚毁。"梁诗正曾任礼部、刑部、户部的侍郎（副部长）和户部、兵部、吏部、工部的尚书（部长）。中央 6 个最主要的部门他都干过，却没有因文字狱"倒下"，可见其为官"功底"的深厚。但这样的人在朝中为官，于国于民能有什么作为？因此，乾隆朝出了中国历史上最大的贪官——和珅，就不难理解了。

在大兴文字狱的同时，清朝政府还大力剪除异端学说，把程朱理学推上至尊的地位。为了剪除危害封建统治思想基础的异端学说，乾隆年间在编纂《四库全书》的时候，禁毁书籍 3 100 多种、15 100 多部，销毁书板 8 万块以上，使中国文化又一次遭到巨大的浩劫，损失惨重。即使被保留下来的书籍，由于个别字句段落不符合清朝统治，也被删去或被更改文义，如"夷"字该为"彝"、"狄"改成"敌"等，弄的遍体鳞伤，无法辨识。

明清的文字狱，既是封建专制独裁政治的极端表现，也是封建社会走向没落、腐朽到极点的表现。而掩盖在极度沉寂窒息的政治格局和学术思想的下面，是一触即发的社会危机。清王朝从乾隆以后由盛而衰，虽然有着许多原因，但大兴文字狱，使得臣民不满，造成人们与朝廷离心离德，是不能忽视的原因。

中国传统文化发展到明清时期，缺乏后劲的特征终于完全暴露出来。19 世纪中叶以后，西方殖民主义列强，包括向中国学习了 1 000 年的东洋日本人，正是看到了清朝帝国的外强中干、貌强实弱，才敢用区区之兵向人口数亿的大清帝国发动进攻，并一次又一次将这个东方巨人打倒。而这样的结局，恰是中国传统文化发展的必然结果。如果再准确点说，是小农经济的根本要求所致。

结束语：中国传统文化的阵痛与新生
——1840 年后

1840 年以后，由于西方殖民列强的入侵，中国传统文化在明清时期陷于孤立发展的格局被打破了。此后，中国传统文化经历了不可避免的阵痛时期，不得不忍受着一次又一次的外侮。在 60 年之中，中国人与西方所有列强及东洋日本在自己的国土上交手，无一胜绩。在历经中英鸦片战争、中英法第二次鸦片战争、中法战争、中日甲午战争、八国联军侵华战争等一次次的败绩，一次次地割地、赔款、签订不平等条约，一次次的唯唯诺诺、卑躬屈膝、道歉赔罪之后，中国文化不仅遭受了巨大的政治、经济损失，而且民族自信心也遭到严重的伤害。夜郎自大的中国人从一个极端走向了另外一个极端，崇洋媚外、惧洋畏外心理迅速膨胀。夷人、蛮夷、西夷、倭寇变成了洋大人、东洋人，洋枪、洋炮、洋马、洋货成了优良物件的代名词，汉唐帝国的子孙却变成了任人宰割的"东亚病夫"，创造出辉煌灿烂古代文明的中华帝国竟要"量中华之物力，结与国之欢心"。中国传统文化的内在精神品质衰落到极点。

不过，西方人及日本人在把侵略、压迫、耻辱带给中国人的同时，也把他们的一些文明成果传入中国，其中包括较为先进的制度和思想等。同时，中国人也在国门被强迫打开的痛苦与耻辱中看到了自己的不足，开始努力向西方、向日本学习着自己的祖先不曾见过的新鲜"玩意儿"。从洋务运动的"师夷长技以制夷"，仿制西洋的船坚炮利，到戊戌变法拟实行大英帝国开创的君主立宪制；从辛亥革命推翻封建王朝统治仿照西人建立资产阶级共和国，到五四新文化运动引用外来的个性主义、科学、民主等概念改造中国人的国民性，革除陈旧的价值观念和道德观念等，使中国传统文化从浅入深、由表及里地发生了深刻的变化，开始向近现代化转变。

20 世纪初，随着马克思列宁主义思想传入中国，中国文化的发展进入到一片新的天地。中国人在将马列主义与自己的国情有机地结合之后，不仅迅速摆脱了外国列强的压迫，而且建立了更加先进的社会主义的中华人民共和国。从此，中华民族自信心得到恢复，中国的国力开始回升。但由于中国人选择的发展路线不被西方列强所喜爱，加之它们不习惯中国的强大，于是便联合起来封锁中国，致使中国几乎与外界隔绝了近 30 年。20 世纪 70 年代，随着中国人的革命激情归于平和，中国在世界上影响力的扩大，以及称霸国家无奈放弃对中国的封锁，中国的国门再次打开。这次开放，不仅是中国人的主动行为，而且是中国文化诚心实意地要与世界各国文化平等交流的开始。

今天的中国，尽管仍保留着不少传统文化的糟粕，但随着改革开放的深入，市场经济的发展，以及文明程度的提高与进步，其遭到摒弃的速度也大大加快了。与此同时，人们也越来越分辨得出和认识得清我们传统文化的精华所在，保护和发扬传统文化精华之心也越来越强烈。另一方面，外来文化的强烈冲击也是不可避免的。这种冲击有积极的，也有消极的。积极的因素可以帮助中国文化祛除自己身上不符合现代文明的落后糟粕，并成为中国文化的一部分；消极的因素虽在一定时期会对中国文化造成不良影响，但博大精深的中国文化有能力最终消除它们。

只有民族的，才是世界的。中国文化只要在坚持以兼容包并、有容乃大的胸怀不断吸收外来文化优秀成果的同时，继续弘扬自己的传统文化精华，它的未来就会更加光明。

后　记

（第 1 版）

　　书写完了，遗憾也来了。实际上就在本书撰写过程中，已经有许多新的想法、新的观点在笔者头脑中形成，只是觉得尚不成熟，所以才没有写入本书，只有待不久的将来再把它们和盘推出了。

　　关于用文化眼光审视中国历史，肯定是仁者见仁、智者见智的。由于学识水平不同、人生经历不同、历史感受不同、掌握的史料不同，对中国历史的发展自然会得出不同的观点、不同的结论。我的观点是，中国古代文化在其发展过程中，虽然曾产生出耀眼夺目的文明成果，这些成果至今仍令我们这些晚辈自豪不已，但同时它也产生了大量的糟粕，产生了大量令我们趋向惰性和阻碍今天的中国人走向现代化的糟粕。这些古代文明的精华与文化的糟粕在不知不觉中同时被我们背负在身。更糟糕的是，尽管我们都知道应该发扬民族文化精华，摒弃糟粕，但对于什么是精华什么是糟粕的区分，其实是非常难以界定的。有些今天被认为是精华，明天就变成了糟粕。比如说愚公移山，我们一直把这个故事当成是中华民族敢于战天斗地，在自然面前敢于抗争、不屈不挠的象征，但看看我们今天日趋恶化的自然环境，不堪目睹的水土流失，就知道这个故事的负面影响有多大。而有些今天被认为是糟粕，但明天却发现它是精华。比如五四运动以来我们把孔子批了六七十年，结果竟把他"批"成了世界文化名人之一，其理论思想使许多外国人佩服得五体投地……有的时候我想，也许历史才是检验真理的唯一标准，尽管在"实践"中包含了历史。

　　笔者希望本书的读者在了解我们民族自己历史的同时，能努力分辨自身沾染或遗存的传统文化糟粕，只有真正认识到什么是糟粕，才可能摒弃它们，才能与现代文明真正接轨，而中国才会大有希望，这既是我们研究文化的目的之一，也是我给大学生开设"中国历史文化概论"课的初衷之一。当然，还有一个观点是必须明确的，即中国封建历史结束了，封建社会灭亡了，而且必然灭亡，但中国文化是不会灭亡的，不仅不会灭亡，她还会以其悠久的历史、炫目的成就，继续成为世界文化中最赋生命力的一支。明确了这一点，本书就没白写，本课也就没白开。

颜吾芟

2002 年 1 月

于北京育新花园寓所

后 记

（第 2 次修订本）

本书终于封笔了。比起第 1 版来说，笔者认为，这一版的体系、内容不仅更加合理，而且也更加符合"用文化眼光看历史"的寓意。当然，遗憾还是有的，不足之处也在所难免，尤其是文化问题争议、分歧之处多，考虑不周、思维不密更难以避免。笔者诚心有请各方高手不吝批评指正。

写作本书和开设"中国历史文化概论"课程的目的，笔者是想换个角度来讲中国历史，普及中国历史、中国传统文化知识，让受众从另外一个角度了解中国历史，加深对中国文化的理解。

作为人类的一分子，我们应该了解人类的历史；作为中国的一分子，我们更应该了解我们自己国家的历史。不知道本民族历史、不了解本民族文化的人，是无根之草，在茫茫人海中会很快迷失自己。中国改革开放之初，由于人们急于要摆脱贫困，渴望过上富裕的生活，因而热切追求物质财富的积累，在一定程度上忽视了精神文明的修养，对以文史哲为核心的传统文化知识一度弃之不顾，甚至在高等教育中也呈现出严重忽视人文教育的趋势，造成精神文明建设的滑坡。以前上课时，我经常与学生开玩笑地说："如果我们这些搞文史哲的人都饿死了，这个国家也就完了。"其实，事实也会是这样的。当然它不可能发生，因为这只是暂时的。

20 多年过去了，中国人的腰包开始鼓起来了，物质财富的积累在相当一部分人那里已经超过了他们自己当初的预想。今天，在全世界各个角落随处可见的中国旅游者不会再被误认为是日本人了。富裕起来的中国人，在喧闹、浮躁之后，终于开始回归了。人们终于意识到，物质财富的积累弥补不了精神世界的空虚。精神世界空虚的人即使积累再多的财富，也只能是行尸走肉。暴发户在任何时代都有，但如果没有良好的文化修养、深厚的文化底蕴，只能是昙花一现，不可能为社会做出太多的贡献。中国有句古语，叫"富不过三代"，说的就是这个道理。

中国人回归自己文化传统的表现不仅在于北京大学开设了国学班，其中企业家学员占70%，他们不为文凭不为实用只是为了弥补"根本"；也不仅在于中国人民大学设立了国学院、江苏某地开办了传统的"私塾"学校等。实际上，对于传统文化的回归，笔者在自己的课堂上就能明显地感觉出来。作为具有百年以上历史的工科院校，越来越多的北京交通大学学生对中国传统文化发生浓厚兴趣，渴望更多地了解自己国家的历史和文化。另外，笔者本人也曾多次被邀请，为社会上的"总裁班"、"干训班"等授课。这些都是可喜的现象。在今天的社会实践中，一个人如果仅有高深的专业知识，而缺乏一定的文化修养、文化素质，他有可能是寸步难行的。因为，他有可能连与人打交道都不会，更不要说立足社会，为社会造福了。正是因为社会对人才的要求越来越高、越来越全面，所以教育部才适应这种形势，在上个世纪90年代中期做出了在高等学校中开设以文、史、哲、艺术为核心的大学生文化素质教育课程的决定。

多读历史，多了解文化知识，不仅可以提高一个人的文化修养、文化素质，而且还可以解决一些具体问题。比如大学生自杀的心理问题，历史可以称得上是治疗这方面心理疾病的最佳药剂之一。因为，自杀者厌世，不会如老子、庄子更加厌世，但他们没有自杀，而是潜心钻研学问，最终留下《老子》、《庄子》这样不朽的著述；自杀者遇到的困难，不会有孔子、司马迁更加困难。孔子推行一套在当时根本无法实现的思想理论，但他先是"知其不可为而为之"，在四处碰壁之后，并未捶胸顿足，寻死觅活，而是安心教育和整理古籍工作，使自己的思想在后世发扬光大。司马迁的痛苦，常人可以想像，但体会不到，他以残废之躯完成的《史记》至今还是中国历史上最好的史学著作之一。在他们及许多逝去的古人身上，能够让我们学到许多坚强的品质。知道了这些，了解了"人生自古谁无死，留取丹心照汗青"的道理，谁还有资格结束自己鲜活的生命呢？对于层出不穷的贪官也一样。人生在世，如马驹过隙，几十年时间眨眼过完。是造福社会，重于泰山而死？还是祸害社会，轻如鸿毛而亡？即使没有这样高的觉悟，也可以仔细想想，人活一场，赤条条来去，金银财宝生不带来，死不带去，聚敛上千万上亿的财富留给子孙干什么用？和珅的财产，富可敌国，即使他不被杀，他自己能用到今天？留给子孙，让他们不劳而获，是爱他们还是害他们？

总之，文化素质对期望有一个光明前景的人来说无比重要，但它不是恶补出来的，而是经过长期的熏陶，慢慢积淀起来的。多读书、多了解历史，奠定下良好的文化素质，就有了立足社会的坚实基础。上述内容，笔者在课堂上也多次讲过。

颜吾芟

2018年3月

于北京海淀区交大东路寓所